THE WAY TO
EUROPE'S PERIPHERY

유럽 변방으로 가는 길

김병호 지음

캅카스·동유럽·발칸·중앙아시아
정치·경제 현안 답사기

일러두기

_ 본문에서 인용 또는 참고한 자료의 출처는 모두 각주로 표기했습니다.
_ 단행본 제목은 『 』, 논문과 문서, 노래의 제목은 「 」, 정기간행물은 ≪ ≫, 영화와 방송프로그램 제목은 〈 〉으로 구분해 표기했습니다.
_ 논문, 책 등의 문헌을 인용한 부분은 독자의 독서 편의를 돕기 위해 단락을 구분해서 넣었습니다.
_ 책에 실린 사진 중 출처를 표기하지 않은 사진은 저자가 직접 찍은 사진이며, 각국 정상들의 사진은 위키피디아(wikipedia)에서 가져왔습니다.

프롤로그

2016년 10월, 아제르바이잔에서 조지아로 국경을 넘는 열차 안에서 만난 일본인 대학생은 빼곡히 무엇인가를 적어놓은 수첩을 들고 다녔다. 이듬해 게이오(慶應) 대학교 법대 졸업을 앞둔 그는 한 달 전 일본철도(JR) 입사가 결정돼 재학 중 마지막 뜻깊은 여행을 하기 위해 홀로 캅카스를 찾았다. 3주 동안 아제르바이잔에서 시작해 조지아와 아르메니아를 거쳐 이란에서 여정을 마무리한다는 계획이었다. 그는 캅카스를 찾은 이유를 이렇게 말했다. "대학 다닐 때부터 캅카스의 정치·사회·문화에 관심이 많았는데 일본에도 여기 관련 책들은 많지 않아요. 블로거들이 여행사진을 잔뜩 올려놓기는 하지만 그 나라 사정이나 현지인들의 고민 같은 내용은 거의 없죠. 그래서 입사하기 전 이곳으로 여행을 서둘렀어요. 제가 직접 보고 들은 것들을 정리해보려고 해요." 검은색 뿔테 안경에 앳돼 보이는 얼굴을 가진 젊은 친구였지만 일본인다운 장인정신 같은 게 느껴졌다. 대학 시절부터 캅카스 지역에 대한 각종 자료들을 수집하고 개인 블로그 운영, 동호회 활동을 해왔고, 여행 중에는 수첩에다 꼼꼼하게 기록하는 품새가 다름 아닌 '오타쿠(덕후)'였다. '일본에는 특정 지역에 미쳐 있는 오타쿠도 있는 건가'하며 무섭다는 생각이 잠시 스치면서 나 스스로를 채찍질하는 화살로 돌아왔다.

나는 2016년 여름, 1년간 해외 연수로 카자흐스탄의 경제 수도격인 알마티에 가게 되면서 이 나라를 거점으로 삼아 주변 국가들의 생생한 정치·경제·사회 현상들을 담은 책을 쓰기로 작정했다. 외국 문헌이나 논문, 신문 기사를 내 시각에 맞추어 종합한 것이 아니라 직접 돌아다니면서 본 것과 느낀 것, 현지인들의 얘기를 위주로 해서 정리해보려는 것이었다. 해외 관광 명소를 소개하고 친절한 외국인들의 덕담을 적는 수준이 아니라 각국이 당면한 현안에 대해 현지인들과 그곳에 오래 산 교민들의 얘기를 듣고 가감 없이 기록하는 것을 목표로 했다. 그동안 한국에 있으면서 가장 아쉬운 것 중 하나가 특정 국가나 지역 이슈에 대해 우리가 직접 현장에서 체득한 내용을 담은 책이 거의 없다는 것이었다. 대부분이 외국 서적이나 논문들을 1차 자료로 해서 가공해놓은 것들이다. 나는 왜 우리가 외국인들이 써놓은 책과 논문, 기사를 각주로 주렁주렁 달아야 하는지 자존심도 상하고 화가 나기도 했다. 외국 자료가 대단한 콘텐츠도 아닌데 우리가 해외 이름 모를 학자의 글을 마치 정설이고 대단한 것인 양 인용하는 데 익숙해져 있는 것은 아닌지 반성도 들었다. 그만큼 우리는 최소한 지역학 분야에서 현지인들을 직접 만나 그들의 얘기를 듣고 생동감 있는 글을 쓰는 데 익숙하지 못했다.

이런 고민 속에서 내게 모범을 보여준 책이 있다면 그것은 로버트 카플란(Robert D. Kaplan)이 쓴 『타타르로 가는 길(Eastward to Tartary)』이었다. 기자 출신으로 지금은 미국 워싱턴 소재 전략연구소에 재직 중인 그는 1980~1990년대 미국 주류 사회에 잘 알려지지 않은 동유럽과 중동, 중앙아시아를 돌아다니면서 길거리 시민은 물론 고위 인사들과도 수많은 인터뷰를 했다. 그 생생한 기록들을 지금까지 열 권이 넘는 책에 담았고, 『타타르로 가는 길』은 그가 발로 뛴 취재기 중 하나이다. 그는 대중의 관심이 적은 지역들만 골라 찾아가 각국의 사정을 파악하고 이를

통해 미래를 예측해냈다. 그가 인터뷰한 인사들 중에는 2000년대 들어 대통령이 되고 총리가 된 사람들도 많다. 카플란이 적어둔 그들의 정치 초년생 시절을 보면 최고 지도자에 오른 뒤 그의 국정 운영 방향을 예측할 수 있을 만큼 분석적이다.

『유럽 변방으로 가는 길』은 카플란 스타일의 취재와 글쓰기 방식을 따라간 측면이 있다. 카플란이 그랬던 것처럼 이름 있는 현지인들도 여럿 만났다. 그래도 '좀 더'라는 아쉬움이 크다. 그 이유를 하나 들자면 외신을 다루는 미국 언론인은 자국의 국제정치적 위상 덕분에 한국인 기자들에 비해 저명한 해외 인사들을 만날 기회가 상대적으로 더 많기 때문이다. 실제 미국 국적자인 카플란은 어느 나라에 가서나 환대를 받았다. 예컨대 그가 뛰어다닌 1990년대에는 동유럽 국가들과 구소련에서 갓 독립한 나라들이 모두 미국의 원조가 절실한 상황이었다. 이들 중 일부는 유럽연합(EU)과 미국 주도의 북대서양조약기구(NATO)에 들어가려고 혈안이 됐다. 이런 상황에서 미국인 기자가 누추한 자기 나라를 찾아주는 데 대해 각국의 고위 인사들은 쌍수를 들고 맞아준 것이다. 주재국에서 힘깨나 쓰는 미국 대사관이 막후에서 면담 섭외를 지원했음은 물론이다. 그의 책에 이런 대목이 있다.

> 1998년 봄, 1단계 NATO 팽창에 대한 논쟁이 한창 가열되었을 때조차도 루마니아와 불가리아는 그 뉴스에서 빠져 있었다. 따라서 이 먼 곳까지 굳이 찾아온 미국의 한 변변찮은 언론인에게 그들이 분에 넘치는 칙사 대접을 아끼지 않은 것은 어찌 보면 너무도 당연한 일이었다. …… 불가리아 국가수반 페타르 스토야노프 대통령은 일부러 시간까지 내어 자기 나라에 대한 글을 쓰려는 내게 별도의 고마움까지 표시했다.[1]

또 카플란은 영어를 쓰는 미국인으로서 글로벌 언어인 영어의 지위 덕분에 의사소통이 쉬웠다. 각국 사정에 대한 깊은 통찰력을 갖췄을 뿐만 아니라 동·서양의 고대 및 중세 역사까지 꿰뚫고 있었죠. 나로선 좀 더 많은 공부가 선행되었더라면 더 나은 글을 쓸 수 있었을 텐데 하는 아쉬움이 든다.

그러나 내게 이번 집필 과정은 한번 해볼 만한 새로운 도전이었다. 가는 국가마다 인터뷰할 전문가들을 찾기 위해 수소문하고 질문지를 만들어 보내고, 그곳의 현안들을 새로 파악하는 일은 고되었지만 그래도 해야만 한다는 심정으로 밀어붙였다. 해외에 나가면 관광명소나 즐길거리를 찾아봐야 하는데, 만나볼 사람부터 구하느라 스트레스가 이만저만이 아니었다. 더욱이 내가 다닌 나라들은 선진국과는 거리가 멀었기 때문에 교통, 숙박, 먹거리, 치안 등 여러 면에서 불편을 감수해야 했다. 루마니아에서는 손재주(?)가 뛰어난 사기꾼을 만나 쥐도 새도 모르게 돈을 빼앗겨 이후 여행길은 공원과 버스 터미널에서 1달러짜리 빵을 뜯으며 거의 노숙자 신세가 되기도 했다. 많은 중앙아시아 국가들은 아직도 입국 비자를 발급하는 데 높은 금액을 요구했고, 언론 통제가 심해 기자라고 하면 비자 발급을 위한 초청장부터 구하기가 어려웠다. 비자 장벽에다 항공권마저 터무니없이 비싼 투르크메니스탄 같은 나라는 포기할 수밖에 없었다. 이런 와중에도 현지 여행객들을 만나 얘기를 듣고자 허름한 게스트하우스에서 자주 묵었고, 나라 간 이동은 항공편 대신에 웬만하면 버스나 기차로 하면서 국경을 경계로 달라지는 문화적 차이를 느껴보고자 했다. 지금 돌이켜보면 전문가 섭외부터 현지 자료 수집, 이동, 면담 과정 등이 너무나 힘들었기 때문에 만일 한 번 더 해보라면 선뜻 나

---

1) 로버트 카플란, 『타타르로 가는 길』, 이순호 옮김(르네상스, 2003), 273쪽.

서기는 어려울 것이다.

　이 책에서 다루는 나라들은 서구 유럽인들의 입장에서 보면 변두리에 위치해 있다. 대다수는 유럽 강대국들과 관계를 맺지 않고서는 살아갈 수 없는 존재들이다. 이로 인해 이들은 어떤 식으로든 유럽 어딘가에 다리 한쪽을 걸치려고 하고 있다. EU와 NATO에 이미 가입한 경우도 있지만 거기에 들어가기 위해 꾸준히 추파를 던지는 나라들도 많다. 태생적으로 러시아의 영향권에 있는 중앙아시아 국가들도 여러 국제기구에 참여하면서 유럽과의 협력 관계를 넓히고 있다. 반면 여기에 나오는 나라들은 많은 노력에도 불구하고 유럽 사회 주류에 편입되거나 진정한 유럽인의 친구가 되기에는 각자 조금씩의 한계가 있다는 공통점을 지녔다. 책의 제목을 『유럽 변방으로 가는 길』로 정한 것도 이 때문이다.

　지난 1년간 해외에서 생활할 기회가 주어지지 않았다면 이 책은 절대 나올 수 없었을 것이다. 이 점에서 필자의 연수를 지원해준 회사에 진심으로 고마움을 전한다. 연수 기회를 주신 장대환 매경미디어그룹 회장님과 1년간 마음 편히 해외에 나가 있을 수 있도록 편집국을 지켜준 동료 선·후배들에게 진심으로 감사드린다. 특히 알마티를 포함해 유럽 변방 각국에 흩어져 있는 KOTRA(대한무역투자진흥공사) 무역관과 한국 대사관, 총영사관은 낯선 땅을 처음 갈 때마다 믿음직한 길라잡이가 되어주었다. 김영란법(부정청탁금지법)의 시행 이후 과거처럼 외부 기관을 통한 해외 인사 섭외가 힘들어져 본인이 많은 작업을 직접 해야 했지만 현지에서 만난 대사관과 KOTRA 직원들은 그곳 사정을 신속히 파악하는 데 큰 도움이 됐다. 전 세계에 나가 불철주야 대한민국의 국익 증진을 위해 애쓰는 이들의 노고에 박수를 보낸다. 또 내가 1년간 알마티의 키맵(KIMEP) 대학교에서 지내도록 배려해주신 방찬영 총장님께도 감사의 말씀을 드리고 싶다. 방 총장님의 남북통일에 대한 식견과 학문적 열정

은 그곳의 젊은 학생들에게도 늘 귀감이 되고 있다. 또 러시아 백신 판매 사업을 하는 진아시아바이오(GENE ASIA BIO)의 이수택 회장께도 고마움을 전한다. 이 회장님은 필자가 카자흐스탄과 러시아에 머무는 동안 여러 편의를 제공해주고 무엇보다 끈끈한 인간관계를 지속하는 비결을 몸소 깨닫게 해주었다. 이밖에 각국 방문길에 현지의 숙성된 이야깃거리와 알토란 같은 정보를 주신 교민 분들에게도 앞으로 더욱 건승하시길 기원한다.

2017년 9월
김병호

차례

프롤로그   7

1부   **숨죽인 캅카스를 가다**   19

아제르바이잔
유가 하락에 고민 커진 석유 도시 바쿠 21 / 착한 아제르인도 "우리의 적은 아르메니아!" 34 / 3대 집권을 꿈꾸는 알리예프 가문 47 / 무기력한 도시, 간자에서 헤매다 54

조지아
트빌리시에서 마주친 어두운 흔적들 62 / 풍운아 사카슈빌리의 종착역은 어디에 76

아르메니아
가해자만 침묵하는 제노사이드 92 / 바쿠 혐오와 전쟁 무용담에 취한 시민들 104 / 화약고가 된 나고르노-카라바흐에서 만난 현직 총리 118

| 2부 | 친러시아 벨트를 가다 | 129 |

헝가리
경제성장 좀먹는 부다페스트의 파워 정치 131 / '작은 나라의 큰 정치인' 꿈꾸는 오르반 146

세르비아
미운 오리 새끼가 된 옛 유고 연방의 맹주 157

몰도바
친푸틴 승부수 띄운 유럽의 최빈국 178 / 닮고 싶은 분단의 모델 트란스니스트리아 190

벨라루스
내우외환에 시달리는 유럽의 마지막 독재자 203

3부   신냉전의 심장부를 가다   219

우크라이나
시민혁명 3주년, 갈피 못 잡는 개혁의 길 221 / 속절없는 영토 분리에 대책 없는 키예프 236 / 힐러리를 응원한 우크라이나의 슬픈 운명 250

루마니아
차우셰스쿠 향수에 젖은 부쿠레슈티 261 / 루마니아가 NATO의 최전선이 된 이유 282

불가리아
사기꾼들을 피해 따스한 나라로 290 / 소피아에 중요한 건 대외 관계보다 내치 300 / 경제를 살리려면 부패의 싹부터 없애라 311

리투아니아
방위비 인상 압박에 서둘러 처신한 발트해의 소국 319

코소보
독립 10년을 앞둔 코소보, 발칸의 계륵 되나 332

4부   미완의 중앙아시아를 가다   345

우즈베키스탄

장기 집권자의 죽음을 슬퍼한 민초들 347 / 시늉뿐인 변화는 이제 그만 359 / 기이함에 덧댄 테러 유발 국가라는 불명예 375

카자흐스탄

나자르바예프 후임은 아직 오리무중 386 / '자원의 저주'가 만든 졸부 도시 아스타나 398 / 실크로드의 유산, 차세대 먹거리는 물류 410 / EAEU, 위기 극복의 열쇠될까 419

키르기스스탄

지하경제가 60%인 나라에서 살아남기 430 / 부패 악습을 넘어 중앙아시아 민주주의의 보루로 441

| 5부 | 반서방 주변 대국을 가다 | 455 |

터키
테러 위험을 뚫고 도착한 이스탄불 457 / 무소불위의 권력과 마주한 터키 464 / 셈법이 복잡한 술탄의 국제정치 475

이란
터키와 다른 길을 간 이란의 비극 488 / 트럼프 시대를 불편해하는 테헤란 502

러시아
2018년 대선은 푸틴에게 물어봐 512 / '위기는 없다' 오만한 자존심의 항변 524

| 에필로그 | 536 |

1부

숨죽인 캅카스를 가다
아제르바이잔·조지아·아르메니아

1부 이동 경로
- ❖ (카자흐스탄) 알마티 → (아제르바이잔) 바쿠 → 쉐키 → 간자 → (조지아) 트빌리시 → 카즈베기 → 고리 → 보르조미 → 바투미 → 시그나기
- ❖ (우크라이나) 키예프 → (아르메니아) 예레반 → (나고르노-카라바흐) 스테파나케르트

아제르바이잔 Azerbaijan

유가 하락에 고민 커진 석유 도시 바쿠

2016년 10월 초, 아제르바이잔의 수도인 바쿠로 가기 위해 알마티 공항 대합실에서 기다리는데 맞은편에서 서툰 영어로 크게 떠드는 소리가 들렸다. 한 젊은 일본인이 우크라이나 아가씨와 대화를 나누는 중이었다. 남에게 폐 끼치기를 싫어하는 전형적인 일본 사람과는 달랐다. 전날 과음을 했는지 얼굴은 부어 있었고, 목이 타는지 물과 커피를 연거푸 들이켰다. 일본인 특유의 투박한 영어 발음으로 대합실이 떠나가도록 얘기하는 배짱이 마냥 부러울 따름이었다. 인간됨이 하도 궁금해서 탑승을 위해 줄을 서는 와중에 말을 건넸다. "일본 사람 같은데 바쿠는 무슨 일

- 카스피해 서쪽에 위치한 석유 부국이다. 카스피해에 접한 수도 바쿠는 소련 시절 주요 석유 생산 기지로 소련 해체 이후에는 서방의 에너지 기업들이 유전 개발을 위해 대거 진출했다. 1991년 소련에서 독립한 뒤 러시아와는 밀접한 협력 대신 다소 중립적인 관계를 유지하고 있다.

로 가나요?"라고 묻자 반갑다는 말투로 "아, 당신도 일본인 입니까"라고 되물었다. "아뇨, 한국 사람인데요"라고 하자 넉살 좋은 그는 내 질문은 금세 까먹고서 알마티에는 언제 왔는지, 바쿠에는 무슨 비즈니스를 하러 가는지 따발총을 쏘듯 물었다. 그는 일본 기업 코니카 미놀타(Konica Minolta)의 해외 주재원이었다. 이스탄불에 지역 본부를 두고서 인근 나라들을 돌며 영업을 하고 있었다. 내가 "미놀타, 카메라로 유명한데……"라고 하자 "그건 옛날 얘기고, 지금은 프린터를 주로 판다"라고 했다. 내가 바쿠 현지 사정을 묻자 그가 속사포처럼 대답했다. "바쿠 경제가 개판이니 장사가 잘 안 되죠. 카자흐스탄에서도 그렇고 아제르바이잔, 조지아 모두 죽 쑤고 있어요. 아제르바이잔이 산유국인데 유가가 저 모양이니 돈이 있겠어요? 그냥 기존의 고객사들 관리 정도만 하는 수준이에요. 다행히 하반기 들어 서서히 나아지고는 있지만……." 그러고 보니 알마티에서 바쿠로 가는 에어아스타나 여객기 좌석이 절반이 넘게 비어 있었다. 사업하기가 어려우니 사람 이동도 줄어든 것이다.

 10월 초 바쿠는 햇볕이 쨍쨍 들고 기온은 30도에 육박했다. 오전인데도 해안 도시 특유의 강한 햇빛이 부담스러울 정도였다. 카스피해의 바람이 매섭다는 얘기를 하도 많이 들어서 가방에 겨울옷을 잔뜩 넣어왔는데 낭패였다. 외투가 아니라 당장 반팔 티셔츠와 선크림이 필요해 보였다. 바쿠 시내가 해변을 끼고 있어서 그런지 공기가 깨끗하고, 휴양지 분위기가 나는 것이 그나마 위안거리였다.

 아제르바이잔 경제가 어렵다고 했지만 도시 겉모습만 놓고 보면 최소한 알마티보다는 나아 보였다. 현 대통령의 아버지이자 전 대통령이었던 헤이다르 알리예프(Heydar Aliyev)의 이름을 딴 국제공항은 겉과 속이 모두 뻔적뻔적했다. 공항 대합실은 거대한 통유리에 안락한 의자와 소파를 갖추었고, 화장실과 복도는 호텔급으로 유럽 내 몇 개 공항을 빼

❖ 바쿠의 헤이다르 알리예프 국제공항 내부의 화려한 모습.

면 아마 최고일 것이다. 다 오래전에 벌어들인 오일머니의 힘이었다. 이후 이 지역에서 환승을 해야 할 때는 자연스럽게 넓고 깨끗한 바쿠 공항을 선택하게 됐다.

바쿠 시내로 들어가는 길도 널찍하게 잘 닦여 있었다. 도로에 서 있는 건물들은 새로 지은 데다 큼직큼직했다. 카스피해가 내려다보이는 숙소까지 가는데, 화려하고 웅장한 건축물들의 모습에 입이 딱 벌어졌다. 한국에 있는 독특한 외관의 동대문디자인플라자(DDP)를 설계한 이라크 출신 건축가 자하 하디드(Zaha Hadid)가 세운 헤이다르 알리예프 문화센터(기념관)가 대표적이다. 아들인 일함 알리예프(Ilham Aliyev) 대통령이 고인이 된 아버지를 국부(國父)로 신격화하기 위해 지었다는데, 하늘에서 내려다봤을 때 헤이다르의 서명 서체를 본떠 만들었다고 하니 건물 외관이 형이상학적으로 생길 수밖에 없다. 흰색 기념관 앞에 드넓게 조성된 공원까지 감안하면 이곳은 알리예프 가문의 무한한 권력 의지를 상징하는 공간이기도 했다. 대학생인 일함의 아들까지 권력을 넘겨받아

❖ 헤이다르 알리예프 문화센터.

❖ 바쿠의 랜드마크인 불꽃타워.

북한처럼 3대에 걸쳐 장수 집권을 하겠다는 욕망을 만천하에 보여주는 것이다.

바쿠의 랜드마크로 자리 잡은 세 개 동(棟)으로 된 불꽃타워(Flame Towers) 역시 석유를 팔아 번 돈을 마구 쏟아부었다는 말로밖에 설명이 안 된다. 타오르는 불꽃의 모습을 통해 석유 도시를 형상화한 이 초현대식 건물은 2013년 카스피해의 해변 언덕에 지어져 바쿠 어디서나 눈에 띈다. 밤에는 건물 외벽의 1만여 개 LED 조명이 현란한 디스플레이 작품들을 보여주는데, 건설 비용만 한국 돈으로 4000억 원가량이 들었다. "불꽃 타워라, 멋은 있지만 실용성은 제로예요. 언덕배기에 있어 사람들이 걸어서 올라가기도 힘들고, 임대료도 비싸 거의 공실일 겁니다. 경제도 어려운데 누가 그 비싼 곳에 사무실을 내고, 가게를 입점시키겠어요? 그냥 멀리서 바라보는 데 만족해야 할 건물이에요." 카스피해 해변을 따라 멋지게 조성된 공원 길(파르크 불바리)에서 만난 40대 바쿠 남성의 말이었다. "여기는 바쿠에서 가장 잘나가는 곳입니다. 해변 공원과 길 건너의 카페거리는 경기가 좋든, 나쁘든 늘 북적대죠. 다른 지역은 엉망이 되고 있지만요."

아제르바이잔 경제는 2006~2010년 연평균 16.4%씩 성장했지만 2014년 말부터 국제유가 하락으로 직격탄을 맞았다. 2015년 1.0%로 낮아진 경제성장률은 2016년 -2.8%까지 떨어졌다. 아제르바이잔 화폐인 마나트는 2015년 두 차례나 평가절하를 겪으면서 유로화와 거의 1 대 1 수준이었던 가치가 2016년에 1유로당 1.8마나트로 절반으로 하락했다. 높아진 환율로 중국과 터키에서 주요 소비재들을 수입하느라 2016년 물가상승률은 13%에 달했다.

바쿠 시내에 위치한 아제르바이잔 국립석유산업대학교의 일함 루스타모프(Ilham Rustamov) 교수는 전형적인 '금수저' 출신처럼 보였다. 그

는 경제경영학과 학과장이었는데, 젊어 보이는 외모에 벌써 명문 대학의 교수로 있을 정도면 든든한 집안 배경이 있을 듯했다. 동행한 현지인 후세인 씨도 "이렇게 좋은 시설을 갖춘 대학에서 높은 자리에 있다면 아마 고관대작의 자녀일 겁니다"라고 동의를 표했다.

❖ [인터뷰] 아제르바이잔 국립석유산업대학교의 일함 루스타모프 경제경영학과장.

내가 "아제르바이잔 경제 어떻습니까? 국제유가가 곧 회복될까요?"라고 묻자 루스타모프 교수는 목소리를 높이기 시작했다. "지금 유가가 수요와 공급의 문제인 것 같습니까? 더 이상 경제 논리가 아니라 이건 철저히 정치적 이슈예요. 유가가 왜 이리 오랫동안 바닥을 기고 있을까요. 미국이 러시아를 곤경에 빠뜨리려는 것이죠. 2014년 우크라이나 사태와 유가가 하락한 시기가 겹치는 게 과연 우연일까요? 미국 때문에 유가는 급락했고, 우리는 많은 피해를 보았어요. 우리 유전의 생산에는 아무런 문제가 없는데도 말입니다." 내가 나지막한 목소리로 "개인적 의견입니까? 아니면 정부 관료들도 그렇게 생각하나요?"라고 질문을 던졌다. 그는 잠시 머뭇거리더니 "지극히 개인적인 의견입니다. 정부 사람들이 어떻게 생각하는지는 잘 몰라요"라며 살짝 발뺌을 했다. 혹시 아제르바이잔 정부가 미국 음모설을 추종하고 있다는 소문이라도 날까 봐 서둘러 봉합하려는 태도가 역력했다. 그는 다시 웃음을 띠며 "나와 일부 동료 교수들의 생각입니다. 미국이 유가가 떨어지는데도 왜 원유 생산을 계속할까요. 과거에 기름값이 높았을 때도 가만히 있던 미국 기업들이 지금은 수익성이 낮은데도 생산을 확대하고 있으니 이상하지 않습니까?"

라고 말했다. 그의 음모론은 계속됐다. "미국이 이란에 대해 제재를 푼 것도 그런 맥락으로 볼 수 있습니다. 이란까지 석유를 세계시장에 내다 팔고 있으니 유가는 떨어질 수밖에 없어요. 철저히 미국의 속셈 때문에 국제유가가 요동을 치고 있는 겁니다." 하지만 향후 유가 전망에 대해서는 "이젠 바닥을 쳤다"고 말했다. "미국 음모론이 들통이 나고 있으니 유가도 점진적으로 오르지 않겠습니까. 물론 예전처럼 배럴당 100달러를 넘어가지는 않을 테지만 말이죠."

그는 인터뷰가 끝나자 한사코 같이 사진을 찍자고 했다. 이 대학에 한국을 비롯해 중국, 인도 출신의 유학생들이 많은데, 본인이 외국 언론과 인터뷰했다는 것을 보여주고 싶은 모양이었다.

겉으로는 미국에 화살을 돌리고 있지만 아제르바이잔은 내심 위기감을 느끼고 있다. 원유와 천연가스가 수출의 94%, 재정의 74%(2015년 기준)를 차지하는데, 이제는 재정을 충당하는 석유기금(SOFAZ)의 고갈을 걱정해야 하는 지경에 처했다. 특히 소련 시절부터 '석유 창고'로 활약했던 바쿠의 유전이 수명을 다했다는 소문이 퍼지면서 알리예프 내각은 '똥줄'이 타고 있다. 10여 년 전부터 탈(脫)석유를 외치며 산업다변화를 추진했지만 여느 산유국처럼 제자리걸음이다.

국민도 석유 고갈 이후를 두려워하지만 그렇게 되더라도 설마 죽지는 않겠지 하는 태평한 생각들로 가득하다. '아직 30년 넘게 팔아먹을 석유가 있으니 괜찮다', '그때 일은 그때 가서 고민하면 된다'는 반응이다. 가끔 카스피해에서 유전 광구가 새로 발견됐다는 소식이 들리면 산업다변화를 해야겠다는 의지도 한풀 꺾이기 일쑤다. 바쿠 시민들은 소련 시절의 암흑기도 이겨냈다며 무한 긍정의 태도를 보인다. 소련 붕괴 직후의 궁핍함도 견뎌냈고, 조상들이 제2차 세계대전에서 독일군과 맞서 싸워 이겼는데 뭘 두려워하랴 하는 격세유전의 자신감이 나타나는 것이

다. KOTRA 바쿠 무역관의 50세가 넘은 현지인 직원은 "경제가 어렵다지만 우리는 잘 견뎌내고 있어요. 이까짓 거 아무것도 아니죠. 실업률이 높다지만 따져보면 일자리가 없는 게 아니에요. 다만 젊은이들이 급여가 적다면서 일을 안 하고 있을 뿐이죠"라고 했다.

바쿠 중심가의 사무실에서 만난 대통령실 산하 전략연구센터의 카비드 벨리예프(Cavid Veliyev) 국장은 겉보기에도 학구적인 스타일에 점잖게 잘생겼다. 국제관계학 박사인 벨리예프는 전략연구센터 내에 있는 세 개의 국(局) 가운데 대외 정책을 분석하는 파트의 최고책임자였다. 그는 대통령 산하기관 공무원답게 대통령의 최고 관심사를 화두로 꺼냈다. "우리 경제에서 에너지가 차지하는 비중을 줄이는 것이죠." 그에 따르면 정부가 주력하는 비(非)자원 분야는 농업과 IT, 철강, 자동차, 관광이다. 특히 자동차 분야는 중국 업체가 남부 자치공화국인 나히체반에 생산 공장을 지었고, 이란과도 합작회사 설립을 추진하고 있다고 했다.

그러고 보니 아제르바이잔 국영 석유회사인 소카르(SOCAR)도 바쿠에서 서쪽으로 30km 떨어진 숨가이트 지역에 대규모 비료 공장을 건설 중이다. 한국의 삼성엔지니어링이 건설 공사를 따내 지난 2014년 2월 착공, 2018년 1월 완공을 목표로 하고 있다. 소련 시절부터 아제르바이잔 최대 공장 지대였던 이곳은 가장 오염된 도시라는 악명이 자자했다. 특히 1988년 2월 말, 성난 아제르바이잔 시민들이 숨가이트에 살던 아르메니아인들을 대거 살해하고 쫓아내면서 이후 양국 간 유혈 전쟁을 불러온 '숨가이트 폭동'이 발생한 곳이다. 하지만 이번 숨가이트 방문에서는 과거의 불안정한 상태를 전혀 느낄 수 없었다. 소련 시절에 지어진 낡은 공장들이 다 쓰러져가는 모습으로 흉물스럽게 방치되어 있는 점을 빼면 공기도 깨끗했고, 노동 분규도 없어 보였다. 삼성엔지니어링의 숨가이트 공장에서는 2018년부터 우레아(Urea)라는 질소비료를 하루에

❖ [인터뷰] 대통령실 산하 전략연구센터 대외정책 분석책임자 카비드 벨리예프 국장.

2000t씩 생산해 대부분 아제르바이잔 내 농업에 사용하고 일부는 수출할 예정이다. 날씨가 따뜻하고 일조량이 많아 아제르바이잔은 전통적으로 채소와 과일을 많이 생산해왔는데 그동안 석유와 가스를 파느라 잊고 지냈던 농업의 강점을 살려보려는 것이다. 농업 생산을 늘리려면 당장 비료가 많이 필요하기 때문에 석유와 가스만 캐던 소카르가 비료 쪽에도 눈길을 돌리고 있는 것이다. 이탈리아의 테크니몬이라는 회사 역시 숨가이트에서 소카르의 폴리에틸렌, 폴리프로필렌 공장을 짓고 있었다. 모두 산업다변화의 일환으로 설명할 수 있겠다.

벨리예프 국장은 유창하지는 않지만 또박또박한 영어 발음으로 내게 아제르바이잔 정부의 대외 경제 전략을 설명했다. "산업다변화 말고도 국제사회에서 우리의 물류 허브의 역할이 커지고 있습니다. 아제르바이잔은 조지아와 함께 중국과 유럽을 잇는 교역로, 즉 대(大)실크로드(the great silk road)의 핵심에 위치하고 있어요. 러시아와 이란, 터키, 중국, 유럽의 십자로에 있기 때문에 철도와 파이프라인을 통한 에너지 수송 루트를 전략적으로 개발하는 것이 매우 중요합니다." 그는 아제르바이잔 영토를 지나는 복잡한 철도와 에너지 수송로에 대해 지도를 보여주면서 얘기를 덧붙여갔다. "올해(2016년) 8월에 우리와 러시아, 이란은 일명 '남북철도' 연결에 합의했는데 연 1000만~1500만t의 화물을 수송하는 것이 목표입니다. 러시아에서 아제르바이잔을 거쳐 이란까지 가는

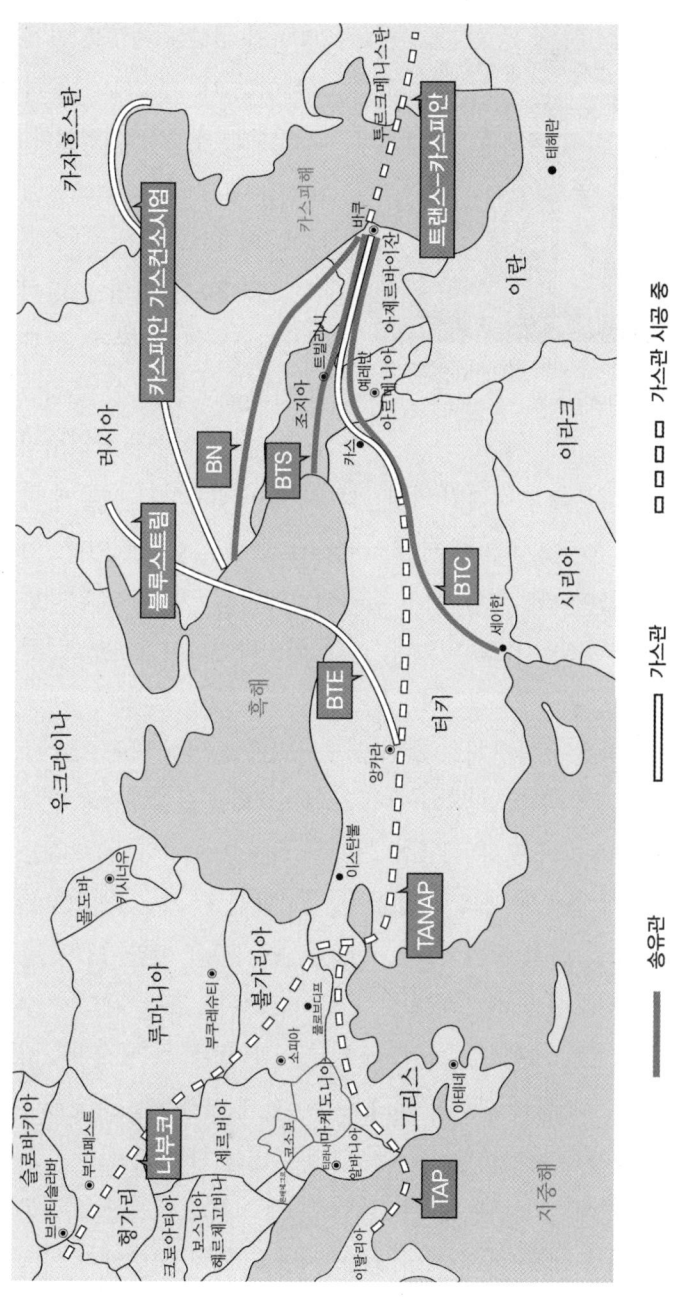

❖ 흑해 주변의 가스 및 원유 파이프라인.

수송 능력이 두 배나 늘어나고 수송비는 30%가 절감되는 것이죠. 이 노선에다가 배를 통해 인도 서부까지 연결하는 방안도 추진 중입니다. 남북 간 연결뿐만 아니라 동서 지역을 잇는 철도 수송 계획 역시 활발합니다. 대표적인 것이 바쿠와 트빌리시(조지아)와 카스(터키)를 잇는 'BTK 철도' 사업이죠. 총길이 826km의 철도가 2017년 완공되면 인구 300만 명, 화물 1500만t의 수송 능력을 갖추게 됩니다. BTK를 카스피해(바쿠)에서 카자흐스탄 내륙을 지나 중국 본토까지 연결할 계획도 갖고 있어요."

동서남북 국경을 통과하는 대규모 물류 프로젝트는 물론 아제르바이잔만의 전유물이 아니다. 많은 국가들이 스스로를 유럽과 아시아를 잇는 요충지라고 강조하면서 철도와 도로, 항만 현대화에 나서고 있다. 중국은 신(新)실크로드를 내걸고 '일대일로(一帶一路)'를 추진하고 있고, 카자흐스탄 역시 중국과 유럽을 연결하는 물류를 에너지 다음의 신성장동력으로 꼽고 있다. 중동 안에서도 북쪽에 위치한 이란도 최근 점진적인 경제 제재 해제를 계기로 유럽과 중국으로 가는 철길 확보에 나서고 있다. 동서양의 접점인 보스포루스 해협이 있는 터키 역시 오래전부터 철도와 도로, 항공, 에너지 수송에 있어 중간 다리 역할을 강조해왔다. 터키 주변 국가들은 이스탄불 공항을 거쳐야 유럽이나 중동, 중앙아시아로 이동이 가능할 정도로 터키는 이미 교통 허브의 입지를 확보했다. 벨리예프 국장이 언급한 BTK의 경우 아제르바이잔뿐만 아니라 터키에서도 가장 주목하는 철도 연결 사업이다. 이는 아르메니아 영토를 거쳐 아제르바이잔과 터키를 잇는 기존의 철도 노선을 대체할 뿐만 아니라 바쿠를 통해 카자흐스탄, 중국까지 이어진다. 반대쪽인 카스에서는 터키 내륙 철도로 보스포루스 해협까지 닿은 뒤 철도페리나 해협 밑에 마르마라 터널을 뚫어 유럽으로 연결된다. 과거 대상(隊商)들의 실크로드 지도에는 터키나 아제르바이잔이 빠져 있었지만, 이젠 이들도 지리적 강점을

발휘해 동서를 잇는 새로운 실크로드 사업에 뛰어들고 있는 것이다.

벨리예프 국장은 에너지 수송을 위한 파이프라인 구상에 대해서도 설명을 이어갔다. "바쿠에서 시작되는 BN 송유관(바쿠·노보로시스크), BTS 송유관(바쿠·트빌리시·숩사), BTC 송유관(바쿠·트빌리시·세이한), BTE 가스관(바쿠·트빌리시·에르주룸)이 1990~2000년대 중반부터 가동을 시작했고요. 최근엔 우크라이나·조지아·아제르바이잔·카자흐스탄·중국 구간에서 철도와 배를 이용해 석유와 가스를 실어 나르기 위한 루트가 만들어져 시범 운영을 하고 있습니다. 그뿐인 줄 아십니까. 카스피해의 바쿠 가스전(샤 데니즈 2단계)에서 터키를 거쳐 유럽까지 가는 TANAP(트랜스-아나톨리안 가스관)이 2018년 가동을 시작할 겁니다. 파이프라인 길이가 무려 1850km나 되고 수송 물량은 310억m^{3}를 목표로 하고 있죠. TANAP에는 현재 가동 중인 BTE 가스관(남부 캅카스 가스관)과 오는 2020년 완공 목표인 TAP(트랜스-아드리아해 가스관)이 연결될 겁니다. 이럴 경우 바쿠의 천연가스가 그리스, 알바니아, 이탈리아까지 가게 돼 남유럽에 안정적인 가스 공급이 가능해지죠." 내가 "바쿠의 가스전이 그 많은 물량을 보낼 만큼 충분한가"라고 묻자 그는 재빨리 바쿠의 에너지 매장량을 담은 서류를 잔뜩 가져왔다. "바쿠의 샤 데니즈 가스전만 해도 확인된 매장량만 20조m^3, 추정 매장량은 최대 50조m^{3}에 달해요. 더 이상 무엇을 걱정하겠습니까?" 그는 남부 캅카스·TANAP·TAP를 잇는 가스관에 다른 나라들도 물량을 대려고 줄을 서 있기 때문에 공급 부족 사태는 절대 없을 것이라고 했다. "이란이 경제 제재가 풀리면서 TANAP에 별도 가스관을 연결시켜 자국의 물량을 보내고 싶어 합니다. 이라크도 마찬가지고요. 북부 쿠르디스탄에서 나오는 천연가스의 판로를 찾고 싶어 하는 것이죠. 이스라엘도 가스 매장량이 9500억m^{3}나 되는데 TANAP에 연결해 공급하기로 했어요. 그렇다면 비싼 돈을 들여 건설한 가스관이 보낼 물량이 없어

무용지물이 될 리는 절대 없겠죠." 나는 "바쿠의 가스를 러시아 영토를 거치지 않고 유럽으로 보내면 러시아가 반발하지 않을까요?"라고 물었다. 지난 2006년 완공된 바쿠·트빌리시(조지아)·세이한(터키)을 연결하는 일명 BTC 송유관이 러시아 견제를 위해 미국 주도로 완성되면서 러시아는 크게 반발했다. BTC 송유관이 터키를 통해 남유럽으로 가는 아제르바이잔, 투르크메니스탄, 카자흐스탄 석유의 주요 공급 루트가 되면서 러시아는 이 지역에 대한 영향력이 약화될까 봐 초조해했다. 앞서 러시아는 우크라이나, 벨라루스와의 가스 분쟁을 치르면서 유럽 국가들로부터 안정적인 에너지 공급처가 될 수 없다는 이미지가 커졌다. 유럽 각국이 러시아를 우회해 중앙아시아, 중동의 석유·가스를 가져오려고 혈안이 된 것도 따져보면 러시아가 자초한 일이다. 반면 러시아도 이에 질세라 자국 영토를 거쳐 유럽으로 가는 수송 루트 개발을 경쟁적으로 추진하고 있다. 벨리예프 국장은 "러시아와는 판매하는 시장이 달라요. 우리는 이탈리아, 그리스 같은 남부 유럽을 대상으로 하지만 러시아는 슬로바키아, 독일, 체코처럼 중·북부 유럽을 상대하고 있죠. 러시아가 반대할 이유가 없다고 보는데요"라고 강조했다.

    그러나 아제르바이잔 정부가 추진하는 다양한 철도 및 에너지 루트는 특정 국가를 빼고 진행한다는 점에서 무서운 국제정치적 전략이 들어 있었다. 지리적으로 바로 붙어 있지만 그 나라를 수송로에서 철저히 배제시켜 물류와 에너지 고립을 유도해 고사시킨다는 것이 아제르바이잔 국가 대전략의 하나였다. 전쟁을 치르지 않고도 고립무원 속에서 스스로 무너지게 한다는 것이다. 그 나라는 다름 아닌 아제르바이잔 사람이라면 누구나 최악의 국가로 꼽는 캅카스의 소국 아르메니아였다.

착한 아제르인도 "우리의 적은 아르메니아!"

아제르바이잔에서 나고르노-카라바흐(Nagorno-Karabakh) 문제만큼 전국민을 흥분시키는 사안도 없다. 유순한 바쿠인들도 나고르노-카라바흐나 아르메니아 얘기만 나오면 눈에 힘이 잔뜩 들어간다. 선량한 시민들도 '아르메니아는 우리의 적'이라는 말을 입에 달고 산다.

"여기 대통령의 고민이요? 가장 큰 일은 아르메니아와 나고르노-카라바흐 분쟁이고, 경제 회복은 그 다음 순서죠." 바쿠에 있는 아제르바이잔 전통 음식점에서 만난 김창규 조지아·아제르바이잔 대사는 '최근 알리예프의 주된 관심사가 무엇인가'를 묻는 질문에 이렇게 답했다. 그는 나고르노-카라바흐 사정이 한국의 독도 문제와 흡사하다고 했다. "아제르바이잔 사람들은 역사적으로 당연히 자기들 땅이라고 여기는데 이걸 국제사법재판소(ICJ)로 들고 가서 해결할 리 만무하죠. 그러다 보니 알리예프 대통령은 빼앗긴 나고르노-카라바흐와 그 주변의 일곱 개 지역에 대해 주기적으로 공격을 가할 수밖에 없어요. 이것마저 하지 않으면 경제도 안 좋은데, 대통령이 뭐하고 있느냐며 국민 반발이 더 커질 겁니다." 이쯤에서 보면 아제르바이잔이나 아르메니아 지도자들은 나고르노-카라바흐 분쟁을 자국민들의 민생 불만을 완화하는 수단으로 이용하고 있는지도 모른다. 외국과 전쟁을 일으켜 국민을 단합시키고 체제에 대한 불만을 그때그때 억누르려는 시도 말이다. 알리예프로서도 당분간 경제 침체를 섣불리 해결하지 못할 상황이라면 모든 국민이 적개심을 갖는 아르메니아를 상대로 국지전을 벌이는 것이 정권 안정에 도움이 될 것임은 분명하다.

나고르노-카라바흐와 그 주변 지대를 놓고 아제르바이잔과 아르메니아가 벌이는 영토 갈등은 소련 해체 후 발생한 많은 민족문제 가운데

❖ 나고르노-카라바흐 자치공화국 수도인 스테파나케르트 시내.

가장 지루한 양상을 보이고 있다. 아제르바이잔은 소련의 몰락을 기점으로 각 공화국들이 국경선을 나눈 만큼 자국에 속했던 나고르노-카라바흐를 포기할 수 없다는 입장인 반면 아르메니아는 역사적, 인구 구성적 측면에서 자기 땅이라고 맞서고 있다. 하지만 나고르노-카라바흐를 둘러싼 충돌이 본격화된 20세기 초반부터 이들 간의 땅 싸움은 둘 만의 문제가 아니라 국제 열강의 이해관계 속에서 복잡해진 측면이 있다.

1917년 10월 혁명으로 러시아 제정(帝政)이 붕괴되고 나서 이듬해 아제르바이잔과 아르메니아에 민주공화국이 들어선 직후부터 이들은 나고르노-카라바흐를 놓고 치열한 공방전을 벌였다. 1918년 7월 아르메니아가 나고르노-카라바흐를 독립적인 정치행정 단위로서 자국의 불가분의 영토라고 천명하자 아제르바이잔은 터키군의 지원을 받아 나고르노-카라바흐를 자국 영토에 편입시키겠다는 최후통첩을 보내기도 했다. 이런 가운데 제1차 세계대전에서 승리한 영국은 귀속이 결정되지 않은 분쟁 지역 관리를 위해 남부 캅카스에 군대를 주둔시키면서 나고르노-

카라바흐 문제는 국제적 성격을 띠게 됐다. 영국이 나고르노-카라바흐를 통치할 행정장관에 아제르바이잔 정부가 임명한 인사를 승인하자 아르메니아는 그 결정에 불복해 아제르바이잔과 충돌했다. 아제르바이잔과 아르메니아가 소련 볼셰비키에 의해 공산화가 되고 나서도 나고르노-카라바흐 문제는 접점을 찾지 못했다. 소련 공산당은 귀속 문제를 다루기 위해 특별위원회까지 설치할 정도였다. 하지만 스탈린은 1923년 7월, 나고르노-카라바흐를 NKAO(자치주)로 만들어 이를 소련 내 아제르바이잔 사회주의공화국 영토로 편입시켰다. NKAO에 아르메니아인이 90%가 넘고 아르메니아 공화국의 거센 반발이 있었지만 스탈린은 밀어붙였다. 일각에서는 스탈린이 공산주의를 주변국으로 확장하는 데 걸림돌인 터키의 반발을 무마하려고 터키와 친한 아제르바이잔에 카라바흐를 넘겼다는 주장도 한다. 이후 아르메니아인들은 간간히 나고르노-카라바흐를 자기들 땅이라고 주장했지만 소련 당국은 철저히 무시했다. 어차피 아제르바이잔이나 아르메니아, 카라바흐 모두 소련 땅인 데다 영토 갈등이 불거져 민족주의가 발화한다는 것은 공산주의의 이념상 용납할 수 없었기 때문이다. 반체제 활동에 대한 소련 당국의 철저한 탄압과 냉전 시절에 서방 국가들이 소련 내정에 개입하기 힘든 상황에서 아제르바이잔에 속한 나고르노-카라바흐의 지위는 요지부동이었다. 반면 이 같은 억눌린 평화 속에서 아제르바이잔인과 아르메니아인들이 다 같은 소련 인민으로서 형제처럼 더불어 산 것도 이 무렵이었다. 물론 스탈린이 사망한 이후 나고르노-카라바흐 주민들은 또다시 아제르바이잔에서 나와 아르메니아로 귀속을 요구하는 청원을 수차례 냈고, 대규모 시위도 벌였다. 하지만 이들의 노력은 소기의 성과를 얻지 못했고, 페레스트로이카(개혁)를 강조한 미하일 고르바초프(Mikhail Gorbachev)마저도 아르메니아인들의 통합 요구를 묵살했다.

이들 간 영토 싸움이 본격적인 유혈 투쟁으로 확대된 계기는 소련 붕괴였다. 이는 이웃으로 지내던 주민들을 다른 민족이라는 이유로 원수가 되게 만들었다. 1980년대 말 페레스트로이카 바람이 불어 소련의 중앙 권력이 약해진 틈을 타서 아르메니아 정치인들은 NKAO에 있는 분리주의자들을 통해 독립을 선동했다. 아제르바이잔과 아르메니아 사람들 간에 물리적 충돌이 발생했고, 1987년 나고르노-카라바흐의 아르메니아인들은 NKAO와 아르메니아 공화국 간에 통합을 요구하는 청원서를 소련 공산당 중앙위원회에 보냈다. 하지만 이는 휴지통에 버려졌고, 1991년 11월 아제르바이잔은 아예 NKAO의 지위를 박탈한 뒤 카라바흐에 대해 직접 통치로 나섰다. 이에 질세라 다음 달 NKAO의 아르메니아인들은 그곳의 아제르바이잔인들이 보이콧한 가운데 국민투표를 치러 독립국가 수립을 선포했다. 이 무렵 소련 해체로 그곳에 주둔했던 소련군이 물러간 것과 맞물려 1992년부터 양국은 전면전에 돌입하게 됐다. 약 3만 명에 달하는 사망자와 무수한 난민을 내고서야 1994년 5월 12일 양측은 러시아의 중재로 임시 휴전협정을 맺고 사태를 일단 봉합했다. 하지만 거기에는 충돌을 막아줄 국제평화유지군도 없고, 유럽안보협력기구(OSCE) 내의 민스크그룹(러시아·미국·프랑스)이 중재 활동에 나섰지만 영토 분쟁을 지속적으로 관리할 만한 역량을 만들어내지 못했다. 그런 사이 나고르노-카라바흐와 아르메니아 본토에서 수십만 명의 아제르바이잔 사람들이 정든 고향에서 쫓겨났다. 100여 년 전 터키로부터 민족 학살의 치욕을 겪은 아르메니아가 터키와 동족인 아제르바이잔에게 복수라도 하는 듯했다. 반면 아르메니아 측은 나고르노-카라바흐를 둘러싼 전쟁에서 숨지거나 난민이 된 아제르바이잔 국민의 숫자가 과하게 부풀려졌고, 아제르바이잔과 협상을 통해 거주민을 맞바꾼 것이라고 반박했다. 양국은 자기들에게 유리한 국제기구의 성명과 해외 언론보도만을 편

집해 상대방이 인종 청소를 저질렀다고 비난을 퍼부었다. 갈수록 첨예해지는 갈등 속에서 이후에도 간헐적인 국지전이 발생해 휴전협정은 사실상 휴지 조각이나 다름없는 상태다. 바쿠에 가기 전인 2016년 4월 초에도 양국 간에는 누가 먼저 공격했는지 모를 싸움이 벌어져 30명 넘게 숨졌다. 분쟁으로 사망자가 속출할 때마다 양국 국민 간 감정의 골은 깊어질 수밖에 없다. 나고르노-카라바흐를 다녀온 외국인은 아제르바이잔 입국이 금지될 정도로 아제르바이잔 당국은 매우 민감하게 반응하고 있다.

"가장 싫어하는 나라를 묻는다면 당연히 아르메니아죠. 인구도 적고, 천연자원도 없고, 군사력도 형편없으면서 러시아와 미국을 믿고 까불고 있어요. 우리는 소련 시절에 정예 군사학교가 있었고, 무기도 직접 개발하기도 했어요. 아르메니아 놈들, 우리랑 1 대 1로 붙으면 바로 끝나는 건데······." 바쿠 시내 공원 벤치에 앉아 연신 줄담배를 피워대는 60대 노인은 아르메니아 얘기가 나오자 격정적인 말들을 이어갔다. "아제르바이잔에는 아르메니아 출신자들이 3만 명이나 있습니다. 하지만 우리는 그들한테 위해를 가하거나 함부로 대하지 않아요. 어차피 이제는 아제르바이잔 국적을 취득한 마당에 다 포용하죠. 이들 중에는 정부 기관에서 일하는 사람도 있어요. 하지만 아르메니아 놈들은 어떤 줄 아십니까. 예레반에 있는 우리 동포들을 다 쫓아냈어요. 아르메니아에는 아제르바이잔 출신들이 한 명도 없다고요. 이게 우리와 그들의 차이예요. 우리가 왜 더 화가 나는지 아시겠어요?"

나고르노-카라바흐뿐만 아니라 아르메니아 곳곳에서 쫓겨난 아제르바이잔인들은 고국으로 돌아와 난민촌을 형성하고 있다. 정부 통계로 난민 숫자는 100만 명이 넘는다. 한국 대사관 차원에서도 이들 난민 돕기 행사를 매년 갖는다. 김창규 조지아·아제르바이잔 대사는 "아제르바이잔에서는 이주민 담당 부총리 자리까지 만들어 이들의 정착에 최대한

❖ 카스피해에 접한 바쿠의 전경.

관심을 쏟고 있어요. 국민들도 성금을 모으고요. 단순히 동포에 대한 사랑이나 동정심 차원이 아니라 나고르노-카라바흐를 되찾겠다는 아제르바이잔 사람들의 결연한 의지인 셈이죠"라고 설명했다.

    카스피해와 맞닿아 있는 공원에서 휴식 중이던 50대 중반의 남성은 이 문제에 대해 그나마 이성적이었다. 그는 지방 소도시에서 과일 재배를 하며 돈을 좀 벌었고, 바쿠에는 자녀들이 있어 가끔 놀러온다고 했다. "다 정치가 만든 겁니다. 우리가 왜 아르메니아와 이렇게 싸워야 합니까. 그까짓 영토 없어도 지금 아제르바이잔 잘 살고 있지 않습니까. 한국도 북한과 대치해서 싸우고 있죠? 상대와 타협하지 못하는 정치가 남북한을 갈라놓은 거와 똑같은 것이죠."

    몇몇 사람들이 양국의 긴장 관계를 이성적으로 바라보려고 하지만 대다수의 아제르바이잔인들은 아르메니아에 대해 강한 적대감을 갖고 있다. 아르메니아를 꼴 보기 싫어하기는 젊은 사람들도 마찬가지다. 아제르바이잔 언어대학교에서 한국어 통번역을 전공하는 20대 초반의 후

세인도 제일 혐오하는 나라가 아르메니아라고 외쳤다. "한국에서 공부할 때 아르메니아 유학생들이 내가 같은 아르메니아 사람인줄 알고 인사했다가 얼마 후에 바쿠에서 온 걸 알고는 곧장 자리를 뜨더군요. 나도 마찬가지였어요. 같이 있으면 어색하니까 서로 피하게 되죠." 그는 어머니의 친척 중에 아르메니아 사람들이 많은데 더 이상 만나지 못하고 있다고 했다. 양국 간에 분위기가 험악한 데다 서로 입국마저 막아놓았으니 소련 시절 더불어 살았던 양 국민은 더 이상 만날 기회를 잃고 만 것이다. 내가 "1915년 터키가 150만 명의 아르메니아인들을 학살한 것을 어떻게 보느냐"고 묻자 그는 "(당연히) 아르메니아 놈들, 잘 죽었다고 생각하죠"라며 거침없이 말을 쏟아냈다. "그래도 많은 사람이 숨진 것은 동정해야 하지 않나요"라고 하자 후세인은 1992년 2월 26일 아제르바이잔 호잘리(Khojaly) 지역에서 있었던 대학살 사건 얘기를 꺼냈다. "최근에 아르메니아 놈들은 우리 아제르바이잔을 상대로 잔인한 살상을 저질렀어요. 1992년 아르메니아군이 소련 기동소총연대와 함께 호잘리 지역에 들어가 민간인을 무차별적으로 사살했죠. 63명의 아이들을 포함해 사망자가 613명이나 됐어요. 아르메니아 군인들은 아이들의 눈까지 파내면서 낄낄대며 웃었다고 하네요. 우리한테 그런 만행을 저질러놓고 터키한테 당한 것은 사죄를 받아야 한다는 게 말이 됩니까. 자기들이 죽은 것은 '제노사이드(Genocide: 특정민족에 대한 대량 학살)' 운운하면서 스스로는 나쁜 짓을 다하고 있는데 제노사이드를 막자며 국가 간 연대를 외치는 게 가당한 일인가요?" 후세인은 지금처럼 소규모 국지전으로는 나고르노-카라바흐 땅을 되찾기 어렵다고 주장했다. 아제르바이잔이 무기 체계가 훨씬 우수하다며 전면전을 벌여서라도 끝장을 봐야 한다고 목소리를 높였다. 내가 "아르메니아 뒤에 있는 러시아를 감당할 수 있겠어요?"라고 묻자 "우리한테는 터키가 있잖아요. 2 대 2로 붙으면 꼭 지는 게임도 아니에

요"라고 받아쳤다.

하지만 호잘리 사건에 대해 아르메니아는 아제르바이잔과는 전혀 다른 얘기를 했다. 정확히 말하면 나고르노-카라바흐공화국(NKR)의 아르메니아 군인들이 벌인 일로 나고르노-카라바흐공화국의 수도인 스테파나케르트로 연결되는 호잘리 지역공항을 아제르바이잔이 봉쇄하고 있는 것을 무너뜨리기 위해 벌인 자위적인 조치라는 것이다. 바쿠에 간 지 6개월 뒤 예레반을 방문해 받은 책자에는 이렇게 쓰여 있었다.

당시 아제르바이잔은 나고르노-카라바흐공화국으로 가는 모든 도로들을 차단해 그곳의 아르메니아 주민들은 음식과 물, 전기와 연료를 공급받지 못했다. 호잘리는 나고르노-카라바흐공화국의 유일한 공항으로 스테파나케르트를 공격하는 데 활용됐기 때문에 군사작전이 불가피했다. 공격하기 두 달 전부터 나고르노-카라바흐공화국 군사 당국은 여러 채널을 통해 민간인들이 피해를 입지 않도록 준비해둔 통로로 퇴거하라고 사전 경고를 했다. 하지만 734명의 주민이 호잘리를 떠나지 않았고, 그들은 아르메니아 측에 붙잡혀 스테파나케르트를 거쳐 아무 조건 없이 아제르바이잔 측에 인도됐다. 하지만 아제르바이잔 당국은 코소보 분쟁이나 다른 지역의 전쟁과 난민들 사진을 호잘리에서 벌어진 장면이라며 조작을 가했다. '아르메니아인들의 잔혹성'이라는 제목으로 한 어머니가 죽은 아이들 앞에서 절규하는 사진은 1983년 터키 지진 때의 것으로 호잘리와는 아무런 상관도 없지만 마치 호잘리 사건 때 일어난 것처럼 보도됐다.[1]

---

1) Against Xenophobia and Violence, *Khojaly: Propaganda Through Tragedy*(mia publishers, 2011), pp. 3~7.

❖ 바쿠의 순교자 묘지공원에는 소련으로부터의 분리독립을 주장하다 1990년 소련군의 무력 진압으로 숨진 시위대원들과 나고르노-카라바흐 분쟁에서 희생된 자들의 시신이 묻혀 있다.

나고르노-카라바흐 분쟁 시 가장 큰 집단 살해로 여겨지는 호잘리 사건을 둘러싼 진실은 양측이 주장하는 어느 중간 지점에 있을 것이다. 한편 나고르노-카라바흐 문제에 대해 러시아는 공공연히 아르메니아를 편들어왔다. 그 이유로 몇 가지가 나오지만 뭐가 가장 큰 이유인지는 확실하지 않다. 아제르바이잔과 달리 아르메니아가 비(非)이슬람 국가이기 때문에 지지한다는 떠도는 수준의 얘기도 있지만 캅카스 3개국 중 러시아가 가장 믿을 만한 나라가 아르메니아이기 때문이다. 조지아는 이미 독립국가연합(CIS)을 떠났고, 자원 부국인 아제르바이잔은 러시아와 소원한 관계 속에 이제는 유럽을 지향하고 있다. 역사학자인 올렉 쿠즈네초프(Oleg Kuznetsov)는 두꺼운 저서 『20세기 초국적 아르메니아 테러리즘의 역사(The History of Transnational Armenian Terrorism in the 20th Century)』에 이렇게 적었다.

남부 캅카스에서 아르메니아는 러시아의 유일하고 진실된 군사전
략 및 정치적 동맹국이고 경제 파트너다. …… 아르메니아는 경제적
으로 취약하지만 러시아의 원조와 아르메니아 디아스포라의 재정적
인 도움으로 버티고 있다. 러시아는 엄마가 아이를 돌보는 것 같은 일
종의 책임감에서 어쩔 수 없이 아르메니아를 먹여 살려야 한다. 2)

나고르노-카라바흐 문제에서 러시아가 아르메니아 쪽으로 기우는
또 다른 이유는 터키를 견제하기 위해 터키와 원한이 많은 아르메니아를
이용하고 있다는 것이다. 러시아는 NATO 회원국인 터키의 동진(東進)
을 막는 교두보로서 터키와 접한 아르메니아 국경 부근에 5000여 명의
병력을 주둔시키고 있다. 아르메니아 서부 도시 굼리에 있는 러시아군
은 아르메니아를 대신해 터키와의 국경에서 순찰을 맡아주고 있다. 특히
러시아 입장에서 독립국가연합 국가들 간 집단안보조약기구(CSTO) 회원
국인 아르메니아와 비회원국인 아제르바이잔을 차등 대우하는 것은 당
연한 논리일 수 있다. 아르메니아는 또 블라디미르 푸틴(Vladimir Putin)
러시아 대통령이 2015년 1월 야심차게 출범시킨 유라시아경제연합
(EAEU) 회원국인 반면 아제르바이잔은 아직 가입할 생각도 하지 않고 있
다. 파하드 맘마도프(Farhad Mammadov) 아제르바이잔 전략연구소장은
논문에서 나고르노-카라바흐 사태가 해결되지 않은 이유로 유럽안보협
력기구의 무능을 꼽기도 했다. 그는 "이 문제를 다루는 유럽안보협력기
구 내 민스크그룹을 이끄는 3개국이 러시아, 프랑스, 미국인데 이 나라
들에는 아르메니아 이민자들이 가장 많다"며 "그러니 공정한 사태 해결

---

2) Oleg Kuznetsov, *The History of Transnational Armenian Terrorism in the 20th Century*(Verlag Dr. Köster, 2016), pp. 187~192.

보다는 아르메니아의 뜻대로 현상 유지만을 선호하고 있는 것"이라고 주장했다.

내게 아제르바이잔의 철도·에너지 물류 허브 전략을 한참 설명하던 벨리예프 국장은 지도를 다시 보여주면서 아르메니아가 모든 루트에서 철저히 배제되어 있다고 강조했다. 이미 건설됐거나 계획 중인 모든 철도와 송유관, 가스관이 아르메니아를 우회하고 있다고 했다. 그는 얼굴에 흐뭇한 미소를 머금고 있었다. "아르메니아는 우리나 터키하고는 국경이 막혀 있고, 조지아하고는 열려 있지만 조지아 북부의 남오세티야, 압하지야가 친러시아 지역이라 조지아가 육로 통행을 막고 있어 거기까지 올라가지는 못하죠. 결국 아르메니아가 제대로 나갈 수 있는 통로는 좁은 국경으로 된 이란밖에 없는 셈이죠. 영토가 봉쇄된 와중에 철도와 에너지 루트까지 다 막혀 있으니 아르메니아는 버티기 힘들 겁니다." 그는 아르메니아 국민이 불쌍하다는 투로 얘기를 계속했다. "아르메니아는 탈출구를 찾아보려고 최근 이란에 철도 프로젝트를 제안했어요. 하지만 건설비만 30억 달러가 필요하다는 보고서가 나와 사실상 폐기됐죠. 세르즈 사르키샨(Serzh Sargsyan) 아르메니아 대통령은 포기하지 않고 돈을 구하러 시진핑을 만나러 갔지만 거절당했어요. 중국도 요즘 경제가 어려운데, 어떻게 그 많은 돈을 댈 수 있겠습니까. 반면 중국은 지난주(2016년 10월 첫 주) 조지아와 자유무역협정(FTA)을 체결했어요. 아르메니아는 주변국들로부터 사실상 경제봉쇄를 당하고 있죠."

그는 나고르노-카라바흐 문제에 대해서도 러시아가 아르메니아를 일방적으로 편드는 것은 아니라고 했다. "캅카스 3국이 국제관계에서 서로 다른 방향성을 갖고 있어요. 아르메니아는 친러시아, 조지아는 친유럽, 우리는 독립 노선이죠. 이 때문에 러시아가 나고르노-카라바흐 문제에서 아르메니아를 지지하는 것처럼 보이지만 일방적인 것은 절대 아니

에요. 굳이 따진다면 60 대 40 정도라고 할까요. 2009~2015년 우리가 러시아에서 사들인 무기 규모가 수십억 달러입니다. 러시아가 일방적으로 (아르메니아 쪽으로) 갔다면 우리가 그 많은 무기를 구입했겠습니까."

실제 국제관계 평론가들 중에는 나고르노-카라바흐 분쟁에서 러시아가 아르메니아를 진심으로 지원하는 것은 아니라고 말하는 사람도 많다. 러시아는 아제르바이잔과 무기나 석유 거래를 통해 언제든 약해빠진 아르메니아를 나고르노-카라바흐에서 밀어낼 수 있다는 것이다. 아르메니아 출신인 영국 레스터 대학교 에두아르드 아브라하미얀(Eduard Abrahamyan) 교수는 한 논문에서 러시아가 2014년 말까지 50억 달러어치 무기를 아제르바이잔에 팔면서 아르메니아를 위협하고 있다고 지적했다. 벨리예프 국장이 말한 대로 돈 많은 아제르바이잔이 러시아제 무기를 대거 구매한다는 것은 나고르노-카라바흐 분쟁에서 아제르바이잔의 화력이 세질 것이기 때문에 이는 러시아가 뒤에서 방관하고 있는 꼴이다. 아브라하미얀 교수는 러시아와 아르메니아 간의 불편한 관계에 대해 몇 가지를 적었다.

아르메니아에 있는 친러시아 매체와 위성방송은 아르메니아가 서방과 가까워지면 조지아나 우크라이나처럼 러시아의 강한 반격에 부딪힐 것이라는 경고를 내보내고 있다. 만일 아르메니아 정권이 러시아에 반기를 들 낌새를 보이면 러시아는 아제르바이잔을 꼬드겨 카라바흐에서 분쟁을 일으키도록 할 것이다. 러시아는 아제르바이잔에 무기를 제공하면서 아르메니아 사회에 심각한 안보 긴장을 불러일으킬 것이다. 아제르바이잔은 석유를 러시아 땅을 거쳐 유럽으로 보내는 대신 푸틴의 지배력과 에너지 정책을 따를 수밖에 없다. 대신 알리예프는 푸틴으로부터 나고르노-카라바흐 문제에서 보호를 받을 수 있게

된다. 특히 아제르바이잔을 EAEU에 가입시키기 위해 카라바흐 영토 일부를 교환 대상으로 삼을 수도 있다. 1991년 3월 소련 공산당은 '공화국들 간 동등한 권리와 자유를 가진 새로운 소련을 유지하는 것이 필요한가'를 묻는 국민투표를 결정했는데 아르메니아공화국은 이를 거부했다. 대신 소련에서 독립을 묻는 자체 국민투표를 실시해 99%의 찬성표를 얻었다. 반면 아제르바이잔은 모스크바가 하달한 이 국민투표를 실시해 94.12%가 소련 유지에 찬성하는 것으로 나왔다. 이 같은 상반된 결과는 이후 러시아 정치엘리트들에게 큰 영향을 미쳤고, 아제르바이잔과 아르메니아를 대하는 푸틴 정부의 근간이 되고 있다.[3]

    1시간가량 벨리예프 국장의 열띤 설명이 끝나갈 무렵, 아르메니아에 대한 아제르바이잔 사람들의 적개심 내지 무서운 경쟁의식을 체감할 수 있는 일이 벌어졌다. 나는 "아르메니아 정부가 한국 기자들을 10여 명 초청해서 자국에 대한 홍보프로그램을 제작하려고 하는 것 같더라"고 운을 뗐다. 당시만 해도 아르메니아는 한국인 명예총영사를 통해 한국 주요 언론을 초청해서 자국의 사정을 설명하고 IT, 관광 등 역점 사업을 홍보하려고 준비 중이었다.[4] 그 말을 내가 뱉은 순간 벨리예프 국장의 눈이 잠시 흔들렸다. "아르메니아 애들이 뭘 홍보하려는 걸까요? 한국 기자들이 중립적으로 보도해야 할 텐데……. 뉴스가 나오면 한번 받아볼 수 있을까요?"라고 말하면서 자기 서재에 있는 아제르바이잔의 역

---

3) "Russia's Main Strategy for the Nagorno-Karabakh Issue," *Foreign Policy Journal*, Nov 28, 2014.
4) 아르메니아는 이 행사를 다음해로 미루더니 얼마 후 계획을 취소했다.

사 책부터, 나고르노-카라바흐 분쟁에 대한 논문집까지 한 아름 싸 주었다. 무려 10권이나 되어서 조지아로 이동을 앞두고 들고 가야 할 짐이 크게 늘어났다. 그는 사무실을 떠나는 내 손을 잡으며 "서울로 돌아가면 아제르바이잔에 대한 책과 기사를 잘 써달라"고 당부의 말을 잊지 않았다. 나는 고개를 끄덕이고 나서 "그런데 유대인 다음으로 머리가 좋은 민족이 아르메니아라는데 맞느냐"고 농담을 던졌다. 그는 "머리가 좋기는 무슨, 걔들은 '히트리(교활한 놈들)'예요"라고 잘라 말했다.

3대 집권을 꿈꾸는 알리예프 가문

바쿠를 방문하기 보름 전, 아제르바이잔에서는 개헌을 위한 국민투표가 있었다. 2009년 국민투표에서 대통령의 3선 금지 조항을 없애 장기 독재의 길을 열더니 이번엔 임기를 5년에서 7년으로 늘리고, 대통령 후보의 피선거권 연령 제한을 없애는 것이 요지였다. 부친에게서 대권을 넘겨받은 일함 알리예프 대통령이 본인의 집권 기간을 추가로 연장하는 것도 모자라 나이 어린 그의 자식들에게 대선 출마의 길을 열어준 것이다. 대통령 입후보자의 연령 기준(35세)이 사라지면서 알리예프의 두 딸과 10대의 막내 아들은 부친을 대신해 언제든 출마할 수 있게 됐다. 유권자 70%가 참여한 투표 결과는 91%의 압도적 찬성으로 나왔다. 정상적인 국가라면 이 같은 몰염치한 개헌안을 국민투표에 부친다고 했을 때 국민이 폭동이라도 일으키겠지만, 아제르바이잔에서는 국민투표를 앞두고 몇 번의 개헌 반대 시위가 있었을 뿐, 국민 대다수는 묵묵히 투표장으로 향했다. 일부는 개헌안의 내용도 모르고 투표용지에 찬성 표시를 했다.

그리고 나서는 카스피해를 배경으로 전망이 끝내주는 파르크 불바리 공원과 인근의 세련된 카페나 쇼핑몰을 찾아가 휴일을 즐겼다. 알리예프 가문의 3대를 내다본 장기 집권 구상은 바쿠 시민들에겐 도저히 제어가 불가능한, 남의 일이었던 것이다. 2017년 초에는 알리예프가 자신의 부인을 수석부통령에 임명했다는 보도도 나왔다. 새로운 헌법에 따라 대통령이 임명하는 부통령 자리 두 개가 생기면서 그중 하나에 영부인을 앉힌 것이다. 자칫 알리예프의 유고(有故) 시 다음 대선에서 그의 자식들이 승계할 때까지 영부인이 대통령 권한대행을 맡을 수 있도록 한 것이다. 3대 세습을 향한 대통령직의 사유화가 확실하게 일어나고 있었다.

아제르바이잔은 구소련에 속했던 국가들 가운데 부자간 권력 세습이 일어난 유일한 나라다. 우즈베키스탄과 카자흐스탄에서 딸이 대를 이을 가능성이 점쳐졌지만 우즈베키스탄은 총리가 승계했고, 카자흐스탄에서도 소문만 있지 아직 권력 승계가 일어나지 않았다. 이슬람권 국가에서 최고 지도자 자리를 여성에게 내준다는 것이 정서상 맞지 않는 것도 이유 중 하나다.

알리예프 대통령의 부친인 헤이다르 알리예프는 아제르바이잔의 국부(國父)다. 민족이나 언어, 종교적 측면에서 유사한 터키에서 무스타파 케말(Mustafa Kemal)을 아타튀르크(국부)로 숭배하듯이 아제르바이잔에서는 헤이다르를 그에 못지않게 떠받든다. 실제 헤이다르는 그럴 듯한 인물이 없는 아제르바이잔에서 가장 걸출한 정치 스타였다. 그는 아제르바이잔 사회주의공화국 제1서기를 1969년부터 13년간 하고 나서 1982년부터 소련공산당 정치국원이 되었다. 각 공화국 최고 지도자인 제1서기는 중간에 좌천되거나 거기서 경력을 마감하는 경우가 많지만 헤이다르는 소련 중앙 최고권력기구로 옮겨 탔다. 줄 대기와 공작 정치가 만연한 소련공산당 권력 내부로 들어가는 데 있어 헤이다르는 인품과

❖ 바쿠 곳곳에는 2003년 타계한 헤이다르 알리예프의 사진이 걸려 있다.

능력, 대인 관계 모두를 인정받았던 것이다. 당시는 브레즈네프, 안드로포프, 체르넨코로 이어지는 속칭 '영구차(靈柩車)' 시대로 노쇠한 소련 공산당 최고 지도자들의 사망이 매년 반복되면서 정권이 불안정한 시대였다. 이런 와중에 서기장에 오른 고르바초프는 집권 2년 만인 1987년, 헤이다르를 아제르바이잔 마피아와 연결된 부패하고 반(反)개혁적 인물로 매도해 소련 중앙 정계에서 몰아냈다. 당시 온건 개혁파인 헤이다르는 고르바초프나 보리스 옐친(Boris Yeltsin) 같은 급진 개혁파에게 밀리고 있었는데, 일각에서는 헤이다르가 고르바초프와의 경쟁 구도에서 부패 혐의를 덮어쓰고 실각 당했다고 본다. 고향인 나히체반으로 돌아가 지방에서 최고회의 의장을 하며 조용히 정치 인생을 마감하는 듯했던 헤이다르가 복권된 배경은 다름 아닌 고르바초프의 실각이었다. 1991년 8월 고르바초프가 보수파 쿠데타로 물러나면서 옐친 주도로 소련 해체가 시작됐고, 독립국가를 선포한 아제르바이잔에서는 당시 제1서기였던 아야즈 무탈리보프(Ayaz Mutallibov)가 초대 대통령에 올랐다. 그를 이어 학자 출신의 민족주의 성향을 가진 아불파즈 엘치베이(Abulfaz Elchibey)가 내각을 이끌었지만 경험 부족으로 좌초했다. 지금도 바쿠 시민들은 이들 1~2대 대통령에 대해 '최악의 선택'이었다고 얘기한다.

1993년 6월, 엘치베이는 나고르노-카라바흐 전쟁에서 군령을 어기고 아르메니아에게 영토를 내준 간자 출신의 군인 수랏 후세이노프(Surat

Huseynov)를 체포하기 위해 4000여 명의 병력을 간자에 파견했다. 명분은 반역자 처단이었지만 무능력한 엘치베이의 군대는 후세이노프를 체포하기는커녕 대패했고, 후세이노프는 이를 틈타 주변 지역을 차지하고 바쿠로 진격했다. 정부 전복 쿠데타 위협에 놀란 엘치베이는 비밀리에 나히체반으로 날아가 헤이다르를 만났다. 바쿠가 위기에 처하자 엘치베이는 어쩔 수 없이 헤이다르를 중재자로 선택했고, 그의 바쿠 복귀가 시작된 것이다. 정적인 엘치베이로서도 난국을 헤쳐 나가는 데 헤이다르만 한 경륜과 능력을 갖고 여론을 수습할 인물이 없었기 때문이다. 헤이다르는 그해 6월 말 후세이노프와 교전을 그만두고 협상을 매듭지었다. 이 과정에서 반군의 압박을 받아 엘치베이는 거의 도망치다시피 물러났고, 헤이다르가 대통령직을 대행했다. 간자에서 시작된 쿠데타가 헤이다르에게 권력을 가져다준 셈이 됐다. 후세이노프는 주요 각료 임명권을 가진 막강한 총리가 되었지만 헤이다르와의 불안정한 동거 상태였다. 둘 사이에는 유전 개발 문제를 놓고 입장이 크게 엇갈렸다. 헤이다르는 기술력과 자본이 풍부한 서방의 주요 석유 기업들을 선호한 반면 친러파인 후세이노프는 러시아 기업을 밀었다. 결국 갈등이 커지면서 성격이 급한 후세이노프는 분을 참지 못하고 총리가 된 지 1년여 만에 헤이다르를 몰아내고자 쿠데타를 일으켰다. 하지만 이번엔 참패였다. 후세이노프는 러시아로 도망쳤고, 이제 아제르바이잔에서는 헤이다르의 세상이 펼쳐지게 되었다.

1993년 10월 대선 승리로 대통령에 오른 헤이다르는 2003년 10월까지 정확히 10년을 집권했다. 그는 소련 해체 직후의 국가적 혼란을 걷어내고, 경제성장을 견인했다는 점에서 대체로 긍정적인 평가를 받고 있다. 그는 정치·사회의 개혁뿐만 아니라 외국계 에너지 기업들과 협상을 통해 막대한 국부(國富)를 창출해냈다. 나고르노-카라바흐 분쟁에서 임

시휴전을 맺고 대신 경제에 올인한 것도 헤이다르의 결단 때문이었다는 견해가 많다. 바쿠 시내에 있는 그의 기념관에는 엄청난 부지와 건물에 그의 일대기가 수백 장의 사진 및 유물과 함께 빼곡하게 적혀 있다. 평생 심장병을 달고 산 헤이다르는 권력 승계 준비도 꼼꼼히 했다. 아들인 일함을 총리에 앉히고 여당의 단독 대통령 후보에 천거해 자식에게 권력 대물림을 할 의사를 분명히 했다. 명분은 자신의 정치 노선

❖ 일함 알리예프 아제르바이잔 대통령.

을 가장 잘 아는 지도자는 아들뿐이라는 다소 전근대적이고 망상적인 논리였다. 헤이다르는 2003년 12월 미국에서 치료를 받다가 숨지기 두 달 전에 일함이 대선에서 승리하는 장면도 지켜보았다. 서방은 부정선거를 규탄했고, 바쿠에서는 반대 시위가 있었지만 철저히 진압됐다. 권력은 헤이다르에서 일함에게 돌아갔고, 이젠 손자에게까지 3대에 걸쳐 권력 바통이 넘어갈 가능성이 커지고 있는 것이다.

아제르바이잔 경제대학교를 졸업하고 취업을 준비 중인 20대 초반 남성은 정부가 국민의 정치적 무감각을 조성하고 있다고 주장했다. "카스피해 앞에 만들어놓은 파르크 불바리, 불꽃타워를 보면 바쿠는 유럽 어디에 내놓아도 손색이 없어요. 얼마나 풍광이 아름답습니까. 하지만 거기엔 바쿠 시민들이 복잡한 정치 사안에 끼어들지 말고 일상이나 즐기라는 의미가 숨어 있죠. 대통령이 '나 때문에 우리가 이렇게 멋진 도시를 가졌다'면서 통치의 정당성을 과시하는 것이기도 하고요. 속고 있는 것은 우리 국민만이 아니에요. 외국인들도 바쿠에 처음 와서는 너무 깨끗

하고 아름답다며 깜짝 놀라죠. 하지만 거기뿐입니다. 바쿠 곳곳에는 물도 제대로 나오지 않는 쓰러져가는 건물들도 많죠. 지방은 말할 것도 없고요. 문제는 왜 많은 돈을 국민 실생활이 아니라 그런 장식을 위해 쓰느냐는 겁니다." 아제르바이잔 언어대학교에서 수년째 한국어를 가르치고 있는 최호 교수도 비슷한 얘기를 했다. "시내에 나가 보면 주요 도로에 있는 건물들의 앞면은 페인트를 칠하든지 해서 그럴 듯하게 해놓았어요. 하지만 그 건물 뒷면은 철거 직전의 낡은 모습을 하고 있죠. 국제 행사를 앞두고 도시 미관을 좋게 하려는 것이지만 바쿠의 실체가 이렇습니다. 뭔가 기만당하고 있다는 느낌이죠. 카스피해 앞에 잘 정돈된 공원 모습을 바쿠의 전부인 양 착각해서는 안 돼요."

아제르바이잔은 2012년 유러비전 송 콘테스트를 시작으로 2015년에는 제1회 유러피언 게임, 2016년 F1 유럽 그랑프리, 2017년 제4회 이슬람연대 게임을 연속 개최했다. 인구의 90%가 무슬림이지만 유럽이 되고자 하는 아제르바이잔은 유럽의 주요 국제대회 유치에도 박차를 가해 왔다. 국가 위신을 높이고 많은 국민이 자긍심을 갖게 만드는 긍정적 효과를 기대할 수 있다. 하지만 이 같은 행사 유치를 장기 집권을 위한 수단으로 보는 사람들도 있다. 20대의 바쿠 청년은 이렇게 말했다. "국제대회를 치르는데 얼마나 많은 돈이 들어갑니까. 경제도 어려운데 그 돈이면 국민이 지금보다 배불리 먹고 살 수 있어요. 하지만 대다수 국민은 대통령이 국가 위신을 높이기 위해 열심히 일한다고 생각하기 때문에 통치의 정당성과 지지율 상승으로 이어지죠."

아니나 다를까. 거리에서 만난 바쿠 시민들은 정치 얘기를 꺼리면서도 알리예프에 대해서는 칭찬이 다수였다. 이들의 표정에서는 '알리예프 말고, 그럼 누가 있지?'라는 분위기가 읽혔다. 베트남과 우즈베키스탄에서 자동차 정비 일을 하고 있다는 20대의 두 청년은 파르크 불바리

에서 쉬는 중이었다. "알리예프 대통령, 잘하고 있습니까?"라고 묻자 "그럼요. 정부 도움으로 해외에 나가 돈도 벌고 있지 않습니까"라고 답했다. 바쿠에서 옷 가게를 한다는 50대 중반의 신사 역시 알리예프를 칭찬했다. 그는 손을 들어 카스피해 주위의 건물들을 가리켰다. "이렇게 벤치에 앉아 카스피해의 멋진 야경을 감상한다는 것, 정말 대단하지 않습니까. 이걸 누가 만들었나요. 알리예프가 국민을 위해 해준 겁니다. 경제가 어렵지만 그게 대통령의 잘못입니까. 유가가 떨어지니 어쩔 수 없는 거죠. 알리예프는 힘든 가운데서도 그나마 잘하고 있는 거예요." 물론 알리예프 가문의 세습 통치에 대해 비판의 목소리가 없는 것은 아니다. 다만 여기서는 대통령 지지율 조사 같은 게 없으니 알리예프의 인기를 숫자로 표시하기가 어려울 뿐이다. 바쿠에서 만난 익명의 대학원생은 알리예프 얘기가 나오자 과격해졌다. "그 집안이 대대손손 나라를 주무르려고 하는데, 그걸 반기는 사람이 어디 있겠습니까. 그냥 참고 지내는 거죠. 대통령 지지도를 냉정하게 조사해보면 아마 5%도 안 나올 겁니다." 내가 "뭐가 그렇게 불만이에요?"라고 묻자 그는 이렇게 대답했다. "이 나라에서는 질식할 것 같습니다. 저는 집도 있고 자동차도 있고 물질적으로 크게 부족하진 않지만 반드시 해외로 나갈 겁니다. 인간이 밥으로만 살 수 있나요. 여기는 돈과 권력 있는 자들만 계속해서 잘살아요. 공정한 경쟁이 없는 게 가장 큰 문제죠. 다들 취업하기가 힘든데, 권력자 자식들은 공부하지 않아도 쉽게 좋은 자리를 차지하죠. 젊은층의 박탈감이 커요. 노인들은 연금이 줄었다면서 맨날 소련 시절이 좋았다는 얘기만 하고요. 겉으로는 자유로워진 것 같지만 따져보면 사회 공기는 질식할 정도예요. 알리예프 가문이 3대를 집권한다면 변화의 가능성은 더 없어지겠죠."

무기력한 도시, 간자에서 헤매다

"간자를 왜 가요? 거기엔 구경할 거 하나도 없어요. 그냥 쉐키에 갔다가 멋진 캅카스 풍광 감상하면서 조지아로 쉽게 들어가세요." 바쿠에서 캅카스 산맥에 인접한 쉐키에 갔다가 다시 내려와 간자를 거쳐 조지아 수도인 트빌리시로 들어간다고 하자 바쿠에 있는 몇몇 지인들이 말렸다. 간자는 아제르바이잔 제2의 도시라곤 하지만 볼 만한 게 없으니 포기하라는 취지였다. 불현듯 『타타르로 가는 길』에서 저자가 간자로 가겠다고 하니 옆에 있는 통역원이 "간자에는 아무것도 없어요. 쓰레기 도시라고요"라고 했던 말이 떠올랐다. 사실 여행 루트로 따져보면 쉐키에서 캅카스 산맥을 따라 조지아 남부 도시들을 거쳐 트빌리시로 가는 게 나을 수 있었다. 하지만 아제르바이잔 제2의 도시는 어떻게 생겼는지, 바쿠와는 분위기가 얼마나 다른지, 또 바쿠와 은근히 경쟁 관계에 있다는 소문도 확인해보고 싶었다. 특히 책에 나오는 특정 장면을 떠올릴 때마다 웃음이 나오곤 했는데, 간자 사람들의 좀 모자란 듯하면서도 순진한 모습을 직접 눈으로 보고 싶었다.

> 차를 마시고 있던 일련의 남자들이 우리가 동석하는 것을 허락해주었다. 그들은 내게 어디서 왔으며, 간자에 대해 무얼 아느냐고 물어보았다. 그리고는 중세의 시인 네자미 간자비에 대해 내가 깜깜무소식인 것을 알고는 그중 한 명이 득달같이 집으로 달려가 네자미 시집 한 권을 들고 나왔다.[5]

---

[5] 로버트 카플란, 『타타르로 가는 길』, 이순호 옮김(르네상스, 2003), 273쪽.

❖ 간자에는 낡은 건물과 쓰레기들이 곳곳에 쌓여 있다.

바쿠에서 쉐키행 침대열차가 오후 9시 30분에 출발했다. 새벽 6시 반쯤 도착하니 무려 9시간이 걸리는 셈이다. 내가 머문 4인실 침대칸에는 "나 저널리스트요"라며 친근하게 말을 거는 60대의 지긋한 노신사 한 분이 타고 있었다. 그는 다음날 쉐키 시청의 제1비서를 인터뷰하러 가는 길이라며 자기가 쉐키의 주요 관료들을 소개해줄 수도 있다고 큰소리쳤다. 그는 내가 질문하기가 무섭게 자기 생각을 속사포처럼 쏟아내는 바람에 대충 절반 정도만 이해하고 듣기를 포기해야 했다.

"알리예프 대통령이 언론 탄압을 많이 한다면서요?"라고 묻자 그가 지껄였다. "뭔 소리여. 우리 기자들, 쓰지 못하는 거 없이 다 쓰는데. 세게 단속해 보아야 1~2일 구금하는 정도인데 그걸 갖고 언론 탄압이라고 하면 섭섭하지." 빈부 격차, 부정부패에 대해 물어봐도 대답은 뻔했다. 그런 문제는 어느 나라에나 다 있는 일인데 왜 우리만 갖고 그러느냐는 식이었다. "좀 부패했다고 쳐도 우리 국민들, 다 잘 먹고 잘살아요. 별 불만이 없어요. 대통령과 영부인이 불쌍한 백성들을 위해 학교도 짓고 얼마나 좋은 일을 많이 하는 줄 아십니까. 일함 대통령이 엄청난 부자인데 그 쥐꼬리만 한 뇌물에 넘어가겠습니까. 일함에 대한 지지율은 거의 100%예요. 국부인 헤이다르 알리예프도 다들 존경합니다. 부시와 클린턴이 우리나라에 와서 석유 좀 달라고 헤이다르 앞에서 얼마나 굽실거렸는지 압니까. 정말 통쾌했었죠. 그분은 우리 국민에게 먹을 것을 주고,

또 자존심까지 세워준 분이에요." 정부가 자금을 대고 있는 관영 신문의 직원답게 그는 정부 대변인이라도 되는 양 친정부적 발언을 쏟아냈다. 아제르바이잔 지식인 사회가 저렇게 천편일률적으로 정부 찬양적이고 소통이 막혀 있다면 참 걱정스럽다는 생각이 들었다.

쉐키에 도착한 후 일정은 간단했다. 실크로드 상인들의 중간 휴식처였던 카라반 사라이(caravan sarai)와 거기의 칸(군주)이 지었다는 칸 사라이 궁전, 알바니아인들이 모여 세운 고대 알바니아 성당을 보는 정도였다. 쉐키가 캅카스 산들이 올려다보이는 곳에 위치해 있다는 점을 빼면 궁전이나 대상들의 숙소 모두 경탄할 만한 수준은 아니었다. 결국 도착한 지 4시간 만에 덜컹거리는 러시아제 고물 택시를 잡아타고 100여 km 떨어진 간자로 향했다. 몸도 피곤하니 하루 이틀 숙박하면서 간자를 잘 둘러볼 요량이었다. 하지만 간자로 향하는 도로 주변에는 잡초가 우거진 빈 들판만 계속됐다. 농사나 과일 재배 같은 것도 하지 않고, 그냥 공터로 놀리고 있었다. 황량한 벌판 사이를 가로지르는 도로 한쪽에는 대형 가구점들이 줄지어 있었는데 누가 여기까지 와서 무거운 가구들을 사갈지 모를 노릇이었다. 도로에는 초등학생으로 보이는 아이들까지 나와 인근 강가에서 잡은 생선을 치켜들고 팔고 있었다. 하지만 더러운 강물을 바라보니 거기서 잡았을 생선을 먹고 싶은 생각은 싹 가셨다.

드디어 간자의 입성을 알리는 웅장한 도시 상징물이 나타났다. 하지만 사정은 전과 크게 달라지지 않았다. 길가 양쪽의 벌판에는 잡초들만 가득한 심심한 풍경들이 계속됐다. 간자 출신의 아제르바이잔 최고 시인이라는 네자미 간자비(Nezami Ganjavi, 1133~1222)의 묘지가 단장이 되어서 그나마 눈에 띄었지만 그냥 지나쳤다. 지친 몸을 이끌고 자기네끼리 최고라고 하는 생소한 외국 시인의 묘소까지 찾아갈 힘이 남아 있지 않았다. 네자미 간자비의 묘지 가까이에 있는 버스 터미널이라는 곳

은 그야말로 난장판이었다. 그렇게 더러운 버스들은 처음 본다 싶을 정도였고, 터미널이라고 해봐야 도로 포장도 안 된 공터에 버스들을 세워두고 호객 행위를 하는 수준이었다. 그 옆으로는 울퉁불퉁한 도로에 흙더미가 잔뜩 쌓여 있어서 차가 한 번 지나갈 때마다 먼지 폭풍이 크게 일었다. 주민들이 마구 내다버린 쓰레기 봉지들도 가득해 썩은 냄새로 머리가 핑 돌 지경이었다. '간자는 쓰레기 도시'라는 얘기가 실감이 났다. 간자가 1918년 아제르바이잔 민주공화국의 수도였고, 추앙받는 네자미 간자비의 고향이라는 점은 도저히 머리에 들어오지 않았다.

시내 중심가도 마찬가지였다. 의회 건물 맞은편에서 얼마 떨어진 곳에 있는 한 호텔은 정말 흉물 그 자체였다. 내부에 들어가 보니 막대기로 매질을 하면 먼지가 풀풀 일어날 것 같은 얼룩진 낡은 소파가 덜렁 놓여 있었다. 천장에는 깨진 조명들이 여럿 걸려 있었고, 청소도 하지 않는지 벽과 바닥 곳곳에 있는 거미줄과 큰 먼지 덩어리들이 소름을 돋게 했다. 소련 시절에 지어져 볼품없는 내·외관을 갖춘 데다 청결 상태는 최악이었다. 그런데도 손님을 받고 있다니 참 놀랄 일이었다. "하루 숙박비는 20마나트(당시 환율로 약 1만 5000원) 받습니다. 더운 물도 나오고, TV도 있어요. 편안히 쉬었다 가세요." 카운터를 보는 70세가량의 노인이 자랑스럽게 말을 이어갔다. "1980년대 지어진 건물입니다. 유서 깊은 호텔이죠." 장담컨대 쓰러져가는 호텔 방에는 녹물이 나올 것이고 TV도 구닥다리일 게 분명했다.

❖ 1980년대 소련 시절 지어진 간자 시내의 낡은 호텔.

❖ 간자 시의회 건물. 그 앞 중앙광장은 지나다니는 사람도 별로 없어 썰렁하다.

　　1917년 10월 러시아혁명으로 로마노프(Romanov) 왕조가 무너지자 아제르바이잔인들은 독립국가 수립에 나서 이듬해 5월 28일, 아제르바이잔 민주공화국(ADR)을 세웠다. 민족주의 성향이 강했던 아제르바이잔 민주공화국은 아제르바이잔 최초의 공화국이었고, 이때의 수도가 간자였다. 하지만 1920년 4월, 러시아 볼셰비키군의 침공을 받아 소련에 편입되면서 아제르바이잔 민주공화국의 역사는 2년 만에 막을 내렸다. 간자인들은 간자가 아제르바이잔 최초의 공화국 수도였고, 네자미 간자비로 대표되는 문화도시라는 자부심이 강했다. 반면 불과 2년 만에 아제르바이잔 민주공화국이 무너지면서 그들의 존재감도 함께 사라졌다는 데 대해 한(恨)을 갖고 있었다. 이후 소련 내 아제르바이잔 사회주의공화국의 수도는 석유를 노리고 러시아인들이 몰려든 바쿠가 되었고, 간자는 점차 잊혀져갔다. 간자 사람들이 과거 바쿠에 대해 갖는 원망과 미움, 경쟁의식은 이런 배경에서 나온 것이다. 소련 해체 후에도 바쿠는 외국인 투자가 몰려 날로 번창한 반면 간자에는 쓰레기만 쌓이면서 간자인들의

바쿠에 대한 원망과 울분은 커져갔다. 한때 간자인들이 자기 도시는 역사와 문화를 갖춘 곳이고, 바쿠는 돈만 아는 천박한 곳이라고 억지로 떠들고 다녔던 것도 이런 내막이 있었던 것이다. 바쿠에서 만난 후세인 씨도 "간자인들은 자신들이 갖고 있는 것에 비해 자부심이 터무니없이 큰 것 같다. 필요 이상으로 스스로를 대단하게 여긴다"고 말했다.

하지만 소련이 붕괴된 지 25년 만에 찾아간 간자에는 더 이상 바쿠에 대한 미움이 없는 것처럼 보였다. 모든 게 지쳤는지 바쿠를 욕할 힘도 남아 있지 않는 듯했다. 내가 "바쿠는 정말 멋있던데 간자는 왜 이 모양입니까. 도시도 더럽고요"라며 자극적인 말을 던져도 항의나 이의 제기도 없었다. 간자 주민들은 "바쿠는 수도니까 당연히 돈이 거기로 몰리겠죠"라며 다 기어들어가는 목소리를 냈다. 시내에 있는 한 공원에서 경찰한테 "왜 공원에 일반인보다 경찰이 많습니까. 오늘 무슨 날인가요?"라고 물었다. 외국인을 거의 찾아보기 힘든 간자에서 동양인이 러시아어로 떠들자 여기저기 있던 경찰들이 모여들었다. 한 열 명은 됐는데 그중에 러시아어를 알아듣는 사람은 두세 명에 불과했다. 러시아어를 아는 경찰이 나머지 사람들한테 현지어로 통역을 해주고 있었다. 내가 "간자하고 바쿠가 아직도 사이가 나쁩니까?"라고 하자 그중에 러시아어를 알아듣는 한 경찰이 "누가 그런 말을 합니까. 우리는 안 싸워요. 바쿠는 자랑스러운 수도인데요"라고 했다. 1990년대 간자 여행 당시 카플란이 만났던, 바쿠를 상대로 욕지거리를 하며 파이팅 넘쳤던 예전 간자의 모습은 더 이상 없었다. 한참을 앞서 있는 바쿠를 상대로 간자인들은 자신들의 초라한 행색을 쳐다보며 더 이상 경쟁해볼 의지와 능력을 상실해버린 듯했다.

간자 사람들의 주요 특징 중 하나는 러시아어를 거의 하지 못한다는 것이다. 그렇다고 영어를 하는 것도 아니어서 자기네 말인 아제리어만 사용했다. 러시아어로 "어디 가느냐"와 같은 기본적인 질문에도 답변을

못 하고 눈만 멀뚱거리고 있으니 참 답답했다. 세네 명씩 몰려다니는 젊은이들은 서로에게 답변을 하라고 친구 옆구리를 찌르며 떠넘기기 일쑤였다. 바쿠에서는 멋지게 치장한 남녀가 데이트를 하는 장면도 많이 봤는데, 여기서는 험악하게 생긴 남자 애들이 철 지난 가죽점퍼를 입고 무리를 지어 몰려다니는 것을 보니 참 꼴사나웠다. 나중에 트빌리시로 가는 열차 안에서 몇몇 아제르바이잔 청년들로부터 현지 학교 시스템에 대해 들을 수 있었다. 이들은 "아제르바이잔에서 러시아어를 배우려는 사람은 없다"고 잘라 말했다. "학교에 따라 좀 다르겠지만 아제르바이잔에서 러시아어는 필수과목이 아니에요. 영어는 5학년 때부터 거의 의무적으로 배우고요. 제2외국어로는 독일어, 프랑스어, 스페인어가 인기고, 러시아어는 잘 안 배워요. 취업에도 도움이 안 되니 공부할 일이 없죠."

간자인들은 자기들이 한때 비웃었던 바쿠의 천박함을 배워가고 있는 듯했다. 내가 한국에서 왔다고 하자 대뜸 묻는 질문 중 하나가 '월급이 얼마나 되느냐'는 거였다. 처음 만난 사람한테 급여를 물어본다는 것 자체가 대단한 실례일 텐데 이들은 뻔뻔스럽게도 돈은 얼마를 버는지, 자동차는 있는지, 집은 얼마나 큰지, 이것저것을 캐물었다. 얘기를 해본 열 명 중 세 명이 이런 식이었다. 중앙역에서 만난 37세의 간자 출신 남성은 바쿠로 일하러 간다고 했다. 그는 바쿠에서 자동차 수리를 하는데, 간자에는 일이 없어 어쩔 수 없이 바쿠로 가게 됐단다. "많은 사람들이 다른 도시로 떠나면서 간자 인구가 줄고 있어요. 일자리가 없으니 여기서 살 수 있겠습니까. 앞으로 간자가 좋아질 일은 없을 겁니다. 현실은 다들 바쿠만 쳐다보고 있으니까요." 그 역시 대화가 끝나가자 "당신 월급이 얼마나 돼요?"라고 물었다. 남의 나라 사람 급여가 궁금할 정도로 이들은 돈에 굶주렸고, 관심사는 온통 '돈'이었다. 예전에 겉으로라도 바쿠를 돈만 안다고 욕했던 분위기는 더 이상 간자에 존재하지 않았다.

간자의 더럽고 활력 없는 모습에 정이 떨어져서 빨리 이곳을 떠나야 겠다고 생각했다. 1박을 하려던 계획을 접고 조지아로 가는 일정을 예정보다 하루 앞당기기로 했다. 열차를 타기에 앞서 간단히 식사를 하려고 10달러를 현지 화폐(마나트)로 바꾸었다. 주변에 요기할 곳을 찾았지만 맥도날드 같은 프랜차이즈 매장은 전무했고, 외국인이 먹기에 깔끔한 레스토랑도 없었다. 결국 상점에 들러 '도시락'이라고 적힌 컵라면 하나를 샀고, 남은 마나트는 도저히 쓸 데가 없어서 달러로 재환전을 했다. 이제 열차 출발 때까지 당초 1박을 하기 위해 잡아둔 숙소로 가는 일만 남았다. 하지만 이번에도 말이 통하지 않는 게 문제였다. 운전사가 손짓발짓으로 알려준 곳에 내리니 내가 묵을 곳이 아닌 엉뚱한 호텔이 서 있었다. 친절한 한 아주머니는 "이 버스를 타면 된다"면서 "진짜 맞느냐"고 맞서는 나를 거의 떠밀어 넣다시피 하기도 했다. 하지만 반대편에서 탔어야 할 버스를 잘못 태워준 것이었다. 결국엔 목적지에서 더 멀어진 정반대 방향 종점까지 다녀와야 했다. 돈을 달러로 다시 바꿨으니 택시를 탈 수도 없는 노릇이었다. 도시락 라면을 봉지에 싸들고 길거리와 차 안에서 매연과 먼지를 맡으며 숙소를 찾느라 길거리에서 2시간여를 허비하고 있는 모습이 참 한심했다. 그리고 보니 거꾸로 버스를 타게 만든 간자 아주머니의 주관심도 돈이었다. 그녀는 너무 지쳐서 말하기도 싫은 내게 이것저것 많이도 물었다. "바쿠에도 살아봤는데 그래도 고향인 간자가 맘이 편안하고 좋아요. 그런데 당신은 월급이 얼마나 되죠? 여기보다는 많이 벌겠죠?"

전 세계 어느 나라도 1~2위 도시 간에 차이가 이렇게 크게 나는 곳도 드물 것이다. 독일에서 일한다는 바쿠 출신의 20대 남성은 트빌리시행 열차 안에서 내가 간자에 대해 욕을 쏟아내자 한마디 해주었다. "간자는 계속 간자예요. 옛날하고 똑같아요. 거긴 절대 안 변해요."

조지아 Georgia

트빌리시에서 마주친 어두운 흔적들

최악의 도시 간자에서 조지아 수도인 트빌리시로 가기 위해 새벽 기차를 탔다. 바쿠에서 전날 저녁에 출발한 기차를 이튿날 새벽 3시 반에 간자에서 탑승한 것이다. 트빌리시에는 당일 오전 10시경 도착하는 일정이었다. 열차로 국경을 넘기는 10여 년 전 러시아 상트페테르부르크에서 에스토니아의 수도 탈린으로 가는 열차를 탄 이후 처음이었다. 당시 러시아 국경 초소에서 세관 경찰들이 커다란 셰퍼드 개를 데리고 열차 안에 들어와 위협적으로 통관 검사를 하던 기억이 났다. 스스로 유럽이 되겠다고 하는 아제르바이잔과 조지아는 최소한 그렇게 무식하게 국경 검

- 소련 시절 러시아명인 그루지야로 불렸지만 2008년 러시아와 전쟁을 치른 뒤 영어식인 조지아로 개칭했다. 소련 해체 직후부터 반(反)러시아적 행보를 하면서 러시아 주도의 통합 시도에 소극적이었다. EU와 NATO 가입을 추구하면서 구소련권 국가들 모임인 독립국가연합(CIS)에서 떨어져 나왔다.

문을 하진 않겠지 하는 생각으로 열차에 타자마자 잠이 들었다.

드디어 이른 아침, 국경 부근에 도착하자 열차 승무원들이 승객들을 일제히 깨우느라 소란해졌다. 제복을 입은 아제르바이잔 직원들이 들이닥쳐 승객들 여권을 모두 수거해갔다. 그리고는 한 명씩 열차 내 객실로 호출해 공항에서처럼 몇 마디 묻더니 여권에 출국 도장을 찍어주었다. 아제르바이잔 검사관은 30대 중반의 젊은 남성이었는데 호감형 얼굴로 태도가 무척 점잖았다. 그의 업무가 끝나자 이번에는 세관원들이 들어와 돈은 얼마나 갖고 있는지, 불법 물건은 소지하지 않았는지 살피기 위해 모든 가방들을 열면서 검사를 했다. 문제는 전날 벨리예프 국장한테서 잔뜩 받은 책과 논문집이었다. 나는 제목조차 읽지 않고 그냥 가방에 넣어왔는데 책 제목이 『20세기 초국적 아르메니아 테러리즘의 역사』, 『아르메니아 테러리즘: 과거, 현재, 전망(Armenian Terrorism: The Past, The Present, The Prospects)』과 같이 다소 자극적이었다. 아제르바이잔 세관원들이 그걸 보더니 깜짝 놀라서 책과 내 얼굴을 번갈아 쳐다보며 이게 뭐냐고 따졌다. 나는 태연히 "한국 기자인데 어제 너희 나라 높은 공무원 양반이 선물로 준거다. 이거 읽고 상황 파악 잘 해서 기사 써달라며……"라고 얼버무렸다. 그래도 의심이 남았는지 "누구라고? 이름을 대시오"라고 묻길래 받아둔 명함을 보여주었다. 그제야 이들은 안심을 했고, 옆 칸에서 건너온 여성 세관원은 『20세기 초국적 아르메니아 테러리즘의 역사』를 가리키며 한마디 했다. "나도 이 책 읽어봤는데 아주 좋은 내용입니다. 반드시 읽어보세요. 아르메니아 애들이 얼마나 나쁜 짓을 많이 했는지 잘 나와 있어요."

아제르바이잔 영토를 넘어 조지아 국경 안으로 들어가자 이번엔 조지아 공무원들이 우르르 떼 지어 나타났다. 그중 대장으로 보이는 자가 여권을 또다시 수거해가더니 밑에 부하들이 승객 한 명씩 맡아 심문 절

❖ 트빌리시 시내를 내려다보고 있는 조지아 어머니상.

차를 시작했다. "조지아에 왜 왔나", "얼마나 있을 것인가"와 같은 평범한 질문들이었다. 관광으로 먹고 사는 조지아로선 외국인 손님이 오면 고마운 일이니 세세하게 따질 일도 아니었다. 아제르바이잔 국경 초소에서보다 입국 절차가 간단히 끝났다. 두 나라 모두 예전의 러시아와 달리 위압적인 분위기는 없었고, 속도 면에서 독립국가연합을 떠난 국가(조지아)가 그렇지 않은 나라(아제르바이잔)보다 다소 빨랐을 뿐이다.

개인적으로 조지아라는 나라에 대해서는 기괴하다는 일종의 선입견을 갖고 있었다. 조지아 출신의 이오시프 스탈린(Iosif Stalin) 소련공산당 서기장과 라브렌티 베리야(Laurentii Beriya) 국가보안위원회(KGB) 위원장 콤비가 보여준 광기 어린 폭력은 조지아에 대한 이미지에 먹칠을 했다. 이 두 명의 조지아인이 소련 시절 전체를 통틀어 가장 많은 사람들을 죽음으로 내몰았던 것을 보면 선량한 조지아인이라도 '혹시나' 하는 시선으로 바라보게 된다. 아마 러시아인들은 13세기 몽골의 지배를 받은 이후 가장 큰 두려움을 스탈린과 베리야 콤비에게서 느꼈을 것이다. 푸틴 대통령도 나처럼 조지아에 대한 부정적인 편견을 직접 말로 내뱉은 적이 있다. 당시는 미하일 사카슈빌리(Mikhail Saakashvili)가 2003년 트빌리시에서 '장미혁명'을 통해 집권하고 나서 일방적으로 서방 진영에 빌붙으면서 러시아를 대놓고 무시하던 때였다. 푸틴은 스탈린 시절 대학살을 기획·집행한 베리야를 거론하며 "조지아가 베리야의 정책을 답습하고 있다"면서 사카슈빌리 내면에 숨겨진 폭력성을 까발렸다. 실제 사카슈빌리는 집권 초기에는 자유혁명을 일으킨 민주주의 투사로서 칭송받았지만 시간이 갈수록 언론과 야당을 탄압하며 독재자의 행보를 보였다. 사카슈빌리가 소련 시절에 태어났다면 스탈린과 베리야 이상으로 잔혹한 통치를 했을지도 모를 일이다. 조지아에 대한 나쁜 선입견은 TV 방송에서 정치인들이 서로 주먹질을 하는 모습을 몇 차례 본 것도 영향

을 주었을 것이다. 또 매부리코에 사납게 생긴 얼굴이나 도저히 알아보기 힘든 이 나라 문자도 조지아의 분위기를 이상야릇하게 만들었다. 2016년 7월 쿠데타 이후 수십만 명을 투옥시킨 레제프 타이이프 에르도안(Recep Tayyip Erdogan) 터키 대통령의 모친이 조지아계라는데 그의 폭력성이 조지아 뿌리에서 나온 것인가 하는 호기심이 들기도 한다. 2015년 여름에는 트빌리시 대홍수로 동물원 담벼락이 무너지면서 탈출한 호랑이들이 거리를 누비며 사람을 잡아먹었다는 뉴스는 조지아의 그로테스크한 느낌을 더했다.

어쩌면 조지아에서 정상 궤도를 이탈한 정치인은 스탈린, 베리야만이 아니다. 소련 해체 이후 독립한 조지아(당시 국가명은 그루지야)에서 즈비아드 감사후르지아(Zviad Gamsakhurdia), 에두아르드 셰바르드나제(Eduard Shevardnadze), 사카슈빌리로 이어지는 정상들은 다들 평범하지가 않았다. 뭔가에 홀려 남의 말을 듣지 않았고, 결국 마이웨이식 통치를 하다가 불운한 말년을 맞았다. 학자 출신인 감사후르지아는 반(反)러시아를 내걸고 민족주의 감정에 호소하다가 국가 혼란만 키워놓고 종적도 없이 사라졌다. 그는 서방으로부터 인정받은 셰바르드나제의 등장으로 쓸쓸히 물러난 뒤 어디서 죽었는지 모를 정도로 말년이 비참했다. 고르바초프 밑에서 소련 외무장관을 지낸 셰바르드나제는 처음엔 조지아에 와서도 개혁을 외쳤지만 현지에 터 잡고 있던 수구 세력에 밀리면서 본인도 부정부패와 비리에 빠져들었다. 결국 선거 부정으로 촉발된 장미혁명으로 37세의 젊은 사카슈빌리에게 권력을 내주는 수모를 겪었다. 내가 트빌리시에서 며칠간 묵었던 숙소의 주인은 "감사후르지아는 악마, 셰바르드나제는 광인, 사카슈빌리는 에고이스트"라고 간단하면서도 명쾌하게 정리를 해주었다.

러시아 민중가요 「백만 송이의 장미」에 나오는 가사의 실제 배경인

❖ 트빌리시의 시내 전경.

❖ 언덕위에 조지아 국기가 걸린 대통령궁과 특이한 모양의 트빌리시 영화관. 이곳은 재정난으로 내부 공사가 중단됐다.

1부 | 숨죽인 캅카스를 가다: 아제르바이잔·조지아·아르메니아 **67**

❖ 러시아 가요 「백만송이 장미」의 실제 주인공인 조지아 사람 피로스마니의 이름을 딴 트빌리시의 식당과 와인바.

트빌리시(과거 이름은 티플리스)의 첫 인상은 아기자기하게 예쁜 모습이었다. 열차가 도착한 중앙역 주변은 아직 소련 시절의 더럽고 무질서한 흔적을 벗겨내지 못했지만 거기를 벗어나 시내에 이르면 '와!' 하는 감탄사가 쏟아질 만했다. 쿠라강(江)을 오가는 둥근 아치형 다리와 그 옆으로 관악기 모습을 본뜬 영화관, 산호초 모양의 법무부 청사, 언덕 위의 화려한 대통령궁에 이르기까지 눈에 띄는 건물들이 제법 있었다. 외관이 웅장하다기보다는 마치 동화에 나올 것처럼 색감 있고 귀엽게 생긴 것이 간자의 삭막함과는 크게 대비되었다.

그러나 하루 정도 예쁜 곳들을 찾아다니고 나면 도시 곳곳에서 지저분한 실체가 드러난다. 조지아 사람이라면 누구나 EU에 들어가겠다고 말하지만 과연 그게 가능할까 하는 의심스러운 장면들이 곳곳에 있다. 무엇보다 경제 수준이 아직 유럽에 크게 못 미친다. 숫자를 꺼내들지 않더라도 길거리에는 '이게 유럽일 수는 없지'라는 생각을 갖게 하는 모습

❖ 트빌리시의 노천시장.

들이 널려 있다. 자유광장, 루스타벨리처럼 외국인 관광객들이 몰리는 장소에서도 수많은 걸인들이 길거리 동냥을 하고 있었다. 또 푼돈을 벌기 위해 과일과 채소를 들고 나와 온종일 땅바닥에서 행상을 하는 사람들도 많았다. 지하철과 연결된 어두컴컴한 토굴 같은 곳에선 잡동사니 물건들을 팔고 있었는데 너무 지저분해서 들어가기 힘들 정도였다. 시외버스 정류장 부근은 도로 포장이 불량하고 배수가 나빠 비만 오면 진흙탕으로 변했다. 흑해 연안의 바투미로 가는 길에 버스를 타고 잠시 둘러본 제2의 도시 쿠타이시에서도 '조지아가 어떻게 EU에 들어갈 수 있나'라는 생각만 머릿속을 맴돌았다. 다 쓰러져가는 흉측한 건물들은 곧 철거를 기다리는 듯했고, 주민들은 좁은 길가에 지저분한 좌판을 깔아놓고 운동화, 옷가지, 과일 등 돈 되는 물건은 죄다 갖고 나와 팔고 있었다. 벽체 곳곳에 금이 갈 정도로 파손된 아파트 베란다에는 빨래들이 잔뜩 내걸려 있어 도시 미관은 그야말로 엉망이었다.

트빌리시에서 서쪽에 위치한 보르조미에서는 정전도 수차례 경험했다. 소련 시절부터 유명한 물의 도시이자 같은 이름의 생수 브랜드가 있는 보르조미는 전력 사정이 특히 취약했다. 슈퍼마켓에 들렀을 때 두 번씩이나 정전이 발생해 물건을 고르다가 멈추어야 했다. 그 동네 사람들은 이런 일에 익숙해졌는지 호주머니에서 즉시 손전등을 꺼내거나 휴대폰 플래쉬를 켜고 자연스럽게 대응했다. 보르조미 숙소에서도 오후 7시까지는 불이 들어오지 않았다. 오후 10시가 넘자 전기가 들어왔다가 꺼지기를 몇 차례 반복했다. 숙소 주인 아주머니는 "곧 켜질 테니까 이상하게 생각 말고 조금만 참고 있으라"는 말만 계속했다.

길거리에서 듣는 체감경기도 나빴다. 트빌리시에서 만난 50대의 택시 기사는 "요즘 젊은 애들이 취업이 안 되니 너도 나도 다 택시를 몰아요. 이 거리를 보세요. 자가용이나 버스보다 택시가 압도적으로 많죠. 경쟁이 치열해지다 보니 이 일 해서 돈 벌기가 점점 어려워져요"라고 했다. 아무리 관광으로 먹고산다고 하지만 숙소도 포화 상태다. 내가 묵은 호스텔의 주인은 단가 경쟁이 심하다고 하소연했다. "트빌리시에만 호텔, 게스트하우스를 포함해 숙박업소가 공식적으로 1500개라고 하는데 실제는 3000개가 넘을 겁니다. 관광객이 늘어나도 숙박업소가 계속 생기니 이걸로 큰돈을 만지긴 힘들어요."

경쟁이 가열되면서 외국인을 상대로 한 속임수도 판친다. 한눈을 잠깐만 팔면 당하기 십상이다. 트빌리시 중앙역에 내리니 현지인 몇 명이 선로까지 나와 시내까지 택시를 태워주겠다며 흥정을 계속했다. 호텔, 게스트하우스는 자기가 아는 집이 가장 좋고 저렴하다며 거기까지 가자고 닦달을 했다. 한 택시 운전사가 시내까지 가는 데 10달러를 달라고 하길래 6달러로 깎아서 기분 좋게 출발했다. 그런데 이 사람이 얼마쯤 가더니 차를 세워놓고 괜찮은 숙소 몇 곳을 알려주겠다며 걸어서 같

이 가보자고 했다. 아직 숙소를 정하지 않아 잘 됐다 싶어서 따라갔고 네 곳 정도를 보여줬다. 마음에 들지 않아 택시로 돌아오는데 그 사람이 숙소 안내를 해줬으니 20달러를 내놓으라고 우겼다. 나는 "수고했으니 택시비 포함해 10달러 주겠다. 더는 못 준다"면서 끝냈다. 하지만 트빌리시에서 며칠을 지내보니 도시가 작아 택시를 타고 끝에서 끝까지 가더라도 5라리(약 2500원)면 충분했다. 그 운전사는 다음 날에도 시내관광을 시켜준다면서 나를 또 속여먹었다. 전직 경찰이라던 그는 경찰 조직 내부가 하도 썩어서 그만두고 나왔다고 했지만 정작 본인도 하는 짓이 참 뻔뻔했다. 손자까지 있다는 양반이 그처럼 얄팍한 수로 돈을 벌어야 할 만큼 트빌리시 사람들의 삶은 팍팍해지고 있다. 이후 카즈베기나 시그나기 같은 관광지에서 만난 한국인들도 "예전에는 조지아 사람들이 참 순수하다고 느꼈는데 이제는 돈독이 올라서 외국인을 무슨 봉으로 보고 있다"며 목소리를 높였다.

    트빌리시 언덕 부근에 있는 조지아 국제상공회의소(ICC)의 주랍 카치카취슈빌리(Zurab Katchkatchishvili) 회장을 면담하러 간 날은 비가 많이 내렸다. 그는 "이 비가 곧 눈으로 바뀌면서 날씨도 추워질 것"이라며 "조지아 관광산업은 이제 비수기에 들어간다"고 말했다. 국제상공회의소라는 이름을 달고 있는 이 조직은 조지아 내 350여 개 기업들을 회원사로 두고 있다. 경제뿐만 아니라 정치, 사회 분야까지 광범위한 연구 기능을 갖추고 정부에 자문도 해주고 있다. 카치카취슈빌리 회장은 조지아 경제에 대해 길거리 정서와는 달리 긍정적으로 평가했다. 그는 먼저 사카슈빌리의 개혁 조치로 조지아가 믿을 만한 투자처가 됐다고 강조했다. "과거에는 법인 관련 세금이 20개가 넘었는데 지금은 4~5개로 줄었습니다. 만일 기업이 벌어들인 수익을 그대로 재투자한다면 일절 세금을 내지 않습니다. 기업 설립은 하루면 될 정도로 일 처리가 빠르죠. 우리가

❖ [인터뷰] 조지아 국제상공회의소(ICC)
의 주랍 카치카취슈빌리 회장.

기업하기 좋은 나라 상위권에 있는 것도 이런 것들이 반영된 것이죠." 해마다 세계은행(World Bank)이 외국인들의 사업 환경을 평가하는 '두잉 비즈니스(Doing Business)'에서 조지아는 구소련권 국가들 중 가장 앞서 있다. 2016년 조지아는 24위를 차지해 러시아(51위), 카자흐스탄(41위)보다 순위가 높았다.

카치카취슈빌리 회장은 조지아 경제의 네 가지 유망 분야에 대해 설명을 이어갔다. "먼저 물을 이용한 수력발전 분야로 한국의 공기업(한수원)하고도 수력발전 댐을 건설하고 있어요. 또 지난해(2015년) 조지아를 찾은 외국인이 600만 명인데 이 중 400만 명가량은 순수 관광객입니다. 매년 외국인 관광객이 20~30%씩 늘어나고 있습니다. 그리고 세 번째는 포도주를 비롯한 농업에도 강점을 갖고 있죠." 그는 조지아 경제의 마지막 포인트로 지리적 이점을 활용한 물류 허브를 제시했다. "조지아는 동서남북 간 에너지 수송과 철도 연결의 십자로에 위치하고 있어요. 중국에서 유럽으로 물건을 보내는 데 배를 이용하면 45일이나 걸리지만 조지아를 통과하는 철도를 놓으면 10일이면 됩니다. 최근 이란과도 에너지 및 철도 수송 협력 양해각서를 체결했죠. 물류 산업이 새로운 수익을 창출하게 될 겁니다."

조지아 경제에 대한 그의 장밋빛 전망은 그럴듯해 보였다. 특히 러시아의 압력을 피해 우회 루트를 찾으려는 서방과 중동 국가들에겐 조지아를 거쳐 터키 내륙으로 가거나 흑해를 통해 유럽으로 연결되는 방식이

유력한 대안이다. 매년 겨울만 되면 가스 도입 가격을 놓고 한바탕 시끄러운 우크라이나와 벨라루스는 중동이나 중앙아시아에서 조지아를 통해 연결되는 파이프라인을 원하고 있다. 하지만 송유관과 가스관이 있더라도 러시아의 견제를 받아 물량 공급이 부족해질 우려는 있다. 러시아가 아제르바이잔이나 투르크메니스탄에 정치적 압력을 넣어 유럽행 파이프라인에 가스 공급이 줄어든다면 비싸게 지어놓은 파이프라인은 고철 덩어리로 바뀌어버릴 수도 있다. 이미 포도주를 비롯한 농업 수출은 러시아의 잦은 수입 금지 조치로 인해 정치적 이슈가 되고 있다.

트빌리시 자유대학교 정치학과 교수인 엘레네 호시타리아(Elene Khoshtaria)는 러시아가 조지아 제품의 시장 진입을 막고 있는 행태에 대해 크게 분노했다. 인터뷰 당시 호시타리아는 나흘 전 총선에서 비례대표 국회의원이 된 터라 매우 바빴다. 몇 차례 휴대폰으로 문자를 주고받고서야 그녀는 간신히 시간을 내주었고, 그녀의 선거 사무실로 찾아가 만날 수 있었다. 담배를 꼬나물고 직원과 얘기하고 있던 호시타리아는 내가 러시아어로 간단히 소개를 하자 반갑다는 의례적인 인사도 없이 대뜸 "캔 유 스피크 잉글리쉬(Can you speak English)?"라고 물어왔다. 반러시아, 친서방을 지향하는 그녀의 정당 UNM(통합국민운동) 성격상 러시아어 사용을 꺼리는 것은 이해할 만했지만, 남성처럼 저음의 굵은 목소리에서 나오는 갑작스러운 질문은 나를

❖ [인터뷰] 친서방을 지향하는 정당 UNM의 엘레네 호시타리아 국회의원. 유럽·NATO 통합부 차관과 트빌리시 자유대학교 정치학과 교수를 지냈다. 인기가 높아 조지아 여성 대통령 1순위로 꼽힌다.

당황스럽게 만들었다. 그녀는 모스크바에서 유학해서 러시아어가 유창했지만 인터뷰 내내 영어로 얘기를 했다. "러시아는 2006년부터 무려 7년간 와인뿐만 아니라 우리의 모든 품목에 대해 수입을 금지시켰어요. 푸틴 정부는 러시아 시장을 정치적 동기에서 활용하고 있어요. 우리를 압박하려는 것인데, 이건 절대 공정하지가 못 하죠."

러시아의 방해로 위축될 수 있는 분야는 송유관이나 농산품 수출만이 아니다. 조지아 GDP의 40%가량을 차지하는 관광산업도 언제든 러시아로부터 타격받을 수 있다. 2008년 때처럼 러시아와 조지아가 무력충돌을 빚는다면 관광 특수는 물거품이 될 수 있다. 카치카취슈빌리 회장도 이 점에 동의했다. "트빌리시에서 불과 40km 떨어져 있는 곳에 러시아군이 주둔하고 있습니다. 러시아가 빼앗은 북쪽의 압하지야와 남오세티야 지역이죠. 우리는 2008년 전쟁을 치르고 나서 러시아의 군사행동을 의식하지 않을 수 없게 됐어요. 러시아가 위에 버티고 있으니 우리 관광산업 발전에는 치명타예요. 반면 나름의 기대도 있습니다. 아름다운 자연환경을 가진 압하지야나 남오세티야 영토를 수복한다면 조지아를 찾는 관광객은 지금보다 두세 배는 더 늘어날 테니까요."

그러나 예전보다 러시아에 대해 고분고분해진 현 정권의 성향과 크림 반도까지 이어진 푸틴의 도발을 감안한다면 조지아가 자랑하는 두 지역을 돌려받기란 매우 힘들 것이다. 러시아는 9년 전 전쟁으로 짓밟아버린 조지아를 더 이상 의식하지도 않고 2014년 11월, 압하지야와 집단적 자위권 비슷한 내용을 담은 통합동맹 조약을 체결했고, 공동대응군도 창설했다. 이듬해 2월에는 남오세티야와도 동일한 협정을 맺어 이 두 곳을 조지아에 절대 내주지 않겠다는 의지를 강하게 내비쳤다. 또 2015년 3월에는 크림반도 합병 1주년을 맞아 남오세티야 최고 지도자를 러시아 대통령궁인 크렘린(Kremlin)으로 초청해 조지아 내 자치공화국들이 크림

❖ 관광 대국 조지아를 대표하는 카즈베기. 험준한 캅카스산맥에 위치한 높은 이곳에는 성삼위일체 교회가 신비함을 더한다.

처럼 러시아에 종속되어 있음을 보여주었다. 어쩌면 조지아 사람들이 이들 자치공화국을 러시아로부터 쉽게 돌려받을 수 있으리라고 기대하는 것은 너무도 낭만적인 상상일지 모른다. 조지아가 러시아를 무시하고 계속 유럽으로 가겠다면 더더욱 그렇다. 조지아에서는 러시아의 공세로 인해 정치권 내 갈등이 커지고 있다. 일각에서는 러시아에 대한 유화적인 자세를 비판하는 목소리도 있지만 NATO 가입을 포기한다는 의사를 밝혀 러시아와의 관계 개선이 시급하다는 지적도 나오고 있다. 조지아인들은 유럽과의 통합이냐, 미워도 러시아와 같이 가느냐를 놓고 여전히 혼란에 빠져 있는 것이다. 이런 가운데 러시아가 추가 도발하거나 경제적 압박이라도 세게 가한다면 조지아는 직격탄을 맞을 수밖에 없다. 이래저래 조지아는 러시아에 손발이 묶여 있는 형국이다.

풍운아 사카슈빌리의 종착역은 어디에

트빌리시에 도착한 2016년 10월 12일은 조지아 총선이 끝난 지 사흘째 되는 날이었다. 거리 곳곳에는 출마한 지역구 후보들의 사진이 아직 걸려 있었고 신문마다 선거 판세를 분석하는 기사들이 쏟아졌다. 총선 결과 여당인 '조지안 드림(Georgian Dream)'이 승리하면서 우크라이나의 흑해 휴양도시 오데사에 발이 묶여 있던 사카슈빌리 전 조지아 대통령은 바다 건너 고향 땅을 바라보며 눈물을 삼켜야 했다.

장미혁명의 영웅이었던 사카슈빌리의 추락은 2012년 총선과 2013년 대선에서 잇따라 참패하면서 비롯됐다. 10년 만에 권력을 내주기가 무섭게 사카슈빌리에 대한 반격이 시작됐다. 내무장관, 트빌리시시장 같은 최측근 인사들이 부패와 뇌물 혐의로 줄줄이 감옥에 갔다. 사정의 칼날이 사카슈빌리로 향하자 그는 미국으로 건너갔다가 2014년 우크라이나 혁명으로 친서방 정권이 들어서자 오데사로 가서 주지사가 됐다. 한 나라 대통령에서 이웃나라 주지사로 강등됐다고도 볼 수 있지만 갈 곳 없는 사카슈빌리로서는 그런 것을 따질 겨를이 없었다. 국립 키예프대학교 선배인 페트로 포로셴코(Petro Poroshenko) 우크라이나 대통령이 사카슈빌리에게 오데사에 와서 개혁을 도와달라고 손을 내밀자 그는 주저 없이 받아들였다. 사카슈빌리는 오데사의 흑해 연안을 거닐며 바다 넘어 지척에 있는 트빌리시로 돌아가 복수할 날만을 손꼽아 기다렸을 것이다. 조국에서 못다 이룬 개혁 작업을 오데사에서는 보란 듯이 성공시켜 트빌리시에 재입성하겠다는 각오를 다졌다.

그러나 2016년 총선 결과는 사카슈빌리의 정적(政敵)인 비드지나 이바니슈빌리(Bidzina Ivanishvili)가 이끄는 조지안 드림이 48.7% 득표율로 승리했고, 사카슈빌리가 세운 UNM은 27.1%로 2위를 했다. 눈에 띄는

점은 친유럽 성향의 두 개 정당이 비례대표 의석을 얻기 위한 최소 득표율인 5% 벽을 넘지 못하고 의회 입성에 실패한 것이다. 사카슈빌리나 친유럽을 표방하는 UNM의 입장에서는 의회 내 우군을 잃은 셈이었다. 반면 친러시아 정당인 애국자연합은 5%를 간신히 넘겨 비례대표 의석을 받게 됐다. 선거 승리를 내주면서 사카슈빌리의 복권의 꿈은 다시 한 템포 늦춰지게 됐다.[1]

조지아 총선 직후 트빌리시에서 마주한 길거리 민심은 대다수가 사카슈빌리를 지지하고 있었다. 많은 시민들이 '사카슈빌리는 개혁가, 이바니슈빌리는 배신자'로 이등분했다. 그리고 사카슈빌리가 했던 개혁 정치를 확실히 그리워하고 있었다. 택시 운전사인 50대 중반의 게오르기는 "사카슈빌리, 수페르(최고)!"를 계속 외쳐댔다. "사카슈빌리가 뇌물을 받아먹은 관료들, 탈세한 기업인들을 모두 감옥에 집어넣었어요. 기소 내용을 보니 제가 몸담았던 경찰 조직의 뇌물수수는 애교 수준이더군요. 썩어빠진 관료 사회를 사카슈빌리가 싹 도려낸 겁니다. 사회가 깨끗해졌고 국민이 정부를 믿을 수 있게 됐어요. 그런 지도자가 있다는 것만으로도 행복했던 시절이었습니다." 사카슈빌리를 지지하느냐는 질문에 또 다른 40대의 택시 기사도 비슷한 말을 했다. "사카슈빌리를 지지하냐고요? 당연히 그렇죠. 그는 소련 시절부터 내려오던 구태를 없앴고, 사회를 개혁했고, 국가를 정돈시켰어요. 그전까지만 해도 도로, 전기, 수도, 아무것도 제대로 안 됐어요. 공무원들이 뇌물로 다 착복했기 때문이죠. 강도를 일망타진해 사회가 안전해진 것도 장미혁명 이후예요. 이 정

---

1) 사카슈빌리는 조지아 총선 직후 내가 트빌리시를 방문한 지 한 달여 만인 2016년 11월, 오데사 주지사에서 스스로 물러났다. 나는 이듬해 오데사를 찾아가 그에 대한 평판을 들을 수 있었다.

도면 훌륭하지 않습니까." 반면 그는 조지아 정계의 상왕(上王) 역할을 하고 있는 이바니슈빌리에 대해서는 폭언을 퍼부었다. "이바니, 그 놈은 러시아에 나라를 팔아먹었어요. 총리를 꼭두각시로 앉혀놓고 자기는 트빌리시의 가장 전망 좋은 집에 앉아 이래라 저래라 맘대로 조종하고 있죠. 푸틴과 한통속이라서 정변이라도 생기면 아마 제일 먼저 러시아로 도망칠 겁니다." 트빌리시에서 내가 머물던 숙소의 주인도 조카가 사카슈빌리 정부에서 일했던 탓인지 이바니슈빌리에 대해 욕을 해댔다. "이바니슈빌리는 조지아에서 가장 돈이 많아요. 그런데도 국가 발전을 위해 자기 돈은 한 푼도 안 쓰죠. 선거 공작을 하거나 푸틴에게 갖다 바치는 돈은 많겠지만요."

장미혁명으로 2004년 1월 집권한 사카슈빌리는 '부패 없는 조지아'를 슬로건으로 내걸고 개혁을 밀어붙였다. 최악의 부패 집단으로 꼽혔던 경찰을 대대적으로 손보았고, 그해 7월에는 하루 만에 1만 6000명의 교통경찰을 해고하기도 했다. 시민들 원성이 자자했던 교통경찰의 숫자를 줄이는 대신에 남은 자들의 급여를 올려주었고, 동료들 간에 뇌물수수를 감시해서 포상하는 시스템도 만들었다. 여론조사에 따르면 2010년까지 경찰에 뇌물을 준 적이 있다고 답한 조지아 국민은 1%에 그쳤고, 정교회 다음으로 신뢰할 수 있는 집단이 경찰이라는 놀라운 결과가 나오기도 했다. 특히 조세 납부를 회피한 기업인과 그들을 도운 공무원들을 일망타진해 사회 기강을 바로잡고 국고 수입을 늘리는 성과도 거두었다.

그렇다면 왜 인기 많은 사카슈빌리의 정당이 총선에서 1위를 차지하지 못했는지가 참으로 난센스였다. 이에 대해 나는 UNM 소속으로 총선에 출마한 호시타리아로부터 얘기를 들을 수 있었다. "여당 측의 조작된 부정 표가 다수 있었고, 그들은 정부가 동원할 수 있는 모든 수단을 활용해 선거운동을 극대화할 수 있었죠. 반면 우리는 어떻게 정부의 독

단을 막을지와 같은 대정부 견제 능력을 국민에게 확신시켜주지 못했어요. 또 UNM의 인물이나 비전, 활동 역량, 이런 모든 것들이 정체돼 있었습니다. 복합적인 이유들이 작용해 패배한 겁니다." 나는 상대의 부정도 있지만 자기 당의 잘못을 인정하는 태도가 마음에 들었다. 호시타리아는 출마한 지역구에서는 졌지만 UNM의 비례대표 2번을 부여받아 국회의원이 되었다. 남성적인 외모와 걸걸한 목소리를 갖고 있는 호시타리아는 시민들로부터 평판이 좋아 만일 조지아에서 여성 대통령이 나온다면 가장 유력한 후보라고 생각한다.

사카슈빌리의 지지자 중 한 명인 카치카춰슈빌리 회장은 선거 패배 요인을 이렇게 설명했다. "선거 조작이 있었다는 얘기가 있고요. 또 많은 사람들이 최고 부자인 이바니슈빌리가 집권하면 우리한테도 뭔가 떡고물이 떨어지겠지 하는 환상에 사로잡혀 실제 투표장에서는 조지안 드림을 찍었을 가능성이 커요."

현재 조지아 정계는 사카슈빌리와 이바니슈빌리, 친서방과 친러시아 세력 간 대결로 요약될 수 있을 것이다. 이는 유럽과 러시아 사이에 놓인 조지아의 영원한 숙명이다. 독립국가연합에 속한 대다수 나라의 지도자들이 러시아와 원만하거나 최소한 중립적인 관계를 맺고 실리를 추구한 반면, 사카슈빌리는 서방에 올인하고 러시아를 대놓고 무시하는 전략을 택한 점에서 독특했다. 사카슈빌리가 처음부터 조지아의 갈 길을 유럽으로 잡은 것은 미국에서 살았던 그의 이력과 관련 있을 것이다. 구소련권 정치인들이 주로 러시아에서 유학했던 것과 달리 그는 컬럼비아 대학교 로스쿨을 나와 뉴욕에서 변호사로 일했다. 미국 생활을 한 덕분에 영어가 유창했고 서구적 스타일을 선호한 반면에 러시아에 대해서는 소가 닭 보듯 했다. 조지아에 돌아와 인권변호사 행세를 하며 간간히 정치권을 기웃거렸던 그가 안팎의 스포트라이트를 받게 된 것은 셰바르

드나제 정권을 무너뜨린 2003년 장미혁명 때부터였다. 부정 총선에 대한 반발로 시작된 시위는 젊은 사카슈빌리의 주도로 전국으로 확산됐고, 미국은 이참에 셰바르드나제의 친러시아 권력을 무너뜨린다는 각오로 비정부기구(NGO)를 통해 야당을 재정 지원했다. 러시아에 펀드를 투자해 1조 원을 날린 뒤 러시아라면 이를 갈고 있던 조지 소로스(George Soros)도 장미혁명에 거액을 대며 베팅했다.

    1967년 12월생인 사카슈빌리는 2004년 1월 대통령 취임 당시 만 37세에 불과했다. 그는 취임 연설에서 "우리는 오래된(old) 유럽인이었고, 고대(ancient)의 유럽인들이다"라며 조지아가 가야 할 길이 유럽이라는 점을 분명히 했다. 앞서 셰바르드나제도 2002년 프라하에서 열린 NATO 정상회의에서 자국의 NATO 가입 의사를 확인하면서 "조지아는 옳은 장소가 거기(유럽)에 있다는 것을 항상 알고 있었음에도 불구하고 서구 문명과 떨어져 지냈다"고 했었다. 하지만 조지아의 근본 뿌리가 유럽이라고까지 말한 지도자는 사카슈빌리가 처음이었다. 소련 해체 후 조지아의 전신인 그루지야는 러시아가 주도하는 독립국가연합에 구소련 국가들 중 가장 늦게 가입할 정도로 러시아의 존재를 성가시게 여겼다. 이 때문에 조지아가 러시아의 마수를 벗어나 서방의 제도권으로 들어가려는 노력은 소련에서 떨어져 나온 1991년부터 일관된 흐름이었다. 다만 셰바르드나제의 경우 러시아의 눈치를 보면서 2000년까지만 해도 유럽을 지향하는 낌새가 담긴 어떠한 공식 외교 문건도 내놓지 않았지만 사카슈빌리는 얼굴에 철판을 깔고 친서방, 반러시아를 떠들고 다닌 차이가 있었던 것이다. 2008년 사카슈빌리 내각에서 교육과학부 장관을 지냈고 정치평론가로 활동 중인 기아 노디아(Ghia Nodia)는 조지아가 유럽화에 나선 이유를 이렇게 말했다. "역사적으로 볼 때 조지아는 서방과 밀접한 접촉을 해오지는 않았다. 하지만 러시아와는 다른, 현대적인 국

❖ 트빌리시 자유광장에 서 있는 자유기념탑. 그 뒤로는 트빌리시 시청사.

❖ 조지아에 대한 부시 대통령의 호의를 기념하는 트빌리시 시내의 조지 부시 대통령 거리.

가와 사회를 만들려면 우리의 대외 정책은 유럽 말고는 없었다."

장미혁명으로 자국민과 서방의 지지를 동시에 확인한 사카슈빌리는 거칠 것이 없었다. 그의 최고 전성기는 2005년 5월, 조지 부시(George W. Bush) 미국 대통령이 트빌리시를 방문하고, 이듬해 사카슈빌리가 답방 형식으로 워싱턴에 갔던 때일 것이다. 현직 미국 대통령이 조지아에 오기는 그때가 처음이었다. 사카슈빌리는 트빌리시 자유광장에서 부시와 손을 잡고 러시아 보란 듯이 떠들썩한 행사를 치렀다. 2006년 7월, 워싱턴에 간 사카슈빌리는 부시로부터 NATO 가입을 위한 액션플랜을 시작하자는 제의를 받았다. 사카슈빌리는 더 기고만장해졌고, 그의 태도는 이미 NATO에 가입이라도 한 것처럼 '푸틴, 덤빌 테면 덤벼봐!'였다. 로버트 카플란의 책 『타타르로 가는 길』에는 카플란이 1998년 트빌리시를 여행하던 중 야당 당수였던 사카슈빌리를 만나는 장면이 나온다. 그는 사카슈빌리의 첫 인상을 이렇게 묘사했다.

> 껑충한 키에 착 빗어 넘긴 검은머리, 그리고 검은 양복 차림의 그를 의사당 건물에서 만난 것은 밤 10시였다. 그는 내 우려와는 달리 순진함과는 거리가 먼 아주 논리적인 사람이었다. 표정엔 자신감이 넘쳐 흘렀고 — 그에 대한 우호적인 신문기사가 온 사방 벽에 붙어 있었다 — 어딘가 모르게 얄팍한 분위기는 살아남기 위해 필요한 특징들로 느껴졌다.[2]

사카슈빌리는 막무가내였다. 반(反)러시아 성향의 우크라이나, 아제르바이잔, 몰도바 정상들과 각국 앞 글자를 따 '구암(GUAM)'을 결성하고

---

[2] 로버트 카플란, 『타타르로 가는 길』, 이순호 옮김(르네상스, 2003), 253쪽.

러시아에 맞섰다. 또 조지아에 있는 세 개의 친러시아 자치공화국인 압하지야, 남오세티야, 아자리야 가운데 아자리야에 대한 합병을 꾀했다. 사카슈빌리는 1991년부터 남부 아자리야를 통치해온 터줏대감인 아슬란 아바쉬제(Aslan Abashidze) 대통령을 쫓아내버렸다. 아바쉬제는 러시아의 비호를 받아가며 밀수와 조세 회피를 전문으로 해온 지방 권력 수괴로 막 집권해 개혁 기치를 올린 사카슈빌리 입장에서는 처단해야 할 대상이었다. 아바쉬제 축출로 사카슈빌리는 집권한 지 넉 달 만에 친러시아 자치공화국 중 한 곳을 무너뜨리면서 푸틴과의 긴장 수위를 높여갔다.

 2000년대 중반 나는 모스크바에 근무하면서 '사카슈빌리, 저러다가 다친다'는 생각을 계속했다. 상대가 까불도록 놔두다가 결정적인 순간에 약점을 잡아 박살을 내는 러시아의 행태로 볼 때 사카슈빌리의 망동은 임계점에 다다르고 있었다. 결국 사카슈빌리의 과도한 반러시아 행보는 조지아 수출품에 대한 금수 조치와 함께 2008년 러시아로부터 침공을 불러왔다. 러시아 시장에 대한 의존도가 높은 와인과 생수는 수출 길을 찾지 못해 경제는 파탄 지경이 됐다. 사카슈빌리는 조지아에서 이탈을 외치는 압하지야, 남오세티야를 손보러 갔다가 오히려 자국민 보호를 내건 러시아의 역습을 받아 전쟁 발발 닷새 만에 백기를 들었다. 러시아는 곧장 압하지야와 남오세티야에 대해 국가승인을 하면서 자국의 영향권으로 흡수했다.

 카치카취슈빌리 회장은 사카슈빌리의 지지자이지만 이 점에서는 아쉽다고 했다. "사카슈빌리가 부정부패를 뿌리 뽑고, 여러 개혁 조치들을 단행한 것은 인정해주어야 합니다. 조지아에선 '개혁의 아버지'라고 부를 정도니까요. 하지만 모든 것이 좀 성급했어요. 유럽으로 가려고 변화를 너무 서둘렀죠. 그러다 보니 독단적이 됐고, 건방진 모습도 자주 보였어요. 결국 러시아를 자극해서 국가 영토까지 내준 것이죠." 런던 킹

스칼리지의 트레이시 저먼(Tracey German) 교수도 논문에서 비슷한 지적을 한 바 있다. 성급하게 유럽으로 가려는 사카슈빌리의 태도가 2008년 러시아의 침공을 불렀다는 것이다.

 2008년 4월 부쿠레슈티 NATO 정상회의에서 조지아는 조만간 NATO의 미래 회원국이 될 수 있다고 선언했는데 이것이야 말로 조지아를 포함한 NATO 가입 후보국들의 안보를 크게 훼손했다. 예민해진 러시아는 그해 8월 조지아 전쟁, 2014년 우크라이나 사태를 일으켰고, 이는 결과적으로 유럽 대륙의 불안정을 초래했다.3)

 러시아와의 전쟁을 기점으로 사카슈빌리는 독재자로 변해갔다. 전쟁에서 패하고, 경제 침체에 지지율이 하락하면서 사카슈빌리는 야당과 언론의 반발을 억눌러야 했다. 그는 독립국가연합에서 탈퇴하면서 러시아와도 관계를 단절했고, 국명도 러시아식인 '그루지야'에서 영어식인 '조지아'로 바꾸었다. 본인은 이것이 자국을 침범한 러시아에 대한 복수라며 통쾌해했겠지만 대다수 조지아인은 이제부터는 러시아와 유럽 중 어디에 빌붙어야 할지 막막해했다. 인기가 하락하자 사카슈빌리는 선거를 앞두고 전임자처럼 부정적인 방법을 쓸 수밖에 없었다. 정치적 중립을 지켜야할 공무원들이 선거운동에 나설 수 있게 선거법을 개정하고, 세금을 포함한 정부 자원을 여당만을 위해 썼다. 유권자들에게 바우처 형태의 물질로 혜택을 주는 포퓰리즘적 행태도 나타났다. 한 여당 후보는 공무원들한테 대놓고 "지지자들을 끌어오지 못하면 해고하겠다"고

---

3) Tracey German, "Heading west? Georgia's Euro-Atlantic path," *International Affair*, Vol. 91, No. 3(May 2015).

엄포를 놓기도 했다. 사카슈빌리를 더욱 공공의 적으로 만든 것은 언론 탄압이었다. 그는 조지아 국가커뮤니케이션위원회(GNCC)를 세워 사실상 미디어 허가제를 도입했다. 국가커뮤니케이션위원회 고위직에 여당 인사들을 앉혔고, 정부에 충성하는 사업가들을 통해 언론 통폐합을 진행했다. 2008년 EU 모니터링그룹은 조지아 방송을 이렇게 평가했다. "조지아 방송은 정치 뉴스의 27%가 사카슈빌리의 활동을 보도하고, 이 중 98%가 긍정적이다. 하지만 경쟁자인 바드리 파타르카치슈빌리(Badri Patarkatsishvili)에 대해서는 18%를 할애하는 데 그치고 내용도 대부분 부정적이다." 파타르카치슈빌리는 장미혁명을 재정적으로 지원한 거부(巨富)였지만 사카슈빌리의 독재화에 반기를 들면서 야당으로 돌아섰다. 앞서 2007년 경찰은 그가 보유한 TV 채널인 이메디가 정부 전복을 꾀하고 있다며 본사를 급습해 방송 송출을 중단시켰고, 파타르카치슈빌리의 개인 자산을 동결 조치했다. 갖은 압박에 이메디는 이후 친정부 성향으로 바뀌었다. 2009년에는 또 다른 TV 방송사인 마에스트로의 사옥이 수류탄 공격을 받기도 했다.

조지아 최대의 정치 주간지인 ≪크비리스 팔리트라(Kviris Palitra)≫ 사무실에서 만난 게오르기 테브도라슈빌리(George Tevdorashvili) 편집장은 사카슈빌리의 언론 탄압에 대해 강하게 비판했다. 50대 초반인 그는 20년 넘게 언론에 종사했다. 선이 굵은 얼굴에다 저음의 목소리가 발언에 신뢰감을 주었다. 사카슈빌리에 대한 평가를 묻자 "언론은

❖ [인터뷰] 조지아 최대 정치 주간지 ≪크비리스 팔리트라≫의 편집장 게오르기 테브도라슈빌리.

중립이다. 지지 여부를 말할 수 없다"고 답했다. 내가 "개인적인 의견은 있을 수 있지 않나. 지금 묻는 것은 당신 회사 방침이 아니라 한 시민으로서 사카슈빌리에 대한 생각을 묻는 것"이라고 하자 속내를 털어놨다. "사카슈빌리는 정치적 균형 감각이 부족해 모든 사안을 일방적으로 몰아붙였습니다. 그의 약점은 감정적이고 극단적이라는 것이죠. 특히 집권 말기로 갈수록 독재 성향을 보였어요. 30만 명이나 되는 반대자들을 감옥에 집어넣었는데, 그 숫자는 유럽 국가들 중에 가장 많은 겁니다. 그들 중 무죄로 인정받은 비율은 0.17%밖에 안 되고요. 당시엔 경찰이 툭하면 방송국으로 쳐들어가는 게 다반사였죠. 언론의 자유나 사법 정의는 없는 것이나 다름없었어요. 유럽을 지향한다는 나라에서 이게 말이 됩니까. 이번 총선은 과거에 비하면 꽤 자유롭고 투명하게 치러졌어요. 결과를 보면 사카슈빌리에 대한 국민의 평가가 아직 나아지지 않았다는 점을 보여주고 있습니다."

사카슈빌리는 멸망을 자초한 측면이 있다. 권력을 계속 누리고자 꼼수를 부렸다. 2013년이면 연임한 대통령직에서 물러나야 했던 그는 이번엔 러시아를 흉내 냈다. 푸틴이 대통령직 3선 제한에 걸려 총리로 내려앉아 실질적인 권한을 행사한 것처럼 사카슈빌리도 강력한 총리가 되고자 개헌을 실시했다. 본인의 퇴임에 맞춰 2013년부터 대통령은 총리 임면권과 내각 및 의회 해산권을 상실한 형식적인 국가수반이 되고, 다수당이 천거한 인물이 총리로 나서 사실상 국정을 주무르도록 한 것이다. 의회가 권력을 쥐는 의원내각제를 도입한 것이다. 사카슈빌리 집권기의 조지아에 대한 EU 평가보고서에는 이렇게 적혀 있다. "교역과 시장자유화, 국경관리, 공공서비스, 사회정책은 EU 요구 조건에 부합한 반면 정치적 대화, 선거 개혁, 언론 자유, 법치는 부족하다." 세계은행의 평가도 비슷하다. "사카슈빌리는 안보를 포함한 공공재 확대, 인프라 개선,

❖ 무표정한 얼굴로 악수하고 있는 사카슈빌리(왼쪽)와 이바니슈빌리(오른쪽). ⓒ KVIRIS PALITRA

범죄와 부패를 근절시켰다. 하지만 독단적 행동으로 야당의 도전을 용납하지 않았고, 인권 위반과 함께 공정한 게임의 룰을 만들지 못했다." 미국 위스콘신-매디슨 대학교의 피터 나수티(Peter Nasuti) 교수도 논문에서 "사카슈빌리는 국가 발전 모델로 싱가포르를 주시했는데 이는 민주주의보다는 정부 효율성을 우선시하고, 국가 이익을 위해 법적 절차를 때로는 무시할 수 있는 것"이라며 "경찰의 뇌물수수 같은 작은 부패는 줄었지만 법치주의 같은 고도의 개혁은 이루어내지 못했다"고 밝혔다.4)

어쩌면 사카슈빌리가 장미혁명의 초심을 유지했더라면 사업가였던 이바니슈빌리가 정치권에 머리를 들이미는 일은 없었을 것이다. 조지아 최대 부호인 이바니슈빌리는 2012년 총선을 앞두고 정치 참여를 선언했다. 사카슈빌리의 전횡을 더는 두고 볼 수 없다는 게 이유였다. 모스크바에서 공부한 데다 러시아에 사업 기반을 갖고 있고, 러시아와 조지아의 이중국적자인 이바니슈빌리는 태생적으로 친러파였다. 어쩌면 크렘린에서 골치 아픈 사카슈빌리를 교체하려고 이바니슈빌리를 정치권에 밀어 넣었을 가능성도 있다. 권력에 중독된 사카슈빌리는 이바니슈빌리에

---

4) Peter Nasuti, "Administrative Cohesion and Anti-Corruption Reforms in Georgia and Ukraine," *Europe-Asia Studies*, Volume 68(Jul 2016), pp. 847~867.

대한 공격에 나서 돈세탁 혐의로 기소했고, 수백만 달러를 몰수했다. 하지만 이바니슈빌리는 '조지안 드림'이라는 정당을 창설해 2012년 10월 총선에서 승리했다. 이바니슈빌리가 총리가 되면서 사카슈빌리 대통령과의 어색한 동거가 시작됐다. 하지만 이바니슈빌리는 총리에 앉은 지 1년 만에 사업에 전념하겠다며 물러나고 후임에 자기 사람들을 앉혔다. 두 명의 총리 모두 이바니슈빌리가 보유한 카르투(Cartu) 그룹의 계열사 사장을 지냈다. 이 때문에 이바니슈빌리의 상왕 정치 얘기가 나오는 것이다. 이바니슈빌리에 대해 ≪이코노미스트(The Economist)≫는 이렇게 적었다.

> 사카슈빌리 정권의 투명성 부족을 욕했던 이바니슈빌리는 훨씬 더 모호하다. 2013년 총리에서 물러나 어떠한 정부 직책도 없지만 그는 조지아에서 가장 중요한 의사 결정자다. 트빌리시 전체가 내려다보이는 언덕 위의 저택으로부터 그의 정치적 의사가 정기적으로 하달된다. …… 자유 언론과 강력한 야당의 존재는 사카슈빌리 정권에서는 없던 것이지만 조지아는 전체주의로 되돌아가고 있다. 개혁과는 반대로 가고 있다. 유럽인들의 무비자 기간을 제한했고 외국인에게 농지 매각 금지, 일반인에 대한 도청을 수월하게 하는 법안을 통과시켰다.[5]

사카슈빌리는 3선을 노리고 2013년 대선에 나왔지만 여기서도 패하고, 정치권을 떠나야 할 처지가 됐다. 문제는 그에 대한 보복이 기다리고 있었다는 것이다. 검찰은 사카슈빌리가 시위대에 대한 강경 진압을 지시

---

[5] "No change for the better: Georgia appears to have moved backwards under Bidzina Ivanishvili," *The Economist*, Oct 12, 2013.

하고, 2009~2012년에 450만 달러의 국고를 횡령한 혐의를 잡았다. 그의 측근들도 공직을 떠났고, 일부는 형무소 신세를 졌다. 이바니슈빌리가 권력을 잡으면서 친서방 색채도 무뎌졌다. NATO 편입을 외치던 국방장관은 해임됐고, 친서방주의자인 외무장관은 스스로 물러났다. 바노 메라비슈빌리 전직 총리 겸 내무장관은 수감됐고, 카하 벤두키제 개혁장관은 귀국을 못 하고 런던에서 사망했다. 이 모든 일들이 사카슈빌리를 공동의 적으로 두고 있는 이바니슈빌리와 푸틴의 합작품이라는 소문이 파다했다. 이 때문에 사카슈빌리의 무모함을 비판하면서도 이바니슈빌리에 대해서는 조국을 팔아넘긴 배신자라고 얘기하는 사람들이 많다. 이에 대해 테브도라슈빌리 편집장은 이바니슈빌리의 국정 개입설이 과장되어 있다고 지적했다. "여당을 창당했고, 총리까지 지낸 양반이기 때문에 그의 발언이 영향력이 있다는 점은 인정합니다. 하지만 자기 집에 앉아 총리나 장관에게 전화를 걸어 이것저것을 명령한다는 것은 말이 안 돼요. 소련 때의 정치 행태도 아니고요. 단지 페이스북 같은 곳에 자신의 의견을 적어놓으면 정부 관료들이 읽어보고 참고하는 수준인 정도죠."

사카슈빌리가 물러났어도 조지아가 유럽의 꿈을 완전히 버린 것은 아니라는 게 대다수 견해다. 길거리 민중은 물론이고 인터뷰한 인사들도 집권의 주체는 바뀌었지만 유럽으로 가는 물길을 돌려놓을 수는 없다고 했다. 사카슈빌리 정권에서 유럽·NATO통합부 차관을 지낸 호시타리아는 이렇게 말했다. "사카슈빌리가 소련식 모델에서 탈피해 사회경제 전반에 변화를 가져온 점은 인정해야 합니다. 유럽과 가까워지도록 많은 개혁 작업을 했어요. 하지만 실행 과정에서 인권 위반과 비정부기구에 무관용, 사법부 존재를 무시하는 실수를 저질렀죠. 그렇다고 그가 뿌려놓은 조지아의 유럽화는 바꿀 수 없는 대세입니다. 조지안 드림 내부에 친러시아, 반유럽주의자들이 있지만 그 당의 기본 방침 역시 유럽

을 빼놓고 러시아와의 통합은 불가하다는 겁니다. 그들도 공개적으로 EU와의 협력을 강조하기도 하고요." 카치카취슈빌리 회장도 "조지안 드림이 집권하면서 개혁의 속도는 예전보다 떨어졌지만 그들도 사카슈빌리의 개혁 방향을 이어갈 수밖에 없다"며 서방과의 협력이 중단될 수는 없다고 했다. 테브도라슈빌리 편집장은 "조지아가 EU에 들어가는 데 5~8년이면 충분하다"고 했다. 그는 "현 정부도 러시아의 영향을 받지만 유럽과 계속 우호적인 데다 NATO와는 정기적인 군사훈련도 하고 있다"고 강조했다.

사카슈빌리에 대한 평가는 아직도 진행 중이다. 모든 일의 옳고 그름은 최종 결과가 말해준다. 오데사 주지사를 그만두고 여전히 우크라이나에 남아 활동 중인 사카슈빌리의 정치적 운명은 어디가 끝이 될지 아직은 모른다. 2017년 3월 말 오데사를 방문했을 때, 사카슈빌리는 우크라이나 TV 시사프로에 나와 여전히 기가 죽지 않은 채 개혁 이슈를 놓고 한참을 떠들어댔다. 큰 덩치에 쩌렁쩌렁한 목소리가 다른 토론자와 방청객들을 압도했다. 옆 사람이 사카슈빌리의 기(氣)에 눌려 말을 제대로 하지 못할 정도였다. 하지만 오데사 주민들에게서 들은 그에 대한 평가는 부정적인 내용이 더 많았다. 40대 중반의 택시 운전사는 이렇게 말했다. "사카슈빌리는 몸을 움직이기보다는 말만 앞세웠어요. 1년 반 동안 주지사를 했지만 무엇을 해놓고 갔는지 모르겠어요. 그는 정치권 곳곳을 누비며 시끄럽게만 했을 뿐이죠." 내가 머문 숙소의 주인은 사카슈빌리를 반딧(도적)이라고 불렀다. "관광객을 늘린다며 도로와 건물을 개·보수하느라 돈을 흥청망청 막 썼어요. 사카슈빌리는 자기 주머니에도 돈을 두둑이 챙겼을 겁니다. 보다 못한 우리 주민들이 사카슈빌리 물러나라고 탄원 서명서까지 모아 당국에 보냈을 정도였으니까요. 아무튼 그는 해놓은 것도 없이 오데사에서 돈만 챙겨 사라진 거예요." 사카슈빌리가 2016

년 11월 퇴임의 변(辯)에서 오데사 정부의 고질적인 부패 때문에 도저히 일을 제대로 할 수 없다며 남 탓을 한 것과는 상반된 얘기였다. 많은 주민들은 사카슈빌리 본인을 부정부패의 원흉으로 보고 있는 듯했다.

그럼에도 불구하고 트빌리시 길거리에서 만난 많은 시민들은 살기가 힘들어졌다며 사카슈빌리를 그리워하고 있었다. 자유광장 부근 카페에서 만난 한 청년은 이렇게 얘기했다. "사카슈빌리가 해놓은 개혁 조치들이 물거품이 되어가고 있어요. 다시 불법과 범죄, 뇌물이 판치는 소련 시절로 돌아가는 것 같습니다. 그렇다면 국민이 다시 한번 일어나야 하지 않겠습니까. 잘못된 과거로의 퇴보는 막아야죠." 그는 "현 정권에 대한 불만이 폭발해 제2의 장미혁명이 일어날지 모른다"는 섬뜩한 말까지 내뱉었다. 또 다른 젊은이는 "러시아만 없으면 우리는 훨씬 자유롭게 잘 살 수 있다. 석유는 아제르바이잔에서 사오면 되고, 시장은 유럽이 있지 않느냐"라고 했다. 객관성을 잃은 치기어린 항변일지 모르지만 어차피 혁명은 이성보다는 집단 감정이 격해져 순간적으로 불붙어 일어나는 것이다. 경제 사정이 악화되고, 정권 실세들의 비리가 커져 국민의 인내심이 한계에 다다르면 조지아는 셰바르드나제를 무너뜨렸던 때로 되돌아갈 것이다. 사카슈빌리와 UNM이 조지아 안팎에서 내부 분열을 선동하고 여기에 서방 세력이 개입한다면 트빌리시의 자유광장에는 무수한 시민들이 또 한 번 모여들기 시작할 것이다.

아르메니아 Armenia

가해자만 침묵하는 제노사이드

아르메니아 수도인 예레반으로 가기 위해 키예프 보리스필 공항에서 환승한 여객기 안에서 내가 뚫어지게 쳐다본 것은 사람들의 코였다. 높고 구부러진 매부리코가 특징인 아르메니아 사람이 어떻게 생겼는지 두 눈으로 확인해보고 싶어서였다. 평균보다 코가 높은 것은 분명했지만 그렇게 심한 매부리코는 많지 않았다. 나는 코에 맞추었던 초점을 풀고서 그들의 얼굴 전체를 바라보았다. 순간 100년을 훌쩍 넘긴 '아르메니아 대학살'의 비극이 떠올랐다. 전체 인구가 300만 명에 불과한 이 작은 나라는 한때 유럽 지도에서 사라질 뻔했다. 인류 역사의 가장 비참한 장면

- 서기 301년에 세계 최초로 기독교를 국교로 선포한 나라로 주변 강국인 터키, 이란과 국경을 접하고 있다. 터키로부터 대학살을 경험했고, 주변국인 아제르바이잔과는 소련 해체 전부터 나고르노-카라바흐 지역을 놓고 전쟁을 치러왔다. 제노사이드를 피해 아르메니아를 떠난 해외 교민들이 아르메니아 정치·경제에 미치는 영향력이 상당하다.

중 하나인 아르메니아 대학살. 나는 그 그림자가 아직도 탑승객들 얼굴에 묻어 있지 않을까 하고 그들을 몰래 살폈다. 마치 내 스스로 그 날의 당사자가 된 것처럼 왠지 모를 슬픔을 느끼면서 말이다.

'누가 아르메니아인들의 죽음을 기억하는가?' 1915~1923년 아르메니아인들이 당한 비극의 키워드는 이 말에 담겨 있다. 1933년 나치당의 당수로 독일 총리에 오른 아돌프 히틀러(Adolf Hitler)는 오

❖ 예레반 제노사이드 추모기념관에 있는 피난민 가족 사진.

스만튀르크(Osman Türks, 터키)가 저지른 무차별 학살로 민족 절멸의 위기에 처했던 아르메니아인들의 얘기를 꺼냈다. 그들을 동정해서가 아니라 강대국이 저지른 민족 학살은 아무도 기억하지 않는다는 냉혹한 국제 정치의 현실을 갈파한 것이다. 아르메니아인들의 죽음을 인류가 떠올리지 못하듯 나치의 유대인들에 대한 인종 청소도 결국엔 잊혀질 것이라는 의미였다. 이때 이미 히틀러는 몇 년 뒤 그가 벌일 유대인들에 대한 홀로코스트(Holocaust)를 염두에 두고 있었던 것이다. 터키와 아르메니아 영토, 러시아 접경 부근에 살던 아르메니아인들은 터키군의 무자비한 학살에 150만 명 넘게 숨졌다. 제1차 세계대전에서 추축국인 독일과 손잡았던 터키는 아르메니아인들이 전쟁 통에 러시아를 편들며 자신들을 공격하려 한다는 구실을 내세워 눈엣가시였던 아르메니아 민족 자체를 역사에서 없애버리려고 했다. 이로 인해 성직자와 관료, 교수, 변호사, 언론인 등 이른바 지식인들이 가장 먼저 숙청 대상이 됐다. 홀로코스트에 앞

❖ [인터뷰] 수렌 마누키얀 아르메니아 제노사이드 박물관연구소 부소장.

서 20세기 최초로 지구상에서 벌어진 제노사이드였다.

예레반에 있는 아르메니아 제노사이드 박물관연구소의 수렌 마누키얀(Suren Manukyan) 부소장은 터키가 저지른 제노사이드의 몇 가지 배경을 설명해주었다. 그는 역사학 박사 출신으로 10년 동안 이 연구소에서 일했다. "오스만제국은 대(大)튀르크주의를 내걸고 중국까지 이르는 땅을 장악하려고 했습니다. 그래서 중국과 오스만제국 사이에 있는 아르메니아를 없애버리려고 했어요. 두 번째는 경제적인 이유입니다. 터키 내 아르메니아인들은 오스만제국 경제의 50%를 차지할 정도로 부자가 많았다는 것이죠. 이슬람 국가들은 돈을 빌려주는 것을 금지하지만 기독교국인 아르메니아는 금융 대부 사업을 통해 큰돈을 벌었습니다. 처음에는 오스만제국도 아르메니아가 터키의 경제 발전을 도와준다고 여겼고, 이에 아르메니아인들은 경제, 터키인들은 국방 분야에 집중하는 경향이 있었어요. 하지만 20세기 들어 터키인들 중에서도 자본가 계층이 생기면서 경제까지 자신들이 다 장악하려고 했고, 돈 많은 아르메니아인들의 재산을 빼앗는 일이 많아졌어요. 세 번째는 아르메니아 남자들이 러시아군에 들어간 것이 빌미가 됐습니다. 터키는 이를 기회로 아르메니아가 교전 상대인 러시아를 돕는다고 주장했던 겁니다. 하지만 터키 땅에 살던 아르메니아 청년들 상당수는 터키군에도 들어갔어요. 이들은 러시아군에 편입된 동포와 서로 총부리를 겨누어야 했고요. 남의 나라 군대로 갈라져 싸워야 했던 아르메니아인들의 비극이었죠."

다른 도시를 방문할 때보다 좀 더 비감한 심정이 들었던 예레반은 공화국광장-오페라하우스-캐스케이드(Cascade)로 연결된 관광 중심지를 빼면 다소 어두운 분위기였다. 공화국광장과 오페라하우스를 잇는 도로 밑으로 지하 쇼핑센터까지 만들어 명동 같은 분위기를 내려고 했지만 규모가 작았고, 일요일인데도 인적이 드물었다. 반면 중심가를 지나 조금만 걸어가면 쓰러져가는 건물들이 많고, 차량 매연도 심했다. 예레반에 오기 직전 구소련 도시들 중 가장 깨끗하다고 꼽는 벨라루스의 민스크를 막 보고 온 터라 예레반에 대한 평가는 더 박해질 수밖에 없었을 것이다. 한 가지 눈에 띄는 점이 있다면 아르메니아 영웅들의 사진과 이력을 담은 대형 광고판들이 거리 곳곳에 설치되어 있다는 것이다. 시인과 예술가, 철학자 등 직업을 가리지 않았고, 해외로 나간 유명 동포들도 인물 광고판의 대상이었다. 이는 아르메니아가 자랑스러운 조상들을 내세워 국민을 단합시키려 하는 의도로 읽혔다. 또 지금도 외부의 위협과 공격에 시달리고 있다는 것을 방증하는 것이기도 했다.

예레반 도착 다음날 만난 아르멘 파피키얀(Armen Papikyan) 아르메니아 외교부 차관은 외교관답게 태도는 정중했고, 말투에는 자기 나라의 국익을 지킬 수 있을 만한 노련함이 배어 있었다. 공화국광장 부근에 위치한 흰색 외교부 청사 내 사무실에서 만난 그는 아시아의 먼 나라에서 온 기자가 물어보는 뜬금없는 질문에도 성의껏 답변을 해주었다. 나는 먼저 아르메니아가 지리적으로 고립된 상황에 대해 질문했다. 6개월 전 찾아

❖ 예레반 곳곳에서는 아르메니아 저명인사들의 업적을 적어놓은 광고판들이 눈에 띈다.

❖ [인터뷰] 아르멘 파피키얀 아르메니아 외교차관.

간 바쿠에서 아제르바이잔 정부 당국자가 "예레반을 정치적·군사적으로뿐만 아니라 에너지 수송, 교통 물류 측면에서도 고립시킬 수 있다"고 말한 데 대한 반응을 들어보려는 것이었다. 솔직히 지도상으로 보면 아르메니아 주위에 있는 터키, 아제르바이잔, 조지아, 이란 가운데 터키나 아제르바이잔과의 국경이 막혀 있는 터라 고립을 운운할 만도 했다. 우크라이나 경제학자인 올렉산드르 오흐리멘코(Olexandr Okhrimenko)가 "아제르바이잔과의 분쟁으로 아르메니아는 모든 지역적 협력 프로젝트가 막혀 있다. 자기 고립으로 인해 이 지역 국가들과 정상적인 비즈니스 관계를 만들 기회를 잃고 있다"고 지적한 것도 이런 맥락이었다. 하지만 파피키얀 차관은 첫 질문에 실소(失笑)와 함께 고개를 가로저었다. "아제르바이잔은 1990년대부터 우리를 고립시킨다고 떠들고 다녔지만 한 번도 그렇게 된 적이 없습니다. 우리는 유럽과 좋은 관계를 유지하면서 조지아를 통해 얼마든지 유럽에 닿을 수 있어요. 남쪽으로는 이란과도 연결되어 있고요. 현재 이란 국경에서 아르메니아를 거쳐 흑해에 있는 조지아의 바투미까지 고속도로를 연결하는 프로젝트를 진행 중입니다. 중국 기업들이 관심을 갖고 타당성 분석을 하고 있어요. 인도 역시 참여를 검토 중이고요. 이럴 경우 인도와 중국의 상품이 걸프해를 지나 이란, 아르메니아, 조지아를 거쳐 유럽까지 갈 수 있게 되죠. 중국과 이란이 이 프로젝트를 거절했다는 주장은 잘못된 것이에요. 물론 타당성 분석이 언제쯤 끝날지는 아직 모르기 때문에 사업 개시 시점을 얘기하기는 힘듭니다." 그래도 나

는 아르메니아가 최소한 지경학적(geoeconomics)으로 여전히 고립되어 있다는 느낌을 지울 수 없었다. 유럽과 아시아, 중동 사이에서 아르메니아의 적대국인 터키나 아제르바이잔이 에너지와 물류 루트를 만드는 데 훨씬 다양한 옵션을 갖고 있기 때문이다.

국제 무대에서 아르메니아의 고립은 유럽보다는 친러시아적 이미지가 강해 행동반경에 제약이 있어 보이는 것도 한몫했다. 터키와의 국경을 지키는 데 5000여 명의 러시아 병력을 받아들이고 있는 데다 나고르노-카라바흐 분쟁을 해결하는 데 러시아가 중간에 없다면 언제든 화약고가 될 나라가 아르메니아였다. 이 나라는 또 러시아와는 EAEU, 집단안보조약기구 등 구소련권 모임에 웬만하면 원년 멤버로 가장 적극적으로 참여해왔다. 반면 EU와는 2013년 협력협정 체결을 앞두고 러시아의 압력 때문에 포기하면서 유럽화의 진전에는 한계를 보이기도 했다. 하지만 아르메니아의 친러시아적 성향을 묻는 질문에 파피키얀 차관은 "노(No)"라고 단호히 말했다. "우리가 러시아하고만 가깝다는 것은 오해입니다. 우리는 연내에 EU와 새로운 협력협정에 서명할 것인데 그만큼 우리는 유럽의 법치와 민주주의 가치들을 따르려는 겁니다. 다변화된 외교를 추진하는 것은 너무나 당연하고요. 그 바탕에는 전 세계에 흩어진 엄청난 숫자의 아르메니아 디아스포라(재외 동포)가 있어요. 러시아에 200만 명, 프랑스와 미국에 각 150만 명, 우크라이나에 50만 명, 이밖에 시리아 같은 중동 국가에도 다수의 아르메니아인들이 있죠. 이 때문에 우리는 전 세계의 문화를 흡수하고 사고의 다변화와 개방된 태도를 가질 수밖에 없어요. 외교 전략도 마찬가지고요."

전 세계 각지에 흩어진 아르메니아 디아스포라는 작은 나라 아르메니아를 떠받치는 힘이다. 이들은 미국 내 이스라엘 교민 집단만큼이나 강력한 로비력을 갖고 있고, 조국인 아르메니아의 발전을 위해 기부뿐만

아니라 다양한 활동들을 하고 있다. 아르메니아 중앙은행에 따르면 해외에 있는 이들이 개별적으로 보낸 송금액은 2016년에 15억 3288만 달러로 아르메니아 전체 GDP의 15%를 차지했다. 그해 4월, 아제르바이잔과 나고르노-카라바흐에서 분쟁이 발생했을 때 미국에서는 아르메니아 동포들이 조국을 구하러 5000여 명이 달려갈 준비를 했다고 한다. 분쟁이 나흘 만에 끝나는 바람에 이들의 모국 방위 계획은 무산됐지만 약한 조국을 지켜내려는 재외 동포들의 신념은 각별하다. 나고르노-카라바흐 공화국 수도인 스테파나케르트에서 만난 30대 초반의 하차두리얀은 아르메니아계 프랑스인이었다. 그는 이곳 청소년들의 IT 교육을 담당하는 투모(TUMO)의 관리자로 일하고 있었다. "프랑스에 있을 때는 금융컨설팅 일을 했는데 직장을 그만두고 제 인생에서 훌륭한 도전 과제를 찾아 이곳에 왔어요. 모국의 발전에 작은 보탬이 되고 싶어서죠." 투모는 12~18세의 청소년 1100명을 대상으로 세분화된 IT 교육을 무료로 해주는 곳으로 스테파나케르트를 포함해 네 곳에 있다. 아르메니아와 나고르노-카라바흐 공화국 모두 IT 산업 육성에 전력하고 있는 상황에서 인력 배양을 위한 기초적 산실이 되는 곳이다.

 아르메니아 디아스포라는 1915년 시작된 터키의 대학살을 피해 수많은 이주자가 발생하면서 생겨났다. 이들은 전 세계 각국을 떠돌며 어렵게들 정착했고, 일부는 터키군이 사라지자 다시 고국에 돌아오기도 했다. 오스만제국이 무너지기 전까지 150만 명이 숨졌기 때문에 대다수 아르메니아 가정에는 당시에 희생됐던 부모, 형제나 친인척이 반드시 있다. 물론 아르메니아인들이 터키에게 당한 죽음의 역사는 1915년 훨씬 이전부터 시작된 것이다. 이미 19세기 들어 오스만튀르크는 자국 경제의 절반가량을 주무르는 아르메니아인들에 대해 경제적·종교적·인종적 이유로 간헐적인 살해를 저질렀다. 예컨대 1894~1896년에 벌어진 하미

디안(Hamidian) 대학살은 터키 영토에 사는 아르메니아인 30만 명을 숨지게 했고, 또 다른 30만 명은 고향을 떠나야 했다. 예레반 제노사이드 박물관의 가이드는 이렇게 설명했다. "1915년 대학살 이전부터 오스만 제국은 아르메니아 기독교인들을 추방하고 살해했습니다. 1911년이 되자 이들은 대튀르크주의를 내걸고 아르메니아인 말살 계획을 준비했고, 언제 시작할지 고민하던 중 1914년 발발한 제1차 세계대전을 기회로 삼았죠. 캅카스 지역에 있는 무슬림에게는 지하드(성전)를 시작하자고 호소하면서 이슬람과 기독교 간의 전쟁으로 몰아가기도 했습니다. 숙청 대상은 목사나 귀족, 변호사, 교수 등 300여 명의 주요 인사들이 먼저였고, 나머지 아르메니아인들은 시리아 국경 부근의 사막에 몰아넣어 죽음을 맞게 했습니다. 거기까지 이동하던 중 숨진 사람도 부지기수였죠."

그렇기 때문에 지금껏 사과 한마디 하지 않는 터키에 대해 아르메니아인들의 감정은 폭발 직전이다. 파피키얀 차관은 "전 세계 45개국이 제노사이드로 인정했지만 가해자인 터키는 여전히 사과나 유감 표명을 하지 않고 있다. 터키가 잘못을 인정하지 않고는 우리와의 신뢰 회복은 있을 수 없다"고 강조했다. 이에 "터키가 책임을 인정하거나 사과하지 않을 것 같은데 언제까지 요구해야 하는가"라고 묻자 그는 자기 가족도 희생자라고 운을 뗐다. "내 증조할아버지와 증조할머니께서 터키의 학살로 숨지고 나서 할아버지는 고아원에서 어렵게 자랐습니다. 아르메니아에는 터키에게 당한 이런 이야기들이 넘쳐나요. 수많은 사람이 처형되어서 그 유족들은 고통을 겪어왔어요. 잊을 수 없는 어두운 역사죠. 우리에게는 유엔(UN) 같은 국제기구로부터 제노사이드로 공식 인정받는 것보다 터키 측의 사과가 먼저입니다. 희생자 유족은 터키로부터 국가 차원에서 명백한 사죄를 받아야 해요. 그것이 억지로 하는 것일지라도 양국 간 신뢰 회복을 위한 첫 번째 단추예요."

❖ 터키 대학살 희생자를 추모하는 예레반 제노사이드 기념관 조형물.

❖ 조형물 안에 있는 꺼지지 않는 불꽃.

오스만튀르크가 제국 몰락을 코앞에 두고 저지른 일 때문에 후손인 터키인들도 어쩌면 괴로운 처지에 놓여 있다. 터키 정부가 사과를 계속 미루는 바람에 이는 터키의 염원인 EU 가입의 발목을 잡고 있다. 터키는 또 아르메니아 학살을 제노사이드로 인정한 독일 등 유럽 주요국들과 이 문제로 마찰을 빚고 있다. 제1차 세계대전 때 터키와 같은 편이었던 독일은 일부 지역에서 터키군과 함께 아르메니아인 학살에 가담했다. 이에 독일 정부와 의회는 터키와 달리 제노사이드 만행에 자국민이 일부 가담한 데 대해 사과 의사를 분명히 밝혔다. 반면 터키는 2015년 아르메니아 사태 100주년을 맞아 "목숨을 잃은 아르메니아인들을 정중하게 기억하며, 그들의 후손들과 아픔을 나눈다"는 정도의 총리 담화로 사안을 갈음했다. 제노사이드나 사과와 같은 말은 일절 삼갔다. 서방을 상대로 강성 발언을 쏟아붓는 대통령 에르도안의 태도로 봐서는 터키의 입장이 쉽게 바뀌기는 어려울 것이다. 유럽과 아시아, 중동 간에 중재자 역할을 하려는 그가 인권 문제로 사죄한다면 범이슬람 세계의 지도국이 되는 데 흠집이 날 것이 분명하다. 또 기존에 내전 발생에 따른 우연한 충돌로 몰고 갔던 사건 배경에 대해 수치스러운 번복을 해야 하고, 엄청난 규모의 피해 배상을 각오해야 할지 모른다. 과거 오스만제국의 학대를 받은 다른 사건까지 책임져야 하는 복잡한 문제가 불거질 수도 있다. 이 때문에 아르메니아의 비극은 서로가 각자의 논리를 내세우면서 사과 논의는 계속 평행선을 달리고 있다.

마누키얀 부소장은 이렇게 설명했다. "제노사이드라고 인정하면 법적으로 손해배상이 뒤따르게 되는데 그 액수가 엄청날 겁니다. 또 터키 교과서는 최근 100년간 터키인들이 벌인 학살은 없다고 했는데 제노사이드를 언급하게 되면 그동안 정부가 거짓말을 했다고 시인하는 셈이 되죠. 조상을 살인자로 만드는 제노사이드 발언은 터키에서는 금기어가

되어 왔어요." 나는 마누키얀 부소장에게 "만일 터키 정부가 진정성 있는 사과를 한다면 배상을 포기할 수 있는가"라고 물었다. 언제 끝날지 모를 대치 상태를 타개하기 위해 진정한 사과를 받는 대신 돈은 포기하겠다고 선언한다면 터키도 입장을 바꿀 수 있을 거라 보았기 때문이다. 하지만 이에 대해서는 마누키얀 부소장을 비롯해 누구도 선뜻 입장을 내놓지 못했다. 아르메니아 내에서도 의견이 크게 나뉘어 있기 때문일 것이다. "우리가 가해자에게 사과를 요구하는 것은 제노사이드가 인류에 대한 씻을 수 없는 범죄이고, 그것을 단죄함으로써 세계에 경종을 울리기 위해서다. 터키가 사과하는 것은 중요하면서도 (배상을 위한) 첫 번째 단계다"라는 정도였다. 나는 앞서 파피키얀 차관에게 "일본 정부가 위안부 문제에 대해 진정한 사과를 하지 않지만 그래도 우리는 여러 분야에서 협력을 한다"고 말했다. 하지만 그는 "터키와는 국경도 닫혀 있는 데다 교역 규모는 매우 미미하다. 우리로서는 사죄를 받는 게 먼저"라는 말만 반복했다. 그들의 상처를 뼈저리게 느끼지 못하는 제3자로서 뭐라고 대응할 말은 딱히 떠오르지 않았다. 대신 아르메니아인들에게 너무나 큰 상처라면 그 고통을 안겨준 터키 역시 과거의 행적을 볼 때, 사과할 용기를 내기보다는 일본처럼 버티거나 무시하는 전략을 고수할 가능성이 농후해 보인다.

알마티에서 만났던 30대 초반의 알티셰라는 친구는 터키계로 아제르바이잔의 바쿠 출신이다. 그는 이스탄불에서 IT 기업에 다니다가 휴가차 방문한 알마티에서 만나 알게 됐는데 스스로를 범세계주의자, 평화주의자라고 칭했다. "터키나 아제르바이잔, 카자흐스탄, 우즈베키스탄, 투르크메니스탄, 이들은 모두 다 같은 나라예요. 일단 종교가 이슬람이고, 언어를 포함해 사는 방식도 유사하죠. 그런데 정치인들은 왜 국경을 만들어서 서로 싸우려고 하는지 모르겠어요. 나고르노-카라바흐 문제를

보세요. 소련이 붕괴하고 30년이 다 되어가지만 거기 사는 주민들은 계속되는 전쟁 때문에 지쳐 있어요. 아제르바이잔과 아르메니아는 다시 합쳐야 해요. 한국과 북한이 통일해야 하는 것처럼 거기도 한 나라가 돼야 해요"라고 했다.

하지만 아르메니아 대학살 얘기를 꺼내들자 터키계 후손답게 터키를 옹호하는 민족주의자로 돌변했다. "언젠가 터키 당국이 아르메니아 측에 대학살 사건에 대해 공동 조사를 하자고 제안했어요. 서로 갖고 있는 문서들을 다 내놓고 진실 규명을 해보자는 것이었죠. 그런데 누가 거부한 줄 압니까. 아르메니아 정부였어요. 전 세계를 상대로 제노사이드 운운하면서 정작 공동으로 진실을 규명하자는데 왜 망설입니까. 뭔가 자기들한테 불리한 증거를 터키 측에서 내놓을까 봐 두려웠던 것이죠." 내가 "100만 명이 넘는 아르메니아인들이 죽었다는 것은 팩트잖아요. 터키가 책임을 지고 공식 사과를 하는 게 맞아요"라고 응수했다. 이에 알티세는 논점을 흐리는 말을 했다. "전 세계 역사상 수많은 사람들이 아무런 죄도 없이 죽었어요. 중세나 근대에는 말할 것도 없고요. 최근엔 제2차 세계대전에서도 수천만 명이 숨졌죠. 그걸 저지른 국가들이 모두 다 사죄하라면 끝도 없어요. 국가 간에 과거 일로 미래 관계를 망치기보다는 현실에서 협력하는 방법을 찾는 게 더 중요하지 않을까요."

어쩌면 모든 국가들이 국경도 없이 평화롭게 사이좋게 살 수 있다는 것은 이상일 뿐이다. 자신의 국가와 민족이 걸려 있는 문제가 튀어나오면 범세계주의는 어디론가 사라지고 결국은 스스로를 변명하기에 바쁜 국가 이기주의만 남는다. 이 때문에 아르메니아는 전 세계 어느 나라보다 국가 간 첨예한 이해 충돌과 폭력의 가능성이 커지고 있다. 이는 아르메니아가 100년 전의 대학살 말고도 앞으로 얼마나 많은 희생자를 낼지 모를 분쟁의 한가운데에 있기 때문이다. 여기서는 서로 자기 땅이라

고 우기며 영토를 빼앗기 위해 남을 죽이고, 잔인한 장면들을 편집해 상대를 비방하고 자국민을 선동하는 전근대적 방식의 전쟁이 지금 이 시간에도 벌어지고 있다. 어쩌면 아르메니아를 또 한 번 제노사이드의 위험에 빠뜨릴 수 있는 그곳은 아제르바이잔과의 사이에 위치한 나고르노-카라바흐 공화국이다.

바쿠 혐오와 전쟁 무용담에 취한 시민들

아르메니아에는 한국 대사관과 KOTRA 무역관이 없어서, 현지 업무를 모스크바에서 관장하고 있었다. 그래서 이들 기관을 통해 전문가 명단을 확보하기는 어려웠다. 구글에서 아르메니아 관련 논문이나 기사에 나오는 연구 기관을 찾아 이메일을 보냈지만 답변을 받지 못했다. 그런 가운데 김도균 한국인 아르메니아 명예영사가 주한 아르메니아 대사관을 통해 만나볼 만한 인사들을 소개해주었다. 나는 아르메니아 측에 보낸 이메일에서 "바쿠에 가서 주요 인사들을 만났는데 아르메니아에 대해 부정적인 얘기가 많아 당신네 입장을 들어보고 싶다"고 적었다. 아르메니아와 아제르바이잔의 경쟁의식을 이용해본 것이었는데, 예상대로 반응은 뜨거웠다. 오랫동안 나고르노-카라바흐 분쟁으로 여전히 감정이 격한 양국은 국제사회 어디라도 자신의 입장을 호소하고 싶어 했다.

예레반 도착 하루를 앞두고 아르메니아 측에서 보내온 면담 대상자는 나고르노-카라바흐 공화국까지 포함하면 총 11명이나 됐다. 도착 직후(4월 2일)가 아르메니아 총선이라 전문가 섭외가 어려울 수 있었지만 아르메니아 측은 '~얀'으로 끝나는 특유의 이름이 적힌 인터뷰 리스트를

❖ 예레반 시내 관광의 중심인 캐스케이드.

잔뜩 보내왔다. 외교차관을 비롯해 국회의원, 연구소장, 대학교수 등 다양했다. 분쟁의 핫스폿인 나고르노-카라바흐 방문에서는 현직 총리와 외교장관까지 인터뷰를 주선할 정도로 그들은 큰 성의를 보였다. 돈 많은 아제르바이잔의 국가 홍보 전략에 맞서 아르메니아 정부는 제 발로 자국 땅을 찾아주는 동양의 낯선 기자에게 많은 것을 들려주고 싶었던 것이다. 강대국 사이에서 잦은 외침을 받았던 한국과 자기들이 비슷한 처지인 점을 강조하고자 했고, 아제르바이잔 측이 사실을 왜곡하고 있다며 바로잡으려는 의도도 있었다.

　예레반 공항에서 내 여권을 검사하던 직원은 6개월 전 아제르바이잔 방문 시 만들었던 비자가 나오자 별도로 공항 내 사무실로 불러냈다. 제복을 입은 직원이 나와 여권 정보와 아제르바이잔 비자를 복사해갔고, 내 정체를 묻는 몇 가지 질문을 했다. 직업란에 '샐러리맨'으로 적고, 여기저기 돌아다니는 관광객이라고 말하자 그는 친근한 태도로 "굿 럭(Good luck)!"을 외치며 나를 풀어주었다. 위압적인 분위기는 없었지만

그만큼 상대인 아제르바이잔에 대해 신경을 곤두세우고 있다는 점을 공항 입국 때부터 경험한 것이다. 예레반 길거리에서 만난 시민들은 바쿠 사람들처럼 서로에 대한 적대감이 강했다. 예레반 시내가 내려다보이는 웅장한 건축물인 캐스케이드 앞 벤치에 앉아 있던 젊은 친구는 내가 "왜 바쿠하고 사이가 나쁘냐"고 묻자 입에 거품을 물고 적의가 담긴 말들을 쏟아냈다. 러시아 노보시비르스크에 있는 의과대학에 다닌다는 그는 잠시 휴가차 고향인 예레반에 왔다고 했다. "아제르바이잔 사람들이 우리 국민을 정말 많이 죽였으니 용서할 수가 없어요. 그들과 한통속인 터키도 마찬가지고요. 그 놈들은 군인하고 전쟁을 한 게 아니에요. 민간인들의 목을 베고, 어린이, 여자 가릴 것 없이 잔인하게 살해했다고요. 빅 브라더인 러시아가 없었으면 우리는 정말 위험했을 겁니다." 예상대로 국경까지 폐쇄한 옆 나라에 대한 예레반 시민들의 증오심은 상당했다. 흥미로운 것은 예레반인들이 바쿠 사람들과 같은 얘기를 하고 있다는 점이다. 바쿠인들도 아르메니아 군인들이 자기네 민간인까지 학살했다며 분개했었다. 서로의 말에서 주체와 객체만 바꾸면 동일한 내용이었다.

　　예레반에서 머물렀던 호스텔의 주인인 사파리얀은 50대 후반으로 두 명의 자녀를 영국에 유학시키고, 자신의 건물을 호스텔과 오피스로 개조해 운영했다. 태국의 방콕과 파타야, 푸켓에서 아르메니아 식당을 운영하고 있고, 모스크바에 화물운송 회사도 있다는 그는 아르메니아에서 나름 중산층 이상이었다. 숫자에 밝고 사업 수완이 뛰어난 그는 경제 상황에 대해 술술 얘기를 풀어갔다. "해외에 나간 아르메니아 사람들이 매년 20억 달러가량을 송금하는데, 그게 국가 전체 GDP의 큰 부분을 차지합니다. 전 세계 1000만 명에 달하는 재외 동포들의 기부금도 상당하고요. 아르메니아 경제는 이들이 해외에서 보내온 송금에 많이 의존하고 있어요. 젊은이들은 일자리 부족만 탓하면서 일할 생각은 안 하고 맨

날 밖으로 나가려고만 하죠. 정부도 별 대응이 없기는 마찬가지예요. 옆 나라인 조지아에는 관광객이 1년에 600만 명이나 오는데, 우리는 고작 100만 명에 불과합니다. 물론 조지아가 관광자원이 풍부해서 그럴 수도 있지만 항공편이 많고 관광 인프라가 싸기 때문이죠. 아르메니아 정부도 관광산업을 키우려면 고민을 해야 하는데, 그런 게 별로 없어요. 그러니 경제가 늘 제자리걸음이죠." 아제르바이잔이나 터키와의 정치 문제에 대해서는 증오 섞인 답변을 예상했지만 그는 약간 개방된 태도를 보였다. 나는 "자녀가 만일 아제르바이잔이나 터키 사람과 결혼한다면 동의할 수 있느냐"고 물었다. "아마 처음에는 놀랄 겁니다. 주변 친척들은 말릴지 모르죠. 하지만 저는 여러 곳에서 사업을 하다 보니 특정 국가에 대한 편견을 가급적 버리려 하고 있습니다. 아제르바이잔에도 좋은 사람은 얼마든지 있고, 아르메니아에도 못된 사람은 많죠. 제 기준으로는 사람 자체가 우선이지 어느 나라 출신인지를 문제 삼아 결혼을 반대하지는 않을 것 같네요."

양국 간 감정의 골의 근원은 나고르노-카라바흐 공화국이다. 아르메니아인들이 압도적 다수인 이곳은 아르메니아와 아제르바이잔 사이에 위치하면서 별개의 국가 형태를 갖추고 있다. 아르메니아나 러시아를 포함해 전 세계 어떤 유엔 회원국도 독립된 나라로 인정해주지 않고 있지만 이들은 민족이 같은 아르메니아와 밀접히 협력하고 있다. 소련 시절 아제르바이잔 사회주의공화국에 속했던 나고르노-카라바흐는 소련 해체를 전후해 1994년까지 전쟁을 치러 아르메니아가 승리하면서 카라바흐 전체 영토의 90%가량을 차지했다. 아르메니아인들은 오랫동안 자국 민족이 살았던 영토를 소련이 편법으로 아제르바이잔에 넘기면서 분란이 시작됐고, 소련 해체 후 각지에서 민족문제가 불거지는 가운데 이를 원상 복구시킨 것이라고 주장해왔다. 만일 독도 문제를 여기 상황

에 적용해본다면 나고르노-카라바흐는 아르메니아 영토일 가능성이 높다. 역사가 유구한 아르메니아가 고대로부터 이 지역을 점유해왔고, 소련이 구성되면서 자신들의 의지나 국제법적 근거도 없이 그 땅이 아제르바이잔에 넘어갔기 때문이다. 당시 스탈린의 일방적인 지시나 소련 공산당 지침에 대해 아르메니아공화국이 아무런 저항을 할 수 없던 상황에서 이는 민족 스스로 자신의 미래를 결정한다는 자결 원칙에 위배되는 것이 분명하다. 나고르노-카라바흐를 구성했던 대다수 아르메니아인들은 아제르바이잔에 속하는 것을 원치 않았고, 아르메니아공화국이 소련 당국과 실질적인 동등한 주체로서 협의를 통해 영토를 넘긴 것이 아니기 때문이다. 아르메니아인들의 뜻에 반해 강압적으로 영토 이전이 이루어졌다면 이는 불법일 수밖에 없다. 마치 일제강점기에 불법적인 짧은 점유만으로 독도가 절대 일본 땅이 될 수 없는 것처럼 말이다.

예레반에서 버스를 타고 동쪽으로 약 320km 떨어진 나고르노-카라바흐 공화국 수도인 스테파나케르트까지 가는 데는 여섯 시간이 걸렸다. 나고르노-카라바흐에서는 비교적 최근인 2016년 4월 2일부터 나흘간 전쟁이 벌어졌던 만큼 올해도 교전의 발생을 배제할 수 없었다. 하지만 스테파나케르트는 아제르바이잔과의 국경에서 떨어져 있었기 때문에 전쟁이 나도 당장 직접적인 포화를 입기는 힘든 곳이다. 지루하게 펼쳐진 벌판과 구불구불한 산길을 달려 아르메니아와 나고르노-카라바흐 공화국 간의 경계 초소에 도착했다. 이곳에서 여권을 제출하고 등록 절차를 밟은 뒤 1시간 30분을 다시 이동해 스테파나케르트 시내에 있는 외교부를 찾아가 비자를 발급받아야 했다. 아르메니아 국적자는 이곳에 왔다는 등록만 하면 되지만 러시아를 포함한 외국인은 반드시 비자가 필요했다. 스테파나케르트는 아제르바이잔과의 교전 흔적을 찾아볼 수 없을 만큼 평화로웠다. 정부 청사와 의회 건물이 밀집한 시내는 깨끗하게

❖ 아르메니아와 나고르노-카라바흐 국경 초소. 좌우에 양쪽 국기가 걸려 있다.

정돈되어 있었고, 호텔과 레스토랑도 성업 중이었다. 전쟁의 상흔으로 다 쓰러져가는 건물들만 잔뜩 있고, 군대가 삼엄한 경계를 서고 있을 것으로 예상했던 것과는 딴판이었다. 나고르노-카라바흐는 두 달 전인 2017년 2월, 국민투표를 통해 국호를 아르메니아 고유 이름인 '아르차흐(Artsakh)'로 변경했다. 국제사회는 여전히 나고르노-카라바흐로 부르지만 아르메니아와 현지 정부는 자신들의 고유한 명칭을 사용함으로써 주권 의지를 강조한 것이다.

　스테파나케르트에 도착한 다음날, 호텔 커피숍에서 아르차흐 공화국 인권 옴부즈맨 활동을 하고 있는 루벤 멜리키얀(Ruben Melikyan)을 만났다. 그는 아르차흐 의회의 임명으로 국경 부근에서 아제르바이잔 당국이 저지르는 인권 침해 실태를 조사하고, 이를 인터넷과 문서를 통해 전 세계에 알리는 일을 하고 있었다. 그는 '아르차흐'의 의미를 이렇게 설명했다. "여기 주민들은 오래전부터 스스로를 아르차흐의 시민이라고 불렀습니다. 그 이유는 5세기까지 아르차흐가 아르메니아 왕국의 일부라는 것을 보여주는 수많은 문서들이 있기 때문이죠. 하지만 아제르바이잔 측은 아르메니아의 유산을 떠올린다는 이유로 아르차흐 명칭 사용을 거부해요. 아제르바이잔은 자신들이 이곳에 계속 거주해왔고, 아르메니아인들이 정착한 것은 얼마 되지 않았다고 주장하지만 아르차흐 명칭 자체가 그 이론이 틀렸다는 것을 보여주고 있어요. 2006년 헌법은 국호로서 아르차흐와 카라바흐가 동일하다고 명시했고, 이후에도 헌법은 두 가지 명칭을 모두 사용할 수 있다고 규정했죠. 하지만 우리는 아르차흐라는

❖ [인터뷰] 아르차흐공화국 인권 옴부즈맨 루벤 멜리키얀.

고유의 이름을 선호해 이를 사용해왔습니다."

멜리키얀 옴부즈맨은 아르차흐의 인권 대표답게 아제르바이잔의 인권 의식 수준을 맹비난했다. "아제르바이잔은 많은 비인간적 행위들을 저지르고 있습니다. 그들은 심지어 우리에게 '제노사이드가 진짜 무엇인지 보여주겠다'는 말조차 서슴지 않아요. 아제르바이잔이 카라바흐를 지배하게 된다면 여기 주민들은 아르메니아 사람이라는 이유로 큰 죽임을 당할 겁니다. 아제르바이잔 사회 전체는 우리를 죽이려고 하고 또 한 번 제노사이드를 보여주려고 하기 때문에 우리는 그냥 앉아 있을 수만은 없어요." 그는 한 가지 사례를 들며 말을 이어갔다. "라밀 사파로프(Ramil Safarov)라는 아제르바이잔 군인이 있었는데 그는 2004년 부다페스트에서 연수프로그램에 참가하고 있었습니다. 어느 날 밤, 사파로프는 아르메니아 장교가 머무는 숙소로 쳐들어가 잠을 자고 있는 그를 난데없이 도끼로 찍어 죽였습니다. 이들 간에는 아무런 개인적인 원한도 없었어요. 그는 헝가리 법정에서 종신형을 선고받았지만 사건 발생 8년여 만에 풀려나서 아제르바이잔으로 돌아갔습니다. 귀국한 사파로프는 영웅으로 열렬한 환대를 받았고, 장군으로 승진했어요. 아제르바이잔 정부는 그에게 아파트와 8년간 밀린 급여까지 주었죠. 문제는 아제르바이잔 청년들이 사파로프의 사례를 따르려고 한다는 겁니다. 아제르바이잔의 인권 옴부즈맨이라는 작자도 사파로프는 젊은이들에게 모범이 되는 훌륭한 사례라고 떠들고 있어요."

멜리키얀 옴부즈맨은 내게 「2016년 4월 전쟁 중 아제르바이잔이 저

지른 잔학」이라는 제목의 보고서 한 부를 읽어보라며 건네주었다. 거기에는 나흘간 벌어진 교전 기간에 아제르바이잔에 포로로 잡힌 아르메니아인들이 죽음을 맞이한 정황이 낱낱이 기록되어 있었다. 자료에 따르면 숨진 31명 가운데 전투요원은 28명이고, 3명은 민간인이었는데 이들 중 90%가 모진 고문을 받고, 팔과 귀, 목이 잘리는 등 참형을 당했다. 보고서는 31명의 희생자별로 죽을 당시의 모습이 구체적으로 요약되어 있는데 한 아르차흐 군인은 4월 2일 오후 1시경 북부 군영에서 잡혀 산 채로 두 손이 잘리고, 이후 참수됐다고 적혀 있다. 국제기구나 아제르바이잔 측과 공동 검증을 거친 것이 아닌 만큼 그 내용을 100% 신뢰하기는 힘들겠지만 그렇다고 전부 없었던 일을 지어낸 것도 아닐 것이다. 이런 참담한 자료를 아르메니아인들이 접하게 된다면 아제르바이잔을 향한 적개심은 날로 커질 수밖에 없을 것이다.

    그런 이유에서인지 아제르바이잔과 무력 충돌이 활발한 나고르노-카라바흐에서 아제르바이잔에 대한 비난과 전쟁 무용담을 듣는 것은 늘 상 있는 일이다. 그들은 대한민국 남자들이 군대 얘기로 밤새 술안주를 삼듯이 아제르바이잔과의 전쟁 얘기만 나오면 시간 가는 줄 몰라 했다. 아제르바이잔 국경에서 불과 6km 떨어진 나고르노-카라바흐 공화국의 마르타케르트 지역에서 만난 60대 주민은 2016년 4월 교전 때 집에 포탄이 떨어진 흔적을 보여주었다. 벽에는 총탄을 맞아 움푹 팬 자국이 곳곳에 남아 있었다. 곡사포 공격에 무너진 벽과 지붕은 새로 보수 작업을 해서 다른 부분과 확연히 차이가 났다. "우리는 공격을 받아 위험했지만 마을을 떠나지 않았습니다. 자기네 땅이라고 우기는 아제르바이잔 놈들한테 한 움큼의 땅도 내줄 수 없었으니까요. 앞으로도 총알이 날아오겠지만 아르차흐 주민들은 끝까지 싸울 겁니다."

    예레반에서 '고투아르메니아(GO2ARMENIA)'라는 관광업체의 투어매

니저로 있는 40대 중반의 아그하가냔은 나고르노-카라바흐에서 나와 함께 다니면서 아제르바이잔과 치른 무수한 전쟁 얘기들을 들려주었다. 그는 교전 상황을 찍은 동영상과 무능력한 아제르바이잔 군인들을 풍자한 웹 만화까지 시도 때도 없이 보여주었다. 내게 친절한 설명까지 곁들이면서 낯선 땅을 찾은 기자에게 아제르바이잔의 만행과 아르메니아인들의 용맹함을 드러내려고 했다. "작년 4월 아제르바이잔 놈들은 전쟁을 시작하면서 시리아에서 건너온 용병들과 전투 경험이 있는 죄수 300여 명을 동원해 우리를 압박했어요. 그들에게는 첨단 무기들이 주어졌죠. 하지만 우리는 정규군이 별로 없는 데다 무기도 변변치 않아 18세도 안 되는 학생들까지 뛰쳐나와 맨손으로 싸웠습니다. 끝까지 버티면서 후방군의 지원을 받아 적들을 물리쳤어요. 이곳에서는 학생과 직장인, 또 목사까지 집에 있는 막대기라도 들고 나와 아제르바이잔 군인들과 맞섰습니다. 전쟁 중에 남편이 집에만 있는 것을 본 부인이 왜 남들처럼 싸우러 나가지 않느냐며 타박하는 것도 일상이었죠. 어떤 지역 주민들은 낮에는 아제르바이잔 군인들이 무서워 집에 있다가 저녁에는 농사를 지으러 가기도 했습니다. 자기 땅을 지키겠다며 끝까지 집을 떠나지 않았던 것이죠. 하지만 아제르바이잔 군인들은 침입했다가 작전이 계획대로 이행되지 않자 다들 꽁무니를 내뺐습니다. 만일 나고르노-카라바흐가 자기들 땅이라면 그렇게 쉽게 버리고 도망을 갔겠습니까."

그는 침을 튀기면서 끝도 없이 전쟁 무용담을 들려줄 만큼 열정적이었고, 또 조국에 긍지를 느끼는 애국자였다. "전쟁이 나자 아르메니아 정규군뿐만 아니라 세계 각지에 있는 우리 동포들이 나라를 구하러 가자며 일어섰습니다. 이것이야말로 아제르바이잔이 절대 따라올 수 없는 우리의 강점이죠. 우리는 아제르바이잔이 무기 성능도 좋고 강하다는 것을 잘 알아요. 어쩌면 그들이 맘만 먹으면 하루 만에 카라바흐 전역에

처들어올 수도 있을 겁니다. 하지만 아르메니아와 카라바흐 국민은 맨몸으로라도 아제르바이잔의 공격을 막겠다는 의지가 매우 강해요. 이런 강한 정신력만 있어도 그들은 우리를 절대 함부로 대하지 못해요."

나는 그의 말이 다소 부풀려졌을지 모르지만 전혀 허황된 것은 아니라고 여겼다. 아제르바이잔의 한해 무기 구입 비용이 아르메니아 전체 예산보다 많은 상황에서 아르메니아인들은 정신력과 몸으로 때우는 수밖에 없다. 나고르노-카라바흐에서 만난 사람들은 아제르바이잔과의 전쟁을 민족 전체를 지키기 위한 차원에서 바라보았다. 터키에게 당했던 제노사이드의 망령을 이번에는 터키와 같은 핏줄인 아제르바이잔에게서 또다시 반복할 수 없다는 것이다. 석유 부국인 아제르바이잔에 비해 농산품과 관광 수입으로 연명하는 아르메니아는 '이가 아니면 잇몸'으로 버티겠다는 각오였다. 러시아 국적자로 아르메니아 혈통을 가진 수산은 20대 초반의 대학생이었지만 그녀 역시 아제르바이잔과의 싸움 얘기만 나오면 눈에 생기가 돌았다. "작년 4월에 전쟁이 나자 예레반에서는 젊은 학생들이 카라바흐 접경 지역으로 달려갔어요. 러시아와 인근 국가에 사는 제 친척들도 싸우러 달려오려고 했죠. 만일 카라바흐 땅을 빼앗기면 아제르바이잔이 바로 아르메니아까지 처들어올 수 있으니까요. 우리가 아제르바이잔보다 더 가진 게 이런 정신적인 거 말고 뭐가 있겠어요. 석유가 많은 아제르바이잔보다 훨씬 가난한 나라라서 우리는 꽁꽁 단결해서 몸을 다 바쳐 싸울 수밖에 없어요." 통역으로 사흘간 함께 다녔던 순진하고 연약한 모습의 수산이 그런 말을 할 때마다 나는 아제르바이잔에 대한 얘기만으로 사람이 이렇게도 강하게 바뀔 수 있구나 하는 생각이 들었다. 나이 어린 처자가 어설픈 한국어로 "우리가 이런 거 말고 가진 게 뭐가 있겠어요"라고 말하는 모습에 감동이 몰려왔다. 한국과 아르메니아 모두 주변국에게서 시달려온 고난의 역사를 갖고 있기 때문

인지 사슴 같은 눈망울을 한 그녀의 말은 내 마음속에 큰 울림을 주었다. 아르메니아가 터키에게 인종 학살을 당했지만 가해자로부터 사실 인정이나 사과를 받지 못하고 있는 것처럼 한국도 일제강점기를 거치며 수많은 사람이 희생됐고, 일본은 위안부 문제에 대해 강제 동원 사실을 부인하며 진심 어린 사과를 거부하고 있다. 제노사이드 와중에 많은 아르메니아인들이 집결지인 국경 근처까지 걸어가면서 배고픔과 병마에 숨졌듯이 한국인들도 스탈린 시절, 연해주에서 중앙아시아로 강제 이주되면서 똑같은 고초를 겪었다. 아르메니아인들은 오랫동안 자국민들이 살아온 나고르노-카라바흐를 강대국(소련) 정치 탓에 남에게 빼앗겼다가 겨우 회복했지만, 여전히 자국 땅이라고 주장하는 아제르바이잔과 첨예한 갈등을 빚고 있다. 우리의 독도 문제와 영락없이 닮았다.

    최악의 시나리오지만 늘 같은 편인 터키와 아제르바이잔이 아르메니아와 나고르노-카라바흐를 각각 양쪽에서 동시에 공격할 경우 아르메니아 민족은 국가가 사라져 떠돌이 신세가 될 수도 있다. 물론 이 같은 극단적인 상황으로 치닫지는 않겠지만 터키의 에르도안이 과거 오스만 제국의 대튀르크주의, 범튀르크주의를 앞세워 미국과 유럽, 러시아까지 무시하며 지역 패권을 추구하는 것을 보면 그냥 마음 놓고 있을 일은 아니다. 아제르바이잔 역시 3대 세습을 기정사실화한 마당에 대를 이을 알리예프의 자식이 아르메니아나 나고르노-카라바흐에 대한 적대적인 무력 정책을 포기할 것이라고 상상하기는 어렵다. 그렇다면 갈등은 다음 세대에도 지속될 것이고, 캅카스를 넘어 유럽과 중동의 지정학적 지형에까지 가장 큰 변수로 남을 것이다. 러시아 역시 나고르노-카라바흐를 둘러싼 분쟁에서 신뢰할 만한 중재자가 될 가능성은 낮아 보인다. 시사 문제에 밝은 아그하가냔 역시 러시아의 역할에 대해 부정적이었다. 내가 "(2016년 전쟁 때) 왜 러시아에게 중재를 부탁하지 않았나요?"라고 묻자 그

❖ 스테파나케르트에 있는 나고르노-카라바흐 전쟁 희생자 추모기념비.

❖ 스테파나케르트에 있는 나고르노-카라바흐 전쟁 희생자 묘지.

가 대답했다. "러시아가 카라바흐 전쟁에 관심이 있는 줄 아십니까. 그들은 전쟁을 이용해 비싼 돈을 받고 무기를 파는 데만 정신을 쏟고 있어요. 작년 4월 격전이 벌어졌던 나흘 동안 러시아는 한마디 말도 안 했습니다. 웃기는 것은 뭔 줄 아세요? 전쟁을 일으킨 알리예프가 푸틴에게 전화를 걸어 (아르메니아를 설득해) 제발 싸움을 멈추어 달라고 부탁했다는 겁니다."

앞서 예레반에서 만난 알렉산드르 이스칸다랸(Alexander Iskandaryan) 캅카스연구소장도 나고르노-카라바흐의 평화를 유지하는 데 러시아의 역할에 대해 다소 회의적이었다. "(조지아의) 압하지야나 남오세티야에는 러시아가 군대를 주둔시키고 국가로도 인정하고 있지만 카라바흐에는 러시아군이 일체 없습니다. 러시아는 카라바흐와 국경을 접하고 있지 않은 데다 카라바흐를 독립국가로 인정해주지 않고 있어요. 러시아를 신뢰하기는 좀 위험한 일이죠."

나고르노-카라바흐를 둘러싼 영토 분쟁이 국제사회의 적극적인 중재를 통해 당장 해결될 가능성은 매우 낮다. 1994년 휴전협정을 중재한 러시아는 지금 우크라이나 동부 지역 분쟁에 개입하느라 바쁜 데다 나고르노-카라바흐는 구소련 영토에 만연한 시끄러운 지역 충돌 사례 중 하나에 불과하다. 그냥 이곳이 조용히 지내기만을 내심 바랄 뿐 급격한 변동이 생긴다면 구소련 내 다른 잠재된 분열 지역으로 부작용이 확산될까 염려하고 있다. 사태를 감시하는 민스크그룹(프랑스·러시아·미국)도 지금

❖ [인터뷰] 알렉산드르 이스칸다랸 캅카스연구소장.

처럼 영토를 그어놓고 현상을 유지하는 데 급급한 상태라 전쟁이 나더라도 무력 개입은 엄두를 내지 못할 것이다. 결국엔 나고르노-카라바흐에서는 국제사회의 강력한 개입 없이 아르메니아, 아르차흐공화국, 아제르바이잔 간에 치고받는 싸움이 반복해서 전개될 수밖에 없다. 작년 4월 이후에도 아르차흐와 아제르바이잔 국경에서는 산발적인 전투가 수시로 벌어지고 있다. 이런 배경에서 양국 간 무기 도입 경쟁이 치열해지면서 이 지역 불안은 계속 가중되고 있다. 토마스 드 발(Thomas de Waal) 카네기 유럽연구소 선임연구원은 한 논문에서 이렇게 적었다.

> 나고르노-카라바흐는 유럽 내 최대 무장지대로 아제르바이잔은 석유를 팔아 번 돈을 신무기를 사는 데 쓰고 있고, 아르메니아도 그보다는 덜하지만 러시아제 무기를 할인된 가격에 구입해 신뢰할 만한 방어 체계를 갖추려 하고 있다. 아르메니아는 러시아제 미사일 이스칸데르(Iskander)를 구입해 2016년 9월 독립기념일 퍼레이드에서 선보였는데 이 무기는 사정거리가 280km에 달해 아제르바이잔의 주요 도시와 석유·가스 시설들을 직접 타격할 수 있다. 아제르바이잔은 이에 맞서 이스라엘로부터 막대한 돈을 들여 미사일 방어 시스템인 아이언 돔(Iron Dome)과 군사용 드론을 구입했다.[1)]

이쯤 되면 답이 보이지 않는 나고르노-카라바흐 분쟁에 대해 오랫동안 전쟁터가 된 아르차흐 공화국이 어떤 계획을 갖고 있는지 궁금해진다. 같은 편인 아르메니아는 왜 동족인 아르차흐를 국가로 승인해주지

---

1) Thomas de Waal, "The Threat of a Karabakh Conflict in 2017," *Carnegie Europe*, Jan 24, 2017.

❖ 스테파나케르트에 있는 현대식 종합병원.

않고 있는지, 아르메니아와 아르차흐는 궁극적으로 통합의 길로 나아갈 것인지가 관심사로 등장하고 있다. 이에 대한 답변을 아르차흐에서 만난 총리와 외교장관과의 인터뷰를 통해 어렴풋이 들어볼 수 있었다.

화약고가 된 나고르노-카라바흐에서 만난 현직 총리

아르차흐 공화국은 전체 인구가 15만 명에 불과한 매우 작은 나라로 인구로 따지면 한국의 읍(邑)이나 구(區) 정도에 불과했다. 국토 면적은 1만 1500㎢로 한국으로 치면 강원도(1만 6874㎢)보다 작은 크기다. 멜리키얀 인권 옴부즈맨이 "그래도 유엔 회원국 중 리히텐슈타인을 포함해 우리보다 인구가 적은 나라가 17%나 된다"고 소리쳤던 기억이 났다. 리히텐슈타인의 인구를 인터넷에서 찾아보니 3만 8000여 명 수준이다. 아르차흐는 2017년 2월 국민투표를 통해 국호를 변경했고, 현재 대통령과

총리가 각각 외치와 내정을 맡는 통치 구조를 앞으로는 대통령 중심제로 바꿀 예정이다. 2016년 아제르바이잔과 4일 전쟁을 치른 뒤 좀 더 신속한 대응을 위해 총리직을 없애고 대통령에게 모든 권한을 실어주기로 한 것이다.

아라익 하루티우냔(Arayik Harutyunyan) 아르차흐 공화국 총리는 전날 시내를 돌아다닐 때도 우연히 만나 악수를 했을 정도로 수도인 스테파나케르트의 중심부는 좁았다. 그러다 보니 시내에 있는 호텔에서 정부 청사까지는 차로 5분이면 충분했다. 하루티우냔 총리는 농업 쪽 일을 했던 사업가 출신으로 국회의원을 거쳐 2007년부터 총리를 맡아왔다. 개헌 국민투표 결과 어쩌면 그는 아르차흐에서 마지막 총리가 될 사람이다. 집무실에서 만난 그는 후견국 비슷한 아르메니아와의 관계에 대한 얘기부터 꺼냈다. "아르차흐 주민은 99.9%가 아르메니아 민족으로 우리는 1991년 12월 10일, 국민투표를 거쳐 독립공화국이 됐습니다. 어차피 같은 민족이라 우리는 아르메니아와 하나라고 생각하고 있어요. 아르메니아로부터 군사와 재정 지원도 받고 있고요. 아르메니아와의 통합은 같은 민족이기 때문에 궁극적으로는 합치려고 하고 있습니다. 그것이 여기 국민의 뜻이기도 하고요. 아르메니아도 마찬가지일 겁니다." 그럼 당장 통합하지 못하는 이유가 뭔지를 물었다. "정치적인 것이죠. 아르차흐가 미승인 국가라는 점도 있고, 아제르바이잔의 동태도 살펴야 하고, 국제사회가 합병을 인정해줄지도 문제고요."

나고르노-카라바흐가 별 잡음 없이 현 상태로 유지되길 바라는 국제사회로서는 아르메니아와 아르차흐가 통합한다면 아제르바이잔이 반발해 또다시 시끄러워질 것을 우려하고 있다. 그렇기 때문에 분쟁 감시국인 민스크그룹조차 나고르노-카라바흐 문제로 캅카스 전체가 화염에 휩싸이는 것을 꺼려 통합 문제는 머리를 맴돌 뿐 꺼내기 힘든 이슈다.

❖ [인터뷰] 아르차흐(나고르노-카라바흐) 공화국의 아라익 하루티우냔 총리(오른쪽)와 필자(왼쪽).

사르키샨 아르메니아 대통령이 "우리는 먼저 아르차흐 주민들의 의사를 물어야 한다. 독립을 할지 아니면 아르메니아의 일부가 될지는 (우리가 아니라) 아르차흐 주민들의 뜻에 달렸다"고 말하는 것도 자칫 아르메니아가 먼저 합병을 운운해 캅카스의 평온을 바라는 국제사회를 자극하지 않기 위해서다. 통합 논의가 수면에 떠오르지 않는 것은 아르메니아와 아르차흐가 합병을 하더라도 국제사회가 러시아의 크림 합병처럼 인정해주지 않을 것이고, 오히려 자신들의 입장을 불리하게 만드는 부작용만 생길 것이라는 현실적인 이유도 있다. 하루티우냔 총리는 "통합은 모든 아르메니아인들이 바라는 것이지만 그것을 하는 데 있어 아제르바이잔을 자극하지 않고, 국제사회가 받아들일 필요가 있도록 상황을 만들어놓는 것이 중요하다"고 밝혔다.

그러나 아르차흐와 통합할 것이냐, 독립적 개체로 둘 것인가에 대해서는 현지 전문가들도 의견이 분분해 보였다. 당장 실현될 수 없을 것 같은 문제에 대해 생각하지 않았거나, 어차피 먼 미래에는 남북한 통일처럼 합쳐질 것인데 당장 뭐라고 말하기 힘든 이유도 있을 것이다. 25년간의 기자 생활을 마친 뒤 이 지역 분쟁에 대해 책도 쓰고 강연도 한다는 아리스 가지냔(Aris Ghazinyan)은 "아르메니아 정부가 카라바흐를 합병할지, 아니면 별개의 국가 체제로 갈지는 잘 모르겠다"며 "확실한 것은 아제르바이잔에 카라바흐 영토를 넘기지 않는다는 것뿐"이라고 했다. 전

날 만난 이스칸다랸 캅카스연구소장의 반응은 둘 간의 통합에 대해 썩 긍정적이지는 않았다. "카라바흐가 국가승인도 받지 않는 상태에서 아르메니아와 합병한다면 아제르바이잔 측은 (잠재적 자국 영토를) 빼앗는 것으로 보고 반발할 겁니다. 그래서 국제사회가 카라바흐를 먼저 독립국가로 인정해주고, 그곳 주민의 의사를 반영해 합병 절차를 밟는 것이 순서인 것이죠. 당장 합치기는 어려울 것이고, 아마 한반도가 남북한으로 나뉘어 있는 것처럼 아르메니아도 분단된 두 개 체제로 장기간 갈 겁니다. 영토 문제는 다들 각자 방식으로 해결하는 거예요. 체코슬로바키아가 두 개로, 방글라데시도 두 개로, 유고슬라비아는 여섯 개 국가로 나뉘었어요. 우리도 두 개로 가는 것이죠." 법학 박사 출신의 멜리키얀 인권옴부즈맨은 이렇게 말했다. "(해외에 나가려는) 아르차흐인들은 아르메니아 여권을 받는 등 스스로 아르메니아의 일부가 아니라 그 국민이라고 느껴요. 하지만 아직 통합 문제에 대해서는 생각하지 않고 있는데, 그 이유는 자주독립국가로 인정받는 것이 먼저이기 때문이죠. 그동안 국민투표를 세 번 했는데, 독립하고 싶어 했어요. 물론 두 개의 나라로 간다고 해도 공통된 역사나 문화, 언어 등으로 인해 실제는 떨어져 사는 것이 아니죠. 아제르바이잔은 카라바흐에 대해 분리 없이, 아제르바이잔 국경 내에서 자기결정권을 가질 수 있다는 것이지만 아르메니아 정부는 카라바흐에게 어떠한 국경적인 제약도 없이 자유로운 자기결정권을 주겠다는 입장입니다."

하루티우냔 총리는 아르차흐 경제 상황에 대해서도 들려주었다. 요지는 2001년부터 2016년까지 매년 18%의 고성장을 하고 있다는 것이다. "수력, IT, 농업, 관광 등의 분야가 경제를 이끌고 있고, 일자리도 매년 늘고 있어서 여기서는 청년실업 같은 게 큰 문제가 되지 않습니다. 미승인 국가라 해외 유명 기업들이 여기에 공장을 짓고 있지는 않지만 아르메니

아와 재외 동포들이 많은 투자를 해주고 있어요." 내가 "삼성이나 LG, 현대차도 이곳에 들어올 수 있나"라고 물었지만 자국의 강점을 홍보하는 등 기업 유치를 위한 적극적인 발언은 삼갔다. "기업들이 시장을 찾아 투자할 수는 있지만 미승인 국가에 들어오기는 현실적으로 제약이 있을 겁니다. 특히 아르차흐를 놓고 보면 시장 규모가 작기 때문에……." 가까운 유럽의 기업들도 분쟁 지역인 나고르노-카라바흐를 투자처로 꺼리는 마당에 그는 한국 기업들의 진출 가능성이 현실적으로 희박하다는 점을 알고 있었던 것이다. 또 10년의 임기를 채우고 총리에서 물러나 여당 대표로 간다는 그에게 외국인 투자 유치를 물어본다는 것은 별 의미가 없는 것이기도 했다. 멜리키얀 인권 옴부즈맨은 아르차흐에 대한 투자는 한국 정부가 얼마나 아제르바이잔의 간섭을 물리칠 수 있는지에 달려 있다고 했다. "우리는 수력발전으로 전깃값과 인건비가 싸다는 강점이 있어요. 포도주를 비롯해 농업도 경쟁력이 있고요. 한국 기업들이 아르차흐에 들어오게 되면 어쩌면 아제르바이잔으로부터 불이익과 압박을 받을 수 있을 겁니다. 아제르바이잔에서 석유 사업을 크게 하는 영국의 브리티쉬 페트롤리엄(BP)이라면 그걸 견뎌낼 수 있겠지만요." 외국인이 나고르노-카라바흐에 다녀온 사실만 드러나도 아제르바이잔에 입국이 거부되는 마당에 돈과 일자리를 주는 기업이 아르차흐에 진출한다는 것은 더욱 복잡한 후폭풍에 휘말릴 수밖에 없다. 아르메니아와 아르차흐가 국제사회가 인정하는 통합국가가 되어서 시장이 좀 더 커지고 분쟁이 사라진다면 모를까, 나고르노-카라바흐 하면 전쟁터의 이미지부터 떠올리는 전 세계인들이 돈을 싸들고 이곳에 오기는 매우 어려울 수밖에 없다.

하루티우냔 총리는 바쁜 일정 탓에 그와의 면담은 30분에 그쳤다. 또다시 차를 타고 5분을 이동해 이번에는 외교부 청사로 갔다. 외교부 단독 건물이었지만 한국으로 치면 동사무소 정도 되는 크기였다. 단 하

나의 유엔 회원국으로부터도 승인을 받지 못한 터라 아르메니아, 아제르바이잔과의 이슈를 빼면 무슨 일을 하는지가 궁금했다. 노벨경제학상을 받은 미국 경제학자 조셉 스티글리츠(Joseph Stiglitz)를 빼닮은 카렌 미르조얀(Karen Mirzoyan) 외

❖ [인터뷰] 아르차흐공화국의 카렌 미르조얀 외교장관.

교장관은 얘기를 하면서 연신 담배를 피워댈 정도로 애연가였다. 그가 담배를 집으면 건너편에 앉은 공보비서는 즉시 달려가 라이터 불을 담배에 붙여주었다. 직업 외교관 출신으로 5년째 외교장관을 해온 그의 얼굴을 보면서 약소국 외교를 떠맡은 비장함 같은 것이 느껴졌다. 구한말 약체인 조선의 외교대신이나 상해임시정부의 외무총장도 그처럼 불안정한 약소국의 외교 방향을 놓고 고민했을 터였다. 하지만 이 같은 동질의식을 느끼는 것도 잠시였을 뿐 미르조얀 장관은 한국과 협력할 부분이 있느냐는 질문에 "아직은 딱히 없다. 우리는 당장 한국으로부터 국가승인을 받고자 하는 어떠한 정치적인 목적도 없다. 물론 한국인들이 우리 문제에 관심을 갖는다면 환영할 일이다"는 정도로만 얘기했다. 그러고는 말을 이어갔다. "우리의 외교 목표는 두 가지 입니다. 이 나라에 평화를 이루는 것이고, 국가로서 인정을 받는 일이죠. 승인을 받아야 나라가 안전해질 수 있으니 둘은 같은 맥락입니다. 우리는 미승인 정부지만 대외 활동을 하는 데는 큰 문제가 없어요. 다른 국가와 공식적인 대표 관계는 없지만 우리 사정을 알리고, 지역 평화를 위해 꾸준히 접촉을 갖고 있습니다. 아르메니아를 포함해 프랑스, 독일, 유엔 등 일곱 곳에 상주대표부도 두고 있죠." 내가 "왜 가까운 사이인 아르메니아조차 아르차흐

를 국가로 승인하지 않는가"라고 묻자 그는 먼저 "가까운 사이라는 표현은 틀렸다. 우리는 아예 같은 것이다"라고 반박했다. "나고르노-카라바흐는 우리 공화국 차원의 문제가 아닙니다. 전쟁 당사국인 아르차흐, 아르메니아, 아제르바이잔이 있고, 이들 간 분쟁을 감시하는 민스크그룹이 있어요. 나고르노-카라바흐 문제에 대한 국제적인 틀인 셈인데 만일 아르메니아가 우리를 승인하게 되면 이 틀을 깨는 겁니다. 협상의 한 자리를 차지하고 있는 아르메니아가 승인을 해서 분란을 만들 경우 국제사회의 지원도 그렇고 불리해질 뿐이죠."

내가 "나고르노-카라바흐 문제가 한국의 독도와 비슷한 것 같다"고 하자 그는 외교 수장답게 민감한 남의 영토 문제에 곧장 내가 원하는 '그렇다'는 답변을 주지 않았다. "독도 문제를 잘 알고 있지만 카라바흐와 비교하는 것이 꼭 맞지는 않습니다. 양국 간 문제에는 그들만의 독특성이 있기 때문이죠. 평화적으로 해결하는 것과 현지인들의 의견을 반영하는 것이 가장 중요합니다." 원론적인 답변에 나도 지지 않고 "장관으로서 멘트를 달라는 것이 아니라 역사적으로 장기적이고 실효적 지배를 해왔고, 중간에 불법적으로 빼앗긴 것을 감안하면 비슷한 것 아니냐"고 재촉하자 그제야 고개를 끄덕이면서 "그렇다. 서로 같은 맥락으로 볼 수 있겠다"고 답했다. 사실 나고르노-카라바흐와 독도 문제를 비교해 꺼내든 것은 이번이 처음은 아니었다. 이틀 전 예레반에서 파피키얀 아르메니아 외교차관을 만났을 때도 비슷한 질문을 했지만 그는 갈등의 결과가 훨씬 참혹하다는 점에서 독도와 차이가 있다고 평가했다. "나고르노-카라바흐에는 아르메니아 군이 없습니다. 그렇기 때문에 아제르바이잔의 공격에 맞서 싸우는 이들은 정규군이 아니라 대부분 자발적으로 참전한 사람들입니다. 거기에는 우리를 지켜줄 러시아 군대도 없고 국제평화유지군도 없어요. 그래서 작년에 나흘간 치른 전쟁에서 많은 아르메니아

인들이 목이 잘리고 마치 동물처럼 죽임을 당했습니다. 아르메니아인을 살해한 아제르바이잔 군인들은 마치 트로피를 든 것처럼 귀국해서 영웅 대접을 받았어요. 21세기에 이런 일이 일어난다는 것을 상상할 수 있겠습니까. 독도 문제에 비해 훨씬 잔인한 일들이 벌어지고 있는 겁니다. 이런 상황에서 우리가 영토를 포기할 수 있을까요. 그렇게 된다면 거기에 있는 아르메니아인들은 다 죽게 될 겁니다."

나는 미르조얀 외교장관에게 장기화된 나고르노-카라바흐 분쟁에 대한 해법을 물었다. "매년 무력 충돌로 인명 피해뿐만 아니라 사회불안, 경제적 손실도 막대하니 차라리 아제르바이잔과 영토를 절반씩 나누게 되면 평화를 되찾고 외국인 투자에도 유리하고, 전쟁 위험도 줄지 않나"라며 약간 도발적으로 질문했다. 애국심 많은 아르메니아인들에게 영토를 떼어주는 얘기를 하려면 돌 맞을 각오를 해야 하지만 최소한 장관은 감정에 치우치지 않고 객관적인 답변을 해줄 수 있을 것 같았다. 황당한 질문인지 미르조얀 장관은 담배를 새로 하나 꺼내들었고, 맞은편에 있던 공보비서는 또 번개같이 달려와 담뱃불을 붙였다. "카라바흐 전체 지역은 역사적으로 아르메니아의 땅이라 분할을 논할 수는 없습니다. 만일 분할을 가정해도 (아제르바이잔에 넘어간) 거기에 있는 아르메니아 주민들을 보호하는 문제가 있어요. 아제르바이잔은 학교에서도 아르메니아 사람들을 제거하라고 교육하는데, 땅을 빼앗기면 그 안에 있는 아르메니아인들은 어떻게 될까요. 아제르바이잔에 땅을 내준다는 것은 아르메니아인들이 상상할 수도 없고, 양보하지 못하는 문제예요. 무엇보다 아제르바이잔은 카라바흐의 절반을 떼어주어도 만족하지 못할 겁니다. 그들은 카라바흐를 장악하고 나서 그 다음에는 아르메니아까지 차지하려고 할 수 있어요." 아제르바이잔이 카라바흐를 넘어 아르메니아 땅까지 빼앗을 것이라는 얘기는 투어매니저인 아그하가냔도 했었다. 그

는 아제르바이잔을 아예 터키라고 불렀다. 터키와 아제르바이잔이 유사한 민족인 데다 아르메니아인들에게 둘 다 원수라서 대다수는 아제르바이잔을 그냥 터키라고 칭했다. 마치 아르메니아나 나고르노-카라바흐를 두고 대개 아르메니아라고 통칭해서 부르는 것처럼 말이다. 그래서 외국인은 아르메니아 사람이 터키라고 할 경우 그것이 실제 터키인지, 아니면 아제르바이잔을 뜻하는 것인지 잘 살펴야 한다. 아그하가냔은 이렇게 말했다. "터키(아제르바이잔 지칭) 그 놈들은 하도 욕심이 많아서 카라바흐를 빼앗으려고 무수히 전쟁을 일으켜왔어요. 카라바흐 밑에 붙어 있는 나히체반(아제르바이잔 역외 영토)과 협공을 하려고도 하고요. 카라바흐를 먹은 뒤에는 그 흉악한 놈들의 속셈이 뭐겠습니까. 아르메니아 본토로 진격하는 것만 남은 거예요. 그러니 카라바흐의 영토를 나눈다는 것은 터키 놈들의 진격만 도와주는 꼴이죠."

만일 터키가 아르메니아 서부를 되찾겠다며 공격하고, 카라바흐를 장악한 아제르바이잔이 아르메니아 동부에서 치고 들어간다면 아르메니아는 쑥대밭이 될 지도 모를 일이다. 러시아군 5000여 명이 아르메니아 서부 도시 귬리에서 터키와의 국경을 수비하고 있지만 터키 측에서 공격할 마음만 있다면 그 숫자는 별 의미도 없다. 바쿠의 한 시민이 "아르메니아와 총싸움만 하지 말고 당장 전면전을 벌여야 한다. 아제르바이잔이 터키와 합쳐서 공격한다면 소극적인 러시아가 아르메니아를 도와주더라도 충분히 승산이 있다"고 말한 얘기가 생각났다. 이런 최악의 시나리오가 있기 때문에 아르메니아인들은 몸을 바쳐 카라바흐를 사수하겠다는 전의(戰意)가 남다른지도 모른다.

나고르노-카라바흐 분쟁에 대한 솔로몬식 해법은 없어 보였다. 외국인 입장에서는 '지하자원도 별로 없는 경제성 없는 땅을 놓고 왜 저렇게들 싸우고 있나'라고 볼 수도 있을 것이다. 하지만 그곳은 물질적인 이

유에서가 아니라 민족 감정이 우선 지배하는 영역이었다. 이곳을 잃어서는 아르메니아나 아제르바이잔 모두 대내적으로 정치적 생명줄을 내놓아야 할 정도로 '포기 불가' 지대이기도 했다. 특히 자칫 잘못하다가는 인종 청소가 벌어져 대량의 난민 사태가 발생할 수 있는, 국제사회의 몇 안 되는, 유력 후보지 중 하나였다. 하지만 어려울 때는 원칙으로 돌아가는 것이 해답을 찾는 가장 쉬운 길이다. 그런 점에서 파피키얀 차관 역시 나고르노-카라바흐 분쟁을 해결하는 데 있어 그곳 주민들이 원하는 방향대로 결정하는 것이 가장 중요한 원칙이라고 했다. "카라바흐 지역은 우리에게 돈이나 경제적인 것과 관계없이 현지 주민들이 평화롭고 안전하게 살도록 하는 게 최우선입니다. 그러려면 자신들의 미래와 운명을 스스로 결정하도록 해야 하는 것이죠. 소련 해체를 전후해 당시 나고르노-카라바흐 NKAO를 비롯해 많은 공화국들이 독립을 위한 국민투표를 했습니다. 1991년 나고르노-카라바흐 주민들은 투표를 해서 아제르바이잔공화국에서 독립하기로 결정했어요. 아르메니아도 투표를 통해 소련에서 나오기로 독립을 결정했고요. 반면 아제르바이잔은 1991년 3월 국민투표를 했는데 그냥 소련에 남기로 했죠. 그런 아제르바이잔 군대가 소련군과 함께 나고르노-카라바흐로 진주해 장악을 시도한 겁니다. 아르메니아인들은 소련에서 뛰쳐나와 나고르노-카라바흐의 독립을 스스로 결정했는데도 말입니다. 자기 운명을 스스로 정할 수 있도록 하는 게 나고르노-카라바흐 분쟁 해결에 접근하는 열쇠예요. 이것 말고는 없습니다. 영토 분할처럼 어디에 떠넘기고 해서 해결될 문제가 결코 아니에요."

2부

친러시아 벨트를 가다
헝가리·세르비아·몰도바·벨라루스

2부 이동 경로
- (체코) 프라하 → (헝가리) 부다페스트 → (세르비아) 베오그라드 → (몬테네그로) 코토르
- (우크라이나) 키예프 → (몰도바) 키시너우 → (트란스니스트리아) 티라스폴 → (우크라이나) 오데사 → (벨라루스) 민스크

헝가리 Hungary

경제성장 좀먹는 부다페스트의 파워 정치

2017년 2월 초, 체코 프라하의 바체슬라프 하벨 국제공항에서 버스를 타고 헝가리 부다페스트까지 가는 데는 대략 7시간이 걸렸다. 다행스럽게도 체코와 헝가리, 그리고 중간 경유국인 슬로바키아가 모두 솅겐조약(Schengen agreement) 가입국이라 불편한 국경 통관절차가 없었다. 그냥 한 나라 영토 안을 이동하는 것과 같아서 국경에서 버스를 세워놓고 하는 여권 검사 같은 것은 생략됐다. 유럽 국경의 자유로운 이동을 규정한 솅겐조약에 들어가지 못한 EU 국가들이 거기에 가입하려고 안달하는 이유를 알 것도 같았다. 아름다운 프라하의 모습을 구경하지도 못 하고

- 유럽 중부에 위치한 내륙국으로 제1차 세계대전까지 오스트리아-헝가리제국을 이루었다가 제2차 세계대전 종전과 함께 소련의 세력권에 들어갔다. 수차례 반소(反蘇) 자유화 운동을 전개하면서 소련 이탈을 시도했고, 소련이 무너진 뒤 폴란드, 체코와 함께 동유럽 국가들 중 가장 먼저 NATO와 EU에 가입했다.

❖ 빅토르 오르반 헝가리 총리.

공항에 내려 곧장 버스로 부다페스트를 찾은 것은 헝가리에 이어 세르비아와 코소보를 거쳐 이란까지 가야 하는 빡빡한 일정 탓이었다. 애초 방문 계획에 없던 헝가리를 불쑥 찾아간 것은 현대사 속의 두 명의 인물에 대한 관심 때문이었다. 한 명은 공산주의 시절 총리를 지내면서 헝가리의 반소(反蘇) 자유화 운동을 주도했던 임레 너지(Imre Nagy)였고, 다른 한 명은 지금의 철권통치자인 빅토르 오르반(Viktor Orbán) 총리였다. 이들의 운명은 1989년 너지의 이장(移葬)식으로 연결되어 있다.

민족주의자였던 너지는 1956년 10월 헝가리 민주화운동 때 소련에 맞서다 붙잡힌 뒤 비밀재판에서 사형을 선고받았다. 앞서 그해 2월 소련 공산당 제20차 당대회에서 니키타 흐루쇼프(Nikita Khrushchyov)의 스탈린 격하 연설에 고무된 동유럽 국가들은 소련의 손아귀에서 벗어나려고 했고, 헝가리는 그 대표 주자였다. 너지 총리는 내부 개혁에서 멈추지 않고 바르샤바조약기구(WTO: Warsaw Treaty Organization) 탈퇴와 중립국화를 내걸면서 흐루쇼프의 심기를 건드린 나머지 소련군 탱크의 무차별 진격을 초래했다. 흐루쇼프는 헝가리를 본보기로 삼겠다는 각오로 3000여 대의 전차와 20만 명의 병력을 파견해 조무래기 헝가리 시민군을 박살냈다. 이 과정에서 무수한 헝가리인들이 피를 흘렸고, 너지 본인도 소련군 총탄을 피해 유고슬라비아 대사관으로 도망쳐야 했다. 최고 통치자인 총리가 그것도 자국 땅에서 외국 군대의 반(反)주권적인 침입을 받아 타국 대사관으로 몸을 숨겨야 했던 것은 헝가리 현대사에서 가장 슬픈

장면 중 하나일 것이다. 너지는 소련에 맞서면 미국이 도와줄 것으로 판단했지만 이미 미국과 소련은 한국전쟁이 끝난 직후라 더 이상 충돌할 의사가 없었다. 무엇보다 양국은 서로의 영향권을 암묵적으로 인정하는 분위기여서 소련의 위성국이던 헝가리의 운명은 비극적으로 흘러갈 수밖에 없었다. 너지는 유고 대사관 측으로부터 서방으로 탈출시켜주겠다는 제안을 믿고 대사관 밖으로 나갔다가 대기 중이던 소련 비밀경찰에 체포돼 수감자 신세가 되어버렸다. 유고는 당시 동유럽 국가 중에 비교적 소련과 거리를 두고 있었지만 너지의 존재가 자국 내 반체제 인사들을 자극할까 봐 소련과 뒤에서 거래를 하고 있었던 것이다. 너지는 2년간 복역하다가 항변조차 제대로 못한 채 사형선고 바로 다음날 교수형에 처해졌다. 그의 시신은 부다페스트 외곽의 공동묘지 내 쓰레기장 어딘가에 버려졌다. 묘비 없이 버려진 그의 시신은 행방이 묘연해 그를 따랐던 시민들은 참배조차 할 수 없었다. 모스크바의 소련 공산당 지도부를 맹종(盲從)해야 했던 당시, 타락한 공산주의자로 낙인찍힌 너지의 비참한 운명은 동유럽 각국 정상들에게 보내는 경고였다.

너지의 시신은 소련 해체를 앞두고 동유럽에 자유화 물결이 거세지면서 1989년 6월 16일, 국가묘지에 정식 안장되었다. 그가 사형당한 지 31년 만에 치러진 이장식에는 헝가리 정부 요인들이 총출동했고, 수십만 명의 인파로 인산인해를 이루었다. 소련에 맞서 원통하게 숨진 너지의 주검을 보면서 많은 헝가리인들은 비통한 눈물을 흘렸다. 유튜브에는 부다페스트 영웅광장에서 거행된 이장식 화면이 있는데 당시 추도문을 읽은 사람이 바로 현 총리인 오르반이었다. 지금은 넓적한 얼굴에 뚱뚱한 체형이지만 당시 20대였던 오르반의 외모는 전형적인 꽃미남이었다. 26세 약관의 나이로 영국 옥스퍼드 대학교 유학생이던 그는 "너지의 뜻을 이어받아 헝가리에서 소련군은 떠나라"고 외쳤다. 그리고 공산주

❖ 1989년 6월 임레 너지의 이장식 때 오르반이 소련군 철수를 외쳤던 영웅광장.

의의 유산을 버리고 자유민주주의 개혁에 나서자고 열변을 토하면서 행사장에 나온 수많은 시민들의 이목을 집중시켰다. 너지의 이장식은 오르반에게는 사실상 정계 진출의 무대가 됐고, 어쩌면 오르반은 너지의 비극적 유산에 힘입어 오늘날 총리까지 오른 셈이었다.

흥미로운 것은 1989년 이장식에서 소련의 흔적을 지우고 개혁을 외쳤던 오르반이 중년이 되어서는 반대의 길을 가고 있다는 점이다. 그는 2010년 총리가 되고 나서 사회를 옥죄는 각종 통제 법안을 밀어붙였고, 최근에는 러시아와 가까워졌다. 20대에 소련군 철수를 외치며 자유민주주의 투사였던 모습은 더 이상 존재하지 않는다. 그는 난민 문제 등으로 유럽과 충돌하고 있고, 미국과는 클린턴, 오바마 시절 내내 불편한 관계였다. 나는 소련의 권위주의적 체제를 배척했던 그가 왜 나이를 먹으면서 그들과 똑같은 길을 가고 있는지, 진보를 내세웠던 초심을 잃고 왜 보수로 돌변했는지가 궁금했고, 그 때문에 헝가리에 가보기로 결정했다.

"임레, 뭐라고요? 너지요? 그가 누군데요?" 부다페스트에서 만난 헝가리 시민들 중에 임레 너지의 이름을 아는 경우는 매우 드물었다. 너지 이장식에 앞서 오르반이 열변을 토했던 영웅광장에서도 마찬가지였다. 그곳에서 데이트를 하고 사진을 찍는 많은 이들은 너지의 존재 자체에 대해 알지 못했다. 내가 발음이 나빠서 그럴지 모른다는 생각에 '임레 너기', '임르 나기', '임레 나지' 등 여러 발음을 해보았지만 열 명 중 아홉 명은 누군지 몰랐다. 질문 상대방의 연령은 20~40대였다. 시험을 봐서 뽑혔을 경찰관 네 명에게도 물어봤지만 이들도 별 수 없었다. 우리로서는 상해임시정부 주석을 지낸 김구 선생 같은 분을 모른다는 데 대해 살짝 화가 나기도 했다. 그래서 20대 경찰관에게 "너네가 어려웠던 시절에 시민들 자유를 위해 애쓰다가 돌아가신 분을 외국인인 나도 아는데 넌 그것도 모르냐"고 한마디 했다. 그랬더니 경찰관은 멋쩍은 웃음을 지으면서 "집에 가서 한번 찾아볼게요"라고 했다. 나는 "인마! 당장 아버지한테 전화해서 물어봐"라고 소리쳤다.

헝가리 사람인 가보르 너지(Gabor Nagy) 기자는 내가 이런 황당한 일을 겪었다고 했더니 농담반 진담반으로 "답변을 못한 애들은 아마 학교 다닐 때 숙제를 제대로 안 했을 겁니다. 너지를 모른다는 것은 헝가리인으로서 수치죠"라고 했다. 그는 공교롭게도 본인도 너지라는 호칭을 쓰고 있었다. "임레 너지와는 아무 사이도 아닙니다. 너지는 헝가리에서는 흔한 성(姓)이니까요. 우리는 유럽과 달리 한국처럼 성을 먼저 쓰고

❖ 국회의사당 부근의 임레 너지 동상. 이름을 포함해 아무런 표시도 없어 현지인 대부분은 동상이 누구를 기리는 것인지도 모른다.

❖ 부다페스트 지하철 내 곳곳에는 맨바닥에서 잠을 자는 갈 곳 없는 노숙자들이 자주 눈에 띈다.

이름을 쓰는데, 임레 너지는 영어식이고 헝가리에서는 너지 임레라고 하죠. 즉 너지가 성이고, 임레가 이름이에요."

부다페스트는 프라하와 함께 동유럽의 대표적인 관광지다. 추운 겨울인데도 다뉴브강을 배경으로 펼쳐진 멋진 전망을 보기 위해 많은 사람들이 높은 지대에 있는 겔레르트 언덕과 부다성(城), 어부의 요새에 올라갔다. 유럽에서 지하철이 맨 처음 건설되었을 정도로 외국인이 대중교통을 이용하는 데도 불편함이 없었다. 지하철뿐만 아니라 트램과 버스, HEV(교외선 열차) 등 다양한 교통수단이 존재했다. 서유럽에 비하면 변방이기는 했지만 일찌감치 NATO(1999년)와 EU(2004년)에 가입해서 그런지 헝가리는 인프라 측면에서 훌륭했다. 물론 지하철역사마다 노숙자들이 들끓고 있는 것은 30년도 안 된 일천한 시장자본주의가 낳은 사회적·경제적 병폐의 하나일 수 있겠다.

KOTRA 부다페스트 무역관이 보내준 자료를 보면 헝가리의 경제

상황은 권위적인 오르반 총리의 '비자유적 민주국가(illiberal state)'관(觀)에도 불구하고 상당히 괜찮은 편이었다. 재정 안정을 바탕으로 2013년부터 국제통화기금(IMF)에서 빌린 자금의 조기 상환에 나섰고, 2014년에 경제성장률은 3.6%로 EU 내 최고를 기록했다. 이후 2015년과 2016년에는 각각 2.9%, 2.1%로 내려갔지만 유럽의 성장 정체에 비하면 이 정도는 충분히 수용할 만했다. 기준 금리는 역대 최저치인 0.9%를 유지해도 될 만큼 인플레이션의 위험은 낮아 보였고, 공식 화폐인 포린트는 안정적인 약세로 수출을 뒷받침했다. 국가 핵심 산업인 자동차 분야에서도 외국 기업들의 투자는 꾸준했다. 헝가리에 있는 벤츠, 아우디, 스즈키 공장 등의 생산 규모는 EU 전체 자동차 출시량의 3%에 달한다. 2016년 국제신용평가사인 피치와 S&P가 국가 신용 등급을 BB+에서 BBB-로 올린 것도 헝가리 경제 전망을 비교적 낙관하고 있다는 증거였다.

그러나 부다페스트에서 만난 경제 전문가들은 헝가리 경제에 대해 부정적인 견해를 내비쳤다. 외부에서는 비교적 높이 평가하는데도 현지인들은 나쁘게 보고 있는 점이 특이했다. 요지는 오르반 정권의 일방통행식 통치로 정치적 불안이 커지면서 경제 발전에 악영향을 주고 있다는 것이다. 헝가리 최대 민간 경제연구소인 GKI의 안드라스 베르테스(Andras Vertes) 소장은 헝가리 경제 상황을 '잃어버린 10년'이라고 표현했다. "지난 10년간 GDP 증가율을 보면 비셰그라드 그룹(Visegrad Group)에 속한 나라들 중 헝가리가 꼴찌예요. 헝가리는 10년 동안 5% 성장에 그친 반면 폴란드는 39%, 슬로바키아 27%, 체코 15%로 우리보다 월등히 높습니다. 2004년에 폴란드, 체코와 함께 EU에 가입했는데 그때만 해도 1인당 GDP가 체코가 1위였고, 헝가리, 슬로바키아, 폴란드 순이었죠. 하지만 지금은 우리가 꼴찌라고요. 체코가 계속 1위이고, 슬로바키아, 폴란드, 헝가리 순입니다. GDP 대비 대외 부채 비율도 2008년 금융위기 때

❖ [인터뷰] 헝가리 최대 민간 경제연구소인 GKI의 안드라스 베르테스 소장.

80%까지 올라갔다가 지금은 다소 줄었지만 아직 73%나 됩니다."

경제학자 출신의 베르테스 소장은 수차례 총리와 경제장관 물망에 올랐지만 막판에 줄이 없어 입각에는 실패했다고 털어놨다. 그는 1992년 정부 중앙계획기관이던 것을 GKI라는 민간 연구소로 바꿔놓은 창립자로서 정부의 경제정책 수립에 조언을 해주고 있다. 그는 비셰그라드 그룹 국가 중 폴란드는 비교 불가라고 말하기도 했다. "폴란드는 영토가 넓고, 인구도 3500만 명으로 헝가리(1000만 명), 체코(800만 명), 슬로바키아(600만 명)를 압도하죠. 이미 유로존 국가이고, 도날트 투스크(Donald Tusk) 폴란드 전 총리가 EU 정상회의 상임의장을 맡으면서 EU 내 위상과 역할도 커졌어요. 폴란드는 제2차 세계대전 때만 해도 독일과 러시아의 탱크에 짓밟혀 정치와 경제가 궤멸됐지만 오히려 종전 후 독일로부터 막대한 전쟁 보상금을 받았고 러시아와는 정치적 유대를 이어가면서 발전 속도가 빨라요. 하지만 헝가리는 2004년 EU 가입 후 정치권에선 장밋빛 전망만 난무했고 실천이 부족했습니다. 불필요한 선심성 정부 지출이 늘면서 예산 적자가 커져 2008년 금융위기 때 직격탄을 맞았죠. 그래서 지금의 오르반으로 정권 교체가 이루어진 것이고요."

내가 "헝가리 경제를 낙관하기 힘든 요인은 정치인가"라고 묻자 그는 고민할 것도 없이 "그렇다"고 답했다. 그리고는 오르반 정권에 대해 쓴소리를 늘어놓았다. "오르반은 1998~2002년에 이어 2010년부터 두

번째 집권을 하고 있어요. 그는 사회당 연립정부의 방만한 경제 운용을 없애고 예산 균형과 재정 적자 감소를 시도했어요. 여기까지는 오르반이 잘 한 겁니다. 하지만 정치적 일방주의와 법적 불안정성이 경제성장을 훼손했습니다. 선거법, 미디어법, 사법개혁법 등을 고쳐 시장민주주의의 후퇴를 가져왔어요. 예산 적자는 줄었지만 수단은 나빴어요. 시장 흐름에 매우 모순되는 정책도 많고요. 은행, 소매, ITC(정보통신기술), 담배 등 13개 분야에 특별세를 부과했는데 주로 도이치텔레콤이나 유니크레딧방크 같은 비(非)헝가리 회사들이 타깃이 됐죠. 헝가리 회사들에는 비교적 낮게 세금을 매기고 개인 소비세는 떨어뜨리고 있고요. 물론 이런 것 때문에 오르반이 인기를 얻은 측면도 있지만 말입니다. 정부나 정치권이 기업들을 압박하는 것은 다반사이고, 기술 인재들은 일자리를 찾아 독일, 영국, 오스트리아로 떠나고 있어요. 외국인 직접투자(FDI)도 들어오고 나간 것을 따져보면 사실상 제로예요."

그러나 헝가리 정부가 세금 정책에서 외국인 기업들을 타깃으로 하고 있다는 그의 주장이 꼭 맞는 얘기는 아니었다. 헝가리 정부는 2017년부터 기존에 최대 19%에 달하는 법인세율을 9%로 대폭 낮추기로 했다. 이는 EU 국가들 중 최저치로 대상은 국내외 기업을 가리지 않는다. 외신은 헝가리에 진출해 있는 200만 유로 이상의 매출을 가진 외국 기업들이 가장 큰 혜택을 받을 것이라고 전했다. 김승호 KOTRA 부다페스트 무역관장도 "외국인 투자 유치는 포퓰리즘 차원이라기보다는 오르반 정부의 일관된 정책으로서 법인세를 9%로 낮춘 것은 높은 실업률 등 경제 위기를 극복하는 과정에서 더 많은 외국 기업들을 헝가리로 불러오기 위한 전략"이라며 긍정적으로 평가했다.

유럽 포퓰리스트의 전형으로 불리는 오르반의 정치적 쇼맨십에 대해서도 베르테스 소장은 매우 비판적이었다. "물론 정치적인 측면에서

오르반은 재능 있는 친구입니다. 하지만 헝가리 같은 작은 나라에서는 정치가 불안하면 경제성장을 지속하기가 힘듭니다. 오르반은 뭐든지 정치적으로 접근하고 있어요. 헝가리 정부는 알아서 잘하는데 왜 EU는 간섭만 하느냐고 말합니다. 다 헝가리 국민들 들으라고 하는 소리입니다. 며칠 전 푸틴이 부다페스트에 왔는데 순전히 정치적인 이벤트였을 뿐 경제적 관점에서는 의미가 하나도 없어요. 오르반은 자기가 큰 나라 정상인 푸틴이나 트럼프(Donald Trump)와 가깝다는 것을 보여주고 싶어 할 뿐이죠." 그는 유럽의 권고를 물리치고 서둘러 난민을 막은 데 대해서도 포퓰리즘의 전형이라고 해석했다. "난민 유입은 헝가리 사회에 위협이 될 만큼 실제적인 문제가 결코 못 됩니다. 난민들도 영국이나 독일로 가려고 하지 헝가리에 남으려고 하지 않으니까요. 오르반도 그것을 알지만 그는 다른 정상들보다 먼저 국경에 철책을 치고 난민들을 막겠노라고 큰 소리를 쳤습니다. 다 정치적인 쇼예요. 난민 펜스는 오르반이 EU에 대해 반대 의견을 낼 수 있는 스트롱맨이라는 것, 헝가리인들을 잘 보호하고 있다는 점을 어필하려는 것이죠."

헝가리는 2015년 9월 발칸 루트를 따라 올라오는 중동 난민을 막기 위해 세르비아, 크로아티아와 접한 국경에다 3중 철조망 장벽을 설치했다. 터키가 EU와의 협정에 따라 난민을 막아주고 있지만 언제든 깨트릴 수 있는 상황에 대비한다는 이유였다. 헝가리가 유럽 국가들 간에 국경 이동의 자유를 보장한 솅겐조약 가입국 중 가장 아래에 위치한 점을 감안할 때 헝가리가 뚫리게 되면 난민들은 아무 제한 없이 유럽 각국으로 옮겨갈 터였다. 오르반은 이슬람으로부터 유럽의 기독교 문명을 지켜야 하고, 자신을 그 수호자쯤 되는 것으로 여겼다. 2017년 3월, 헝가리 의회는 난민 지위를 얻으려 들어오는 외국인을 컨테이너에 수용한 뒤 심사를 기다리게 하는 일명 '난민구금법'을 4년 만에 부활시켰다. 이에 오르

반 총리는 "난민들은 테러리즘의 트로이 목마"라며 환영했다. 물론 오르반의 속내는 헝가리인들의 반(反)난민 정서를 정치 쟁점화함으로써 2018년 총선 승리의 동력 중 하나로 삼으려는 것이다. 그렇기 때문에 EU가 난민을 수용하라는 주장을 대놓고 무시하고, EU의 '난민할당제'에 대해서는 국민투표까지 부치는 강수를 두었던 것이다.

베르테스 소장은 사회 부패가 줄지 않는 점도 걱정거리라고 지적했다. "국제투명성기구가 내놓는 부패인식지수를 보면 주변의 폴란드, 체코, 슬로바키아, 루마니아, 크로아티아와 발트해 3국은 모두 개선되고 있지만 헝가리만 거꾸로 가고 있어요. 오르반 주변의 친구들과 그 가족이 해먹는 것도 많고요. 정책이 포퓰리즘으로 흐르다 보니 장기적 관점에서 공교육이나 보건 분야는 예전 스타일로 마냥 제자리입니다. 한마디로 오르반은 전제정치(tyranny)를 하고 있어요." 그는 헝가리가 근시안적인 정책보다 미래에 대비할 비전이 필요하다고 했다. "헝가리는 지금 EU로부터 많은 보조금을 받아서 개발 사업을 진행 중이지만 20년 후에는 유럽 보조금이 크게 줄어들 겁니다. 그때 가면 어떻게 경제를 관리할지도 염두에 두어야 해요. 지금처럼 유럽에 소리만 지르는 것은 의미가 없어요. 외국인 직접투자가 늘려면 법적 조치가 강화되고 정치적 확실성이 커져야 하고요. 헝가리는 외국 자동차 공장들을 두고 있지만 변화에도 적응해야 합니다. 자동차는 친환경 전기차로 바뀌는데, 계속 석유 차량만 만들고 있으면 안 되죠. 신기술 개발도 필요하고 전통적인 강점인 관광과 농업 분야도 키워야 합니다."

동유럽을 관통하는 다뉴브 강변에 위치한 코르비누스(Corvinus) 대학교의 아코스 피터 보드(Akos Peter Bod) 교수도 헝가리 경제에 대해 불편한 소리를 하기는 마찬가지였다. 그는 헝가리가 초기 시장자본주의를 실험한 시기에 산업통상부 장관(1991~1992)과 중앙은행 총재(1992~1995)

❖ [인터뷰] 부다페스트에 있는 코르비누스 대학교 경제학과의 아코스 피터 보드 교수. 그는 1990년대 산업통상부장관과 중앙은행 총재를 지냈다.

를 지낸 실물경제와 금융 전문가였다. 겨울비가 내려 흐릿해진 다뉴브강을 내려다보고 있는 그의 연구실은 가만히 앉아 있어도 연구 논문이 술술 잘 써질 것처럼 편안했다. 그는 중앙은행 총재를 마치고 코르비누스 대학교 경제학과 교수로 부임해 학생들을 가르쳐왔다. 그는 자신이 몸담고 있는 대학이 경제학 분야에서는 헝가리 내 최고라고 치켜세우기도 했다.

내가 먼저 "헝가리도 1990년대 초반 러시아나 폴란드처럼 일명 '충격요법(Shock therapy)'으로 경제성장을 도모했느냐"고 말을 꺼냈다. 하지만 예상과 달리 "헝가리의 사정은 그들보다 나았기 때문에 급진적인 조치들을 취할 필요가 없었다"는 답변이 돌아왔다. "폴란드는 빠른 경제개혁을 도모하기 위해 전반적으로 뜯어고치는 충격요법이 필요했던 반면 헝가리는 달랐습니다. 헝가리 공산당은 시장민주주의로 바뀌는 레짐 체인지가 일어나기 전인 1982~1990년에 IMF로부터 돈을 빌렸고, 그 대가로 IMF는 우리에게 개혁을 요구했어요. 그래서 조세제도, 법치주의, 상업은행과 기업가 활동 보장 같은 선진 조치들이 폴란드보다 빨랐어요." 하지만 그의 말은 헝가리가 출발은 앞섰지만 지금은 뒤처져 있다는 씁쓸한 뉘앙스를 띠고 있었다. 아니나 다를까 부정적인 발언이 이어졌다. "오르반은 늘 우리가 최고이고 가장 잘하고 있다고 하는데 그건 사실이 아니죠. 최근 10년간 1인당 GDP가 비셰그라드 그룹 내 최하위인 데다 출산율은 최근 20년간 가장 낮아서 이미 노령화 사회에 진입했어요.

GDP 대비 투자 규모는 폴란드나 루마니아, 체코보다 낮고, 과도한 정치적 개입으로 생산 비용은 높아지고 있죠. 주요 수출품인 자동차를 보면 외국에서 부품을 가져와 조립해서 중국과 유럽에 파는 구조인데 이것도 가치사슬(value chain)로 보면 수익성이 낮아요. 제한된 이익 구조로는 경제성장을 지속하기가 힘들죠."

보드 교수 역시 경제를 좀먹는 요인으로 정치를 언급했다. 그는 1989년 6월 영웅광장에서 혈기왕성한 오르반의 뜨거운 연설을 들었다고 털어놨다. 그때는 진보적 청년인 오르반에 대해 깊은 인상을 받았지만 지금은 보수화된 그에 대해 다소 실망한 듯했다. "헝가리는 정치 자체를 놓고 보면 상당히 안정적이죠. 누구도 오르반과 그의 정당 피데스(Fidesz)를 넘어설 수 없으니까요. 하지만 정치가 너무 무겁습니다. 강한 총리와 정부라는 것은 반대로 말하면 의회나 기업, 노조, 지역은 약한 파트너라는 점을 의미합니다. 정치권력이 너무 강해서 비즈니스에 과도한 영향을 미치는 것이 가장 큰 문제예요. 예컨대 헝가리에서 사업을 한다면 시장 추이나 기술력에 관심을 갖기보다는 정부가 무슨 생각을 하는지, 정부 계획이 어떻게 바뀔지에 집중해야 합니다. 예컨대 다음 달에는 규제가 어떻게 될지 아무도 몰라요. 시장 규칙을 예측하기가 힘들다는 것이야말로 진정한 자본주의가 아닌 셈이죠. 결국 헝가리 경제는 너무 정치화되고 있다는 것이 문제예요. 강한 정부는 투자와 경제활동을 위험에 빠뜨릴 수 있어요."

백발의 보드 교수는 시장경제 역사가 짧은 헝가리에서 이를 처음 도입해본 장본인이었다는 데 대해 강한 자부심을 갖고 있었다. 경제 관료로서 나름 열심히 했지만 당시의 정치적 혼란이 건실한 시장 조성을 뒷받침해주지 못했다는 점을 아쉬워했다. 보드 교수는 헝가리의 고질적인 부패 문제에 대해 얘기를 이어갔다. "헝가리에서 부패는 수십 년 된 문

제가 아니라 수백 년 차원의 문제예요. 헝가리는 오스트리아 합스부르크와 터키의 지배, 소련 공산주의 시절을 겪으면서 역사적으로 납세를 피하려고 힘 있는 자에게 뇌물을 건네는 편법이 만연했어요. 우리뿐만 아니라 루마니아나 불가리아 등 이 지역 국가들은 체제가 바뀌었어도 부패는 그 뿌리가 깊어 해결하기 힘든 과제예요. 조지 소로스가 모국인 헝가리에서 반부패 캠페인을 펼치려 하고 있지만 오르반은 활동을 막고 있어요. 오르반은 젊은 시절 소로스로부터 재정적 지원을 많이 받았지만 지금은 부패와 민주주의 문제로 소로스와 사실상 결별한 상태죠." 실제 2017년 4월, 헝가리에서는 소로스가 부다페스트에 세운 유럽중앙대학교(CEU)를 폐교시키는 교육법 개정안이 통과돼 대규모 항의 시위가 벌어지기도 했다. 개정안은 외국 교육기관이 헝가리에서 학교를 운영하려면 본국에도 캠퍼스가 있어야 한다는 단서를 달았는데 이는 미국에 캠퍼스가 없는 유럽중앙대학교와 소로스를 겨냥한 것이 분명했다.

"오르반의 생각은 국익을 위해서라면 특정 승자를 선택해서 그 국가기업이 강해지도록 지원을 다하겠다는 겁니다. 러시아의 가스프롬(천연가스)이나 스베르방크(금융)처럼 규모를 키워 국익에 기여하는 측면을 강조하죠. 마치 한국에서도 정부가 재벌 그룹이 성공적인 사업을 하도록 지원했듯이 말입니다. '정부는 정부대로, 기업은 기업대로, 견제와 균형 속에서 법을 지켜야 한다'는 지적에 대해 오르반은 그것은 오래된 교과서 같은 얘기라고 무시합니다. 그가 쓰는 새로운 교과서는 새로운 중산층과 기업을 키우고 국익을 위해서라면 정치가 경제에 힘을 작용할 수 있다는 것이죠. 이 때문에 그는 시장경쟁을 좋아하지 않고 경제 전반에 정부의 개입을 선호하고 있죠. 물론 정치가 기업 활동을 규제하면서 부작용이 나타나는 것은 전체 국익을 감안하면 큰 범죄가 아닐 수도 있어요. 하지만 문제는 기업을 국유화해서 그것을 권력 주변 사람들에게 나

뉘주는 정실자본주의(crony capitalism)죠. 헝가리에는 아직도 이 부분이 남아 있어요. 최근 헝가리에서는 2024년 하계올림픽 유치 작업을 하면서 부패 이슈가 재등장하고 있습니다. 헝가리 국민은 막대한 비용이 드는 올림픽을 개최하려 한다는 것 자체를 부패한 일로 보고 있어요. 하지만 오르반은 국민 의사도 묻지 않고 혼자 결정해서 밀어붙이고 있죠."

어쩌면 올림픽 개최 추진은 '헝가리 퍼스트'를 외치고 다니는 오르반의 보여주기식 행보의 정점이 될 수도 있을 것이다. 하지만 헝가리 정부는 내가 보드 교수를 만난 지 보름 뒤 올림픽 유치 신청을 포기했다. 예산 낭비를 이유로 26만 명의 시민이 반대 서명을 하며 시위가 확산됐기 때문이다.

내가 오르반의 정치적 성향은 어떠냐고 묻자 보드 교수는 의미심장한 웃음을 지어보였다. "그에게는 언제인지가 문제입니다. 작년과 올해가 다르고, 내달에는 어떻게 바뀔지 아무도 몰라요. 포퓰리즘의 전형이죠. 사람들의 바람이 뭔지, 시류에 따라 입장을 자주 바꾸는 것은 정치 포퓰리즘의 요체입니다. 오르반과 피데스는 특정 가치 체계를 대표하지 않고 '난 사람들 의견을 듣고 그들이 원하는 것을 한다'는 겁니다. 만일 시민들이 푸틴을 존경한다면 '나도 역시 푸틴을 존경한다'고 말하는 것이죠. 내가 본 젊은 시절의 오르반은 매우 리버럴한 반공산주의자였어요. 소련 공산주의를 대놓고 비판했고, 1989년 천안문사태 때는 중국 공산당에 항의를 표하기도 했고요. 1990년대 초반 내가 속한 민주당은 중도우익이었고 오르반은 다소 좌익 진보였는데 그는 이후 자주 변신했어요. 점차 보수화로 흘렀고, 이제는 헝가리가 가야 할 길이 비자유주의적 민주주의(illiberal democracy)라고 대놓고 말하고 다니죠."

인터뷰를 마치면서 보드 교수는 오르반이 요즘엔 본인과 맞지 않는 인사들과는 만나주지도 않는다고 했다. 내가 한국의 대통령 탄핵도 소

통의 부재에서 나온 것 같다고 했더니 "잘 알고 있다"며 고개를 끄덕였다. "오르반이 나를 포함해 주요 경제학자들을 초청해서 의견을 들었던 것이 아마 5년 전이 마지막이었을 겁니다. 그 후로는 일절 중단됐고요. 이상하고 미친 것으로 보이는 측근들이 오르반을 둘러싸고 그의 귀를 막고 있어요. 헝가리 사회를 위협하는 매우 위험한 현상입니다."

'작은 나라의 큰 정치인' 꿈꾸는 오르반

부다페스트에서 발행 부수가 가장 많다는 정치주간지 ≪hvg≫의 사무실은 시내에서 북쪽으로 다소 떨어진 곳에 위치하고 있었다. 깨끗한 지하철 대신에 약간은 낡은 전동차로 중간에 갈아타고 가야 했지만 창밖으로 보이는 경치만큼은 일품이었다. 다뉴브강을 가로지르는 세체니 다리와 강변에 서 있는 초대형 국회의사당 건물은 언제 보아도 근사했다. 어떤 이들은 높은 언덕 위에서 내려다보는 부다페스트의 야경이 전 세계 최고라는 극찬도 아끼지 않았다. 전동차에서 내려 15분을 걸어가니 ≪hvg≫ 사무실이 있는 건물에 도착했다. 건물 1층 안내 데스크에서 만난 가보르 너지는 이 주간지의 국제 문제 담당 선임 데스크였다. 1993년부터 기자 일을 했다는 그는 뉴욕특파원을 지낸 탓인지 영어가 원어민처럼 능숙했다. 면담을 위해 편집국 회의실로 자리를 옮기고 나자 그는 최근에 발행한 ≪hvg≫ 한 부를 가져왔다. 잡지 커버는 얼마 전 푸틴의 부다페스트 방문에 맞추어 푸틴과 오르반이 서로 껴안고 키스를 하고 있는 캐리커처였다. 너지 기자는 주간지를 한 장씩 넘기면서 자신들이 다루는 분야를 찬찬히 설명해주었다. 국내외 정치·사회 이슈뿐만 아니라 경제 전망, 산

❖ 푸틴과 오르반의 밀월을 풍자한 주간지 ≪hvg≫의 표지 사진.

업 분석까지 내용이 다양했다.

너지 기자는 1963년생으로 오르반과 동년배라고 했다. 그 역시 1989년 6월 영웅광장에서 오르반의 연설을 들었고, 이후 오르반을 포함한 헝가리 정치 역정에 대해 기자로서 관심을 갖고 지켜보았다고 했다. 어쩌면 그만큼 오르반의 행태와 헝가리의 내부 사정을 꿰뚫고 있는 사람도 드물 것이다. 그의 지식과 통찰력은 인터뷰를 하는 와중에 곳곳에서 드러났다.

내가 먼저 청년 오르반의 영웅광장 연설을 유튜브에서 봤다고 하자 그는 그 배경과 관련해 흥미로운 얘기를 들려주었다. "오르반이 명연설을 하긴 했지만 당시 헝가리 공산당 정부는 도발이라며 오르반에 대해 몹시 화가 났어요. 오르반이 주장한 '소련군 철수'는 당시 정부가 비밀리에 소련 측과 협상 중인 사항이었는데 오르반이 시민들에게 공개적으로 까발린 것이었죠. 헝가리 정부는 소련군 철수 추진이 오르반의 성급한 발언 때문에 수포로 돌아가지 않을까 안절부절못했어요. 반면 오르반은 영리하게도 그것을 대중 연설을 통해 공개하면서 시민들의 열렬한 환호를 받았고 소련 측도 물러나지 않을 수 없었던 것이죠. 그것이 전체적인 큰 맥락입니다." 너지 기자의 이 발언에는 의미심장한 뉘앙스가 담겨 있었다. 정치 입문을 앞둔 오르반이 이미 대중의 마음을 휘어잡고 상대의 약점을 건드릴 줄 아는 재기가 남달랐다는 것이다. 너지 기자가 금기시된 소련 철수를 오르반이 대중 앞에서 꺼내든 것을 '영리한' 행동이라고

❖ 다뉴브강변에 위치한 멋진 헝가리 국회의사당 건물. 헝가리는 EU 회원국이지만 최근의 친러 성향 탓에 EU 깃발이 걸려 있지 않다.

표현한 것도 이 때문이었다.

　나는 "소련(러시아)에 적대적이던 양반이 지금은 왜 친러시아로 돌아섰는가"부터 물었다. 너지 기자는 계속된 질문에 거침없이 답변을 이어갔다. "오르반은 상황에 따라 태도를 자주 바꾸었어요. 2002~2010년 사회당이 주도하는 연립정부가 푸틴과 매우 가깝게 지내자 야당(피데스) 당수였던 오르반은 '우리는 가스프롬에 매여 있다. 우리가 푸틴의 푸들이냐'면서 당시 총리이던 페렌츠 주르차니(Ferenc Gyurcsány)를 비판했어요. 오르반은 2010년 총리가 되기 직전까지도 러시아에는 법치가 부족하다고 했어요. 또 시리아 사태 해결을 위한 '국제시리아지원그룹(ISSG)' 내에서 푸틴(러시아)의 행동도 비판했습니다. 그러나 이후에는 어떻게 됐습니까. 오르반은 총리가 되어서 친러시아로 돌아섰고, 이번에는 주르차니 측에서 오르반과 러시아 간의 밀월을 비판했어요. 그들은 서로 자리를 바꾼 것일 뿐인데 러시아와 가까워지는 것을 놓고 서로 비판하는 모양새

가 됐죠. 물론 오르반이 러시아와 유럽 사이를 오락가락하는 것을 좋게 말하면 프래그머티즘(실용주의)이라고 할 수 있지만 말입니다."

그는 러시아와 가까운 오르반의 행태에 대해 실제적인 측면과 정치적인 측면으로 나누어 설명했다. "주르차니 정권은 대부분 경제적인 이유 때문에 러시아와 친하게 지내려고 했어요. 반면 오르반은 경제적인 배경 외에 정치적인 이유로 푸틴과 더욱 강하게 손을 잡고 있죠. 일단 경제적 측면에서 친러시아를 표방하는 이유는 주르차니나 오르반이나 같습니다. 러시아는 공산주의 시절부터 헝가리의 농업과 과일, 약제(藥劑)의 주요 수출 시장이었고 지금도 마찬가지입니다. 러시아에서 사오는 가스나 석유 규모도 상당하고요. 불가리아처럼 전체 수입 물량의 90%는 아니지만 60%에 달해 의존도가 높지요. 또 국가사업인 원전 증설 프로젝트에서도 러시아와 협력이 밀접하고요. 원전 사업에는 프랑스와 미국은 물론 한국의 켑코(한국전력공사) 측도 관심을 보였지만 경제성보다는 워낙 정치적 판단에서 이루어진 것이라 러시아가 쉽게 따냈죠. 당시 헝가리에서는 원자력보다는 재생 가능한 에너지가 필요한 것 아니냐는 것부터 원전까지 러시아가 짓는다면 러시아에 대한 의존도가 과도해진다는 논란까지 사정이 복잡했어요. 하지만 오르반은 2014년 1월 모스크바로 날아가서 러시아로부터 우호적인 조건으로 차관을 받아내면서 협정에 서명을 하고 돌아왔죠. 요약하면 경제적 관점에서 수출 시장, 가스·석유 수입, 원전 건설이라는 세 가지 이유 때

❖ [인터뷰] 헝가리 최대 정치경제주간지인 ≪hvg≫의 가보르 너지 국제 문제 담당 선임 데스크.

문에 러시아의 영향력을 물리치기가 힘든 겁니다. 경제적 이유는 누가 헝가리 총리가 되더라도 간과할 수 없는 것이죠. 하지만 오르반에게는 러시아가 필요한 이유가 하나 더 있는데 그것은 정치적인 거예요. 오르반은 헝가리가 EU 내에서 제 목소리를 내고, 러시아와 EU 사이에서 다리 역할을 할 수 있다는 것을 보여주려고 하죠. 그는 EU 28개 회원국 지도자 중 하나에 머무르길 거부해요. 오르반이 '나는 작은 국가에서 큰 지도자가 되려고 한다'고 하는데, 그러려면 자기가 그만한 힘이 있다는 것을 보여주어야 해요. 그 수단이 러시아인 것이죠. 예컨대 '난 러시아와 친하다. 내게는 EU 말고도 러시아가 있으니 브뤼셀(EU)로부터 독자 노선을 갈 수도 있다. 나한테 까불지 마라. 퍽 유(Fuck you), 브뤼셀!' 뭐 이런 것이죠. 난민 문제도 EU를 견제하는 수단으로 활용한 측면이 큽니다. 오르반은 정치적인 전쟁을 좋아하고, 또 스스로를 실제보다 큰 정치인으로 여기기 때문에 강대국 사이에서 존재감을 높이는 것을 즐기고 있어요. 물론 푸틴에게도 EU 내에 헝가리와 같은 친러시아 국가가 있다는 것은 더할 나위 없이 반갑겠죠. 러시아가 크림을 합병하고 나서 푸틴은 EU 정상들 가운데 오르반하고만 단독 회담을 했어요. 푸틴은 EU 국가 중에도 자신을 지지해주는 지도자가 있다는 점을 과시하고 싶었던 것이죠. 양국 간 밀월은 최고 지도자들 간 이해가 일치한 결과예요." 큰 지도자가 되고 싶어 하는 오르반의 야망을 들으니 얼마 전 미국 외교 전문지 ≪포린 폴리시(Foreign Policy)≫의 기사 제목 중에 '오르반에게 헝가리는 너무나 작다(Hungary Is Too Small for Viktor Orban)'라는 문구가 떠올랐다.

너지 기자는 오르반이 '마이웨이'를 고집하는 스타일이기 때문에 국제사회에서 이중적 플레이에도 능하다고 했다. "오르반은 기존 EU의 틀 안에서 독립성을 추구하기 때문에 러시아에 대한 서방의 경제 제재에 반대했어요. 자신은 러시아와 가깝기 때문에 EU와 다른 길을 갈 수도 있

다고 위협하면서 말이죠. 하지만 실제는 어떠했는지 아십니까. 대러시아 제재를 막겠다며 큰 소리쳤지만 막상 브뤼셀의 EU 정상회의에 가서는 제재안에 찬성표를 던졌습니다. 물론 귀국해서는 헝가리 수출에 악영향을 준다면서 또다시 제재를 비판하는 발언을 계속 해댔죠. 전형적인 더블 페이스(이중행보)예요. EU로부터 지원받는 돈이 아쉬우니까 표결에는 찬성했지만 곧장 얼굴을 바꾸어버린 것이죠."

앞서 만난 보드 교수도 오르반과 푸틴이 가까워진 이유에 대해 비슷한 얘기를 했다. 그는 심리적인 측면에서 오르반이 러시아를 통해 EU로부터 탈출구를 찾고 싶어 하는 것 같다고 말했다. "EU와 NATO에 속한 헝가리는 한 지붕에 있는 회원국들과 무엇이든 합의가 필요해요. 하지만 오르반은 고전적인 개념의 주권 정책을 강조하고 있어요. 해야 할 일을 우리 스스로 이것저것 결정할 수 있어야 하는데 유럽이 늘 한목소리를 내려고 하니까 그는 정신적으로 EU에서 벗어나 자유로움을 느끼고 싶어 하는 것이죠. 그러다 보니 오르반이 EU를 비판하면 러시아로부터 박수갈채를 받게 되고, 이 과정에서 자존감 같은 것을 느끼는 것이죠."

하지만 너지 기자는 오르반이 러시아와의 친분 때문에 EU를 떠날 일은 절대 없을 것이라고 했다. 오르반이 전략적 입지 때문에 러시아를 붙들고 있지만 경제적 측면에서 러시아보다 유럽과의 관계가 더 깊기 때문이라고 했다. "수출 시장만 따져 봐도 우리는 전체 수출의 80% 이상을 EU 국가에 하고 있어요. 독일이 가장 큰 시장이고요. 사과를 예로 들자면 폴란드는 러시아에 수출이 많아 대러시아 제재로 심각한 타격을 받았지만 헝가리는 사과 수출이 러시아보다는 EU 국가로 많이 가죠. 헝가리에는 아우디, 메르세데스벤츠, 오펠 같은 독일 기업들이 많은데 러시아 회사는 없어요. 에너지 수입 다변화도 추진 중이어서 러시아에 대한 의존도는 낮아지게 될 겁니다. 결국 오르반은 브뤼셀을 상대로 정치적인

카드를 쓰고 있는 것일 뿐 진정으로 EU를 대신해 러시아를 끔찍이 생각하는 것은 아니에요."

국내 정치에도 해박한 너지 기자는 오르반이 변신한 과정에 대해 간략히 부연 설명을 해주었다. "오르반은 매우 자유 진보적(리버럴) 성향을 갖고 정치를 시작했습니다. 그가 처음 의원이 됐을 때는 야망 많은 젊은이로서 급진적인 반공산주의자였죠. 그가 1990년 의회에 진출했을 때 헝가리는 중도우익 성향의 정부를 갖고 있었고, 작아진 공산당 계열 외에 리버럴한 성향을 가진 큰 정당(자유민주당)과 작은 정당(피데스)이 있었어요. 진보 정당들은 둘 다 국가 중심의 경제계획을 비판했지만 그들에겐 차이가 있었습니다. 자유민주당은 도시 부다페스트의 엘리트층에 기반을 두고 있었던 반면 피데스는 지방 출신의 좀 더 급진적인 신흥 엘리트라고 할까요. 정치 경험이 많고 힘 있는 부다페스트의 진보 정치인들은 혈기왕성한 젊은이들이 모인 피데스를 애송이 취급했어요. 자유민주당 측 인사들은 피데스를 향해 '너희들은 지방에서 올라와 아직 우리보다 어리니 나중을 기약하고 좀 더 기다려라. 우리가 더 크고 먼저니 너희들은 10년은 있다가 와라. 당장 선거에서 이기려고 서두르지 마라'면서 은근히 무시했어요. 하지만 오르반은 듣지 않았고, 마침 집권하던 중도우익 정당이 해체되면서 그곳에 빈 공간이 생기자 보수 성향으로 바꾸어 탔어요. 그는 이렇게 해서라도 부다페스트 엘리트들이 장악한 진보 정치의 풍토를 뒤집으려고 했죠. 결국 1994년 총선에서는 과거와는 다른 오르반을 보게 되는데 중도우익으로 옮겨간 오르반이 진보 진영과 맞서 싸운 것이죠. 하지만 결과는 참패였습니다. 피데스는 의회 내 가장 작은 정당으로 전락했어요. 그때를 생생히 기억하는데, 기자들이 오르반에게 선거에 대한 평가를 요청하자 '어젯밤 핀란드가 하는 아이스하키를 보느라 모르겠다. 답변할 게 없다'면서 꽁무니를 뺐죠. 하지만 4년 뒤

총선에서는 보수 성향을 강화해 승리했습니다. 이후 또 8년간 사회당에 권력을 내주었다가 2010년에 집권해서는 더 이상 지지 않겠다는 목표로 개헌과 선거법 개정, 미디어 압박, 시민단체 통제를 가했죠. 핵심은 피데스가 다시는 총선에서 패배하지 않겠다는 겁니다. 이 와중에 오르반에게서 정치 입문의 초심은 사라졌고 우익 보수로 확실히 돌아서게 됐죠. 지금 갖고 있는 권력을 내놓지 않겠다는 목표 때문에 그는 진보적 성향을 포기한 것이죠."

1988년 반체제 대학생들이 꾸린 청년민주동맹에서 태동한 피데스는 초창기 급진 좌파로 출발했지만 중산층의 지지를 확보하기 위해 점차 중도우파로 돌아섰다. 하지만 1994년 총선에서 패배했고 이후 절치부심해 4년 뒤 총선 승리로 오르반은 35세에 유럽 최연소 총리에 올랐다. 그때만 해도 오르반은 유럽 정치계의 풍운아로 젊은 총리로서 기대를 한 몸에 받았다. 하지만 집권 4년의 기간은 너무 짧았고, 특유의 밀어붙이는 스타일로 국정 운영에서 자기 색깔을 내지 못한 채 2002년과 2006년 총선에서 연거푸 패하면서 정치적 위기에 몰렸다. 그러나 승부사였던 그는 2008년 사회당 정권이 내건 의료 개혁이 지탄을 받자 국민투표를 실시해 연립정부를 무너뜨렸다. 더욱이 방만한 재정으로 2010년 헝가리가 IMF의 구제금융을 받는 처지로 내몰리자 오르반은 그해 치른 총선으로 복귀해 두 번째 총리직을 맡았다. 너지 기자가 얘기한 것처럼 오르반은 이때부터 다음 선거에서는 결코 패하지 않겠다는 각오로 헌법과 선거법 등을 고치고 국민 입맛에 맞는 포퓰리스트 성향으로 급변하게 된다.

내가 "오르반이 그래도 국제사회에서 헝가리의 목소리를 내고 있으니 좋지 않은가"라고 묻자 그는 "네버(never)!"라고 단칼에 말을 잘랐다. "오르반은 정치적으로 재능은 많아요. 전략적으로도 영리하고요. 하지만 그의 정치적 계산은 국가에 도움이 안 되고 유럽 내 독보적인 정치인

이 되고 싶다는 개인적 야망에만 부합하는 겁니다. 냉정하게 따져보면 오르반은 푸틴에게 이용당하는 측면도 있어요. 오르반은 절대 인정하지 않겠지만 말입니다. 푸틴은 EU를 자극하고 회원국들 간에 결집을 막으려고 하는데, 오르반이 그 일을 해낼 수 있는 적절한 수단인 것이죠. '유용한 바보(useful idiot)'라고나 할까요. 이 용어는 매우 유명한 말인데 냉전 시절에 소련 공산주의를 열렬히 지지한 프랑스나 독일의 사회주의자들이 바로 소련에 이용당한 유용한 바보였어요. 어쩌면 헝가리는 EU에 해를 끼치려고 하는 러시아의 수단일 뿐입니다. 또 하나는 오르반이 러시아와 EU 사이에서 교량 역할을 하려고 하지만 그 역시 환상일 뿐입니다. 그들 강국에게는 독일 같은 큰 중개자(big mediator)라면 모를까 헝가리처럼 작은 중개자(small mediator)는 불필요해요. 예컨대 오르반은 트럼프 시대를 맞아 자기가 중간에서 뭔가 역할을 할 것으로 기대하는데, 푸틴과 트럼프는 오르반 없이도 직접 대화하면 그만이에요. 강대국들은 중개자가 꼭 필요하지는 않아요."

트럼프 얘기가 나왔으니 향후 미국과의 관계는 어떨지 궁금했다. 재임 중 오바마 전 대통령은 줏대가 없는 오르반을 만나주지 않았다. 오르반은 수차례 워싱턴 방문을 타진했지만 그때마다 좌절을 겪었다. 하지만 오르반은 2016년 미 대선 기간 내내 트럼프 편에 섰던 이유로 미국과의 관계를 회복할 수 있는 길에 들어섰다. 트럼프가 당선된 직후 오르반은 그와 전화 통화를 하면서 연내 정상회담 일정을 조율할 정도가 됐다. 너지 기자도 트럼프 시대에는 미국과의 관계가 전보다는 나아질 것이라고 예상했다. "2011년에 당시 힐러리 클린턴 국무장관이 부다페스트에 와서 오르반 정권의 권위적 통치를 비판하는 발언을 쏟아냈어요. 오르반은 미국에 가고 싶어 안달했지만 오바마 정부는 계속 외면했죠. 하지만 오르반은 전형적인 갬블러(도박사)입니다. 독재 성향을 가졌지만

정치적으로 매우 좋은 촉(觸)과 본능을 타고났어요. 오르반은 다들 트럼프가 패할 것으로 얘기할 때도 그의 승리를 점쳤어요. 오르반은 유럽 정상들 중 처음으로 트럼프를 지지 선언했고, 그가 공화당의 공식 대선 후보가 됐을 때도 맨 먼저 인정해주었어요. 트럼프도 당연히 오르반의 지지를 기억하고 있을 텐데 양국 관계가 개선되겠죠. 특히 오바마 시절 악화됐던 미국과 러시아의 관계마저 좋아진다면 오르반에게도 득이 될 겁니다. 그러다 보면 10여 년 만에 헝가리와 미국은 단독 정상회담도 가능해질 것이고요."

너지 기자는 자신이 몸담고 있는 언론 분야에 대한 오르반식 통제에 관해서도 얘기했다. 정부를 비판하는 매체는 문을 닫게 하거나 오르반과 가까운 인사들을 동원해 매입한 뒤 정부 편향적인 매체로 길들인다는 것이 요지였다. "헝가리에서 가장 큰 반정부 신문이 2016년 10월에 폐간했습니다. 회사가 내세운 사유는 경영난이라고 하지만 이걸 믿는 사람은 아무도 없어요. 앞서 회사 직원들은 새로운 사무실로 옮긴다는 얘기만 듣고서 짐도 싸고 피자를 주문해 이전 파티도 했는데 토요일 아침에 회사 문을 아예 닫는다는 연락을 받았어요. 전날인 금요일에도 신문을 찍었는데 다음날 갑자기 폐간한다고 통보하는 것이 말이 됩니까. 한편에서는 정권과 친한 유력 인사들이 반정부 매체들을 사들이고 있어요. 정부의 미디어 독점이 진행되고 있는 것이죠. 정부나 국영기업은 반정부 매체에는 광고를 절대 하지 않습니다. 야당지들은 운영이 쪼그라들 수밖에 없어요. 몇 주 전에 정부와 가까운 억만장자가 작은 주간지를 매입했는데, 기존의 비판적인 논조가 싹 사라졌어요. 그리고는 얼마 있다가 정부와 국영기업들의 광고가 실렸죠. 오르반과 가까운 한 친구는 헝가리에서 카지노 사업을 독점하고 있는데, 그가 최대 상업 TV 채널 중 하나를 구입했어요. 당연히 여기서는 정부를 비판하는 내용은 없고 오

르반이 하는 일은 모두 좋은 것으로 미화되고 있죠. 어제도 정부는 기업들을 상대로 반정부 매체에 광고를 하면 정부 입찰에 참여시키지 않겠다고 으름장을 놓았어요. 하지만 오르반은 언론 통제에 대해 자기는 모른다며 부인으로 일관하죠. 자기가 직접 어떤 매체를 사라, 문 닫으라고 지시한 적이 없다면서 발을 빼죠. 오르반은 '미디어도 사업인데 기업인들이 이익도 안 나는 신문과 방송을 억지로 사겠는가. 경영이 힘들면 그냥 폐업하고 마는 것이지. 나는 총리일 뿐 언론 사업과는 무관하다'고 말하죠. 하지만 헝가리에서 사업하는 데 정부의 지원을 받으려면 알아서 정부를 위한 대가를 지불해야 한다는 것은 불문율이죠. 볼썽사나운 언론사를 매입하는 것도 그중 하나가 될 겁니다. 물론 오르반은 '나와는 하등의 관련이 없다'는 말만 반복하겠지만요."

그는 2018년 예정된 총선 전망에 대해 어쩔 수 없이 오르반이 승리할 것으로 점쳤다. 여론조사를 해보면 피데스가 선두인 데다 오르반을 대체할 마땅한 야당 인사가 없다는 것이다. "많은 헝가리 사람들이 오르반이 권력에 머무르는 것을 원치 않습니다. 하지만 문제는 그들이 투표장에 나오지 않는다는 겁니다. 피데스에 실망한 유권자들이 선택할 대체 정당이 보이지 않는 것도 문제고요. '피데스, No!'를 외치지만 정치적 무관심과 부동층, 미미한 야당 세력을 감안하면 오르반이 다시 권력을 잡을 가능성이 커요." 마지막으로 헝가리 정치사에서 오르반은 어떤 사람인지 요약해달라고 했다. 너지 기자는 "재능이 아깝다"는 말부터 던졌다. "27년의 헝가리 자유민주주의 역사는 나름 긴 시간이지만 아직 뚜렷한 방향성이 나오지 않고 있습니다. 오르반을 싫어하는 사람들조차 그가 재능 많은 정치인이라는 점은 인정합니다. 하지만 그 좋은 재능을 비민주적 통치, 언론과 시민단체 억압, 경제 통제 같은 독재화 쪽으로 쓰고 있다는 점이 아쉬울 뿐이에요."

세르비아 Serbia

미운 오리 새끼가 된 옛 유고 연방의 맹주

부다페스트 중앙역에서 밤 10시 반 경에 떠난 기차는 새벽 5시쯤이 되어서 세르비아와의 국경에 도착했다. 갑자기 '따르릉' 벨이 울리면서 승객 모두 여권을 준비하라는 신호가 떨어졌다. 2층 침대에서 일어나 졸린 눈을 부비고 나니 단정한 제복을 입은 헝가리 검문소 직원이 들어오고 즉석에서 여권에다 출국 도장을 찍어주었다. 새벽 단잠을 다 깨워놓고서 열차가 30여 분을 더 달리자 세르비아 국경 초소가 나타났고 이번에도

- 유럽 남동부, 발칸반도 중앙에 위치한 구유고슬라비아 연방의 중심국가다. 강력한 영도력을 가진 티토 대통령 사후(死後), 유고 연방에 균열이 생기면서 이를 유지하려는 세르비아는 발칸의 주요 국가들과 수차례 유혈 전쟁을 치렀다. 2006년 세르비아와 마지막 연방 체제를 유지했던 몬테네그로와 결별했고, 2년 뒤에는 자치주였던 코소보마저 분리 독립하면서 세르비아는 남슬라브계 위주의 단일민족 국가로 남게 됐다. 같은 슬라브 계통인 러시아와 매우 친밀하다.

시끄러운 벨이 여지없이 울렸다. 입국 도장을 받을 차례였다. 세르비아 직원은 내 여권을 보더니 옆방에 있는 선임자에게 '꼬레아', '비자'라고 발음하면서 물어보는 시늉을 했다. 나는 순간적으로 '세르비아가 EU 국가가 아닌데, 그러면 비자가 필요한 건가', '블로그에서는 비자 언급이 없었는데', '한국 여권이 얼마나 대단한데, 세르비아 비자가 필요하겠나' 하며 이런저런 생각들이 마구 스쳐갔다. '철커덕' 도장을 찍는 소리가 나고서야 철렁했던 가슴을 쓸어내렸다.

새벽에 두 번 연속해서 깨고 나니 더 이상 잠도 오지 않았다. 차창 밖으로는 2월의 차가운 공기를 가르고 희미하게 새벽 동이 트고 있었다. 잠에서 깨 열차 복도로 나와 창밖을 내다봤지만 잡초가 우거진 볼품없는 벌판만 계속됐다. 점점 건물이 모습을 드러내면서 이제 베오그라드로 진입하고 있다는 느낌이 들었지만 부다페스트보다는 확실히 낡아보였다. 지은 지 수십 년은 되었을 회색빛의 아파트는 옆으로 길게 누운 기괴한 모습으로 다 쓰러져갔다. 베오그라드에 도착해 요새를 공원으로 개조해 놓은 칼레메그단(Kalemegdan)에서 내려다본 사바강 주변은 부다페스트에 비하면 너무나 보잘것없었다. 혹시 1999년 NATO의 공습 때 폭격을 맞아서 그런 것인지 예쁜 건물들은 다 사라진 듯했고, 지저분한 아파트와 작은 가게들이 듬성듬성 있었다. 사바강과 다뉴브강이 합류하는 지점에 위치한 세계적인 테니스 스타 노박 조코비치(Novak Djokovic)가 세운 테니스클럽이 그나마 눈길을 끄는 정도였다. 부다페스트에서 편리하게 이용했던 지하철은 베오그라드에 와서는 구경조차 하기 힘들었다.

헝가리만 해도 소련 붕괴 전부터 민주화와 시장자본주의를 지향한 동유럽의 우등생이었던 반면 세르비아는 1990년대 내내 발칸에서 인종청소를 벌이며 여섯 개 공화국(세르비아, 슬로베니아, 크로아티아, 마케도니아, 보스니아헤르체고비나, 몬테네그로)으로 된 유고슬라비아연방을 다 깨먹은

❖ 베오그라드를 흐르는 사바강과 다뉴브강이 만나는 강변에 위치한 테니스 스타 노박 조코비치가 세운 테니스 클럽.

❖ 외부 침입을 막기 위해 베오그라드에 세워진 칼레메그단 요새.

터였다. 냉전 시절, 유고는 최고 지도자 요시프 브로즈 티토(Josip Broz Tito)의 영도하에 비동맹 노선을 펼치며 미국과 소련이 함부로 대할 수 없는 존재였지만 유고 연방의 적자(嫡子)인 세르비아는 티토 사후에 모든 것을 잃었다. 티토 시절 간신히 유지되었던 연방 체제는 1980년 티토가 죽자 분리 독립을 내세운 공화국들과 연방 체제를 강압적으로 유지하려는 세르비아 간에 무력 충돌을 빚으면서 스스로 무너졌다. 세르비아의 대통령이던 슬로보단 밀로셰비치(Slobodan Milosevic)는 '발칸의 도살자'로 불리며 크로아티아, 보스니아, 코소보 등에서 참혹한 학살을 저질러 전후(戰後) 세르비아의 국가 이미지에 먹칠을 했다. 발칸에서 인종 청소와 난민 행렬을 지켜본 전 세계인들은 세르비아에 경악했고, 베오그라드는 서구 사회로부터 철저히 고립되어갔다. 같은 슬라브 국가인 러시아 말고는 저주스러운 세르비아인들의 말을 들어주려 하지 않았다. 이 때문에 소련 붕괴 후 동유럽과 발칸의 거의 대다수 나라들이 소련(러시아)을 떠나 유럽권에 편입됐지만 세르비아만큼은 한결같이 러시아와 같은 길을 갔다. 1997년 겨울부터 시작된 코소보 전쟁으로 1만 명이 죽고 80만 명의 난민이 속출하는 상황을 참다못한 미국 클린턴 정부는 세르비아를 편드는 러시아를 의식해 유엔 안보리 결의 없이 NATO의 세르비아 공습을 인가했다. 당시 예브게니 프리마코프(Yevgeny Primakov) 러시아 외무장관이 전용기를 타고 워싱턴으로 가던 중 세르비아 피폭 소식을 듣고 이에 항의해 비행기 기수를 곧장 모스크바로 돌렸다는 이야기는 두고두고 회자된다. 화가 난 프리마코프는 미국 주도의 NATO 공습을 "중대한 역사적 실수"라며 거칠게 비난했다. 78일간 계속된 NATO의 맹폭으로 세르비아의 국토는 초토화됐고, 밀로셰비치는 결국 두 손을 들고 코소보에서 철수해야 했다.

칼레메그단에서 만난 한 젊은 커플은 "미국은 우리의 영원한 적"이

❖ 1999년 NATO의 폭격으로 파손된 베오그라드 시내의 국방부 청사. 세르비아 정부는 비극을 잊지 않기 위해 건물을 수리하지 않고 파손된 상태로 놔두고 있다. 벽에 걸린 대형 포스터에는 세르비아어로 "용기 있는 자는 무엇이든 할 수 있고, 두려움을 모르는 자만이 앞으로 나아갈 것이다"라고 적혀 있다.

라면서 내게 불끈 쥔 주먹을 내보였다. 그들은 베오그라드 대학교 역사학부 학생으로 세르비아에선 나름 엘리트였지만 미국에 대한 적개심은 길거리 민심과 별반 다르지 않았다. "클린턴은 '빅(big) 피츠카(개새끼라는 뜻의 세르비아어)!'예요. 클린턴 때문에 베오그라드는 NATO 폭격을 받아 이렇게 망가졌어요. 작년 미국 대선에서 우리는 트럼프를 응원했는데 그가 힐러리를 이겨줘서 너무 기뻤어요. 클린턴 부인까지 대통령이 되는 꼴은 볼 수 없으니까요." 내가 "서방에 맞선 밀로셰비치가 그럼 잘한 것이냐"고 묻자 "밀로셰비치는 나라를 망가뜨렸어요. 현명하게 대응하지 못했고요. 다들 싫어하죠"라고 답했다. 칼레메그단에서 만난 또 다른 네 명의 청년 무리도 손가락질을 하며 "클린턴은 악(evil)!"이라고 소리쳤

2부 | 친러시아 벨트를 가다: 헝가리·세르비아·몰도바·벨라루스   161

다. "클린턴 때문에 10여 발 폭격을 맞아 베오그라드 시내 곳곳이 쑥대밭이 됐어요. 누가 그걸 잊을 수 있겠습니까. 그나마 러시아 건설 기술이 좋아서 어떤 건물은 토마호크 미사일 세 방을 맞고 나서야 겨우 무너졌죠. 당시 피폭된 국방부 청사는 아직도 그대로 보존되어 있어요. 다들 잊지 말자는 의미에서죠." 그런데 특이하게도 베오그라드에서 만난 젊은이들은 다들 영어를 잘했다. 동유럽 어느 나라보다 발음이 훌륭했고, 외국인과 말하는 데 거리낌이 없었다. 반면 미국을 흠모하는 코소보에서는 영어로 의사소통이 거의 안 되는 것이 아이러니했다. 내가 "미국을 싫어한다면서 영어는 왜 잘하느냐"고 했더니 "TV에서 온종일 미국 영화만 틀어주는데 못할 수가 있나요. 요즘 학교에서는 영어를 제1외국어로 수년간 배워요. 예전엔 러시아어가 1순위였지만 지금은 영어에 밀려서 독일어와 함께 2순위죠"라고 했다. 옆에 있던 다른 친구는 "우리가 미국을 욕하지만 솔직히 말하면 돈 많고 자유로운 분위기, 민주화된 미국 사회가 부럽기는 해요"라고 털어놨다. 반면 러시아에 대해서는 다들 칭찬을 아끼지 않았다. 택시 운전을 하는 40대 남성은 "푸틴은 우리에게 진정한 영웅이죠. 러시아는 우리와 민족과 종교가 같은 데다 역사적으로 많이 도와줬어요. 러시아가 서방의 제재를 받아 어렵지만 지금도 이곳에 투자를 많이 하고 있어요"라며 엄지손가락을 치켜세웠다.

아침 일찍 도착한 베오그라드에서 그날 오찬은 시내에 있는 근사한 레스토랑에서 알렉산드라 욕시모비치(Aleksandra Joksimovic) 외교정책연구소장과 함께 했다. 욕시모비치는 1990년대에는 정당 대변인과 사무총장을 지냈고, 2001~2004년 외교부 차관보를 한 뒤 2011년에 외교정책연구소를 세웠다. 그녀는 세르비아에서 국제 문제에 관해 가장 활발히 활동하는 평론가 중 한 명으로 이름이 높았다. 욕시모비치 소장은 '트럼프 시대에 미국과 세르비아의 관계'를 묻는 질문에 "지금에서 크게 달라

질 것은 없다"며 다소 싱거운 답변을 내놨다. "트럼프가 그동안 세르비아나 발칸의 지정학적인 문제에 대해 거의 언급을 하지 않았어요. 그래서 뭐라고 예단하기가 어렵습니다. 1990년대 미국의 개입 때문에 클린턴이라는 이름은 아직도 세르비아 사람들에게 매우 부

❖ [인터뷰] 알렉산드라 욕시모비치 세르비아 외교정책연구소장.

정적이고 도발적으로 들립니다. 부인인 힐러리에 대해서도 마찬가지고요. 이들은 발칸에 대해 잘 알지만 트럼프는 그렇지 못하죠. 그는 사업가답게 국가를 오너십을 갖고 회사처럼 운영하려고 해요. 과거의 커넥션들을 다 깨고 뭔가 새로 건설하고 싶어 하죠. 그것이 세르비아에 기회가 될 수도 있겠지만 더 위험할지도 모르죠. 트럼프는 도발적이고, 매일 예상할 수 없는 대응을 하니까요. 어쩌면 양국 관계는 매우 위험한 시기가 될 수도 있습니다. 트럼프와 푸틴이 친하니까 푸틴이 코소보의 독립을 인정하는 대신 트럼프는 러시아의 크림 합병을 받아준다는 소문도 나돌지만 저는 그렇게 될 것으로 믿지 않습니다. 트럼프가 오바마와 달리 러시아와 새로 관계를 시작한다고 해도 코소보 독립을 인정한 부시(George W. Bush)의 (공화당) 대외 정책 방향을 되돌리지는 못할 겁니다."

세르비아의 EU 가입 논의에 대해서는 유럽 대륙을 휩쓸고 있는 극우 포퓰리즘 때문에 쉽지 않을 것이라고 했다. "EU 회원국이 되려면 코소보와의 관계도 정상화해야 하고, 지금 유럽 각국에 만연하는 극우 민족주의에 맞서 우리의 입장을 잘 설명해야 합니다. 하지만 올해 네덜란드, 프랑스, 독일에서 선거가 있는데 포퓰리스트 정당들이 득세하게 되

면 자국이기주의 때문에 EU 가입이 더 힘들어질 수 있어요. 우리가 EU에 들어가려는 것은 순전히 경제적 이유에서입니다. 군사블록인 NATO 가입 문제는 아직 공개적으로 논의할 상황이 아니고요." 연 1% 안팎의 경제성장률, 20%가 넘는 실업률, 이로 인해 인재 유출이 심각한 가운데 세르비아의 EU 가입 추진은 불가피하다. 2014년 1월부터 가입 협상을 총지휘해온 알렉산다르 부치치(Aleksandar Vucic) 세르비아 총리는 "우리의 전략적 목표는 EU 회원국이 되는 것이다. 다른 대안은 없다"고 얘기해왔다.[1] 하지만 EU 측은 코소보와 관계 개선을 주문하고 있고, 1990년대 전쟁으로 구원(舊怨)을 가진 크로아티아 등 일부 EU 국가는 쉽게 동의를 내줄 분위기가 아니다. 장 클로드 융커(Jean-Claude Juncker) EU 집행위원장은 자신의 임기가 끝나는 2019년까지 회원국을 추가로 받지 않겠다고 선언하기도 했다.

욕시모비치 소장은 경제 관련해서 세르비아에서도 중국의 파워가 커지고 있다고 했다. 미국이나 러시아와의 관계를 묻는 질문에도 이내 중국과의 교류를 언급할 정도였다. "세르비아인들은 러시아가 우리를 재정적으로 큰 도움을 준다고 생각하는데, 실제 세르비아에 대한 외국인 투자는 3분의 2가 러시아를 제외한 유럽에서 오는 것이고, 러시아는 7~8위 정도예요. 대신 지금은 중국의 역할이 커지고 있습니다. 트럼프는 중국과 관계를 끊고, 그들의 수출을 막아 경제 전쟁을 하려고 하지만 우리는 달라요. 작년에 시진핑 국가주석이 여기에 와서 그들이 투자한 철강 회사를 방문하고 양국 간 대규모 투자협정에도 서명했어요. 중국과는 유고 연방 시절부터 전통적으로 우호 관계였는데 앞으로도 발칸에서 중국의 영향력은 더 커질 겁니다."

---

1) 부치치 총리는 2017년 4월 치른 대선에서 대통령에 당선됐다.

실제 중국은 2016년 세르비아에 투자 공세를 퍼부었다. 중국의 세계 최대 철강사인 허베이(Hebei)철강은 세르비아의 '젤레자라 스메데레보(Zelezara Smederevo)' 철강 공장을 인수했다. 원래 US스틸 소유였던 젤레자라 스메데레보는 글로벌 원자재 가격 급락으로 경영난을 겪으면서 2012년에 단돈 1달러에 세르비아 정부로 소유권이 넘어갔다. 이듬해 이 공장은 다시 매물로 나왔지만 마땅한 인수자를 찾지 못했다. 그러던 차에 허베이철강이 구세주로 나타난 것이다. 당시 인수 금액은 5200만 달러였는데 허베이 측은 이 공장에 향후 3억 4000만 달러 이상을 투자하겠다고 약속했다. 이에 대해 욕시모비치는 당시 언론 인터뷰에서 "중국이 철강 회사 투자를 통해 경제적 관점에서 동남부 유럽에서 전략적 입지를 구축하려 한다"고 해석했다. 철강 공장 인수 계약이 체결된 뒤 2개월이 지나 시진핑 주석은 세르비아를 방문해 양국 관계를 '전면적 전략 동반자 관계'로 격상시킨다고 발표했다. 당시 중국 정상이 베오그라드를 찾은 것은 32년 만의 일이었다. 중국 정부는 일대일로(一帶一路)와 연결해 세르비아를 거점으로 발칸 전역에 신시장을 확대한다는 구상이었고, 투자 유치가 절실한 세르비아로서는 시진핑의 방문은 쌍수를 들고 환영할 일이었다. 중국이 발칸에 관심을 둔 것은 이미 5년 전 중국·동유럽(CEE) 정상회의를 출범시키면서 비롯됐다. 일명 '16+1(동유럽·발칸 16개국+중국) 회의'로 불리는데, 중국이 발전이 더딘 중·동부 유럽의 대규모 프로젝트에 자금을 지원하는 창구 역할을 하고 있다. 2016년 11월 라트비아에서 열린 제5차 CEE 정상회의에서는 리커창 중국 총리가 참석해 중·동부 유럽의 인프라 프로젝트에 대한 투자를 향후 500억 유로까지 늘리겠다고 밝혔다. 미국에 대한 앙금이 남아 있는 세르비아로 중국이 무섭게 파고들고 있는 것이다.

다음날 같은 식당에서 만난 언론인 보리슬라브 코르코델로비치

❖ [인터뷰] 언론인 보리슬라브 코르코델로비치.

(Borislav Korkodelovic)는 역사적 관점에서 세르비아에 대해 좀 더 많은 이야깃거리를 들려주었다. 국영 통신사인 타뉴그(Tanjug)에서 1972년부터 기자로 일한 그는 지금은 은퇴를 하고 대학 강의와 신문 기고 활동을 하고 있었다. 백발에 두툼한 안경을 쓴 그는 진지한 모습과 해박한 지식으로 현장 기자라기보다는 학자풍에 가까웠다. 나는 "세르비아 일각에서 EU 말고도 NATO까지 가입하자는 목소리도 있다는데 맞느냐"고 물었다. 하지만 이 노(老)기자는 "세르비아는 군사적으로 중립을 선언했는데 이는 외부의 군사동맹 체결과 양립하지 않는다"며 "더욱이 세르비아인들은 NATO의 유고 폭격을 범죄로 여기고 있어 우리가 NATO에 들어간다는 것은 어불성설"이라고 말했다. 대신 EU 가입은 대다수 세르비아 사람들이 조속히 원하는 것이라고 했다. "우리는 EU가 세운 많은 기준들이 진보적이고 국가 선진화에 도움이 된다고 보고 있어요. 그렇지만 EU에 들어가기란 그렇게 쉬운 일이 아닙니다. 먼저 NATO에는 들어가지 않은 EU 국가로는 오스트리아, 핀란드, 스웨덴이 있고, 그 반대의 경우는 노르웨이, 터키, 알바니아 정도가 있죠. 그런데 EU에 들어가려면 28개 회원국들과 각각 협상을 해야 하는데 정부가 비준을 해도 국민투표라는 절차가 필요합니다. 여기에서 유럽의 불편한 현재 상황과 맞닥뜨리게 되는 것이죠. EU는 지금 이민 문제, 민족주의, 포퓰리즘으로 향후의 모습 자체가 어떻게 될지 아무도 모르는 상황입니다. 5~10년 뒤에는 지금보다 훨씬 작아질 수도 있고요. 각국에 극우 정치가 득세하게 되면 문화적·종교적 차이를 내세우면서

EU 회원국을 추가하기가 더 어려워질 겁니다. 오래전에 제가 만난 서유럽 출신 외교관은 EU가 터키를 절대 받아들이지 않을 것이라고 했습니다. 터키는 이슬람이니까요. 실제 EU는 가톨릭과 개신교 등 크리스천 국가들의 모임이죠. 불가리아나 루마니아 같은 정교회 국가는 소수고요. 유럽인들은 정교회에 대해서조차 자신들과 다른 문화, 다른 역사를 갖고 있다고 생각합니다. 유럽인들은 EU가 점점 정교회 및 이슬람화가 될까 우려하고 있어요. 유럽에서 민족주의, 인종주의, 극우주의, 이민 문제가 커진다면 EU가 세르비아를 받아들이기는 더 힘들어질 겁니다."

나는 "러시아는 세르비아의 EU 가입을 좋아할까요? 양국은 역사적으로 늘 가깝지 않았나요?"라고 물었다. 코르코델로비치는 잠시 생각에 잠기더니 "반드시 그렇지만은 않다"며 말을 이어갔다. "어떤 영국 정치가는 세르비아를 작은 러시아라고 부르더군요. 하지만 이는 사실과 다릅니다. 우리는 물론 러시아와 민족·문화·종교적으로 강하게 연결되어 있습니다. 하지만 정교회만 놓고 보면 아프리카의 이집트나 이디오피아에도 있고 캅카스 국가인 아르메니아, 조지아도 정교를 믿습니다. 하지만 조지아는 러시아를 매우 싫어하죠. 이것은 종교가 같다는 이유로 무조건 하나라는 것을 의미하지는 않는다는 겁니다. 19~20세기 세르비아의 많은 지식인들은 파리나 비엔나, 베를린에서 공부했어요. 페테르부르크나 모스크바가 아니고요. 공산주의 시절에도 마찬가지였죠. 티토는 오히려 소련과는 접촉을 최소화했어요. 그들은 유고 내정에 개입하려고 했지만 티토가 말을 듣지 않자 첩자를 침투시켜 티토를 죽이려고도 했어요. 티토는 당시 인도, 이집트와 함께 비동맹주의를 내걸고서 소련과는 진지한 관계를 만들지 않았습니다."

1972년부터 기자 생활을 한 코르코델로비치의 말 속에는 냉전 시절, 동유럽 국가들 중 소련의 눈치를 비교적 덜 보고 살았던 조국 유고

연방에 대한 자긍심이 묻어나는 듯했다. 내가 "밀로셰비치에 대한 향수가 아직 남아 있나요?"라며 자극적인 질문을 던지자 그는 "아니요! 절대 없습니다. 반면 티토 시절을 그리워하는 이들은 많죠"라고 답했다. 그는 또 옛 추억에 잠겨 얘기를 쏟아냈다. "유고 연방은 헌법상 여섯 개 공화국들의 동등한 연합체였죠. 여기에다 세르비아 내 자치주인 보이보디나와 코소보까지 더해 여덟 개 주체가 정부나 의회 등에서 동등하게 각자 이익을 대표했어요. 1970년대 말 경제 위기가 오기 전까지 우리는 정말 잘 나갔습니다. 수백 명의 이주 노동자들이 독일이나 스위스로 가서 많은 돈을 벌었고, 전 세계 곳곳을 여행할 수 있었죠. 우리는 남미나 아프리카, 아시아 국가들로부터 비동맹주의의 리더로 대우받았고, 수천 명의 아프리카 및 아시아 학생들이 공부하러 유고 각지로 몰려왔어요. 당시 베오그라드는 매우 자유롭고 문화적 다양성이 풍성한 도시였습니다. 하지만 밀로셰비치가 유고 내전을 일으켜 경제를 망치고 나라를 무너뜨린 겁니다. 그러니 누가 밀로셰비치를 기억하고 싶겠습니까. 이제는 아무도 그에게 관심이 없습니다."

그는 밀로셰비치의 실정(失政)에 대해 폭로하기 시작했다. "티토는 미국과 소련 사이에서 외교적 균형을 매우 기술적으로 잘 유지했습니다. 티토가 사망한 후 그의 후계자들은 중국의 덩샤오핑이 했던 것처럼 집단지도체제를 잘 관리해야 했어요. 하지만 밀로셰비치가 집권하고 나서 유고라는 하나의 국가가 붕괴되면서 세르비아인들은 큰 고통을 겪었습니다. 밀로셰비치 치하에서 세르비아는 유고 연방 내에서 자기들이 제일 크다면서 다른 나라들을 진정으로 동등하게 대하지 않았어요. 세르비아는 자신을 마치 유고 연방의 주인인 양 여겼죠. 물론 이것만이 연방 해체의 이유는 아닐 겁니다. 이미 공화국마다 서로 나가겠다며 균열의 싹이 생겨났으니까요. 크로아티아나 슬로베니아는 경제적으로 부유

했는데 그들은 '우리가 코소보나 마케도니아, 몬테네그로 같이 못사는 나라에 왜 돈을 대느냐'면서 따졌죠. 크로아티아는 '우린 돈도 많으니 비록 나라는 작지만 독립해서 EU와 NATO에 들어가겠다'고 했어요. 반면 코소보의 알바니아계는 '우리 동(銅) 광산에서 다 캐내 가면서 정부가 해주는 게 없다'고 투덜거렸죠. 이에 슬로베니아는 '너희들은 우리의 품질 좋은 포도를 거저 가져가지 않느냐'고 반박했고요. 불행하게도 티토와 같은 강한 권력이 사라지니 공존을 유지하기가 어려웠어요. 그런데도 밀로셰비치가 힘으로만 해결하려고 하니 되겠습니까."

그러나 유고 연방의 해체를 밀로셰비치의 탓으로만 돌릴 수는 없을 것이다. 유고슬라비아의 태생 자체가 제1차 세계대전이 끝나고 오스만 제국과 오스트리아-헝가리 제국이 무너지면서 여기에 속한 나라들을 '짬뽕'으로 뒤섞어놓고 출범했던 터라 분열 위기는 늘 있었다. 이들 간에는 발칸반도에 살고 있다는 점만 같을 뿐 민족, 역사, 종교, 문화는 판이했다. 오랫동안 오스트리아-헝가리 제국의 통치를 받은 크로아티아와 슬로베니아는 가톨릭을 믿고, 라틴문자를 쓰는 등 서구 문화권에 속한 반면 세르비아는 오스만튀르크의 지배 하에서 키릴문자를 쓰고 정교를 믿었다. 보스니아헤르체고비나는 무슬림이 다수였다. 제2차 세계대전 종전과 함께 티토가 집권하면서 능숙한 외교와 경제 호황 덕분에 여섯 개 공화국 간 갈등은 잠시 수면 아래로 들어가 있었을 뿐이다. 이런 와중에 밀로셰비치는 유고 해체의 방아쇠를 매우 거칠게 당겨버린 것이다. 1987년 세르비아공산당 서기장에 선출된 밀로셰비치는 가는 곳마다 세르비아인들의 민족 감정에 불을 지폈다. 그해 프리슈티나(코소보 수도)를 찾아가 세르비아인들에게 "누구도 감히 여러분들을 다시는 괴롭히지 못할 것"이라고 연설했다. 코소보 인구 대부분을 차지하는 알바니아계 무슬림을 향한 경고였지만 이는 지도자들이 특정 민족을 편드는 것을 삼가라는 티토의

유훈을 정면으로 위반한 것이었다. 그의 코소보 포기 불가 선언은 10년 뒤 무장 단체 코소보해방군(KLA)이 결성돼 전쟁으로 확대되는 계기가 됐다. 앞서 밀로셰비치는 경제적으로 부유한 슬로베니아와 크로아티아가 1991년 독립을 선언하자 유고 연방을 유지하기가 어렵다고 보고 발칸에 흩어진 세르비아인들을 모아 대(大)세르비아를 건설하려고 했다. 이 과정에서 크로아티아 접경 도시들을 파괴했고, 보스니아에서는 세르비아 정체성을 내걸고 무슬림들을 학살했다. 위대한 세르비아 건설을 위해 유고 연방을 떠받치던 타 민족과 국가들을 없애버리려 한 것이다.

현역 기자 시절, 영광스러운 유고 전역을 취재하고 다녔을 코르코넬로비치는 코소보 얘기를 꺼냈다. "미국과 EU는 1999년 NATO 폭격이 코소보 해방을 위한 불가피한 선택이었다고 하지만 우리는 워싱턴(미국)과 브뤼셀(EU)의 정치에 17%나 되는 세르비아 영토를 빼앗긴 겁니다. 코소보는 13세기 초부터 세르비아 국가 정체성의 요람이었고 세르비아인들의 민족주의가 태동한 장소예요. 15세기 오스만튀르크가 쳐들어왔을 때 거기에서 끝까지 싸웠고요. 하지만 1912년 발칸전쟁이 끝났을 때 코소보가 유고 연방에 편입되자 알바니아인들의 침투가 시작됐죠. 세르비아인들은 줄고 알바니아 사람들이 급증하게 됐어요. 우리는 감정적으로 코소보 내 알바니아인들을 교육을 덜 받은 무식한 노동자라며 업신여겼지만 이는 사실이 아니었죠. 그들은 나름의 정부, 의회, 교육기관을 갖추고 있었고, 항상 티라나(알바니아 수도)와 협력했어요. 우리가 관리를 잘못한 겁니다. 밀로셰비치가 평화적인 방법으로 유고 연방을 해체하지 못한 것도 큰 실수이고요. 밀로셰비치는 결국 서투른(unskillful) 외교술로 인해 NATO의 폭격을 받고 코소보를 빼앗긴 겁니다. 그렇다고 해도 영토 문제에서 외국의 개입은 어느 누구도 쉽게 받아들이지 못하는 거예요! 더욱이 최근 25년간 미국이나 EU, NATO는 우리에게 늘 적대적이었다고요."

앞서 만난 욕시모비치 소장도 밀로셰비치에 대해 선을 긋기는 마찬가지였다. 그럼에도 서방의 일방적인 '세르비아 때리기'는 정도가 지나치다고 했다. "밀로셰비치 시절을 그리워하는 세르비아인은 아마 없을 겁니다. 악몽이었으니까요. 하지만 국제사회는 발칸 분쟁에서 늘 세르비아만 일방적으로 비난해왔어요. 우리는 나라가 쪼개지고 비싼 대가를 치렀지만 과거의 모든 부정적인 일들에 대해 우리의 책임만 물었어요. 어쩌면 밀로셰비치가 서방의 미움을 받아 쫓겨난 이유는 그가 이 지역의 마지막 공산주의 지도자였기 때문일 겁니다. 서방은 공산주의자라는 이유만으로도 그를 증오했고 발칸에서 생긴 모든 일에 대한 책임을 그에게 지웠어요. 전 세계 미디어도 우리 편이 아니었고요. 2000년대 초에 어느 매체는 코소보를 방문해 그곳에 전기도 없고 물도 나오지 않는다면서 그 책임을 세르비아에 돌렸어요. 이미 코소보는 국제 관리하에 넘어가고 세르비아의 손을 떠났는데도 말입니다."

나는 열변을 토하는 코르코델로비치에게 "세르비아는 지금도 러시아 빼고는 모두로부터 고립되어 있는 것 같다"고 얘기했다. 그도 고개를 끄덕이면서 EU 가입 얘기를 다시 꺼내더니 코소보 문제 때문에 선택의 기로에 처해 있다고 했다. 거기에는 서방에 대한 약간의 원망 섞인 뉘앙스도 담겨 있었다. "(세르비아의 고립을 놓고) 정부를 비판하는 국민이 많아요. 그래서 우리가 EU 가입을 추진하는 것이고요. 만일 EU가 우리에게 손을 내민다면 우리는 망설일 것도 없이 들어가야 합니다. 하지만 그들은 그 전에 우리가 17%에 달하는 세르비아 성지(코소보)를 잃은 것을 인정하길 원하죠. 역사적으로 봐도 일부 국가들은 상당한 영토 상실을 인정하고서 지금에 와 있긴 하죠. 헝가리는 제1차 세계대전 후 트리아농(Trianon) 조약으로 국토의 3분의 2를 잃었고, 불가리아도 마찬가지였어요. 서방은 우리에게 말하길 '너희들은 17% 잃은 것을 인정해라. 그럼

EU 가입, 오케이다'라고 하고 있죠. 어쩌면 우리는 코소보를 지금처럼 놔두는 것을 각오해야 할지 모릅니다. 정부는 국토 상실을 인정하지 않지만 되찾을 방법 역시 못 찾고 있어요. 그리고 이런 복잡한 상황을 국민에게 어떻게 설명해야 할지도 모르죠."

코소보에 대한 독립 승인이 세르비아가 EU에 가입하기 위한 공식적인 요건으로 제시된 것은 아니지만 독일 등 일부 국가들이 그런 요구를 하고 있는 것은 공공연한 사실이다. 나는 이에 대해 "그러면 EU 가입과 코소보 되찾기, 둘 중에 뭐가 우선인가"라고 질문을 던졌다. 그는 약간 망설이더니 "답변하기 곤란하다. 솔직히 잘 모르겠다"고 말했다. "정치인들 중 소수 그룹은 코소보의 현 상황을 받아들이고 EU를 택해야 한다고 할 겁니다. 하지만 여론조사를 보면 많은 세르비아인들은 대통령이 그런 식으로는 EU에 가지 않겠다고 단호히 거부해야 한다고 말합니다. 서방측의 그런 협박(blackmail)을 받아가면서 EU에 들어갈 수는 없다는 의미죠. 그래서 대통령보다 이 문제에 좀 더 유연한 총리가 브뤼셀과 프리슈티나 간에 협상을 벌이고 있는 것이죠." 실제 크세니야 밀렌코비치(Ksenija Milenkovic) 세르비아 유럽통합연구소장 같은 사람은 인터뷰에서 "헌법상 코소보가 세르비아의 일부라는 규정은 단순한 레토릭이 아니다"라면서 "만일 EU 회원국이 되는 데 코소보 승인을 요구한다면 우리의 답변은 분명하다. 그것은 노(No)!"라고 말하기도 했다.

코르코델로비치는 아직 많은 나라들이 코소보에 대해 국가승인을 하지 않는 상황에서 세르비아가 먼저 나서 결론을 낼 필요는 없다고 했다. EU 28개 국가 중에 코소보를 인정하지 않는 나라도 다섯 개나 된다. "예컨대 방글라데시의 경우 1971년 파키스탄에서 독립해서 나올 때 유고는 방글라데시에 대해 국가로 인정해준 첫 나라 중 하나였어요. 이제 방글라데시는 고민이 클 수밖에 없죠. 고마운 유고를 생각하면 코소보

를 불승인해야 하지만 자기들과 비슷한 처지를 겪는 코소보를 보면 승인해주는 게 도리일 수도 있겠죠. 그들은 계속 숙고하고 있다면서 결정을 미루고 있습니다. 우리는 코소보의 독립을 결코 인정하지 않겠지만 그 과정에서 세르비아 정부가 현실을 국민에게 잘 설명하는 게 중요해요."

하지만 방글라데시 정부는 내가 코르코넬로비치의 얘기를 들은 지 20여 일이 지난 2017년 2월 27일, 장고(長考) 끝에 코소보를 독립국가로 승인했다. 방글라데시는 전 세계에서 코소보를 국가로 받아들인 114번째 나라가 됐다.

마지막으로 내게는 현자(賢者)처럼 보이는 그에게 트럼프 시대의 양국 관계 전망을 물어봤다. "세르비아 사람이라면 누구나 트럼프가 이기기를 바랐습니다. 이것은 분명히 감정적인 것이지만 세르비아 정부와 시민들은 클린턴 일가에 분노하고 있으니까요. 그들은 NATO의 공습을 주도했고, 이 때문에 프리슈티나에는 클린턴 동상까지 버젓이 서 있잖아요. 세르비아인들에게는 참 도발적인 물건이죠. 만일 힐러리가 이겼으면 아마 코소보의 분리 독립 문제가 가속돼서 완전히 결론이 났을 겁니다. 반면 트럼프는 발칸에 대해 발언이 거의 없었어요. 물론 트럼프가 푸틴과 만나 코소보나 크림의 지위를 놓고 얘기를 나눌 수도 있을 겁니다. 어떤 이는 트럼프의 부인 멜라니아(Melania)가 슬로베니아 출신이어서 세르비아에 좋은 기회가 될 거라고 말하는데, 트럼프는 그녀의 말은 잘 듣지 않아요. 대신 장녀인 이방카(Ivanka)의 얘기를 더 경청하죠. 이방카는 엄마가 체코인이라 그녀에게도 슬라브의 피가 흐르긴 하죠. 솔직히 말해 트럼프는 발칸에 대해 관심이 거의 없어요. 다만 걱정하는 것은 제임스 매티스(James Mattis) 국방장관이에요. 최근 그가 '펜타곤이 코소보군의 창설을 지원하겠다'고 했거든요. 군대는 코소보가 실체적인 국가로 가는 마지막 요소인데, 미 국방부의 뜻이라면 트럼프도 그렇게 생각하는

것이겠죠. 어쩌면 세르비아는 EU 가입 전에 코소보를 승인해야 할지도 모릅니다. 또 다른 걱정은 데이나 로라바커(Dana Rohrabacher) 공화당 하원의원(캘리포니아주)인데 그는 며칠 전 크로아티아에서 시작해 마케도니아까지 서부 발칸 국가들을 차례로 방문했어요. 그는 코소보와 세르비아 간에 접경 지역을 교환해야 한다면서 매우 폭발적인 제안을 했죠. 물론 우리 정부는 즉각 거부했습니다. 또 하나는 마케도니아 영토를 쪼개서 코소보와 불가리아에 넘겨야 한다고도 했는데 이 지역 안정을 해칠 수 있는 매우 위험한 발상입니다."

로라바커 의원은 로널드 레이건(Ronald Reagan) 전 대통령의 연설문 작성자였고, 지금은 하원 외교위원회 소위원장을 맡고 있다. 그는 2017년 2월 초, 서부 발칸 국가들을 순방하며 토미슬라브 니콜리치(Tomislav Nikolic) 세르비아 대통령에게 편지를 보냈다. 내용인즉 "세르비아인들이 대다수인 코소보 내 북쪽 마을과 알바니아계가 많은 세르비아 남쪽의 프레셰바(Presheva) 계곡을 맞바꿀 필요가 있다"는 것이었다. 그는 또 알바니아 언론과의 인터뷰에서 "미안하지만 내 기준으로 마케도니아는 나라가 아니다. 코소보인과 알바니아인들이 사는 마케도니아는 코소보에 넘겨야 하고, 나머지 마케도니아도 불가리아나 다른 국가의 일부가 되어야 한다"고 밝혀 마케도니아 정부로부터 강한 항의를 받았다. 그는 이러한 제안을 트럼프 정부가 지지하느냐는 질문에 자신이 미국 외교정책에 영향을 끼칠 수 있으며 발칸의 국경선 변경이 차기 의회 회기 때 논의될 것이라고 덧붙였다. 인구 210만 명에 불과한 마케도니아는 2001년 마케도니아인과 현지의 소수 알바니아인들 간에 유혈 분쟁이 일어나면서 10년 넘게 피로 얼룩졌던 유고 내전의 마지막 페이지를 장식했던 곳이다. 하지만 최근까지도 두 민족 간에 폭력 사태가 계속되고 있어 발칸 내 새로운 화약고로 떠오르고 있다. 로라바커의 얘기는 이러한 불안정을 막기

❖ 마케도니아 수도인 스코페 중앙광장에 있는 알렉산더대왕 동상. 높이 14.6m, 무게 30t에 달한다.

위해 민족·언어·문화적으로 같은 마케도니아와 불가리아를 합치고, 알바니아계의 거주지 역시 동일 민족인 코소보로 넘겨야 한다는 것이다.

 2017년 7월 초, 마케도니아에서 알바니아 수도인 티라나로 넘어가는 버스 안에서 만난 20대 후반의 알바니아 청년은 내가 로라바커의 마케도니아 해체론을 꺼내자 기다렸다는 듯이 답했다. 그는 "마케도니아 수도인 스코페를 포함해 많은 땅이 원래 우리 알바니아의 영토였어요. 지금도 많은 알바니아인들은 코소보 등 알바니아계가 다수인 지역을 합쳐 대(大)알바니아 제국을 세우고 싶어 해요. 그래야 발칸반도에서 나은 대접을 받을 수 있으니까요"라며 로라바커의 주장을 환영한다는 의중을 내비쳤다. 실제 티라나의 중심인 스칸데르벡광장에 있는 국립역사박물관내 전시 안내문에는 알바니아인들이 주변국들로부터 겪은 부침과 횡포에 대한 설움이 묻어나 있다.

2부 ㅣ 친러시아 벨트를 가다: 헝가리·세르비아·몰도바·벨라루스 175

❖ 알바니아 수도 티라나의 중심인 스칸데르벡 광장.

발칸의 국가들은 1912년 11월 우리의 독립 선언을 반대했다. 정교회 성직자들은 무력을 주동해 알바니아 땅을 계속 침략했고, 알바니아의 무슬림과 가톨릭 신자들이 정교회로 개종하도록 강요했다. 그렇지 않으면 그들은 중세 시대의 제노사이드를 저지르려고 했다. 그래서 알바니아인들은 대규모로 고향 땅을 떠나 터키로 이주해야만 했다. …… 1913년 런던에서 열린 강대국 주재 대사들 회의에서는 (오스만제국에서 독립한) 알바니아에 대해 부당한 결정이 내려졌다. 그들은 알바니아를 군주국가로 선언하고 독일 출신의 빌헬름 왕자를 알바니아의 통치자로 임명했다. 알바니아의 가장 풍요로운 농토는 세르비아, 몬테네그로, 마케도니아로 넘어갔고, 알바니아에서 정상적인 삶을 살기란 매우 어렵게 됐다.

이런 내용을 읽다 보면 알바니아인들의 민족적 울분이 언제든 대알바니아주의로 폭발할 수 있겠구나 하는 불길한 예감도 든다. 만일 이 와중에 로라바커의 마케도니아 분할 구상을 트럼프가 수용한다면 발칸 반

도의 미래는 20세기 말 유고 연방 해체에 버금갈 정도로 또 한 번 엄청난 피비린내를 풍기게 될지 모른다. 코소보 전쟁을 포함해 막대한 희생을 치른 유고 내전의 배경에는 대세르비아주의, 대알바니아주의, 가톨릭 문명론 같은 민족적·종교적 요소가 자리 잡고 있었기 때문이다.

그날 저녁 베오그라드를 방문한 재불(在佛) 예술인들과 함께 관저에서 만난 유대종 세르비아 대사는 주재국 대사답게 현지인들에 대해 동정적이었다. 대사관 관저는 밀로셰비치의 부인이 살았던 집이어서 그런지 화려할 뿐만 아니라 넓은 정원에 높은 나무들이 우거져 있어 보안에 만전을 기한 듯했다. "물론 밀로셰비치가 무고한 희생자들을 많이 냈지만 당시 세르비아 군인들만 나쁜 짓을 한 게 아니었어요. 크로아티아나 보스니아 무장 세력도 잔인하기는 마찬가지였죠. 코소보의 코소보해방군은 싸움 잘하기로 악명이 높았고요. 다만 서방의 매체들이 대단히 편파적으로 보도했습니다. 세르비아군에 학살된 현장만 쫓아가 카메라를 들이댔죠. 세르비아 사람들은 지금도 그런 불명예를 안고 살아가고 있어요"라고 유 대사는 말했다. 옆에 있던 박기창 공사도 한마디 거들었다. 그는 러시아와 폴란드, 그리스에서도 근무해 이 지역을 잘 아는 전문가였다. "밀로셰비치 시절, 세르비아 정부는 국제사회에 홍보 활동을 정말 못했습니다. CNN은 계속 알바니아 편을 들면서 세르비아군의 만행만 방송에 내보냈어요. 세르비아인들은 원래 심정적으로 그렇게 강한 편이 아닙니다. 거칠기로는 오히려 알바니아나 코소보 사람들이 한 수 위죠. 제가 만나본 세르비아 사람들은 개인적으로 선물을 주어도 잘 받지 않을 만큼 뇌물수수 관행이 덜 합니다. 특히 일처리는 매우 빨라서 보고서 같은 것을 요청하면 다음날 바로 만들어서 보내줄 정도죠. 제가 예전에 근무했던 그리스 하고는 정말 딴판이에요. 세르비아는 국가 이미지 홍보 전략이 부족한 게 늘 안타깝죠."

몰도바 Moldova

친푸틴 승부수 띄운 유럽의 최빈국

유럽 최빈국 중 하나인 몰도바가 최근 국제 뉴스에서 전 세계인들의 주목을 받은 일이 있었다. 2016년 12월 친러시아 성향의 이고르 도돈(Igor Dodon)이 새 대통령에 취임한 것이었는데, 서방 언론은 우크라이나를 넘어 러시아의 세력 팽창이라며 대서특필했다. 소련 내 15개 공화국 중 하나였던 몰도바 역시 소련 해체 이후 유럽과 러시아 사이에서 오락가락해 왔지만 근래에는 대체로 유럽 일변도였기 때문에 도돈의 승리는 몰도바의 대외 관계에 변화를 가져올 것이 분명해 보였다. 공산당 당수 출신인

- 소련을 구성했던 15개 공화국중 하나로 비옥한 토지와 일조량을 바탕으로 과일과 포도주 등을 수출하는 농업국가다. 소련 해체 후 유럽 편입을 강조해왔지만 최근 친러시아 성향의 대통령이 당선되면서 대외 기류가 변화할 조짐을 보이고 있다. 몰도바 내 친러 자치공화국인 트란스니스트리아는 러시아인들이 많이 거주해 친서방을 표방해온 몰도바 중앙정부와 마찰을 빚어왔다.

블라디미르 보로닌(Vladimir Voronin) 전 대통령이 2009년 물러난 뒤 몰도바는 EU 가입을 목표로 유럽과 긴밀히 협력해왔지만 이제 도돈이 취임하면서 러시아 쪽으로 무게중심이 옮겨갈 것으로 예상됐다. 몰도바가 우크라이나의 서쪽 국경에 접해 있는 점을 감안하면 도돈의 등장은 동부 전선에서 러시아와 분쟁 중인 우크라이나 정부에 또 다른 중압감으로 작용할 터였

❖ 이고르 도돈 몰도바 대통령.

다. 예상대로 도돈은 취임 직후부터 친러시아 노선을 분명히 했다. 취임한 지 나흘 만에 대통령 관저 입구에 있는 EU 깃발을 내려버렸다. 야당 의원들의 반대로 이튿날 다시 게양되는 해프닝으로 끝났지만 도돈이 앞으로 러시아와의 관계에 치중하겠다는 의지를 상징적으로 보여준 사건이었다. 도돈은 특히 당선 후 한 달여 만에 모스크바를 찾아가 푸틴과 만난 자리에서 향후 대외 노선을 분명히 했다. 그동안 EU와 체결한 경제협정들을 폐기하고 러시아가 주도하는 EAEU에 들어가겠다는 의사를 내비쳤다. EAEU 외연 확대에 심혈을 기울여온 푸틴으로서는 마른 땅에 단비와 같은 소식이었을 것이다. 정치주간지 ≪EU옵서버(EUobserver)≫는 도돈의 EAEU 가입 발언이 2013년 아르메니아와 우크라이나가 EU와의 협정을 파기했던 것과 유사하다고 평가했다.[1] 물론 이 두 나라의 협정 파기 이후 행보는 달랐다. 아르메니아는 원래 계획한 대로 EAEU에 들어간 반면 우크라이나에서는 과도한 친러시아화에 실망한 국민이 정

---

1) "Moldova Turns from EU to Russia," *EUobserver*, Jan 18, 2017.

❖ 키시너우의 시외 버스 터미널 부근에서 물건을 파는 상인들.

권을 무너뜨린 혁명이 발생했다. 몰도바가 앞으로 EU와 맺은 협정들을 버리고 친러시아 노선을 걷는다면 그 결과는 아르메니아와 우크라이나가 갔던 양 극단의 어디 중간쯤에 위치할 것이다.

  몰도바 수도인 키시너우를 방문한 2017년 3월 말은 이른 봄 햇살이 따스했지만 아침과 저녁에는 외투를 걸쳐야 할 정도로 쌀쌀했다. 유럽 최빈국답게 중심대로라는 '스테판 첼 마레(Stefan Cel Mare)'는 한국으로 치면 1980년대 수준에 불과했다. 고층 빌딩은 거의 없었고 길가의 소박한 상점들 모습은 한국인의 기대치에 턱없이 모자랐다. 들어가서 구경하고 싶은 충동을 불러일으킬 정도로 '이거다' 싶은 매장은 눈에 들어오지 않았다. 숙소는 스테판 첼 마레에서 좌우로 갈라진 이면도로 쪽에 있었는데 그곳의 상황은 더 열악했다. 갑자기 도시에서 시골로 타임머신을 타고 온 것처럼 도시 풍경은 1960~1970년대로 내려갔다. 집들은 페인트칠이 벗겨져 시멘트 벽돌이 고스란히 드러났고, 공사가 중단됐거나 쓰러져가는 건물들이 즐비했다. 시외버스 정류장 부근의 재래시장 한쪽

❖ 키시너우 시내에 있는 나이트클럽. 오래된 마릴린먼로 사진이 걸려 있을 만큼 작고 낡았다.

에서는 변변한 점포도 없이 길거리에 좌판을 벌여놓고 잡다한 물건들을 팔았다. 사람들의 옷차림도 맵시 있는 단정함과는 한참 거리가 멀었다. 전 세계 어디서나 볼 수 있는 중국인들조차 보이지 않는 까닭에 일부 키시너우 시민들은 동양 사람인 나를 향해 신기하다는 표정을 짓기도 했다. 몰도바가 한때 적극적인 친유럽을 표방하며 러시아를 의도적으로 멀리했던 결과가 고작 이것인가 싶을 정도였다. 서방과 10여 년 간 밀월을 실험했지만 효과가 별로 없다면 친러시아로 복귀해야 하는 것은 일견 타당해 보였다. 키시너우의 조잡한 길거리 풍경만 보고서도 몰도바 국민이 도돈을 새 대통령에 뽑은 이유를 대강이나마 알 것도 같았다.

아니나 다를까. 키시너우에서 만난 시민들은 도돈을 옹호했고, 그가 내세운 러시아와의 유대를 크게 환영했다. 공항에서 시내까지 택시를 운전했던 30대 남성은 "도돈 어떠냐"는 질문에 엄지 손가락을 치켜올리면서 "하라쇼(좋다)!"를 연발했다. "유럽과 가까워지면 살기가 좋아질 줄 알았는데, 점점 생활이 어렵습니다. 친서방을 외치는 정치권의 부패는 여

전한데, 국민한테만 희생을 강요하고 있어요. 이제 러시아와 친해지면 예전처럼 러시아가 많은 경제적 지원을 해주겠죠. 도돈이 잘 해낼 거예요." 정부 청사 앞, 개선문이 서 있는 공원에서 만난 20대 청년은 자동차 정비공으로 일하고 있었다. 여자 친구와 데이트를 위해 말끔하게 차려입고 나온 그 역시 도돈을 찍었다고 했다. "과거 친유럽 정부는 늘 부패했고 해놓은 일이 없어요. 유럽은 러시아와의 대결에서 중간에 있는 우리를 이용하려고만 해요. 몰도바도 뭔가 변화가 필요하기 때문에 도돈을 응원했어요. 젊은층은 아마 60% 정도가 도돈을 찍었을 겁니다. 옛날 공산주의 시절을 그리워하는 나이든 분들도 도돈에게 표를 몰아주었고요." 정부 청사를 배경으로 카메라 셔터를 눌러대자 그곳을 지키던 경찰이 다가왔다. 내가 도돈을 두둔하는 발언을 하자 30대 후반으로 보이는 그 경찰은 "몰도바는 소련의 일원이었는데 이제야 정상으로 돌아온 것"이라며 새 대통령을 반겼다. 그는 생활수준을 묻는 질문에 "경찰 월급이 대략 200~300유로인데 다른 나라보다 사정이 나은 편"이라며 "하지만 700유로는 돼야 하는데 우리나라는 부패가 심해 충분한 급여를 받을 수 없다"고 하소연했다.

몰도바에서 3년 전 발생한 10억 달러 증발 사건은 친유럽 정권에 대한 민심이 이반하게 된 가장 큰 계기였다. 2014년 11월 몰도바 은행 세 곳에서 10억 달러의 돈이 흔적도 없이 사라졌는데 지금까지도 철저한 경위 파악이 안 되고 있다. 몰도바 GDP의 10%가 넘는 뭉칫돈이 하루아침에 증발해버린 데 대해 국민은 정권 퇴진 시위를 벌였고, 이후 총리가 여섯 명이나 교체되는 국정 난맥상을 연출했다. 시위대는 10억 달러가 당시 집권 연립정부를 구성한 세 정당의 지도자들이 빼돌린 것이라고 주장했고 사건에 연루된 총리가 수감되는 상황으로 치달았다. 미국 외교 전문지 ≪포린 폴리시≫는 몰도바 국민이 10억 달러 증발 사건으로 집

❖ 키시너우 중심대로에 위치한 몰도바 정부청사와 개선문.

권 정부의 부패와 무능에 분노하고 있다면서 서방 진영이 자칫 몰도바를 잃게 될 것이라고 지적했다.2) 대선이 있기 9개월 전에 나온 기사였지만 이러한 우려는 친러시아파인 도돈이 승리하면서 현실화되고 있다. 물론 도돈이 승리한 것이 정치 성향 때문이 아니라 돈 살포와 같은 불법 선거 운동의 결과일 뿐이라는 지적도 있다. 키시너우의 한 시민단체에서 일하는 20대 남성은 "도돈은 몰도바에서 손꼽히는 부자예요. 그가 이긴 것은 유권자들에게 돈을 많이 뿌렸기 때문입니다. 시골에서는 방송이나 신문을 잘 보지 않기 때문에 돈을 준 후보를 무조건 찍는 경향이 있어요"라고 말했다.

2) "The West Is About to Lose Moldova," *Foreign Policy*, Feb 19, 2016.

❖ [인터뷰] 몰도바 한국 명예영사인 블라디미르 루수 액센트그룹 회장.

그러나 몰도바에서 대통령의 국정 운영 권한이 총리에 비해 크게 제한적인 점을 감안하면 도돈의 의중대로 대외 정책이 당장 러시아에 일방적으로 기울어질 가능성은 낮다. 실제 키시너우에서 만난 지식인들은 다들 이 점을 강조했다. 몰도바에서 한국 명예영사를 맡고 있는 블라디미르 루수(Vladimir Russu) 액센트(ACCENT)그룹 회장은 "대통령이 바뀐다고 해서 대외 정치의 방향이 금세 다른 쪽으로 옮겨갈 것으로 보는 것은 몰도바의 정치 구조를 잘 몰라서 하는 얘기"라고 잘라 말했다. 내가 "도돈이 러시아와 가까우면 서방 기업들의 투자가 줄어들지 않겠느냐"고 묻자 그는 별 의미 없는 얘기라며 눈을 찡그렸다. "독일이나 이탈리아처럼 몰도바 일반인들은 대통령이 누구인지도 잘 모릅니다. 대통령은 그저 상징적인 존재일 뿐이에요. 의회에서 다수당 수반이 총리를 맡아 국정을 총괄하기 때문에 대통령의 힘은 아주 약하죠. 의회와 정부가 모두 친유럽 노선을 밝히고 있는 마당에 대통령 한 명이 바뀐다고 해서 유럽을 지향하던 것에서 반대로 가지는 못해요. 더욱이 도돈 역시 경제장관을 지냈고, 그동안 정치적 성향을 자주 바꾸면서 유연함을 보였어요. 또 취임해서는 경제 우선주의를 천명했고요. 러시아와 친해진다는 것은 선거를 위한 레토릭일 뿐 외국인들의 투자 환경은 나빠지지 않을 겁니다."

40대 중반인 그는 IT·통신·전자·건설·에너지 등의 분야에서 사업을 하고 있는데 3년 전 한국과 명예영사로 인연을 맺었다. 그는 사업가답게 정치 얘기는 꺼려했고, 한참을 한국 기업들의 몰도바에 대한 투자

를 강조했다. "몰도바는 벨기에나 네덜란드처럼 작지만 강한 나라로 발전하는 것을 지향하고 있어요. 우리는 단순히 농업 제품만 수출하는 나라가 아닙니다. 소련 시절만 해도 몰도바는 군수용으로 쓰이는 첨단 전자 장비를 개발하는 나라였어요. 키시너우 땅의 20%를 지하로 만들어서 거기에 공장을 두고 군수 제품에 적용되는 전자장치들을 만들어냈습니다. 소련의 IT 공장 역할을 한 것이죠. 그만큼 우리는 전통적으로 기술력이 있어요. 몰도바 정부도 '2020 프로젝트'를 통해 IT 인프라 환경 조성을 최우선 사업으로 강조하고 있죠. 특히 몰도바에 경제자유구역을 다섯 곳에 조성했는데 세금이나 물류 관련해서 조건이 훌륭합니다. 독일 자동차 부품과 배선 관련 기업들이 많이 입주해 있죠. 아직 한국 기업들은 들어와 있지 않지만 그곳에서 생산 시 원자재에 대한 무관세 등 많은 혜택이 있어요." 그는 기업 유치의 전도사라도 된 것처럼 몰도바의 강점들을 열거해갔다. "몰도바의 경쟁력은 낮은 임금인데 월평균 급여가 300달러에 불과해요. 중국은 이미 1000달러가 넘었을 겁니다. 또 몰도바는 흑해와 러시아, 우크라이나, 루마니아로 접근이 용이해 유럽으로 제품 수출이 유리하죠. 흑토지대가 많아 농업 환경도 좋고요. 반면 러시아와는 국경이 직접 맞닿아 있지 않아서 우크라이나처럼 지정학적인 충돌은 없어요."

스테판 첼 마레 거리에서 가까운 곳에 위치한 몰도바 국제자유대학교(ULIM)의 안드레이 갈벤(Andrei Galben) 총장도 도돈의 친러시아 성향을 평가절하하기는 마찬가지였다. 1992년 이 대학을 설립한 갈벤 총장은 역사

❖ [인터뷰] 안드레이 갈벤 몰도바 국제자유대학교 총장.

학 전공자로 트럼프와 외모가 매우 비슷했다. 하지만 트럼프와 달리 촌철살인하는 발언 대신에 다소 횡설수설하는 경향이 있어서 면담 과정이 다소 곤혹스러웠다. 그가 루마니아어로 말하면 직원이 영어로 한 단어씩 통역을 해주었는데 문맥도 끊기고, 내용도 두루뭉술해서 집중하기가 힘들었다. 갈벤 총장 역시 몰도바는 의회가 중심이고, 의회는 친유럽적인 의원들이 장악한 만큼 대통령의 뜻대로 대외 관계가 쉽게 바뀌지 못한다는 요지로 얘기했다. 그는 "2018년 총선에서 도돈이 이끄는 사회당이 압승하더라도 몰도바는 이미 친유럽 노선을 따르고 있기 때문에 이를 되돌리지는 못한다"라고 말했다. 내가 "몰도바는 루마니아나 우크라이나에 비해 소국이고, 러시아에 대해 더 많이 취약하지 않는가"라고 물었다. 러시아에서 일하는 50만 명의 몰도바 노동자가 보내는 송금액이 이 나라 경제를 지탱할 뿐만 아니라 러시아는 몰도바에게 농산물과 와인 수출 시장, 에너지 도입 국가로서 비중이 크기 때문이다. 과연 몰도바가 대응책은 갖고서 그동안 친유럽 노선을 밀어붙였는지 궁금해서 물어본 것이었다. 실제 러시아는 몰도바에 괘씸죄를 적용해 2013년부터 와인 수입을 전면 금지하면서 몰도바 경제에 큰 타격을 입혔다. 지금은 도돈을 포함한 일부 친러시아 인사들과 연줄이 있는 와인들만 비공식적으로 러시아에 넘어간다고 한다. 하지만 갈벤 총장은 이런 취지의 질문과 무관한 말들을 쏟아냈다. 한국에 갔을 때 가방을 잃어버렸는데 누구도 가져가지 않아서 한국인이 대단하다고 느꼈다거나 30년 전 공산당원이 되려고 했지만 다섯 번씩이나 낙방한 얘기 등 계속 듣고 있기가 거북할 정도였다. 다시 질문을 하자 민주주의하에서 정치인들이 의견을 달리할 수 있지만 국가를 위해 서로 연합해야 한다는 얘기까지 답답한 답변이 계속됐다. 질문을 세 번이나 바꿔하고서야 이야기가 마무리됐다. "몰도바에서는 어떤 정치인은 러시아만을 강조하고, 누구는 EU만을, 어떤 이는 루

마니아만 편드는데, 이는 극단적인 것이죠. 최근 몰도바 가정에서는 세대 간에 지지하는 정치 세력을 놓고 다툼이 커지고 있어요. 앞으로 50~100년간 이런 분열은 계속될 겁니다. 중요한 것은 아무리 지지하는 성향이 다르더라도 과거 유고 연방 해체나 우크라이나 사태처럼 나라가 쪼개지는 상황을 맞지는 말아야 한다는 겁니다."

몰도바 국립대학교의 게오르기 키오카누(Gheorghe Ciocanu) 총장도 몰도바가 과도한 친러시아 노선으로 회귀하는 것은 불가능하다고 털어놨다. "몰도바 정치는 정부와 의회, 대통령의 세 개 기둥으로 구성되는데 앞의 두 곳은 유럽 성향이 강해서 대통령의 러시아화를 제어할 겁니다. 국민 대다수도 유럽적 삶을 지향하기 때문에 대외 정책이 러시아로 선회하는 일은 없을 거예요." 내가 "친유럽 정부에 반감을 가진 시민들이 많더라"고 하자 그는 우회적으로 답을 내놨다. "정부의 첫 번째 과제는 국민을 정신적, 육체적으로 부강하게 만드는 것입니다. 우리 아이들에게 좋은 미래를 전해주는 것이죠. 가난한 사람들은 매일 무엇을 먹을 것인가만 생각하기 때문에 비전이 없어요. 어떤 정부와 정책도 국민 복지를 중시해야 하는데 그렇다면 유럽과 러시아 중 우리가 선택해야 할 방향은 뻔한 것이죠." 실제 대선 직전인 2016년 9월 여론조사를 보면 몰도바인들은 여전히 러시아(43%)나 우크라이나(47%)보다 EU(57%)와의 관계 개선을 더 원하고 있는 것으로 나타났다.

결과적으로 국제사회에 반짝 이슈였던 도돈의 대선 승리는 지난해 같은 달 불가리아에서 있었던 라데프의 당선과 비슷한 것이다. 불가리아

❖ [인터뷰] 게오르기 키오카누 몰도바 국립대학교 총장.

의 전문가들도 총리보다 권한이 약한 대통령이 러시아와의 관계를 아무리 강조해도 외교 기조를 급격히 바꾸는 데는 한계가 있다고 했다. 특히 도돈처럼 친러시아 성향을 강조했던 보로닌 전 대통령이 두 번에 걸쳐 8년의 임기를 채우는 동안 유럽과 러시아 사이를 왔다 갔다 했던 점을 감안하면 도돈의 친러시아 행보도 얼마나 일관성을 가질지 담보하기 어려울 수도 있다. 보로닌은 2001년 의회에서 대통령에 당선됐을 때만 해도 공산당 당수로서 러시아와 연대를 강조했지만 분리 지역인 트란스니스트리아(Transnistria) 문제를 놓고 반러시아, 친유럽으로 돌아섰다. 보로닌은 2003~2004년 조지아와 우크라이나에서 발생한 시민혁명으로 친서방 정권이 탄생하면서 그 주역인 사카슈빌리(조지아)와 유셴코(우크라이나)와 함께 반러시아 연합체인 '구암(GUAM)'을 재건한 3인방으로 통했다. 구암은 1997년 러시아의 지역 패권을 견제하고 물류 요충지를 표방하면서 조지아, 우크라이나, 아제르바이잔, 몰도바가 각자 국호의 첫 글자를 따서 만든 것이다. 하지만 재건의 주역들이 물러나면서 지금은 유명무실해졌고, 보로닌은 집권 말기에는 다시 러시아 쪽으로 기울었다. 몰도바에서 1993년부터 선교 사업을 하며 국제자유대학교에 있는 한국어문화센터 '세종학당'의 대표로 있는 한호진 목사는 "푸틴은 도돈을 별로 신뢰하지 않는다. 과거 몰도바는 '모스크바의 정원'이라고 불릴 정도로 소련(러시아)은 마음만 먹으면 몰도바를 상대로 무엇이든 해버릴 수 있는 텃밭 정도로 여겼는데 푸틴은 도돈을 크게 신경 쓰지 않는다"고 말했다. 푸틴이 도돈의 수차례 친러시아적 발언에도 불구하고 "우리와의 협력은 몰도바가 EU와의 관계를 어떻게 조정하느냐에 달렸다"고 답한 것도 과거 몰도바 최고 지도자의 변절을 수차례 지켜보아 왔기 때문일 것이다.

그러나 도돈이 실질적인 권력을 장악해 친러시아 기치를 높게 들 가능성도 배제할 수 없다. 그는 줄곧 "몰도바에도 러시아나 벨라루스처럼

강력한 대통령제가 필요하다"고 주장해왔는데 야심가인 그가 지금의 인기를 몰아 개헌 국민투표를 실시해 권력 강화에 나설지 모른다. 헌법을 고쳐 대통령이 국정을 주무르는 체제로 갈 가능성도 있다. 이래저래 몰도바는 불가리아에 비해 권력 체제 개편 및 대외 관계의 변동성이 좀 더 커 보인다. 이미 EU와 NATO에 들어가 있는 불가리아와 달리 몰도바는 아직 그렇지 않기 때문에 대외 관계의 방향성을 예측하기란 더 힘들 수밖에 없다. 어쩌면 도돈 시대에 대외 정책 변화의 시금석 중 하나는 몰도바에서 사실상 분리된 지역인 트란스니스트리아(러시아명 프리드네스트로비예, Pridnestrovie)를 어떻게 다루느냐 하는 문제가 될 것이다. 이곳은 친러시아 지역으로 러시아의 입김이 강한 데다 기존의 몰도바 정부는 현지에 주둔한 러시아군의 존재를 인정하지 않고 영토 수복 의지를 강하게 천명해왔기 때문이다. 그만큼 러시아와 몰도바 간의 갈등에 있어서 휘발성이 가장 센 지역이다. 이곳에 대해 도돈이 어떤 전략을 갖고 러시아에 접근하는지가 도돈의 대외 정책 향배를 판단할 수 있는 기준점이 될지 모른다. 도돈은 이에 대해 약간의 암시를 준 적이 있다. 대선 직후 러시아 라디오 방송과의 인터뷰에서 트란스니스트리아와 비슷한 처지에 있는 크림에 대해 사실상 러시아의 영토라는 점을 언급했다. 그는 "몰도바에는 트란스니스트리아 문제가 있기 때문에 크림을 러시아 영토로 인정할지에 대해 서둘러 결정을 내려서는 안 된다. 하지만 크림은 실제로(de facto) (우크라이나가 아닌) 러시아의 일부다"라고 밝혔다. 트란스니스트리아에 대해 구체적인 입장을 내놓지는 않았지만 유사 지역인 크림의 사례를 그대로 적용한다면 트란스니스트리아도 러시아의 실제적인 땅임을 에둘러 표현했다고 볼 수 있다. 그렇다면 1990년대 초반 전쟁까지 치르며 몰도바에서 분리된 뒤 러시아의 후견을 받아온 트란스니스트리아에서도 앞으로 갈등의 소지가 줄어들지 모른다. 결과적으로 러시아와의

관계에서 가장 민감한 지역인 트란스니스트리아가 어떤 변화를 맞게 될 것인가가 도돈 시대에 몰도바 외교의 방향을 가늠하는 중요한 잣대가 될 것이다.

닮고 싶은 분단의 모델 트란스니스트리아

키시너우에서 동쪽으로 약 62km 떨어진 트란스니스트리아의 수도 티라스폴까지 가는 길은 어렵지 않았다. 중앙 버스 터미널에서 37레이(약 2200원)를 내고 봉고차와 비슷한 마르슈르카를 타고 가면 1시간가량이 소요됐다. 버스는 20명을 꽉 채워 출발했고, 얼마쯤 가자 도로 양 옆으로 드넓은 벌판과 저 멀리 전원주택들이 펼쳐졌다. 일조량이 상당한 것으로 봐서는 이곳에서 와인 생산을 위한 포도를 주로 재배하는 것 같았다. 티라스폴까지 가는 길은 그렇게 평화롭고 목가적인 풍경이 계속됐다. 이런 점잖은 곳이 정치적인 이유로 서로에게 총부리를 들이대고 언제든 전쟁 상태로 치달을 수 있다는 것이 이해하기 힘들게 느껴졌다. 트란스니스트리아는 법적으로는 여전히 몰도바에 속하지만 독자적인 정부와 의회, 국기까지 갖추고 러시아군이 주둔하는 등 실제로는 몰도바 당국의 통제가 미치지 않는 곳이다. 그렇기 때문에 티라스폴로 들어가려면 국경 검문소에서 별도의 입국 신고를 해야 한다. 검문소 부근에는 군복 차림의 병사들이 눈에 띄었고, 마르슈르카에서 내려 방문 목적과 얼마나 체류할지와 같은 간단한 질문에 답하면 여권이 아닌 별도 종이에 입국 기록을 적어주었다. 예상보다 절차는 너무 간단했고, 차에 탄 많은 몰도바 사람들도 그런 식으로 쉽게 트란스니스트리아 땅으로 들어갈 수 있었다. 검문소 꼭대기에 매달린 붉은색의 트란스니스트리아 국기를 배

❖ 몰도바에서 트란스니스트리아로 들어가는 국경. 간단한 절차로 쉽게 오갈 수 있다.

경으로 사진을 찍자 주변을 배회하던 군인이 손을 내저으며 그만두라고 소리친 정도가 그나마 위협이었을 뿐 국경 통과 절차는 매우 순탄했다. 마르슈르카뿐만 아니라 일반 승용차들도 검문소를 쉽게 지나다녔다. 1992년 3월부터 7월까지 몰도바와 트란스니스트리아가 전쟁을 치러 1000명이 넘는 사망자를 냈던 위험하고 참담했던 그림자는 어디서도 찾아보기 힘들었다. 몰도바로서는 분단의 현장이지만 간단한 절차만으로 상호 자유로운 통행이 가능하다는 점에서 한반도의 남북한 상황과는 비교할 수 없을 정도로 나았다.

국경을 통과하면 벤데르라는 지역이 가장 먼저 나오고 거기에서 드니에스테르강을 건너 10분여를 가면 티라스폴에 도착한다. 트란스니스트리아가 드니에스테르강 동안(東岸) 전체와 벤데르 같은 서안 일부를 지배하고 있다는 점을 쉽게 확인할 수 있었다. 버스 터미널과 그 부근에는 작은 식료품 가게나 레스토랑 같은 것이 전혀 없었다. 짐을 맡겨둘 곳도 없어서 중심가를 찾아서 무거운 트렁크를 질질 끌고 가야 했다. 시내까지 가는 1번 버스가 있다고 해서 30분을 기다렸지만 오지 않아 주변 구경도 할 겸 무작정 걸어보기로 했다. 작은 도시이다 보니 시내까지 가는 길은 간단했다. 버스 터미널에서 5분여를 걸으면 레닌 거리가 나오고, 다시 한참을 가면 10월 25일 대로가 나오는데, 거기부터가 실질적인 중심가였다. 도저히 트렁크를 계속 끌고 다닐 수가 없어서 10월 25일 대로에 있는 커피숍에서 음료를 하나 주문하는 대신 짐을 2시간만 보관해

❖ 티라스폴 시내에 있는 종합병원. 거리와 건물들이 깨끗하다.

달라고 했더니 별도의 돈을 요구하지도 않고 선뜻 맡아주었다. 다만 이곳의 공식 화폐는 러시아와 이름만 같은 루블이라서 몰도바에서 남은 레이를 환전소에 가서 루블로 바꾸어 와야 했다.

　티라스폴 중심가의 모습만 놓고 보면 키시너우보다 훨씬 쾌적했고 도로도 넓었다. 러시아계가 많아서인지 사람들도 좀 더 크고 잘생겼다는 인상을 받았다. 약간의 눈썰미만 있다면 근본이 라틴족이라 체구가 다소 작은 몰도바인과 덩치 큰 노랑머리의 러시아계를 구별할 만했다. 여기서는 러시아의 색채가 곳곳에서 묻어났다. 시민들 입에서는 몰도바식 국가명인 트란스니스트리아보다는 러시아 발음인 프리드네스트로비예가 익숙해 보였다. 무엇이 맞느냐고 물어보면 둘 다 같은 말이라고 했는데 그래도 어떤 것을 많이 쓰느냐고 물으면 잘 모르겠다고 하면서도 계속해서 프리드네스트로비예라고 얘기했다. 어쩌면 몰도바와는 달리 러시아어, 우크라이나어, 몰도바어 등 세 가지를 공용어로 채택하고 있

는 이곳에서는 어떤 식으로 불러도 크게 문제가 될 일은 없었다. 길거리 안내판에는 러시아 모스크바나 상트페테르부르크로 여객과 화물 운송을 위한 광고 전단지들이 가득했다. 모스크바에서 왔다는 백발의 한 노인은 티라스폴에 사는 동생과 함께 레닌 거리를 걷고 있었다. 그는 "모스크바와 티라스폴은 이웃 동네라서 동생도 만날 겸 자주 온다. 하지만 우리는 키시너우 사람들과는 사이가 나쁘다"고 했다. 이유를 묻자 설명하기가 귀찮은 듯 "남북한으로 나뉜 당신네 나라하고 비슷하다고 보면 된다. 그냥 생각하는 게 다르니까 서로한테 총질도 했고, 지금은 다른 길을 계속 가고 있는 것일 뿐"이라고 말했다. 트란스니스트리아 사람들은 자체 여권도 갖고 있지만 해외로 나가려면 러시아 여권을 들고 가야 한다. 조지아에 속한 친러시아 공화국(압하지야, 남오세티야)과 나고르노-카라바흐 공화국을 빼면 국가로 인정해주지 않기 때문에 티라스폴에 있는 러시아 영사관을 통해 별도로 러시아 여권을 발급받고 있는 것이다. 그만큼 그들의 삶에서 러시아의 그림자를 지운다는 것은 몰도바의 요구대로 말처럼 쉽게 될 일이 아니다.

러시아는 몰도바 내정에 개입하기 위해 소련 시절부터 트란스니스트리아 지역을 이용해왔다. 친러시아파 인사를 그곳의 지도자로 내세워 몰도바 중앙정부가 소련(러시아)의 영향권에서 벗어나는 것을 막으려 했다. 이를 위해 소련 해체를 앞두고 몰도바가 독립할 움직임을 보이자 트란스니스트리아에 심어둔 인물이 초대 대통령을 지낸 이고르 스미르노프(Igor Smirnov)였다. 그는 1991년부터 2011년까지 20년 동안 대통령을 지내면서 몰도바에 맞서 러시아를 편들어왔다. 독일 라이프치히 대학교 중동유럽역사문화센터의 얀 조프카(Jan Zofka) 교수는 논문에서 그 배경을 이렇게 썼다.

1991년 12월, 몰도바 트란스니스트리아 공화국 대통령에 전기 제품 공장장 출신인 스미르노프가 당선됐는데 앞서 1987년 소련 당국은 그를 산업도시인 티라스폴로 보내 현지 공장장에 앉혔다. 스미르노프는 이후 몰도바로부터 분리를 선동하는 그룹의 지도자가 되었고, 소련 해체 직후 대통령까지 된 것은 우연이 아니었다. 당시 분리주의 운동 세력은 소련 시절 관리인을 지낸 인물들로 모스크바 정권과 유착되어 있었다. 그들은 소련 해체 와중에 자신들의 경제적 영향력을 정치 분야로 옮겨 공화국을 세웠고, 선심성 공약을 내걸고 선거에서 승리했다. 1989년 8월 몰도바 사회주의공화국 최고회의가 언어법을 개정해 몰도바어를 사용하게 하고, 키릴문자가 아닌 라틴문자로 표기하도록 하는 단일 국가언어체계를 요구하자 이들은 파업을 주동하며 초기 트란스니스트리아 분리주의 운동을 전개했다. 스미르노프가 이끄는 분리주의 세력은 소련 14군과 보안대, 특별경찰의 지원을 받아 폭력을 사용해 국정을 장악했고, 이들 소련 사람들은 공화국이 들어서자 각료로 참여했다. 소련 14군을 이끈 겐나디 야코블레프(Gennadii Yakovlev) 사령관은 트란스니스트리아 국방장관에 임명되기도 했다. 트란스니스트리아의 정치 엘리트들은 러시아인들이 많은 곳에서 자신의 지배를 합법화하기 위해 공산당의 상징과 레닌 동상을 유지했고, 소련 스타일의 박물관들을 세웠다.3)

　　실제 티라스폴의 중앙광장에는 소련 공산주의를 상징하는 낫과 망치를 그려 넣은 대형 트란스니스트리아 국기가 내걸렸고, 정부 청사 앞

---

3) Jan Zofka, "The Transformation of Soviet Industrial Relations and the Foundation of the Moldovan Dniester Republic," *Europe-Asia Studies*, Vol. 68(Jul 2016), pp. 826~846.

❖ 티라스폴에 있는 트란스니스트리아 정부 청사. 그 앞에 레닌 동상이 서 있다.

에는 레닌의 전신 동상이 버젓이 서 있다. 러시아를 포함한 많은 구소련 국가들이 레닌 동상을 철거했지만 티라스폴에서는 옛 공산당 중앙위원회 건물로 쓰였을 청사 앞에 레닌 동상을 보존해놓았다. 청사 맞은편에는 역사박물관이 비교적 소박한 모습으로 있었고, 그 옆에는 '1990~1992년 프리드네스트로비예를 지키다가 숨진 사람들을 영원히 기억하겠다'는 문구로 몰도바와의 전쟁에서 죽어간 모든 사람들의 이름을 적어둔 기념비가 세워져 있다. 독립국가연합 회원국 어디서든 볼 수 있는 '꺼지지 않는 불꽃'이 타오르고 있었고, 그 뒤에는 전쟁에 동원됐을 소련제 구식 탱크가 전시되어 있다. '조국을 위하여'라고 쓰인 탱크 위로 남자아이들이 올라가 전쟁놀이를 하는 모습이 흥미로웠다.

역사박물관에서 가이드로 일하는 30대 초반의 나탈리아 넴첸카는 트란스니스트리아와 몰도바 간의 분쟁 상황을 당시 사진들과 함께 자세히 설명해주었다. 그녀는 티라스폴에서 태어났고, 현지 최고 대학인 프

❖ 티라스폴의 상징인 탱크 위에서 전쟁놀이를 하는 소년들.

리드네스트로비예 국립대학교 역사학부를 졸업했다. "소련 시절에 몰도바 사회주의공화국이었던 이곳은 참 평화로운 나라였어요. 날씨도 좋고 먹을 것도 많았고, 산업이 발전해서 구두와 섬유, 철강 생산에다 항공기 엔진 제조 공장까지 있었죠. 러시아 이르쿠츠크에 살던 할아버지와 할머니가 좋은 환경을 찾아 1984년에 이곳에 오셨을 때 여기에는 독일인, 유대인, 몰도바인 등 많은 주민들이 민족을 따지지 않고 다들 가까운 친척처럼 지냈답니다. 하지만 소련 해체를 앞두고 몰도바가 독립을 선언하면서 러시아어를 폐지하고 몰도바어 사용을 강요하는 등 압박이 심해지자 이 땅의 러시아계 주민들이 들고일어난 것이죠. 몰도바 정부가 성급히 독립을 추진하면서 슬라브 러시아계와 상의도 없이 우리를 벼랑으로 몰고 간 것이 문제였어요. 그래서 우리는 1990년에 국민투표를 벌여 몰도바 정부와 별개인 '프리드네스트로비예 몰도바 소비에트 사회주의 연방공화국'을 세웠던 것이죠. 소련이 무너진 가운데 몰도바와 한배를 타서는 그들의 일방적인 지배를 받을 것이고, 그렇게 되면 우리의 권리를 찾을 수 없을 테니까요. 우리가 계속 저항하자 몰도바군은 1992년 3월 티

라스폴 주변의 벤데르와 두버사리 두 곳을 먼저 공격해왔고, 우리는 자위권 차원에서 거기에 맞서 싸운 겁니다. 당시 키시너우에 친척들이 살고 있었는데 그들은 러시아어를 쓴다고 박해를 받던 차에 티라스폴로 이주했어요. 우크라이나, 카자흐스탄, 우즈베키스탄 등에 흩어진 우리 동포들은 몰도바와 싸우기 위해 귀국하기도 했죠. 많은 시민들은 자발적으로 전투에 나갔고요. 가정에서는 전기와 가스, 물까지 끊기고 따뜻한 날씨에 전염병까지 번졌지만 다들 목숨을 걸고 버텨냈어요. 티라스폴은 전쟁의 직접적인 타격을 입지는 않았지만 인근 도시들은 건물과 공장들이 다 무너져 생산 기반이 사라졌죠. 4개월에 걸친 전쟁 끝에 우리 군인 800명, 민간인 600명이나 숨졌습니다." 전쟁이 시작된 1992년 3월 2일은 몰도바가 유엔의 공식 회원국이 된 날이었고, 전쟁은 4개월을 넘긴 같은 해 7월 21일 러시아와 몰도바, 트란스니스트리아의 대통령들이 모여 정전협정에 서명하면서 막을 내렸다. 트란스니스트리아 문제에서 몰도바를 도와 유럽안보협력기구 등 서방 측이 중재에 나섰지만 큰 힘을 발휘하지 못했고, 정전 과정은 이 지역에 대한 러시아의 영향력을 전 세계에 확인시켜주었다. 내가 "먹거리가 없어 혹시 쥐까지 잡아먹었나요?"라고 묻자 "그 정도까지는 아니었을 겁니다"라며 쓴웃음을 지었다.

그러나 트란스니스트리아는 전쟁에서 패한 것이 결코 아니었다. 인명과 재산 피해, 사회 기반시설을 많이 잃었지만 그 정도의 손실은 몰도바도 입었다. 대신 소련의 아프간 전쟁 영웅으로 이후 인기 정치인이 된 고(故) 알렉산드르 레베드(Alexander Lebed) 장군이 평화 유지를 목적으로 트란스니스트리아에 들어와 상시 주둔하게 되면서 티라스폴 정권은 안보 불안을 없앴다. 이후 트란스니스트리아는 나고르노-카라바흐나 압하지야, 남오세티야처럼 분단된 상태였지만 국지적인 무력 충돌이 거의 발생하지 않는 평화로운 상태를 유지했다. 어쩌면 분단된 지역에서 추가

❖ 티라스폴 정부 청사 맞은편에 있는 역사박물관 내부. 몰도바와 치른 전쟁 사진들이 많다.

적인 인명 피해나 과도한 전쟁 비용을 치르지 않는 가장 나은 대안을 찾는다면 트란스니스트리아가 모범 사례 중 하나일 것이다. 나탈리아도 그 점에 대해 어느 정도 수긍을 했다. "몰도바에는 친구들을 만나러 거의 매주 가고 있어요. 간단한 통과 절차만 있으니 왕래하는 데 아무런 문제가 안 되죠. 몰도바 사람과 결혼하는 것을 정부가 막거나 반대하는 것도 없어요. 그냥 신고만 하면 끝이에요." 러시아의 영향력이 드리우고 있는 구소련의 대다수 분리 지역은 통행이 전면 차단되어 있다. 조지아 내에서 압하지야나 남오세티야로 가는 육로 이동은 막혀 있고, 아제르바이잔에서 나고르노-카라바흐로 가는 길 역시 봉쇄되어 있다. 우크라이나 동부 지역도 러시아군이 개입하면서 모든 교통이 끊겼다. 이에 비하면 트란스니스트리아는 1992년 정전협정 이후 추가적인 교전 없이 자유로운 왕래가 지속되고 있다는 점에서 나머지 분리 지역보다 사정이 나은 것은 명백한 사실이다.

내가 "그러면 몰도바와 아예 합치는 게 낫지 않느냐"고 묻자 "노(No)"라는 답변이 돌아왔다. "몰도바와 우리는 정치적으로나 정신적으로 지향하는 바가 달라요. 그들은 EU와 NATO에 들어가려고 하지만 우리는 그런 게 필요 없어요. 러시아와 계속해서 같은 편에 있기를 원해요. 러시아인들은 예카테리나 2세 때부터 이 땅으로 많이 이주해 살았고, 지금도 인구 비중이 가장 높아요. 그냥 몰도바와 서로 간섭하지 않고 이대로 지내는 게 편해요." 나는 코소보인들이 세르비아의 인종 청소를 잊지

못해 도저히 그들과는 한 국가를 이룰 수 없다고 했던 말이 생각나 트란스니스트리아도 그런지 물었다. 물론 몰도바에 사는 러시아계나 트란스니스트리아에 있는 몰도바계 주민을 상대로 인종 말살이 벌어지지는 않았지만 그녀의 답변은 비슷했다. "이곳은 많은 가정마다 당시 전쟁의 희생자들이 있어요. 그들의 죽음 때문에 그 가족은 오랫동안 고통을 받았고요. 우리가 역사박물관을 만들고 전쟁기념비를 세운 것도 몰도바와의 참혹했던 싸움만은 잊지 말자는 이유에서죠. 구성 민족도 차이가 나고, 유럽과 러시아로 나뉘어 정신적 방향도 다른데 억지로 합쳐봐야 나중에 또 뒤탈만 날 겁니다. 우리가 많은 나라로부터 국가승인을 받지 못하고 있지만 또다시 전쟁의 비극이 되풀이되지 않으려면 지금의 상태를 잘 관리하고 유지하는 게 나아요." 내가 "러시아가 트란스니스트리아를 통제해서 몰도바까지 흔들려는 것 아니냐"고 질문을 던지자 그녀는 "러시아가 어떻게 우리를 통제합니까"라며 놀란 표정을 지었다. 내가 "그럼 통제가 아니라 러시아가 영향을 끼치려 한다고 칩시다"라고 하자 그래도 그녀는 분이 풀리지 않은 듯했다. "러시아는 우리를 지지하는 것이지 우리가 하는 일을 간섭하고 방해하는 세력이 아니에요. 러시아가 우리나라에 병원과 학교를 짓고, 도로를 놓아주고 많은 일들을 했어요. 군대를 파견해 안보도 지켜주고 있고요. 러시아는 경제적으로나 인도적으로 우리를 많이 도와주고 있죠. 얼마 전 로고진(Dmitry Rogozin) 러시아 부총리가 티라스폴에 왔는데 그는 우리 정부가 하는 일을 적극 지원하겠다고 했어요. 러시아가 우리한테 정치적 압력을 가한다거나 하는 얘기는 서방이 지어낸 거예요. 우리에게서 러시아를 떼어내지는 못합니다. 러시아가 키시너우와 티라스폴이 동등한 형태로 연방국가를 이루라고 조언했지만 그것을 뿌리친 것은 우리가 아니라 몰도바였습니다. 몰도바는 우리한테 동등한 권한을 주는 연방제를 거부하고 한 나라를 구성해서 우

리들 위에 있으려고 해요. 그러니 통일이 되겠습니까. 우리 국민은 그냥 이렇게 갈라져서 평화롭게 지내길 희망합니다."

실제 몰도바와 트란스니스트리아 간에는 하나의 국가로 만들기 위한 정치적인 노력이 없었던 것은 아니다. 1997년 옐친의 주도하에 양국 정상은 '공동 국가(common state)'를 세우기로 서명까지 했지만 이후 실행되지 못했다. 2003년에는 느슨한 연방국가가 되기 위한 일보 직전까지 갔었다. 푸틴의 절친이자 러시아 부총리를 지낸 드미트리 코작(Dmitri Kozak)의 이름을 딴 이른바 '코작 메모랜덤(Kozak memorandum)'이 추진됐다가 막판에 서방의 반대에 직면한 보로닌의 거부로 무산됐다. 당시 코작 메모랜덤은 몰도바와 트란스니스트리아 간에 연방정부를 구성하는 것을 목표로 몰도바 중앙정부의 모든 결정에 대해 티라스폴 정부가 거부권을 행사할 수 있는 권한을 주도록 했다. 또 트란스니스트리아의 안보 공백을 해소하기 위해 러시아군이 최소 20년간 주둔할 수 있도록 했다. 트란스니스트리아 출신인 보로닌은 처음에는 옆 나라인 루마니아에 맞서 국가를 키우려는 의도로 코작 메모랜덤을 환영했지만 공식 서명을 몇 시간 앞두고 긴급 철회했다. 러시아의 연방제 주장이 몰도바를 중립국으로 만들어서 EU와 NATO 가입을 막고, 트란스니스트리아의 거부권을 통해 몰도바 내정에 간섭할지 모른다고 우려했던 것이다. 유럽 국가들도 러시아의 그림자가 몰도바까지 미치는 것을 용인할 수 없었고, 마침 친서방의 길로 말을 갈아탄 보로닌은 코작 메모랜덤을 거부해버린 것이다.

하지만 친러시아 성향의 도돈 대통령이 취임하면서 몰도바와 트란스니스트리아 간에 연방제 가능성이 다시 제기되고 있다. 도돈 대통령이 트란스니스트리아에 특별한 지위와 광범위한 자치권을 부여하는 방안을 지지하고 있기 때문이다. 그러나 정치적 성향이 서로 다르고 지금

❖ 티라스폴 중앙광장에 있는 알렉산드르 수보로프 기마상과 트란스니스트리아 국기. 러시아 대원수인 수보로프는 1792년 티라스폴을 세웠다.

도 왕래하며 사는 데 별 불편이 없는 양쪽 주민들이 번거로운 연방제를 받아들일지는 미지수다. 키시너우에서 만난 갈벤 총장은 트란스니스트리아 문제의 해법을 묻는 질문에 연방제는 안 된다고 했다. "트란스니스트리아에는 이제 러시아인들이 많고, 러시아의 영향력이 세진 만큼 몰도바가 직접 개입하기는 힘든 상황입니다. 1991년 소련 해체 당시를 기준으로 하면 국제법상 트란스니스트리아는 분명히 몰도바의 영토인데 처음부터 러시아군이 주둔하도록 내버려둔 게 몰도바 정부의 실수였어요. 21세기에 특정 국가의 영토에 타국 군대가 주둔하고 있다는 것이 말이 됩니까. 트란스니스트리아를 러시아가 장악하고 있는데 구체적인 해법이 있겠습니까. 일부는 그곳을 차라리 별개 국가로 인정하고 우리만 빨리 EU에 가입하자는 주장도 하고 있습니다. 트란스니스트리아가 전체 몰도바에서 차지하는 땅 면적이 6분의 1 정도인데 그것을 포기하고 우리라도 서둘러 유럽화의 길로 가자는 것이죠. 이 방안에 동의하는 의견

은 아직 20%에 불과하지만 시간이 갈수록 높아질 겁니다." 내가 "우크라이나 돈바스 지역은 자원과 생산 시설이 많아 키예프 정부에 중요한데 트란스니스트리아도 그러한가"라고 물었다. "지금 트란스니스트리아의 경제적 비중은 소련 시절에 산업 시설이 집적됐을 때의 수준은 아니지만 여전히 놓칠 수 없어요. 물론 공장들이 낡아서 재건할 필요가 많아 당장 몰도바 경제에 도움이 되기는 어렵겠지만 말입니다. 반면 영토적 통합을 위해서는 두말할 것도 없이 중요하죠. 하지만 지금은 경제적 측면보다는 지정학적인 요충지로서 전략적 가치가 커지고 있어요. 우크라이나 국경에 맞닿은 영토로서 서방과 러시아 간에 연결 고리도 되고 있고요."

그러나 분단 지역인 트란스니스트리아에서 무엇보다 부러운 점은 몰도바와 국경을 그어놓기는 했지만 서로 통행하는 데 제약이 없다는 것이다. 이 때문에 물리적인 국경선은 존재해도 실제로는 분단의 현실을 그다지 체감하기 힘든 것이다. 여론조사를 보면 트란스니스트리아에 러시아군이 주둔하고 있는 데 대해 위협이 된다고 생각하는 몰도바인은 점차 줄어들고 있다. 위협으로 느끼지 않는다는 답변은 2014년 21%였지만 2016년에는 39%로 늘었다. 몰도바와 트란스니스트리아 국경이 평화로운 것은 두 지역 간에 민족 구성과 대외 정책 방향이 뚜렷이 차이가 난다는 점을 서로 인정하는 반면에 사는 수준은 별반 차이가 없기 때문일 것이다. 당장 사정이 다른 한반도에 적용하기는 힘들 테지만 오래된 분단 상황을 극복하는 중간 단계로서 참고가 될 지도 모르겠다.

벨라루스 Belarus

내우외환에 시달리는 유럽의 마지막 독재자

한국인들이 벨라루스에 입국하는 데 필요한 비자 발급이 2017년 2월 중순부터 없어졌다. 체류 일정 제한은 5일이고, 민스크 국제공항을 통해 입국해야 한다는 점, 또 러시아에서 벨라루스로 직접 들어오고 나가는 것은 금지한다는 등 몇 가지 단서가 붙었지만 대사관에 가서 서류를 제출하고 비자 비용을 내야 했던 불편함이 사라졌다는 것만 해도 기쁜 일이었다. 한국에서는 마치 북한처럼 폐쇄 국가로 알려져 있는 벨라루스도 변하고 있다는 증거였다. 산업용 버스, 트랙터 같은 농기계, 농산물, 석

- 러시아와 폴란드, 우크라이나, 리투아니아 등에 둘러싸인 내륙 국가로 수도는 민스크다. 러시아, 우크라이나와는 같은 동슬라브 계열로 민족 정서나 문화적으로 매우 밀접하다. 1991년 소련에서 독립한 뒤에도 러시아와 연합 국가에 준하는 동맹조약을 체결할 정도로 가깝다. 하지만 러시아의 잦은 주권 간섭과 천연가스 공급 중단 등으로 최근에는 양국 관계에 균열의 조짐도 나타나고 있다.

유화학 제품 등을 수출해온 알렉산드르 루카셴코(Alexander Lukashenko) 정부는 이미 레드오션이 된 이 분야만 고집해서는 국가 생존 자체가 어렵다는 점을 깨달았던 것이다. 비자를 면제해 당장 손쉽게 돈을 벌 수 있는 관광산업 진흥을 목표로 했다.

'유럽의 마지막 독재자(the Last Dictator of Europe)'라는 수식어를 20년 넘게 달고 다니고 있는, 창백한 얼굴에 찰리 채플린(Charles Chaplin)처럼 콧수염까지 기르고 있는 루카셴코는 큰 덩치에 옷을 입어도 태가 잘 나지 않는 양반이었다. 반면 허스키한 목소리로 각료들을 꾸짖고 국민을 향해 교훈 섞인 내용으로 열변을 토하는 모습을 보면 그 열정적인 매력에 은근히 끌리는 측면도 있었다. 이 지역 맹주인 푸틴한테도 큰 소리를 치며 따질 수 있는 몇 안 되는 지도자 가운데 한 명이기도 했다. 누군가는 푸틴이 가장 만나기 싫어하는 상대가 루카셴코라고 했다. 대다수 서방 언론은 이 괴상한 지도자에 대해 '유럽의 마지막 독재자', '콧수염의 광대'라는 등 부정적으로 묘사했다. 국영 농장 관리인을 거쳐 1994년 대통령에 취임해 수차례 임기 연장과 관제(官製) 선거를 치러 유럽 내 최장수 통치를 하고 있는 그를 서방 국가와 언론은 곱게 봐주지 않았다. 미운 털이 박힌 루카셴코는 미국과 유럽 각국이 입국을 금지한 블랙리스트

❖ 알렉산드르 루카셴코 벨라루스 대통령.

에 올랐고, 2011년에는 선거 부정과 야권 탄압 등을 이유로 벨라루스는 각종 제재를 받았다. 이후 루카셴코가 친러시아 일변도에서 탈피해 유럽과도 협력을 모색하자 일부 제재가 해제되면서 은둔의 제국 같던 벨라루스는 점차 세상에 모습을 드러냈다.

2017년 3월 말, 거의 10년 만에 다시 찾은 민스크는 예전의 기억대로 매우 조용하고 차분한 도시였다. 방문 직전에 한 지인이 '거기 위험하다던데'라는 말은 벨라루스나 루카셴코에 대해 아예 모르거나 부정적인 뉴스

❖ 깨끗한 민스크 시내 아파트 단지의 모습. 길거리에 휴지조각을 찾아보기가 힘들다.

만을 접한 사람들이 하는 소리였다. 내 생각에 유럽의 어떤 나라에서도 민스크만큼 깨끗하고 아늑한 거리를 찾기 어려울 것이다. 널찍한 도로와 인도는 담배꽁초나 휴지 조각을 거의 발견할 수 없을 정도로 청결했고, 길가 옆으로 도열한 건물들은 말끔하게 단장되어 있었다. 딱딱한 건물 외관이 구소련 시절을 연상시키기도 했지만 알마티를 비롯해 워낙 이 주변국 도시들이 지저분하다 보니 민스크는 군계일학(群鷄一鶴)이었다. 도시의 풍경도 참 평화로웠다. 시민들은 공원에서 산책과 대화를 즐겼고, 민스크로 수학여행을 온 것 같은 차림의 학생들은 마냥 즐겁고 신기한 표정으로 연신 사진을 찍었다. 시내를 흐르는 강과 호수, 그 주변의 성당과 공원, 그리고 레스토랑, 쇼핑몰들이 아기자기하게 잘 어우러져 있었다. 나름 도시 계획을 잘 짜서 만든 것 같았다. 서방 언론이 이 나라 지도자를 독재자라며 공포스럽게 몰고 가는 분위기는 어디서도 느낄 수 없었다. 러시아 지역 전문가인 주한일 KOTRA 민스크 무역관장은 벨라루스에 대해 이렇게 평가했다. "도로나 공원 같은 것을 보면 서유럽과 견주어도 뒤지지 않을 겁니다. 동유럽이나 다른 독립국가연합 회원국들과는 비교할 수가 없죠. 전체적으로 부패가 덜 하기 때문에 그렇습니다. 같은 도로를 건설해도 다른 나라는 뇌물 때문에 소요 비용이 많지만 벨

라루스는 그런 게 덜하니 저렴하게 시공하고 개·보수를 할 수가 있어요. 여기 아파트는 입주자들로부터 관리비를 걷어 필요 경비를 쓰는데, 회계 부정이 없어요. 오래된 아파트라도 도색 작업을 잘 해서 늘 깨끗한 모습이죠. 민스크 말고 지방 도시 어디를 가도 그렇습니다. 하지만 차를 타고 옆 나라 국경을 넘어서는 순간 풍경이 확 바뀌죠. 루카셴코만 해도 다른 독립국가연합 정상들과 달리 국외에 숨겨놓은 재산이 없어요. 해외 언론이 다들 추적했지만 루카셴코만은 한 번도 나오지 않았어요. 가족들의 부정 축재(蓄財) 얘기도 없고요. 벨라루스는 이 지역에서 그래도 부패가 덜한 나라예요."

루카셴코는 집권 이후 줄곧 인권 위반, 야당 탄압, 언론 길들이기 등을 이유로 서방으로부터 괴물 취급을 받았지만 실업세 관련 시위가 발생하기 전까지 누구보다 높은 지지를 받는 지도자였다. 동유럽과 러시아가 소련 해체 직후 급격한 민영화 같은 충격요법을 통해 민생고를 가중시킨 반면, 루카셴코는 이를 거부하고 소련식 제도들을 유지한 채 점진적으로 민영화에 나서면서 국민의 물질적 토대를 해하지 않고 정신적인 안정감을 고취했다. 급격한 체제 변화를 요구하는 현실에서 이에 적응하지 못한 시민들을 끌어안은 것이다. 벨라루스에서 상대적으로 부정부패가 적고, 빈부 격차가 크지 않은 것도 루카셴코에 대한 국민의 신뢰를 높인 측면이 있다. 반면 서방 진영은 루카셴코가 취한 정책에 대해 소련 체제를 고수하는 반민주적 행태로 간주했고, 국민의 지지와 상관없이 20년 넘게 장기 집권하고 있다는 데 초점을 맞추어 벨라루스에 대한 비판의 목소리를 높였던 것이다. 러시아 추종 세력이라는 원죄까지 더해져 벨라루스는 실제보다 과하게 부정적인 평가를 받은 측면이 있다.

2017년 들어 벨라루스 정부는 고민이 깊어가고 있었다. 루카셴코는 자신을 옥죄어 오는 듯한 내우외환(內憂外患)의 고통에 시달렸다. 내부

❖ 강과 깨끗한 건물들이 잘 어우러진 민스크 시내의 모습.

에서는 일명 '실업세'로 불리는 과세 방안의 철회를 요구하며 반정부 시위가 들끓고 있었다. 밖으로는 러시아와 사이가 틀어지면서 크렘린으로부터 압박이 가중되고 있었다. 양국은 2016년 말에도 러시아산 가스 공급 가격을 놓고 또 한 번 으르렁댔다. 또 루카셴코는 벨라루스에 러시아 공군기지를 세우자는 푸틴의 제안을 일언지하에 거절했다. "군사적인 측면에서 공군기지는 필요 없다. 그곳에 배치하려는 전투기는 과시용일 뿐이다"라며 푸틴을 면박하는 발언도 했다. 이로 인해 실업세로 곤욕을 치르고 있는 루카셴코를 이참에 푸틴이 갈아치우려 한다는 얘기도 흘러나왔다. 러시아가 고분고분하지 않은 벨라루스 정권을 순종적인 인사에게 넘겨 꼭두각시 체제로 만들려 한다는 것이다. 정치평론가인 존 쉰들러(John Schindler)는 '벨라루스가 푸틴의 다음 희생양이 될까'라는 기고에서 러시아와 벨라루스의 관계가 파멸의 위기로 치닫고 있다고 했다.[1] 그는 "루카셴코는 3년 전 러시아가 크림반도를 합병할 때처럼 정보기관

---

1) "Will Belarus Be Putin's Next Victim?" *The Observer*, Feb 7, 2017.

과 군을 침투시켜 정권을 전복할지 모른다는 걱정에 휩싸여 있다. 그렇기 때문에 민스크에서 러시아 국경으로 가는 주요 고속도로에 장애물을 쌓아놓고 군사훈련을 하거나 이 훈련에 예비군 동원령을 내리는 것은 놀랄 일이 아니다"라고 적었다. 민스크의 대표적인 싱크탱크인 외교정책전략연구소의 아르세니 시비츠키(Arseniy Sivitskiy) 소장도 "푸틴은 트럼프의 외교정책이 아직 정비 중인 혼란을 틈타 벨라루스를 상대로 정부 전복에서부터 정보기관의 위협, 전면전까지 모든 대안을 놓고 검토 중이다. 벨라루스에 대한 공격이 (서방의 반대로) 러시아의 계획대로 진행되지 않으면 NATO를 상대로 전술핵무기까지 사용될 수 있는 실제적인 악몽에 처해 있다"고 밝혔다.

그렇지만 루카셴코 체제가 전복이라는 최악의 시나리오를 실제로 맞게 될 것으로 믿는 사람은 소수일 뿐이다. 루카셴코가 푸틴과 결국에는 타협하면서 벨라루스가 러시아의 궤도권을 완전히 이탈하지 않는 선에서 갈등이 마무리될 것이라는 전망이 우세했다. 어쩌면 우크라이나, 조지아와 이미 전쟁을 치른 러시아로서도 벨라루스까지 확전되는 것은 부담이 클 수밖에 없으니 루카셴코를 강하게 압박하기는 무리가 있는 것도 사실이다.

민스크에서 만난 벨라루스 최대 뉴스포털인 툿바이(TUT.BY)의 아르촘 시라이브만(Artyom Shraibman) 기자는 루카셴코 체제가 안팎으로 흔들리고는 있지만 당장 무너지기는 힘들다고 했다. 툿바이는 하루 사이트 방문자가 80만 명에 달하는 벨라루스에서 가장 이름난 정치 전문 매체다. 시라이브만 기자는 30대 중반쯤 되어 보이는 나이에 똘똘하게 생겼고, 국내외 정치 현안에 대해 막힘이 없을 만큼 박식했다. 그는 '러시아가 공작이라도 해서 벨라루스에서 쿠데타를 일으킬 것인가'를 묻는 질문에 대뜸 내게 "푸틴이 인근 국가에서 쿠데타를 성공시킨 사례가 있으면

말해달라"고 되물었다. 뻘쭘한 표정의 나를 상대로 그는 말을 이어갔다. "푸틴이 어떤 국가나 정부를 상대로 그가 원하는 대로 쿠데타를 성공시킨 사례가 없어요. 물론 러시아는 끊임없이 이웃나라를 합병하고 약화시키고, 불안정하게 만들려고 해왔지만 최근 수년간 어떤 나라

❖ [인터뷰] 벨라루스 최대 뉴스포털인 툿바이의 아르춈 시라이브만 기자.

정부도 전복시키지 못했어요. 벨라루스는 국경 근처에 있는 친러시아 국가 중 하나입니다. 벨라루스에는 루카셴코만 한 역량을 가진, 그를 대체할 인물도 없어요. 이런 상황에서 루카셴코 정권을 무너뜨린다는 것은 러시아한테도 매우 위험한 일입니다." 내가 "서방 매스컴은 왜 그리 선동적일까요?"라고 하자 그는 "모든 언론은 흥미 있고 민감한 얘기들을 만들어내려 하잖아요. 아마 푸틴의 다음 희생자를 찾고 싶어 하는 것이겠죠. 푸틴에게는 쿠데타에 의존하지 않고 (경제 제재로) 벨라루스의 태도를 바꾸는 것이 나을 겁니다. 벨라루스는 러시아로부터 석유의 90%, 가스는 100% 의존하고 있고, 우리의 우유나 육류의 주요 수출 시장으로 러시아 의존도가 크게 높아요"라고 답했다. 또 "러시아는 우리한테 예전만큼 싸게 가스를 공급해주지 않고 있어요. 과거의 러시아는 신뢰할 만한 정치적 파트너, 경제적 스폰서였는데 지금은 보복을 가하고 있죠. 여기에 실망한 벨라루스가 서방과의 관계 개선에 나선 것이고요. 경제를 지키고 외교정책을 다변화하기 위해서죠"라고 덧붙였다.

　　같은 동슬라브족으로 언어와 종교, 문화를 공유하고 있는 점을 빼고도 러시아는 지정학적으로 벨라루스를 반드시 껴안아야 했다. NATO가

❖ 수왈키 갭 위치.

벨라루스에 접경한 폴란드와 리투아니아, 라트비아에 수천 명의 병력을 주둔시키고, 첨단 무기를 배치하고 있는 상황에서 벨라루스는 완충지대이자 러시아가 NATO의 무력 공격에 대비할 수 있는 방어 기지 역할을 하고 있다.

발트해에 접한 북쪽의 에스토니아에서부터 폴란드, 우크라이나를 거쳐 흑해에 붙은 조지아까지 연결되는 반(反)러시아 벨트의 중간에 벨라루스가 끼어 있음으로 해서 러시아와 서방 간 충돌을 조절하는 작용을 하고 있다. 특히 크림이나 우크라이나 동부와 달리 벨라루스는 NATO 국가들과 바로 붙어 있는 전초기지다. 예컨대 '수왈키 갭(Suwalki Gap)'으로 불리는 리투아니아와 폴란드의 국경 역할을 하면서 벨라루스와 칼리닌그라드(러시아 역외 영토)를 잇는 100km가량의 통로 지역을 러시아가 장악한다면 발트해 3국을 NATO로부터 차단해버릴 수 있다. 벨라루스가 NATO를 도와주는 모양새가 되지 않으려면 러시아는 칼리닌그라드에서 수왈키 갭으로 연결되어 있는 벨라루스를 자기편으로 만들어야 한다. 반대로 폴란드에 주둔한 미군이 수왈키 갭 인근에 주로 배치되어 있는 것은 이곳을 러시아에 빼앗겨서는 승산이 없다는 점을 간파한 것이다.

하지만 문제는 지정학적 요충지로서 벨라루스의 강점을 루카셴코도 잘 알고 있기 때문에 점점 호락호락 받아주지 않는다는 것이다. 루카셴코는 러시아가 옆 나라 우크라이나에서 크림 합병과 동부 지역을 점령하는 것을 지켜보면서 러시아만 믿고 있다가는 자기도 당할 수 있다는 위기감을 느꼈다. 특히 2008년 금융위기와 우크라이나 사태를 거치면서

러시아에만 의존해서는 생존이 어렵다는 점도 깨달았다. 서방 국가들에게 비자 면제의 문을 열고, 반체제 인사들을 석방했으며, 2016년 총선에서 야당 국회의원이 처음 당선된 것도 다 유럽을 향한 루카셴코의 유화적인 제스처였다. 대신 러시아에 대해서는 강공을 택했다. 루카셴코는 2015년 초 러시아 신문과의 인터뷰에서 "벨라루스의 땅에 누가 처들어와도, 설령 그가 푸틴일지라도 나는 싸울 것이다"라고 했다. 그는 우크라이나를 돕기 위해 자국민들이 동부 전선으로 자원해 달려갈 때도 막지 않았고, 우크라이나에 연방제를 받아들이라는 크렘린의 재촉에 대해서도 부당한 처사라고 맹비난했다. 2015년 2월 우크라이나 동부의 교전 사태를 중단시킨 '민스크 협정'의 탄생을 중재한 것도 유럽에 보낸 화해의 손짓 중 하나였다. 이에 EU는 벨라루스 인사와 단체에 대한 여행 금지와 자산동결 등의 제재를 풀면서 화답했다. 우크라이나 사태로 경제가 망가진 러시아가 예전처럼 벨라루스를 도와주지 못하는 가운데 루카셴코가 유럽과 가까워지는 것에 비위가 상한 러시아가 자꾸 딴지를 걸면서 한때 연합국가(Union State)까지 추진했던 양국이 최악의 상황을 맞고 있는 것이 지금까지 전개되고 있는 양상이다. 물론 벨라루스가 러시아와 사이가 나빠졌지만 우크라이나처럼 영토까지 빼앗기는 시나리오를 밟을 것으로 예단하는 전문가는 많지 않다. 그 이유 중 하나는 벨라루스가 기본적으로 우크라이나와 달리 과도한 유럽화를 원하지 않기 때문이다. 정치평론가인 니콜라이 파호모프(Nikolay Pakhomov)는 "벨라루스 지식인들이 유럽을 원하더라도, 민중은 경제적 이유나 문화적 동질성 때문에 유럽화를 지지하지 않는다. 벨라루스 내부에는 반러시아 캠페인 같은 것도 없다. 루카셴코는 경제 회생을 위해 외부로부터 자금 수혈을 원하지만 서방은 도와주기가 힘든 상황이다. 결국 벨라루스는 우크라이나와 달리 무작정 유럽으로 가기 힘들고 러시아와 협력할 수밖에 없다"고 밝혔다.

나는 시라이브만 기자에게 실업세 문제로 정국 혼란이 커지고 있는 틈을 타 러시아가 모략을 꾸밀 수도 있지 않느냐고 물었다. 하지만 그는 그런 일은 환상일 뿐이라고 답했다. "푸틴은 아마 매일 아침 벨라루스는 생각도 하지 않고 일어날 겁니다. 그는 우크라이나, 시리아, 미국, 그리고 프랑스와 독일 선거 등 복잡한 일들이 많아요. 벨라루스는 그의 관심 레이더에 잡히지도 않죠. 푸틴은 지금 루카셴코를 만나기를 꺼려요. 벨라루스는 생각만 해도 골치가 아프죠. 물론 루카셴코가 그런 명목의 세금을 도입한 것 자체는 실수가 분명해요. 하지만 시위는 경찰에 의해 너무 빨리 간단히 진압되고, 시민들은 권력을 전복시킬 힘이 아직 없어요. 벨라루스에서는 유로마이단 같은 혁명은 일어나지 않을 겁니다. 당시 우크라이나 의회에는 야당 인사가 절반을 넘었어요. 반정부 TV 채널도 존재했고, 혁명을 지원하는 강력한 사업가들도 있었죠. 그보다 앞선 오렌지혁명 때는 외부의 자금 지원도 넘쳐났고요. 하지만 벨라루스에는 우크라이나 혁명 때 갖추었던 이런 요소들이 하나도 없어요. 아직 루카셴코 체제는 안정적이고 견고해요. 그는 매우 재능 있는 정치인입니다. 항의 시위는 정권에 도전은 될 수 있지만 위협은 결코 아니에요. 매우 견고한 체제니까요. 물론 시간이 가면 언젠가는 물이 끓어 넘칠 수도 있지만요." 자국민이 최고 지도자에 대해 매우 재능 있는 정치인이라고 평가하는 것을 듣기는 헝가리에서 오르반 총리 이후 처음이었다. 서방이 장기 독재 정권이라고 떠들어대도 사반세기를 큰 내부 잡음 없이 통치하고 있다는 것은 어찌됐던 간에 루카셴코만의 강점과 노하우가 있기 때문인 것은 분명하다. 우크라이나 지역 전문가인 앤드류 윌슨(Andrew Wilson)은 2011년에 쓴 책에서 루카셴코의 생존 능력에 대해 다음과 같이 기술했다.

생존에 강한 모든 정치가가 그러하듯이 그는 카멜레온적인 자기 변신능력을 가졌다. 어떤 이들은 그의 상황에 대처하는 유연성을 강조하기도 하고, 어떤 이들은 국민에게 메시지를 전하는 능력을 높이 평가하기도 한다. 루카셴코가 집권 이후 지지율 기반을 잃지 않고 정권 연장에 성공하는 이유는 무엇보다 '전제적 구원자'로서 자신을 내세우는 능력과 많은 관련이 있다. …… 1996년 503달러였던 평균 임금은 2010년 4.9배 늘어났고, 2010년 구매력 기준 1인당 GDP는 1만 3685달러가 되었다. 복지, 교육, 보건에 대한 지출은 GDP의 11~12%를 유지하고 있다. 두 번째 역할은 생활용품을 공급하는 능력이다. 2004년에 내세운 '편안하고 안락한 가정'이라는 슬로건은 많은 주민들에게 호소력이 있었다. 밀폐된 곳에서 진행되는 부패는 있지만 우크라이나나 러시아에 만연한 길거리 범죄나 마피아에 의한 혼란은 없다. 민스크의 거리는 깨끗하고 겨울이면 쌓인 눈이 바로 청소된다. 세 번째는 자신이 정한 코스로 국가 건설을 해가는 능력이다.[2]

2017년 신년 벽두부터 벨라루스에서는 6개월 넘게 일하지 않는 실업자에게 매년 200달러가 넘는 과세가 시행되면서 전국적으로 큰 반발이 일었다. 공식 명칭은 '사회적 기생자에 관한 대통령령'이었지만 정부에 대한 혐오를 담아 실업자 세금, 기생충 세금 등으로 불렸다. 월평균 급여가 380달러에 불과한 벨라루스에서 그것도 실업자에게 200달러가 넘는 세금을 내라는 것은 무리였다. 실업자가 50만 명에 달하는 와중에 실업세를 창안한 것 자체가 위험한 발상이기도 했다. 루카셴코는 경제도 어려우니 부족한 실업수당에 의지하지 말고 적극적인 노동 참여를 주

---

2) 허승철 편역, 『벨라루스의 역사』(문예림, 2015), 271~272쪽.

❖ 민스크 시내에 최근 들어선 갤러리아 백화점. 왼편의 대형 전자시계 전광판이 이채롭다.

문한 것이지만 마땅한 일자리가 없는 판국에 그의 논리는 먹히지 않았다. 그는 1만 명이 넘는 시위가 2개월간 지속되자 1년간 시행을 유예하고 최저임금자는 제외한다고 밝혔지만 끝내 실업세를 포기한다는 선언은 하지 않았다. TV에 나와서는 "무임 승차자들은 남의 이익을 빼앗아 가는 데 익숙하다. 그들은 우리가 가진 것을 파괴하고, 우리의 발전을 방해할 뿐이다"라고 했다. 시위대를 향해서는 "우리에겐 유로마이단과 같은 혁명은 없다"고 일침을 가했다.

민스크에서 만난 시민들은 실업세를 놓고 갑론을박했다. 찬반 의견이 확연히 갈렸다. 회사에서 운전 일을 하는 30대 후반의 세르게이는 "실업세의 부과 취지는 전적으로 옳아요. 벨라루스에서는 일자리가 있는데도 젊은이들이 급여가 적다면서 일하지 않으려고 해요. 그들은 자기 능력은 생각하지도 않고 높은 임금만 원하죠. 나라 경제도 어려운데 언제까지 그들한테 공짜로 실업수당 같은 돈을 주어야 합니까"라고 했다. 대신 그는 "루카셴코는 다른 분야에서도 아이디어가 참 많고 좋은데, 그 밑에 있는 직원들이 이를 잘 포장해서 밀어붙이는 것을 못하고 있어요"라고도 했다. 하지만 젊을수록 세금에 대한 거부감이 컸다. 소득이 발생하기도 전에 세금부터 내라는 데 대해 황당한 점도 있을 터였다. 시내의 정부 청사 앞에서 만난 남자 대학생은 "실업세를 부과하는 것은 무리라고 생각해요. 우리는 일하지 않으려는 게 아니에요. 단지 적당한 급

여를 주는 직업이 벨라루스에 없기 때문이죠. 전 시위에 참가하진 않았지만 그들의 행동을 적극 지지합니다. 저는 졸업 후 벨라루스를 떠나 외국에서 취직할 계획이에요." 그는 벨라루스 최고 명문인 벨게우(벨라루스 국립대학교)에서 IT·프로그래밍을 전공 중이었다. 벨라루스에서 만연한 두뇌 유출이 실업세를 기화로 좀 더 확대될 가능성이 커 보였다.

선량한 벨라루스 시민들을 화나게 만들고, 루카셴코 체제의 위기론까지 등장하는 배후는 결국엔 먹고사는 문제였다. 실업세라는 것은 재정 확충이 급한 정부가 만들어낸 고육지책이었고, 세금을 더 내라는 독촉을 거부하고 시민들이 거리로 나선 것도 살기가 팍팍해졌기 때문에 발생한 일이다. 벨라루스 경제는 2015~2016년 성장률이 각각 -3.9%, -2.6%를 기록하며 곤두박질쳤다. 유럽부흥개발은행(EBRD)에 따르면 올해(2017년)에야 경기후퇴에서 벗어나 1%대 성장을 보일 것으로 예상했다. 하지만 올해도 마이너스 성장이 불가피하고 2018년 가서야 간신히 플러스로 돌아설 것이라는 전망이 더 많다.

벨게우에서 만난 세맛 엘레나(Semat Elena) 국제경제학과 교수는 고르바초프가 소련 공산당 서기장에 오른 1985년부터 이 대학 강단에 섰다고 했다. 내가 벨라루스 경제 상황을 묻자 부정적인 지표들을 쭉 나열했다. 그러더니 별로 새로울 것이 없는 침체의 원인들을 몇 가지 들었다. "러시아와 EU의 사정이 악화되면서 우리 경제는 충격을 받고 있어요. 트럭 같은 수송 차량, 농기계 등 수출품들은 선진국과 경쟁이 심해졌고, 석유화학 제품은 러시아에서 원유를 수입해 만드는데, 공급량이 줄면서 생산에 제한을 받고 있죠. 이란에서 석유와 가스를 수입해야 하는 상황입니다. 벨라루스는 에너지나 건설, 석유화학 같은 큰 분야는 공기업이 대부분이고, 일반 회사는 규모가 작습니다. 그래서 민간 기업의 경쟁력은 높지 않고 일자리 창출에 한계가 있어요. 경제가 나빠지다 보니

교육 수준이 높은 인재들이 질 좋은 일자리를 찾아 나가면서 인력 유출이 심각한 상태죠." 루카셴코 정부에 대한 평가를 묻자 그는 약간 망설이더니 말을 꺼냈다. "실업세를 부과한 것을 잘했다고 보기는 어려울 겁니다. 직업을 찾으려는 사람한테 세금부터 내라고 하는 것은 좀 과한 측면이 있죠. 반면 시위가 정부의 의사 결정에 자극을 주는 긍정적인 점은 있지만 사회를 불안하게 하는 행동은 멈춰야 합니다. 러시아나 우크라이나와 달리 과도한 민영화가 진행되지 않아 빈부 격차가 크지 않은 것은 루카셴코가 잘 한 겁니다. 벨라루스에는 집 없는 고아가 없고, 영아 사망률이 0%일 정도로 사회안전망을 잘 갖추고 있어요. 루카셴코는 독일처럼 일하지 않는 사람들에게 불이익을 주려는 법적 질서를 갖추고 싶어 하지만 그는 여전히 소련식 멘탈리티를 갖고 있어요. 국민을 자극하는 동기가 부족하죠."

엘레나 교수는 러시아와 벨라루스가 원년 멤버로 가입한 EAEU의 효과에 대해서는 "경제적으로 러시아에 크게 의존하고 있고, 양국 간에 공통된 역사와 언어, 정신을 갖고 있는 점을 감안하면 EAEU 참여는 어쩔 수 없다"는 정도로 말하는 데 그쳤다. 주한일 무역관장은 EAEU가 아직 법적 안정성이 부족하기 때문에 외국인 투자 기업이 독립국가연합 시장을 겨냥해 벨라루스에 생산 공장을 짓기도 쉽지 않다고 말했다. "EU처럼 회원국 내에서 만든 제품에 대해서는 원산지를 묻지 않고 역내 수출 시 무관세가 적용되어야 하는데 EAEU는 원칙적 수준에 그치고 있습니다. 벨라루스에서 생산한

❖ [인터뷰] 세맛 엘레나 벨라루스 국립대학교 국제경제학과 교수.

물건을 러시아로 수출할 때 러시아 정부가 정치적 이유로 무관세 혜택을 부여하지 않을 수 있어요. 실제 유사한 사례들이 존재합니다. 만일 한국 기업이 벨라루스에서 싼 제조원가에 물건을 만들어 더 넓은 러시아 시장에 판매하려고 해도 러시아 측이 인증 절차를 까다롭게 하거나 무관세 수혜를 거부할 수가 있죠. 또 러시아 대신 벨라루스에 공장을 지은 대가로 자칫 괘씸죄에 걸려 세금 폭탄까지 맞을 수 있고요. 벨라루스 내수 시장은 작기 때문에 외국 기업은 EAEU를 통해 러시아 시장까지 보고 들어와야 하는데, 양국 간 갈등이 커지면 크렘린은 EAEU 규정을 무시하고 언제든 무역 보복을 가하려 할 겁니다."

실제 루카셴코는 EAEU에 대해 험한 말을 막 던지고 있었다. 2017년 한 기자회견에서 그는 "러시아와 경제적 유대 관계는 강하지만 EAEU 내에서 협정이 지켜지지 않는다면 떠나는 것을 배제할 수 없다"고 경고했다. 시라이브만 기자도 EAEU의 효과가 크지 않다면서 한국이 EAEU와 FTA를 체결해봐야 큰 도움이 되지는 않을 것이라고 지적했다. "딱히 새로운 게 없는 겁니다. 이미 독립국가연합 회원국들 간에는 전체적으로나 양자 관계에서 무수한 협정들이 있어요. 주고받는 거래가 많이 진행 중이라는 얘기죠. EAEU 같은 다자 협정은 새로운 게 아니에요. 루카셴코 역시 긍정적인 결과가 없어 실망이 크다고 했습니다. 한국과도 FTA를 한다고 하지만 서로한테 도움이 되기는 어려울 겁니다. EAEU와의 거래 규모는 미국, 중국, 일본에 비하면 매우 작을 테니까요." 푸틴 주도의 EAEU는 경제적 효과보다는 정치적 상징성이 커 보였다. 지금처럼 러시아가 유럽과 각을 높이 세우고 있는 상황이라면 더욱 그렇다. 한국도 EAEU와 또 하나의 FTA를 남보다 먼저 체결했다는 외연 확장과 속도에만 방점을 둔다면 그 효과는 역시 별로일 것이다.

3부

신냉전의 심장부를 가다
우크라이나·루마니아·불가리아·리투아니아·코소보

3부 이동 경로

- ❖ (카자흐스탄) 알마티 → (우크라이나) 키예프 → 르보프
- ❖ (터키) 이스탄불 → (루마니아) 부쿠레슈티 → (불가리아) 루세 → 소피아 → 플로브디프
- ❖ (터키) 이스탄불 → (불가리아) 바르나 → 벨리코터르노보 → 소피아 → (마케도니아) 오흐리드 → (알바니아) 티라나
- ❖ (러시아) 상트페테르부르크 → 칼리닌그라드 → (리투아니아) 빌뉴스 → (폴란드) 바르샤바
- ❖ (크로아티아) 두브로브니크 → (몬테네그로) 포드고리차 → (코소보) 프리슈티나

우크라이나 Ukraine

시민혁명 3주년, 갈피 못 잡는 개혁의 길

우크라이나 키예프 국제공항에서 시내로 직접 들어오는 대중교통 편은 없었다. 그동안 키예프를 세 번이나 갔지만 모두 공항에서 택시를 이용했기 때문에 버스나 지하철의 존재에 대해서는 깜깜했다. 하지만 전 세계의 많은 공항 택시 기사들이 외국인을 봉으로 아는 터라 이번에는 대중교통을 이용해 시내 중심인 유로마이단광장까지 가볼 계획이었다. 그러나 시작부터 벽에 부딪혔다. 지하철이 공항까지 닿지 않았고, 스카이버스라고 불리지만 한국의 일반 버스보다 못한 30~40인승 차량이 시내

- 동유럽과 러시아 사이에 위치한 지정학적 요충 국가다. 소련 시절, 4000만 명이 넘는 인구와 경제 규모, 핵무기 보유, 흑토지대로 대표되는 농업 생산력 등으로 러시아에 필적할 수 있는 유일한 나라였다. 하지만 2000년대 들어 두 차례 시민혁명을 통해 친서방 노선을 강화하면서 러시아와 영토 분쟁까지 겪었고, 그 후 정치·경제 상황은 안정을 되찾지 못하고 있다.

와는 꽤나 떨어진 중앙 철도역까지만 운행됐다. 구글 지도로는 중앙역 부근에서 지하철로 갈아타는 것이 가능했지만 막상 도착하니 지하철역을 찾을 수가 없었고, 택시 기사들이 어느새 찰거머리 같이 붙는 바람에 중앙역에서 호텔까지는 택시를 타야 했다. 운전사는 200흐리브냐(약 8000원)를 불렀는데 비가 오는 데다 1만 원도 안 되는 가격을 놓고 흥정하는 것도 피곤하고 해서 그냥 타기로 했다. 호텔까지 15분이면 도착했으니 미터기를 찍고 왔을 때보다 두 배 넘게 많이 준 셈이었다. 그들도 살려면 어쩔 수 없다는 생각에 잊기로 했다. 50세가 넘어보이는 운전사는 요즘 사는 게 어렵다고 차 안에서 계속 넋두리를 했다. 3년 전 시민혁명으로 물러난 빅토르 야누코비치(Viktor Yanukovych) 시절이 경제적으로는 더 나았다고도 했다. "요즘 맥주 한 병에 20~30흐리브냐 하는데, 야누코비치 때는 2.5흐리브냐였어요. 지금 운전해서 200흐리브냐를 받아도 맥주를 6~7병밖에 사지 못한다는 얘깁니다. 환율도 예전에는 100달러를 얻는 데 800흐리브냐면 됐지만 지금은 2700흐리브냐를 주어야 하니 서민들이 달러를 보유하기도 예전만 못하죠." 내가 "그럼 야누코비치 시절로 돌아가고 싶은 거예요?"라고 되묻자 "그렇지는 않죠. 야누코비치는 반딧(도적)이었으니까요. 그때는 지금보다 부패도 훨씬 심각했고요. 물론 아직도 부패 문제는 해결되지 않았지만 야누코비치 때보다 악화되지 않은 것만도 다행스러운 일이죠."

2014년 2월 말 키예프를 찾았을 때는 야누코비치가 러시아로 도망을 치고 시민혁명군이 막 승리의 샴페인을 터뜨리던 중이었다. 시민들은 부패한 야누코비치가 푸틴의 사주를 받아 유럽과의 협력협정을 파기하고 러시아와 다시 긴밀해지자 정권 퇴진을 내걸고 4개월 동안 투쟁했다. 결국 야누코비치를 쫓아내는 데 성공했지만 당시 유로마이단광장을 지나는 주요 대로인 흐레샤칙에는 시위대의 텐트가 좀처럼 치워지지 않았

❖ 키예프 유로마이단 부근에는 2014년 시민혁명 당시 희생자들을 추모하는 장소들이 곳곳에 마련되어 있다.

다. 정부군의 공격에 대비해 높게 쌓아둔 폐타이어도 거리를 가득 메우고 있어 교통이 언제 재개될지 모를 지경이었다. 주변의 건물들은 불에 타 그을린 상태로 추운 겨울에 을씨년스러운 모습을 더했다. 정권을 전복시킨 시민들은 차기 정부가 철저히 개혁 과업을 밀어붙여 성과를 내주기를 바랐다. 정확히 10년 전인 2004년 오렌지혁명을 통해 친서방 정권을 세운 전력이 있는 우크라이나 시민들은 이번에는 달라야 한다고 생각했다. 혁명으로 정권 교체를 이루었어도 후속 작업이 부족해 또다시 우크라이나가 부패와 경제난, 사회불안정의 전철을 밟기를 원하지 않았다. 물론 이 와중에 푸틴은 크림반도를 침공해 합병하면서 "이번엔 잘해보자"는 우크라이나인들의 의지에 대못을 박기도 했다. 크림과 동부 지역에서 전쟁이 계속되면서 온전한 국정 운영에 제동이 걸린 것이다.

3년 만에 다시 찾아간 유로마이단광장은 놀랄 만큼 깨끗한 모습으로 바뀌었다. 우크라이나 사태 때 워낙 복잡하고 지저분했기 때문에 그에 비하면 뭐든지 나아 보인 점도 작용했을 것이다. 하지만 흐레샤칙 거

3부 | 신냉전의 심장부를 가다: 우크라이나·루마니아·불가리아·리투아니아·코소보   223

❖ 2004년과 2014년, 우크라이나 시민혁명이 일어난 키예프 유로마이단광장.

리의 넓은 차선 위로 시원스럽게 교통이 재개된 것만도 대변신 중 하나였다. 거리 양쪽에 있는 건물들에선 과거 시커멓게 그을렸던 흔적을 찾아볼 수 없었고, 대형 백화점과 유통매장, 레스토랑 등이 넘쳐났다. 우크라이나 사태 발생 3주년을 맞아 유로마이단 곳곳에서는 당시 정부군의 총격에 숨진 희생자들을 기리는 자리가 마련됐다. 죽은 자들의 영정 사진이 거리에 세워졌고, 그 위로 시민들이 갖다놓은 조화들이 산을 이루었다.

 그러나 친서방 개혁을 염원하는 시민들의 지지를 업고 출범한 페트로 포로센코 정권은 국민의 기대에 전혀 부응하지 못했다. 대외적으로 크림을 빼앗겼고, 동부 지역에서는 반군과 그들을 지원하는 러시아군을 상대로 지금도 간헐적인 국지전이 지속되고 있다. 정전협정이 체결됐지

❖ 키예프 유로마이단 인근의 깨끗해진 흐레샤칙 대로.

만 올 초에도 총격전이 발생해 사망자가 속출했고, 그곳 역시 언제 크림과 같은 운명에 처할지 모르는 상황에 놓여 있다. 국가 안보가 흔들리다 보니 경제도 잘 굴러갈 리가 없었다. 실질 경제성장률은 2014~2015년 각각 -6.6%, -9.9%로 수직 낙하했고, 2016년에야 떨어질 대로 떨어진 기저효과 탓에 2%대 성장을 기록했다. 실업률은 2013년 7.2%에서 9% 대로 뛰었고, 물가상승률도 에너지 가격 인상 등으로 2015~2016년 모두 40%가 넘었다. 러시아와 교역이 끊기면서 수출과 수입은 2013년과 비교해 거의 반토막 수준에 그치고 있다. IMF와 서방 국가들은 2014년 포로센코 정부가 출범한 이래 우크라이나에 대해 수차례 긴급자금을 수혈했다. 우크라이나 정부는 그 대가로 세금과 에너지 요금 인상을 통해 재정적자를 줄이고 기존의 퍼주기식 관행을 수정해야 했다. 하지만 부족

❖ 페트로 포로셴코 우크라이나 대통령.

한 이행 실적으로 자금 제공은 여러 번 중단되곤 했다. 독립국가연합 지역 전문가인 앤더스 오슬룬트(Anders Aslund) 박사(전 우크라이나 경제정책 고문)는 "우크라이나는 IMF의 어떤 프로그램도 한 해 동안 제대로 이행해본 적이 없다"면서 "우크라이나의 경제 파탄을 막기 위해 유럽은 제2차 세계대전 이후 자신들이 수혜를 받은 마셜 플랜(Marshall plan)을 우크라이나에 시행하라"고 주문할 정도였다.

포로셴코로서는 3년간의 성과 부진이 분쟁 지속과 글로벌 경기 침체 및 보호주의 추세 때문이라며 외부에 화살을 돌릴 수 있겠지만 혁명 이후의 개혁 과정은 예나 지금이나 썩 훌륭하지 않다는 점은 부인할 수 없는 팩트다. 그 이유를 자체적인 개혁 능력의 부족에서 찾을지, 아니면 외부에 핑계를 둘지는 저마다 처한 입장에 따라 다르겠지만 말이다.

그런 점에서 우크라이나 최대 자동차 판매 회사인 우크르아프토(UkrABTO)의 올렉 파파셰프(Oleg Papashev) 부회장은 우크라이나 스스로 개혁 의지가 부족했다고 시인하는 입장이었다. 흐레샤칙 거리에 있는 본사 사옥에서 만난 파파셰프 부회장은 포로셴코 정부를 가차 없이 비판했다. 과거 반정부 인사들의 목숨이 위태로운 시절이 있었는데 지금은 많이 나아진 것인가 하는 생각이 들 정도로 그의 발언은 과격했다. 그는 먼저 최근 열악해진 회사 사정에 대해 설명했다. "우리는 세 종류의 소형차와 두 종류의 버스를 생산하고 있고, GM·메르세데스·도요타·기

아·타타·체리 등 15개 외국 브랜드 차량을 독점 판매하고 있습니다. 내수 판매는 2008년 68만 6650대로 정점을 찍었다가 글로벌 금융위기로 2009년 18만 1963대로 급감했어요. 하지만 우크라이나 사태를 겪으면서 더 떨어져서 2015년 5만 2341대, 2016년 7만 5209대 판매에 그쳤습니다. 전성기 때의 10분의 1 수준이죠. 수출 물량은 2008년에 9만 대였지만 작년에 겨우 1000대를 팔았어요." 우크르아프토의 최대 생산 시설인 자포로지에 자동차공장(ZAZ)의 순이익은 2008년 6500만 달러에서 지난해는 제로(0)를 기록했다. 마이너스인 것을 대외적으로 제로라고 표기한 것일 뿐이다. 2만 명이 넘었던 자포로지에 자동차공장의 근로자 수도 지난해 6000명 수준으로 대폭 축소됐다. 나는 "러시아 판로가 막히고 경제난 때문에 내수가 줄어든 것인가"라고 물었다. 하지만 예상과 달리 정부에 대한 불만 섞인 답변이 돌아왔다. "우크라이나 사태와 러시아와의 갈등 때문에 피해를 입었다기보다는 러시아 정부가 자국 시장을 보호하는 조치들을 잘하고 있기 때문입니다. 러시아는 외국인 투자를 유치하기 위한 프로그램도 적극 시행하고 있어요. 반면 포로셴코 정부는 산업 발전을 위한 대응책이 전혀 없고, 시장 보호에도 나서지 않고 있죠. 이렇다 보니 외국인 투자를 받기도 어렵고, 복잡한 생산 공장을 짓는 대신에 완성된 차를 들여와 그냥 파는 수준인 거죠. 자동차를 직접 만들기보다는 판매하는 회사만 많아지고 있어요. 가장 낮은 부가가치를 나누어 먹고 있

❖ [인터뷰] 우크르아프토의 올렉 파파셰프 부회장.

는 꼴이죠. 인구가 500만 명에 불과한 슬로바키아는 자국 내에서 연간 100만 대가 넘는 차량을 출시해내는 데 우리는 고작 5000대에 불과하다는 것은 정부 대책에 문제가 있다는 얘기밖에 안 됩니다. 우리가 왜 완성차 공장이 없느냐면 구매력 있는 내수가 작은 데다 외국인 투자 유치에 정부가 소극적이고, 공무원들의 부정부패가 심각하기 때문이에요. 만일 우크라이나에 100만 달러를 투자한다면 실제로는 뇌물을 포함해서 아마 두 배는 들어갈 겁니다. 월 급여가 5000흐리브냐에 불과한 공무원이 고급 외제차를 타고 별장에 산다는 것을 어떻게 설명해야 할까요."
내가 "관료들에 대한 부패 단속은 그래도 성과가 있지 않나요?"라고 하자 그는 기다렸다는 듯이 말을 이어갔다. "얼마 전 고위 세관공무원이 뇌물죄로 수감됐는데 월급이 1만 5000흐리브냐인 양반이 구속 다음날 1억 흐리브냐를 내놓고 보석으로 풀려났습니다. 정부가 반부패기구를 만들었다지만 지금껏 고위 관료가 감옥에 갔다는 얘기를 들어본 적이 없어요. 얼마 전 화장지를 훔쳐간 청소부가 잡혀갔다는 소식 정도만 있었죠. 반부패기구 때문에 기업들은 뇌물을 건네야 하는 대상만 많아졌어요. 우리 회사도 압력은 받지만 뇌물은 없습니다. 대관 업무를 최대한 투명하게 하려고 노력하고 있어요."
서방 언론도 나부(NABU)라고 불리는 우크라이나 반부패기구의 활동에 대해 활발하기는 하지만 아직까지 거물을 잡아들이지는 못했다고 적고 있다. 영국의 저명한 정치평론가인 톰 키팅(Tom Keatinge)은 포로셴코 정부가 출범한 직후 "우크라이나에서 정치 부패는 최악의 적으로서 푸틴보다 훨씬 위험하다. 포로셴코 정권은 관료주의를 없애고, 공공 영역의 부패에 대해 무관용의 태도를 취해야 하며, 고위 공무원들은 돈 문제에 대해 투명해져야 한다"고 일갈했는데 파파세프 부회장에게 정부의 부패 척결 의지는 턱없이 부족해 보였다.

파파셰프 부회장은 우크라이나 매체에는 정부에 대한 쓴소리가 보도되기 힘든 탓인지 내친 김에 외국인 기자를 상대로 정부 때리기를 계속하려는 듯했다. "정상적인 기업이라면 정치에 대한 관심을 접고, 정부에 대해 비즈니스 환경을 개선해달라고 요구하는 데 그쳐야 합니다. 기업이 양심적으로 세금을 내고, 정부는 기업이 사업하는 데 불편하지 않도록 적극 지원해주어야죠. 하지만 우크라이나에서는 그런 선순환이 전혀 안 돼요. 정부는 외국인 투자를 유치하기 위한 자극이라든지 구체적인 방안이 없어요. 여전히 정부나 정치권에는 소련 시절의 통제된 시스템이 남아 있고, 그래서 경제 현대화가 안 되다 보니 오랫동안 EU 가입을 원했어도 아무런 성과가 없는 겁니다. 우리 스스로 준비가 턱없이 부족한 거예요." 물론 포로셴코 정부의 어려움을 인정하기도 했다. "러시아로부터 에너지 독립을 외치면서 전기와 가스, 난방비가 다 올라갔어요. 그러니 구매력이 감소하면서 내수 시장이 대폭 축소되었죠. 월급은 14년 전과 동일한데 달러로 환전하면 3분의 1로 줄어들어요. 주변 국가들의 경제 상황이 나쁜 것도 문제고요." 내가 "러시아와 분쟁 때문에 경제 후퇴가 불가피한 것 아니냐"고 떠보자 그는 "대통령 말고도 정부 내에는 경제 부처가 엄연히 있는데 무슨 일이든 해야죠. 대통령이 우리가 전쟁 중이기 때문에 국민에게 고통을 참아달라고 얘기하는 게 말이 됩니까. 언제까지 기다려야 하죠? 일자리가 늘어나 월급 받고, 세금 내고, 소비하고 해야 경제가 선순환될 텐데 안 되고 있어요. 아는 공무원과 국회의원들에게 편지도 보내고, 만나서 얘기도 해보지만 그들의 반응은 매우 느리고 약해요. 그들이 나라 생각을 크게 하지 않으니 얘기해도 별 소용이 없어요."

1973년부터 자동차 산업에 몸담아온 기업인 입장에서 지금의 우크라이나 사업 환경은 답답함 그 자체인 듯했다. 두 번씩이나 혁명을 통해

정권을 바꾸어 놓았지만 좀처럼 나아지지 않는 상황을 지켜보면서 그가 정부와 정치권을 향해 욕하는 마음을 십분 이해할 만했다. 나는 우크라이나 최고 부자인 리낫 아흐메토프(Rinat Akhmetov)가 왜 그 많은 돈을 갖고도 제조업에 적극 투자하지 않는지, 왜 동부에서 나오는 석탄과 철광석만 파서 사업하는 데 머무르고 있는지 안타깝다고 했다. 한국에서는 삼성이 정부의 반대와 국민의 욕을 먹어가면서까지 자동차 생산에 뛰어들었던 얘기도 꺼냈다. 우크라이나 부자들이 자원 개발 같은 단순한 분야에만 갇혀 있다는 생각이 들었기 때문이다. 사업보국(事業報國)을 하려면 벌어들인 돈을 제조업에 적극 투자해 높은 부가가치를 창출해야 하는데, 우크라이나에서는 그런 과정이 없는 것처럼 보였다. 파파세프 부회장은 "1980년대 한국 정부는 자동차 산업을 육성하기 위해 일본 차의 수입을 막고 한국 기업들에 유리한 조건들을 만들어서 산업을 발전시켰습니다. 품질과 가격을 적절히 유지하면서 외국과 경쟁할 수준이 되자 그제야 시장을 열었죠. 우크라이나 정부는 그런 계획조차 없습니다. 우크라이나가 전 세계 철강의 7%를 생산합니다. 아흐메토프 회사가 큰 몫을 하고 있죠. 하지만 자동차 차체를 위한 고품질 철강 제품은 슬로바키아에서 가져다가 써야 합니다. 우리가 만든 제품은 기술 수준이 낮아서 쓸 수가 없어요." 그는 김우중 전 대우그룹 회장이 우크라이나에 와서 자기 회사에 들렀을 때를 생생히 기억한다고 했다. 당시 김 전 회장의 지적이 지금도 우크라이나의 현실을 잘 대변해준다고 말했다. "그가 1996년 우크라이나에 사절단을 이끌고 와서 이곳저곳을 다니면서 우크라이나 시장을 조사하고 분석하고 했습니다. 마지막 회의 때 그는 우크라이나에 대해 이렇게 말했어요. '우크라이나는 대단한 나라다. 자원이 풍부하고, 사람들도 똑똑하고 일도 열심히 한다. 바보 같은 사람은 별로 없는 것 같다. 하지만 그런 몇 명의 바보들이 정부 안에 적재적소에 있

다는 것이 가장 큰 문제다.' 농담인 것 같지만 뼈 있는 얘기였어요. 지금도 달라지지 않았고요."

그는 끝으로 한국과 협력할 부분이 있다고 강조했다. "유럽 국경 근처인 우크라이나 서부 지역에는 외국계 부품 회사들이 많이 들어와 있습니다. 값싼 노동력으로 생산해서 유럽에 납품하고 있죠. 우크라이나 근로자의 시간당 평균임금은 2014년 기준으로 1시간에 1.3유로로 유럽에서 가장 낮아요. 한국의 몇몇 기업과 부품 공장 유치를 추진 중인데 이들이 한국에서 생산해 유럽에 팔려면 비용이 많이 들죠. 유럽 근처에서 값싼 노동력을 활용해 유럽 시장에 판매하는 데 우크라이나만큼 좋은 조건을 갖춘 곳은 없어요." 내가 "정부가 할 일 같은데 왜 기업 유치까지 신경 쓰느냐"고 묻자 그는 앞서 말했던 것과 동일한 선상에서 비슷한 얘기를 했다. "정부가 알게 되면 도움을 받기보다는 오히려 일만 복잡해져요. 기업 차원에서 우리가 먼저 추진해보는 게 낫죠."

어쩌면 우크라이나에서 부정부패 문제는 모든 정권이 첫 번째 개혁 과제로 내건 고질적인 병폐였다. 하지만 소련 해체 후 우크라이나 사회가 지방 영주와 같은 돈 많은 기업집단과 중앙의 정치권력 간 밀착을 통해 성장해왔다는 점을 감안하면 부패 이슈는 단시일 내에 해결할 수 있는 문제가 아니다. 우크라이나에서는 같은 국회의원이라도 기업 운영을 겸업하는 재벌이 정치판에서 영향력이 더 크고, 공직자들도 얼마나 많은 올리가르히(oligarch: 과두 재벌)를 '돈줄'로 두고 있는지에 따라 후광(後光)의 정도가 달라진다. 그만큼 우크라이나에서는 정치와 경제 영역 간에 공생의 정도가 강하다 보니 정부 권력이 생존을 위해서라도 계속해서 올리가르히와 연대할 수밖에 없는 구조가 되고 있다. 올리가르히의 국정 참여가 보다 광범위해서 정치가 기업인들의 이익을 위해 굴러갈 수밖에 없는 것이다. 우크라이나 부패 고리의 또 다른 특징 중 하나는 강한 지

❖ [인터뷰] 고르쉐닌 연구소의 알렉세이 레쉬첸코 부소장.

역색을 띠고 있다는 것이다. 전통적으로 산업 시설이 많은 동부 지역(도네츠크, 드네프로페트롭스크, 하리코프) 출신 기업인들이 동향(同鄕)의 정치인들과 강력한 네트워크를 통해 거대한 이익집단(클랜)을 형성해왔다. 한때 우크라이나 재벌의 80% 이상이 동부 출신이었던 것도 산업 기반과 정치권력이 합쳐진 탓이다. 그만큼 정경유착을 통한 부패 사슬의 뿌리가 깊고 견고한 것이다.

키예프에서 만난 길거리 시민과 지식인들은 부패 문제가 시급한 척결 과제라는 점에 다들 공감했다. 하지만 부정적인 현상을 나열하는 데 그칠 뿐 구체적인 대안은 누구도 제시하지 못했다. 거기에는 부패 문제가 우크라이나에서는 관성화된 악행이기 때문에 어쩔 수 없다는 패배 의식도 담겨 있었다. 유로마이단 건너편에 위치한 고르쉐닌(Gorshenin) 연구소의 알렉세이 레쉬첸코(Aleksey Leshchenko) 부소장은 포로셴코의 개혁을 '코스메틱 리폼(Cosmetic reform: 화장품 개혁)'이라고 비꼬았다. 겉으로 치장만 할 뿐이지 내용은 속빈 강정이라는 의미였다. "포로셴코 스스로 기업을 경영하면서 과거의 부패한 시스템을 이용했던 인물이라 개혁을 외치지만 외형상 보여주기식에 그치고 있어요. 급진적인 부패 척결 이슈는 국정 어젠다에 올라가지도 못하죠. 포로셴코가 만든 반부패기구는 운영 면에서 독립되어 있어 매우 효과적입니다. 정부 관료와 국회의원들도 체포하는데 그들은 TV 화면에 구속되는 것으로 나오지만 뒤로는

바로 석방되어 버리죠. 법원이 뇌물을 받고 풀어주는 것이에요. 어쩌면 사법부는 우크라이나에서 뇌물 관행이 만연해 있는 가장 썩은 기구일 겁니다. 그러니 반부패기구 같은 게 만들어져도 금세 풀려나고, 부패 사범은 처벌되지 않고 계속 활개를 치는 것이죠."

레오니드 쿠츠마(Leonid Kuchma) 정부에서 외교부 제1차관을 지낸 올렉산드르 찰리(Oleksandr chalyi) 역시 사법부가 가장 부패한 집단이라고 지적했다. 그는 현재 컨설팅 회사인 그랜트 손턴(Grant Thornton)의 대표로 있다. "포로셴코는 일방적으로 유럽을 외쳤지만 개혁 성과는 국민 기대에 미치지 못했습니다. 흐리브냐 가치가 급락하면서 자산은 평가절하 되었고, 국민은 고통스러운 개혁을 강요받으며 살기가 힘들어졌어요. 대표적으로 에너지 관련 세금이 올랐는데 임금이 낮은 서민들의 고통이 훨씬 컸죠. 부패 문제는 독립된 기구를 만들어 고위 공직자도 잡아 넣을 수 있게 됐지만 불행히도 사법부 개혁이 미진했습니다. 국회의원과 장·차관들을 체포해도 법원이 쉽게 풀어주니 법원 개혁이 새로운 도전 과제가 되고 있어요."

실제 사법부 개혁은 우크라이나에서 전문가들이 늘 머리를 맞대고 논의하는 단골 이슈였다. 그들은 모두 법관의 자격을 높이고, 평판 조회, 투명한 법 집행 같은 원론적인 사항을 주문했다. 뒤집어 보면 이런 기본적인 것조차 제대로 안 될 정도로 사법부에 대한 불신은 컸다. 볼로디미르 수쉬첸코(Volodymyr Sushchenko) 키예프-모힐라 대학교의 법치연구센터장은 한 세미나 발표에서 "우리의 모든 사법 시스템은 병들었다. 그렇다면 체계적이고 포괄적인 개선 작업이 필요하다. '사법 시스템과 판사 지위에 관한 법'의 경우 최근 6년간 50번이나 바뀌었는데 이걸 보면 이런 기본적인 법조차 얼마나 부조리한지, 법 규정을 예상하기가 얼마나 힘든 것인지 알 수 있다. 무엇보다 사법 시스템의 정치화가 최대 문제여

서 모든 것을 밑바닥부터 다 뜯어고쳐야 한다"고 일갈했다. 어떤 판사는 우크라이나의 사법 수준이 낮은 배경에는 엘리트들이 사법 시스템을 정치적 수단으로 활용하고 있기 때문이라고 설명하기도 했다.

물론 포로셴코 정부 들어서 개선된 점을 언급하는 목소리가 없는 것은 아니다. 고르쉐닌 연구소의 빅토르 소콜로프(Viktor Sokolov) 수석 부소장은 부패 이슈는 야누코비치 때는 거론조차 못했지만 지금은 반부패 기구도 생기고 공론화가 되고 있다고 강조했다. "언론이나 시민단체의 감시 활동도 활발하고요. 또 시민단체 인사들이 의회에 진출해서 부패 척결을 위한 법제화에 힘쓰고 있습니다. 아마 체감하기 쉬운 것은 교통경찰들이 과거처럼 뇌물을 받고 하는 게 사라졌다는 것이죠. 물론 전반적인 개혁 상황을 평가한다면 기대에 미치지 못한 것은 분명합니다. 경제 하강은 계속되고 있고, 정책 투명성은 여전히 낮아서 국민의 70%가 정부를 불신한다는 조사도 있습니다. 일각에서는 유로마이단에 또 한 번 모여야 하는 것 아니냐는 얘기도 하지만 우리의 불안정한 상황을 러시아가 이용할 수 있으니 다들 참고 있죠."

한때 우크라이나를 잘나가는 신흥경제국 집단인 '브릭스(BRICS)'에 포함시켜 '브리쿠스(BRICUS)'로 불러야 한다는 주장이 나올 정도로 우크라이나의 잠재력은 큰 주목을 받았다. 우크라이나는 1990년대까지 100여 개 국책연구소에 9만 명이 넘는 과학자들이 종사했던 과학 대국이었고, 전통적으로 항공과 조선, 군수산업이 발전했다. 동부 지역은 구소련 시절부터 석탄과 철광석 등 풍부한 광물자원을 바탕으로 중공업이 크게 발달했고, 흑해에 접한 크림 지역은 해양학 연구로 명성을 얻었다. 또 흑토 지대로 유럽 최대의 곡물 생산지이자 인구 4400만 명의 풍부한 내수시장을 가진 점도 빼놓을 수 없는 강점이다. 대륙을 통해 러시아와 유럽을 잇고, 흑해를 배경으로 해양 물류도 활발해지면서 우크라이나는 독립

국가연합에서 독보적인 성장 잠재력을 가진 국가로 여겨졌다. 하지만 포로셴코는 시민혁명 3년이 지났지만 이 같은 잠재력을 실질화하는 데 성공하지 못했다. 2016년 한 여론조사에 따르면 우크라이나 국민의 63%가 자신을 유럽인으로 여기지 않는다고 답했다. 유럽 사람으로 확신한다는 비중은 29%에 그쳤다. 유럽인으로 볼 수 없는 이유로는 낮은 생활수준을 꼽은 사람이 73%로 가장 많았다. 포로셴코 정부는 러시아와 인연을 끊고 유럽을 향해 가고 있는 것처럼 보이지만 그 안의 국민은 유럽과의 현실적인 격차를 체감하고 있다. 경제 악화와 법치 부족, 부정부패 등을 일소할 개혁 부족으로 유럽 주류에 들어갈 수 있다는 자신감이 점차 실종되고 있는 것이다.

서방 언론은 유럽의 주요 파트너들이 포로셴코 정권의 부패 척결 의지가 부족하고 뇌물을 주고받는 기존의 비즈니스 관행을 깨지 못하는 데 대해 점차 실망하고 있다고 전하고 있다. 특히 정치 혁신마저 실종돼 포로셴코 정권은 의회에서 시민혁명 세력과 연대하는 대신에 야누코비치가 당수였던 지역당의 잔당 세력들에 의존하고 있다며 비판을 받고 있다. 매스컴과 언론인에 대한 공격도 발생하고 있고, 전쟁 중인 동부 전선 인근에서는 무기 밀매도 다반사로 일어나고 있다. 모든 것을 혼란스러운 동부 전쟁 탓으로 갖다 붙일 수 있겠지만 야누코비치 때와 비교해보면 러시아와 멀어졌다는 것을 빼면 국민 생활이 크게 나아진 것도 없다. 키예프에서 만난 시민들은 옛날보다 살기가 더 힘들어졌다며 고충을 토로했다. 이런 이유로 포로셴코의 지지율은 20% 밑으로 떨어졌고, 그가 행한 일에 대해 75%가 부정적으로 답했다. 이런 와중에 2019년 대선에서 포로셴코의 승리를 장담하기는 어려운 일이다. 그렇다면 러시아와 유럽 사이에서 오락가락하기를 반복하는 이 나라의 습성상 유럽만 외치다가 망가진 몰도바처럼 친러시아 정권이 다시 등장할 수도 있다. 이미

푸틴은 크림 외에 동부 지역까지 세력권으로 둠으로써 우크라이나의 내정을 불안하게 만들 수 있는 교두보를 확보했다. 포로셴코로서는 동부 지역 분쟁을 서둘러 해결하지 않으면 대선까지 남은 기간에 민생 안정을 위한 개혁 조치들을 제대로 실행하기가 어려울 것이다. 그럴 경우 권력은 예측할 수 없는 집단으로 넘어가거나 그 전에 거대한 시민혁명의 소용돌이가 또 한 번 불어닥칠지 모를 일이다. 러시아와의 관계 설정이나, 개혁의 추동력을 얻는 차원에서 볼 때 동부 지역의 분쟁을 어떻게 수습하느냐가 이래저래 주요 관건으로 떠오를 수밖에 없다.

속절없는 영토 분리에 대책 없는 키예프

2017년 들어 우크라이나 정부가 당면한 가장 큰 골칫거리는 러시아 입김이 강한 동부 지역을 어떤 상태로 두느냐 하는 것이었다. 3년 전 시민혁명을 통해 친러시아 정권을 몰아내는 데 성공했지만 포로셴코 정부는 크림을 빼앗기고 동부 지역마저 실효적으로 지배하지 못했다. 이미 도네츠크나 루간스크 등 반군이 장악한 동부의 주요 도시와는 모든 교통편이 차단됐다. 그곳에는 자체 국민투표를 통해 도네츠크 인민공화국 같은 별도 정부가 들어서 있어 키예프 중앙정부의 손길이 전혀 미치지 못했다. 조지아의 분리된 친러시아 공화국인 압하지야나 남오세티아와 비슷한 상황으로 가는 중이었다. 2008년 러시아가 조지아를 침공한 뒤 기세가 등등해진 이들 공화국은 러시아의 후견하에 정식 국가로 독립을 선언했고 조지아와는 국경을 막아버렸다. 이들을 나라로 인정한 것은 러시아밖에 없지만 소련 해체 후 조지아 정부의 잇단 회유와 강압에도 불

구하고 압하지야와 남오세티야는 결국 떨어져 나갔다. 조지아 정부는 여전히 이들 지역을 법적으로 자기네 영토로 규정하고 언젠가 되찾을 것으로 믿고 있지만 현실은 희망이나 꿈과 늘 함께 가는 것이 아니다.

우크라이나 동부 지역은 2015년 2월 체결된 민스크 협정에 따라 국제사회 중재하에 분쟁이 잠시 중단된 상태다. 두 번에 걸친 민스크 협정은 우크라이나 영토로부터 불법적인 무력 집단 및 무기 체계를 철수시키고, 우크라이나 정부는 선거를 통해 동부 지역에 특별한 지위를 부여하는 것을 내용으로 하고 있다. 하지만 포로셴코 정부나 반군은 교전 중단을 약속했음에도 불구하고 동부 영토가 자기 땅임을 상기시키기 위해 간헐적으로 무력 도발을 일삼고 있다. 그렇더라도 반군의 뒤에 러시아가 버티고 있는 한 우크라이나 정부가 이를 되찾기는 사실상 힘들어 보인다. 말을 잘 듣지 않는 구소련 국가들에 대한 러시아의 전략이 각국에 친러시아 지역을 확보한 뒤 거기를 통해 내정에 간섭하려는 것인 만큼 우크라이나를 괴롭힐 교두보로 동부 지역을 포기할 수 없는 것이다. 조지아를 상대로 압하지야, 남오세티야에서도 그랬고, 몰도바의 트란스니스트리아, 아제르바이잔의 나고르노-카라바흐 역시 러시아가 힘을 투사할 수 있는 전략적 포지션에 들어 있는 것이다. 러시아는 이들 지역을 '트로이 목마(Trojan horse)' 삼아 침투시켜 놓은 뒤 상대가 마음에 들지 않으면 언제든 교란 작전을 벌일 수 있는 전초기지로 세워두고 있는 셈이다. 반면 포로셴코 정부는 영토 수복의 의지를 누차 밝히고 있지만 궁극적인 해결책과 동부의 미래에 대해서는 명쾌한 답을 내놓지 못하고 있다.

유로마이단 부근에 세워진 희생자 추모제단 앞에서 만난 40대 중반의 드미트리예프는 내게 우크라이나 국기 색인 파란색과 노란색 실로 만든 팔찌를 건네면서 마음에서 우러나는 만큼만 헌금해달라고 부탁했다. 얼마를 내야 하는지 난감한 찰나에 그가 왜 이런 일을 하고 있는지가 궁

금해졌다. 그는 자신이 자원봉사 단체 소속이라며 회원 증명 카드를 보여주었다. "원래는 금융업에 종사했는데 어머니가 '볼 도브라(한국 말로 선의, 善意)'라는 재단을 만들었어요. 동부 전선에서 싸우다 부상을 입은 병사들을 돕기 위한 것이죠. 부상한 군인 700여 명이 키예프 시내 병원에 있는데 그들의 치료와 재생을 위한 모금을 하고 있어요. 영리적인 목적은 조금도 없고 순전히 기독교를 믿는 신자로서 남을 돕는 사명감에서 하고 있죠." 나는 그에게 100흐리브냐를 건네면서 "우크라이나 정부가 동부 지역에서 손을 떼면 추가 희생자도 안 생기고 전비(戰備) 부담도 사라진다"면서 그의 의견을 물었다. 드미트리예프는 "동부 전선에서 많은 사람들이 희생되고 있는 만큼 빨리 평화가 찾아왔으면 좋겠어요. 하지만 우리가 먼저 영토를 포기할 수는 없는 일입니다. 우크라이나의 땅이 분명한데, 이것을 러시아에 넘길 순 없으니까요. 인명 피해는 안타깝지만 그래도 해결책을 찾을 때까지 버텨야 해요"라고 힘주어 말했다. 평화를 사랑하고 남을 돕는 데 나선 기독교인의 입에서도 전쟁은 불가피하다는 얘기가 나오자 맥이 좀 풀렸다. 동부 전선의 포화를 당분간 멈추기는 힘들어 보였기 때문이다. 어떤 이는 "자원이 많고 산업 시설이 집적된 동부를 포기하면 우리 경제가 타격을 입게 되니 꼭 찾아와야 한다"고도 했다. 대부분 즉흥적이고 감정적인 반응이 많았다. 당장 되찾기 어렵다면 지금의 정지된 상태로 기약 없이 그냥 놔둘 수밖에 없다는 얘기도 했다. 조지아처럼 '법적으로는 우리 땅'이라고 계속 외치면서 말이다.

키예프에 있는 대표적인 민간 싱크탱크인 라줌코프(Razumkov) 센터에서 만난 미하일 파쉬코프(Mikhail Pashkov) 박사도 동부 분쟁에 대한 구체적인 해결책을 내놓지 못하기는 마찬가지였다. 그는 센터에서 우크라이나 대외 관계와 국제안보 프로그램을 총괄하고 있었다. "포로셴코 대통령은 동부 지역 영토를 확실히 되돌려 받겠다고 수차례 말했습니다.

방법은 물론 외교적인 협상을 통해서죠. 하지만 지금은 아무 진전도 없이 그냥 멈추어 있는 상태입니다. 동부에는 러시아 군인 4600명을 포함해서 4만 명의 반군 병력이 있는데 무기 수준이 우리보다 크게 앞섭니다. 그래서 전쟁으로는 우리가 이기지 못해요. 총이 아니라 외교적으로 해결해야 합니다." 다소 뜬구름 잡는 얘기처럼 들렸다. 피를 흘리지 않고 협상을 통해 영토를 되찾겠다는 것은 이

❖ [인터뷰] 라줌코프 센터의 미하일 파쉬코프 박사.

상적인 소리일 뿐이다. 국민 감정을 고양하기 위한 정치적 레토릭으로 쓰일 수는 있지만 이것도 시간이 가면 약발이 떨어지기 마련이다. 내가 "올 초에도 교전이 있었습니다"라고 지적하자 그는 "반군과 러시아 측에서 먼저 우리 민간인을 공격하는 마당에 가만히 있을 수는 없었죠. 그쪽에서 민스크 협정을 위반한 만큼 국제재판으로 가면 우리가 이길 수밖에 없어요"라고 말했다. 국제정치이론에서 현실주의와 이상주의가 있다면 파쉬코프 박사는 분명히 이상주의자에 속할 것이다. 3년간 참담한 전쟁을 치르고도 아직도 러시아를 상대로 협상이나 대화, 국제법을 운운하고 있다면 정글 같은 국제정치의 현실에 눈을 감은 것이다.

그는 우크라이나 동부가 몰도바 정부의 힘이 닿지 않는 트란스니스트리아처럼 될까 봐 걱정스럽다고 했다. "동부 지역은 이미 러시아의 꼭두각시가 되고 있어요. 루블화를 사용하고, 학교 수업도 러시아어로 하고, 회사들도 러시아 기업에 넘어가고 있습니다. 거기에는 러시아 외교부 직원도 있고 정보 당국도 주둔하고 있죠. 몰도바처럼 우크라이나가

실질적으로 동부 지역을 잃어버리게 될까 우려가 큽니다." 나는 "그렇다면 우크라이나가 NATO 가입을 서둘러야 하는 것 아니냐"고 물었다. 하지만 그의 답변은 이상하게도 부정적이었다. "NATO 가입은 최우선적 사안이 아니에요. 우리가 가입하고 싶어도 서방 측에서 크게 원하지 않아요. NATO에 직접 들어가기에 앞서 NATO와 공동으로 할 수 있는 일을 찾는 게 나아요. 지금도 NATO와는 군사 협력을 포함해 90여 개 프로그램을 진행 중이죠. NATO 가입은 당장엔 불가능합니다. NATO가 지금의 사태에 영향을 줄 수도 없고요." 하지만 국민 여론은 러시아의 행패를 지켜보면서 NATO를 원하고 있었다. 라줌코프 센터가 실시한 여론조사를 보면 2007년만 해도 NATO 가입에 반대하는 비율이 54%나 됐지만 2016년에는 26%로 크게 줄었다. 찬성이 44%, 미정은 31%로 처음으로 반대 의견보다 많아졌다. 나는 "폐허가 된 동부를 재건하려면 부담이 클 것"이라고 했다. 일부 언론은 우크라이나 정부가 정치적·경제적 부담 때문에 실제로는 동부 지역을 통합하는 데 미적지근한 대응을 하고 있다고도 했다. 하지만 파쉬코프 박사는 "어차피 그곳의 건물들은 너무 오래되어서 현대화가 필요했던 겁니다. 우리가 찾아오기만 하면 유럽인들이 재건에 관심을 갖고 투자에 적극 나설 거예요"라며 낙관했다.

이튿날 발레리 코피카(Valeriy Kopiika) 국립 키예프 대학교 국제관계연구소장을 만난 자리에서는 "이렇게 교착상태가 장기화된다면 동부 지역을 포기하는 게 낫지 않나"라고 단도직입적으로 물었다. 그는 다소 심각한 표정을 짓더니 "노(No)"라고 짤막하게 답했다. "먼저 이 분쟁의 성격을 제대로 알아야 합니다. 이것은 우크라이나 군인과 소위 반군 간의 내전이 아니에요. 동부 지역을 장악한 무장 세력은 거기에 살면서 러시아와 통합을 주장하는 소수의 자발적 병력입니다. 그들은 직업이 없고 가족을 부양해야 했기 때문에 어쩔 수 없이 반군에 들어갔어요. 무장 세

력의 가장 큰 부분은 바로 러시아 정규군이죠. 만일 러시아가 무기나 재정, 인력을 지원하지 않았다면 이 분쟁은 오래전에 끝났을 겁니다. 러시아가 이 지역의 혼란을 가장 크게 부추기고 있는 겁니다." 그는 포로셴코 정부가 전쟁을 계속할 수밖에 없는 이유를 장황하게 설명했다. "동부 지역을 포기하는 것은 어쩌면 쉬운 일일 수 있지만 또 말처럼 쉬운 게 아닙니다.

❖ [인터뷰] 발레리 코피카 국립 키예프대학교 국제관계연구소장.

(우리가 포기한다면) 첫째, 러시아가 일시적으로 점령한 동부 지역 땅을 국제사회가 법적으로 승인하는 작업이 필요한데 그것은 우크라이나와 러시아 간에 전쟁 상태를 국제적으로 인정하는 것과 동일선상에 있어요. 하지만 국제사회는 이럴 경우 러시아를 상대로 강도 높은 추가 제재를 해야 하기 때문에 일시적으로 점유한 영토라는 것 자체를 인정하기를 꺼리고 있죠. 또 국제사회는 도네츠크나 루간스크에 대해 국가라는 지위를 주고 싶어 하지도 않고요. 두 번째는 동부 지역에 일자리와 세금을 내는 기업들이 있는데, 그들이 우크라이나 GDP에서 차지하는 비중이 2%쯤 됩니다. 그곳의 광물자원까지 감안하면 포기하기가 어렵죠. 마지막으로 정신적인 이유입니다. 많은 우크라이나인들이 거기서 오랫동안 살아온 만큼 포기해버릴 수는 없어요. 만일 그들이 고향을 떠나게 되면 일자리와 잠자리 문제까지 정부가 떠안아야 할 부담도 커지고요."

라줌코프 센터와 비슷한 규모의 고르쉐닌 연구소에서 만난 두 명의 부소장은 동부 지역이 푸틴의 꼼수대로 러시아의 세력권으로 충실히 재편되고 있다고 평가했다. 1998년 설립된 고르쉐닌 연구소는 40여 명의

연구 인력을 두고서 국제관계와 경제사회 전반에 대해 정부 정책을 조언하고 있다. 동부 지역에 대한 포기 가능성을 묻자 온화한 얼굴의 소콜로프 수석 부소장은 포기와 획득, 둘 다 쉽지 않다고 넌지시 말했다. "동부 땅을 찾아오려면 1~2년이 아니라 오랜 시간이 걸릴 겁니다. 아마 푸틴이 통치하는 기간에는 회복이 불가능할지 모르죠. 동부의 돈바스는 우크라이나 전체를 불안정하게 만들려는 푸틴의 전략상 매우 중요하거든요. 그로서는 우크라이나가 EU와 NATO에 가지 못하게 하려면 동부를 잡아두고서 계속 방해 공작을 해야 합니다. 나고르노-카라바흐나 압하지야, 남오세티야, 트란스니스트리아 다 마찬가지죠. 동부 지역은 러시아 매체들이 장악했고, 푸틴의 꼭두각시 정부로 만들려는 작업이 진행되고 있어요." 옆에 있던 레쉬첸코 부소장도 얘기를 거들었다. "우크라이나의 영토를 하나로 통합하는 일은 궁극적으로 매우 중요한 가치입니다. 쉽게 포기를 논할 계제가 아닙니다. 러시아 입장에서도 지금까지 동부에 8000만 유로와 수많은 병력을 지원했는데, 이제 와서 물러나기는 힘들겠죠. 그냥 평행선을 달리는 중입니다. 우크라이나 관료들도 어떻게 되찾아올지 방법을 모르고 있고요. 여론조사를 보면 우크라이나 국민의 4분의 1가량이 동부의 땅을 강제적으로 찾아와야 한다고 했어요. 지난 3년간 그곳에서 1만여 명이 죽으면서 감정이 격해지고 있는 것이죠. 하지만 군사적 해결은 희생자만 늘릴 뿐입니다." 내가 동부 지역도 결국엔 크림처럼 합병될 수 있는 가능성을 묻자 두 지역 간에는 사정이 다르다고 했다. 소콜로프 수석 부소장은 "크

❖ [인터뷰] 고르쉐닌 연구소의 빅토르 소콜로프 수석부소장.

❖ 키예프 시내에 있는 우크라이나 최대 초콜릿 제조사인 '로셴' 매장. 포로셴코 우크라이나 대통령이 대주주로 있다.

림은 가까운 미래에 돌아올 것으로 생각하지 않습니다. 크림을 놓고 우크라이나와 러시아가 충돌했을 때 서방 인사들은 우크라이나가 과하게 대응하면 우크라이나 전체 상황이 악화될 수 있다며 러시아의 침략을 용인해야 한다고 조언하기도 했습니다. 물론 유럽 국가들이 공식적으로 그런 얘기를 꺼내지는 않았죠. 크림은 러시아로부터 받은 땅이니 돌려주어도 된다는 의견도 있었고요. 하지만 동부 지역은 역사적으로 오랫동안 우크라이나 주권이 미쳐온 땅입니다. 그곳의 전략적 위치도 중요하고요. 크림과는 달라요."

동부 지역을 놓고 뾰족한 대책이 없다 보니 키예프 사람들도 다들 답답해했다. 하지만 누구도 동부 영토를 포기한다거나 적당히 타협하자는 말은 꺼낼 수 없는 분위기였다. 정부가 국민 모르게 뒤로 협상을 하고 있더라도 겉으로는 포로셴코처럼 "꼭 영토를 되찾겠다"는 말을 반복할 수밖에 없었다. 쿠츠마 전 대통령의 사위로서 정치인이자 재벌인 빅

3부 | 신냉전의 심장부를 가다: 우크라이나·루마니아·불가리아·리투아니아·코소보   243

❖ 드네프르강과 키예프 시내 전경.

토르 핀축(Victor Pinchuk)이 2016년 12월 말 ≪월스트리트저널(WSJ)≫을 통해, 평화를 위해 러시아와 '고통스러운 타협(painful compromises)'이 필요하다고 주장했다가 여론의 뭇매를 맞은 것도 그런 맥락이다. 그는 "동부 돈바스에서 러시아와 전쟁을 끝내기 위한 포괄적 거래의 일환으로 우크라이나는 EU 가입과 크림 반환을 국가의 최우선 정책에서 배제해야 한다"고 썼다.[1] 하지만 미국에서 왕성한 자선 활동을 펼치고 있는 핀축이 트럼프와 푸틴의 공조에 맞춰 자신의 기업 이익을 위해 국익을 팔아버렸다는 비판까지 제기됐다.

내가 키예프에 머물렀을 때, 영국 BBC는 아르세니 야체뉴크(Arseniy Yatsenyuk) 전 우크라이나 총리와의 인터뷰를 내보냈다. 대화는 내가 관심을 가졌던 부패 문제와 동부 지역 해법 등에 맞추어졌다. 영국인 사회

---

1) "Ukraine Must Make Painful Compromises for Peace With Russia," *The Wall Street Journal*, Dec 29, 2016.

❖ 키예프 시내의 모습.

자가 "동부 상황이 절망적인데, 포기해야 하지 않느냐"며 위압적으로 얘기하자 얌전한 야체뉴크는 얼굴까지 붉어지며 강하게 반발했다. "매일 그곳에서는 우크라이나 병사들이 죽어가고 있습니다. 우리에게 영토 문제에 관해서는 타협의 여지가 없습니다. 푸틴은 우크라이나에서 영향력을 확보해 세계 지배의 새 판을 짜려고 하고 있어요. 러시아는 조지아 침공, 크림 합병에 이어 동부에 병력을 주둔시키고 있는데, 러시아는 당장 우크라이나 땅에서 떠나야 합니다. 트럼프 대통령도 크림에 대한 러시아의 합병이 불법이라고 인정했어요. 우리는 당장 선택지가 없지만 우리 군대는 강합니다. 우리 국민은 이겨낼 겁니다." 내가 보기에 당시 사회자의 태도는 좀 문제가 있었다. 그는 제멋대로 질문을 마구 던지면서 야체뉴크가 제대로 발언할 기회를 주지 않았고, 우크라이나가 동부 문제를 해결할 능력이 있는 것인지 등 뭔가 질책하는 분위기가 역력했다. 약소국인 우크라이나가 러시아를 상대해서 이길 가능성이 없으니 그냥 손 떼는 게 낫다는 냉소도 있었다. 사회자라면 인터뷰를 하러 나온

사람이 더 많은 얘기를 하도록 유도해야 하는데 이날 방송은 그렇지 못했다. 국제사회의 힘의 논리가 방송에서도 고스란히 묻어났다. 어쩌면 외세의 지배와 분단을 경험해보지 못한 영국인 입장에서는 우크라이나가 한 수 아래이거나 하찮게 보였을 것이다. 하지만 대한민국은 영국과 다르다. 우크라이나는 장기간 외세 침략에 시달려왔고, 어쩌면 남북한처럼 분단국가를 경험할지 모른다는 점에서 대한민국과 동병상련일 수 있다. BBC 인터뷰를 보면서 내가 우크라이나 사람들에게 영토 포기 얘기를 가볍게 운운한 점이 부끄럽게 느껴졌다. 지배자로만 살아온 영국인은 그럴 수 있을지 몰라도 대한민국 사람이 그래서는 안 된다는 생각이 스쳐갔다.

만일 우크라이나가 동부 지역을 되찾아온다면 그곳을 어떤 상태로 둘지도 관심사였다. 동서 지역 간에 워낙 이견이 큰 만큼 자치공화국의 지위를 줄 수도 있을 것 같았다. 하지만 그들은 동부 지역에 자치공화국을 두는 것이 그동안 우크라이나에게 연방제를 요구해온 푸틴을 돕는 꼴이라며 절대 받아들일 수 없다고 했다. 레쉬첸코 부소장은 "우크라이나는 연방제의 단초가 될 어떠한 자치정부도 세우지 않을 겁니다. 러시아의 영향력이 있는 지역에 자치권을 준다면 이것은 바로 푸틴의 승리를 의미하죠. 푸틴을 이를 통해 우크라이나에 압력을 가하려 할 테니까요. 자치공화국이 세워지면 그들은 키예프 중앙정부가 추진하는 EU나 NATO 가입에 반대할 것이고 어떠한 서구의 영향력도 배제하려 할 겁니다. 우크라이나는 유로마이단 혁명이 일어나기 전에도 중앙집권화된 단일국가였는데 이제 와서 연방제를 한다는 것은 정치적으로도 후퇴하는 셈이죠." 이에 대해 정치주간지인 《제르칼로 네델리(Zerkalo Nedeli)》의 율랴 모스토바야(Yulia Mostovaya) 편집장은 "분리주의 정부를 우크라이나 연방에 포함시키려는 것은 마치 사람의 몸속에 암세포를 집어넣는 것

과 같다"라고 표현했다.

　실제 연방제는 러시아가 우크라이나를 상대로 동부 지역을 포괄하는 방안으로 제시했던 논리다. 대개 연방제는 두 개 이상의 지역 주체가 민족적·종교적·정치적인 이유로 통합이 어렵지만 각자 독립하기보다는 대외적으로 하나의 국가를 구성하는 것이 나을 때 추진된다. 러시아는 2014년 3월, 크림과 동부 지역의 이탈 문제가 본격화되자 우크라이나에 해법을 제시했는데, 핵심은 비동맹 원칙과 지역 간 동일한 대표성을 갖는 연방제의 실시였다. 동부 반군 측도 국제적 승인을 받는 독립이 당장 어렵다면 연방제를 선호한다는 의사를 밝혔다. 동부 도네츠크와 루간스크의 분리주의자들은 자칭 도네츠크 인민공화국, 루간스크 인민공화국을 선포하고 2014년 11월 임의대로 자치정부 수장과 지역의회 의원을 뽑는 선거를 치렀다. 압하지야나 남오세티야처럼 자치공화국을 거쳐 조지아 당국의 영향이 미치지 않는 독립 개체로 옮겨가려고 한 것이다. 하지만 우크라이나가 연방제를 하게 되면 도네츠크나 루간스크 당국은 고도의 자치권을 갖게 되어 키예프 중앙정부의 권한은 축소될 수밖에 없다. 특히 주지사를 대통령이 임명하는 대신에 주민투표에 의해 뽑도록 할 경우 지방자치단체는 조세와 치안, 교육 같은 내치는 물론 외교정책까지 독자적으로 수행할 수 있는 폭넓은 권한을 갖게 될 수 있다. 이럴 경우 우크라이나 동부에는 친러시아계 인사들로 구성된 지방정부가 수립되고, 중앙정부의 권력을 강하게 제어할 수 있게 된다. 또 키예프 중앙정부가 EU 가입 등 서방화 정책을 추진하는 것을 막고, 동부는 풍부한 재원(財源)을 자기 지역에만 집중 투자할 수 있게 된다. 이 때문에 우크라이나 정치권에서는 동부를 포괄하는 연방제가 국가 분열을 심화시킬 것이라며 일고의 가치도 없다고 주장해왔다. 율랴 티모셴코(Yuliya Tymoshenko) 전 총리는 "우리가 군사적·정치적 중립과 연방 구조를 채택할 경우 이는

❖ 키예프에 있는 우크라이나 의회(라다) 건물.

우크라이나 독립을 파멸로 이끄는 길"이라며 "군사적 중립화와 느슨한 연방 시스템으로 변화 요구는 신식민주의화의 단골 메뉴"라며 반발했다.

어쩌면 우크라이나 동부 지역은 점차 세계적인 무관심 속에서 분단의 길로 치달을지 모른다. 우크라이나를 둘러싼 현재 상황은 혁명 직후 ≪파이낸셜타임스(Financial Times)≫의 수석 칼럼니스트인 마틴 울프(Martin Wolf)가 크림 합병을 비판했던 것처럼 러시아의 만행을 따져 물을 만큼 한가하지 않다. 울프는 2014년 9월 '러시아는 우리의 가장 위험한 이웃'이라는 제목의 칼럼에서 이렇게 썼다.

> 러시아에 있어 타자(他者)의 성공은 그들에게는 실패로 받아들여진다. 이런 견지에서 번영하고 민주화한 우크라이나는 러시아에게는 악몽이나 다름이 없다. …… 우크라이나에 대한 러시아의 개입은 '주권국은 각자 스스로 갈 길을 선택할 수 있다'는 전후(戰後) 베르사이유(Versailles) 체제 정신에 위배된다.[2]

하지만 지금 극우 민족주의가 득세하고 EU 해체까지 거론되고 있는 마당에 유럽 각국이 남의 나라에 대해 관심을 쏟기는 매우 힘든 지경이다. 레쉬첸코 부소장은 유럽에서 이른바 '우크라이나 피로증(fatigue)'이 나타나고 있다고 했다. 막대한 돈을 쏟아부어 개혁을 지원했는데 성과는 부진한 데다 동부 지역에서는 여전히 포성이 멈추지 않고 있는 데 대해 우크라이나에 대한 회의론이 커지고 있다는 얘기다. EU 국가들은 더 이상 물질적으로 우크라이나를 도우려 하지 않고 있고, 전쟁으로 시끄러운 데다 가난하고 부패한 우크라이나를 EU에 들여놓기 위한 협상은 중단된 지 오래다.

특히 동부 지역은 러시아 입장에서는 전략적 요충지인 반면 '아메리카 퍼스트'를 외치는 트럼프에게는 전 세계의 많은 변방 지역 중 하나일 뿐이다. 트럼프 정부가 원론적으로 크림과 동부 지역에 대한 러시아의 무력 행동을 비난하는 성명을 내고 있지만 어디까지나 정치적 수사일 뿐이다. 푸틴과 트럼프 간의 친밀 관계를 감안한다면 향후 동부 정세가 키예프 정부에 낙관적으로 흘러가기를 기대하기는 어렵다. 레쉬첸코 부소장은 "트럼프는 우크라이나 정책에 대해 오바마를 따라가겠다고 했습니다. 그런데 오바마가 우크라이나에 대해 뭐라고 했는지 아십니까? '우크라이나는 미국의 이해 지역이 아니다. 미국은 우크라이나를 위해 싸우지 않겠다. 그것은 러시아의 이해 지역일 뿐이다'. 트럼프가 따라간다는 것이 바로 이러한 오바마 독트린입니다. 철저한 무관심과 무시하는 전략이죠." 이로 인해 외교 책사인 즈비그뉴 브레진스키(Zbigniew Brzezinski)가 『거대한 체스판(Grand Chessboard)』에서 밝힌 대로 우크라이나를 한국·아제르바이잔·터키·이란과 함께 '지정학적 추축'으로 놓고, 러시아의 잠

---

2) "Russia is our most dangerous neighbour," *Financial Times*, Sep 16, 2014.

재된 제국주의적 야망을 깨부수는 데 우크라이나를 활용하라고 조언한 것이 트럼프 시대에는 더 이상 통하지 않을 수 있다. 자국 이익을 최우선 한다는 트럼프에게 우크라이나는 멀리 떨어진 남의 나라일 뿐이다. 차라리 푸틴과 세계 분할을 논의하는 것이 사업가 출신인 트럼프에게는 좀 더 가격 대비 성능이 높은 대안이 될 수 있는 것이다.

우크라이나 국민 역시 크림이나 동부 지역 사태에 피로를 느끼고 있기는 마찬가지다. 전쟁을 중단하고 그냥 지금처럼 서로 교류하지 않고 법적으로만 하나로 해서 따로 살자는 의견이 늘고 있다. 라줌코프 센터에 따르면 2016년 2월 조사에서 돈바스와 모든 관계를 끊자는 의견이 45%에 달했다. 불과 2개월 전만 해도 교류 중단을 답한 비중은 36%였지만 시간이 갈수록 높아지고 있는 것이다. 교통이 끊겨 상호 왕래가 중단되면서 서로에 대한 애정과 필요성마저 줄어든다면 분단은 고착화되는 길로 옮겨갈 수밖에 없다. 정치권은 허망한 영토 회복 구호만 외치지 말고 동서(東西)의 주민 간 소통할 수 있는 방법부터 찾아야 할 것이다. 대외적 변수는 통제할 수 없더라도 최소한 내부에서 지역 균열이 악화되는 것을 막는 것은 통일될 미래를 대비해서도 마냥 미루고 있을 일이 아니다.

힐러리를 응원한 우크라이나의 슬픈 운명

키예프 시내의 관광지 중 한 곳인 골든게이트(Golden Gate) 근처의 사무실에서 만난 올렉산드르 찰리 전 외교부 제1차관은 목소리도 크고 뭐든지 열변을 토하는 적극적인 사람이었다. 오렌지혁명의 주역인 유셴코

❖ 고대 키예프를 지켜주던 성문 중 하나인 골든게이트.

(Victor Yushchenko) 정부에서 외교정책 고문을 지낸 그는 지금은 컨설팅 회사와 민간연구소의 대표로 있다. 찰리 전 차관은 "아시아에서 우리에게 가장 중요한 전략적 파트너는 다름 아닌 한국"이라며 말문을 열었다. 나는 의례적인 발언으로 이해하고 "아시아에 중국도 있고, 일본도 있는데 왜 한국인가"라고 대놓고 물었다. 그는 일말의 망설임도 없이 "일본은 한참 앞서 가는 선진국이고, 중국은 경제 규모가 너무 커서 우리와 동등한 파트너가 될 수 없으니 우리에게는 한국이 가장 이상적인 파트너"라고 말했다. "한국과는 주변국들의 침략을 받고 분단을 경험한 역사를 공유하고 있습니다. 강대국 옆에 있는 지정학적 환경도 비슷하고요. 지금은 물론 경제적인 협력이 보다 중요합니다. 우크라이나는 당장 신기술이 필요한데 한국은 원자력과 인프라 분야에서 전 세계 선도 국가 중 하나죠. 반면 우크라이나는 세계적인 농업 강국이고 우주 및 군사기술 분야가 뛰어나죠. 얼마든지 동등한 위치에서 서로 보완이 되게 협력을 할 수가 있어요." 그는 상대방이 말 중간에 끼어들기 힘들 정도로 달변

가였지만 나도 할 말은 해야 했다. '양국 간에 상호 잠재력을 몰라서 그동안 협력이 부진했던 것은 아니다. 또 우크라이나가 러시아와 싸우고 있는 상황에서 한국이 우크라이나에 전력투구를 하기는 어렵다'는 취지로 얘기를 했다. 그랬더니 찰리 전 차관은 "한국이 러시아의 제1의 파트너가 될 수는 없어요. (국가 규모 등을 감안하면) 러시아와의 협력은 제한적일 수밖에 없습니다. 첨단 기술을 제공하는 데 있어서도 우리가 좀 더 공개적이고 투명하게 할 수 있어요. 물론 우리는 투자 환경을 더욱 개선해야 하고 양국 정부 차원에서 경협을 위한 구체적인 마스터플랜을 짜야 합니다"라고 설명했다. 그는 2016년 10월 한국과 우크라이나 간에 경제 협력에 관해 작성한 백서(白書) 한 부를 내게 주었다. 거기에는 우크라이나의 상황에 대해 "경제자유도는 유럽 내 최저 수준이고, 러시아의 크림 합병과 돈바스에 대한 지배로 인해 경제성장은 침체에 빠져 있다. 오는 2030년까지 전면적인 재산업화와 혁신 작업이 필요한데 그러려면 그때까지 2500억 달러의 외국인 투자 유치가 필요하다"고 쓰여 있었다.

난 양국 간에 추상적인 협력 문제를 듣기 위해 온 것이 아니었기 때문에 우크라이나의 지정학적 상황에 대해 질문했다. 고위 외교관 출신인 만큼 좀 더 현실적인 답변을 줄 것으로 기대했다. 그는 동부 지역은 지금처럼 분단 상태가 지속될 가능성이 크다고 진단했다. "러시아와 서방이 계속 대치하면서 우크라이나는 분단국가로 남을 가능성이 50%는 된다고 봅니다. 과거에 독일이나 지금의 한국처럼 우리는 오랫동안 국토 분단을 경험해야 할 겁니다. 돈바스는 산업 지대이고, 광물자원이 많은데 이것을 떼어내는 것은 매우 고통스러운 일이죠. 하지만 여기 젊은 이들도 분단이 장기화되면 점점 통일을 원하지 않게 될 겁니다. 그냥 현 상태에 불편을 느끼지 않는다면 통일을 바라지도 않겠죠. 분단된 한국과 비슷한 상황이에요. 그렇더라도 크림이나 동부 지역은 법적으로 모

두 우크라이나의 땅입니다. 실제로는 우크라이나의 통제에서 벗어나 있지만요."

나는 러시아와 유럽이 서로 승인하지 않는 코소보와 크림의 차이에 대해 물었다. 노련한 전직 외교관은 막힘이 없었다. "코소보는 무력을 사용해 세르비아

❖ [인터뷰] 올렉산드르 찰리 우크라이나 전 외교부 1차관.

에서 분리되어 나온 곳이죠. 특히 코소보에 대해 세르비아 말고는 어떤 주변의 강대국도 자기 나라 영토라고 주장하지 않았습니다. 또 코소보는 북오세티야, 압하지야, 트란스니스트리아처럼 독립된 국가라고 주장했죠. 반면 크림은 스스로 독립국가 대신에 러시아 영토의 일부라고 했어요. 러시아도 크림을 자기 땅이라고 했고요. 크림은 냉전 시절의 발트해 3국의 상황과 유사합니다. 당시 유럽은 발트해 국가들을 소련의 일부라고 인정하지 않았지만 실제는 소련 내 공화국이었죠. 크림이 지금 바로 그렇습니다. 유럽은 크림이 법적으로 러시아 땅이 아니라고 버티고 있지만 현실은 다르죠." 하지만 그는 통일이라는 측면에서 보면 힐러리보다는 트럼프가 오히려 낫다고 얘기했다. "트럼프는 우크라이나에게 기회를 줄 겁니다. 그래서 전 트럼프의 당선을 환영합니다. 그는 전략적으로 러시아와 가까워서 모종의 합의를 통해 동부 지역을 우리 영토에 편입시킬 기회가 생길지 모르죠. 저는 강대국 간에 전략적 합의가 되어서 우크라이나가 동부를 얻을 가능성을 25% 정도로 봅니다. 우리가 러시아와 평화적인 관계를 회복하고, 러시아와 유럽이 동부 지역 반환에 합의하면 아무런 문제도 없습니다. 이런 시나리오는 트럼프 시대에 더 적합하죠. 만일 힐러리가 이겼다면 지금 같은 분단 상태는 고착화되는

옵션밖에 없어요."

그러나 트럼프 시대의 양국 관계에 대해서는 대체로 부정적인 전망들이 많았다. 우크라이나는 2016년 미국 대선 기간에 포로셴코와 각료들이 공개적으로 힐러리를 지지했다. 우크라이나 내무장관은 트럼프를 '위험한 이단아(dangerous outcast)'라고 표현했고, 유엔 주재 우크라이나 대사는 '정도를 벗어난 어릿광대'라거나 '테러보다 더 큰 위험 요소'라고 놀려댔다. 그러다 보니 트럼프가 막상 당선되자 우크라이나 정부는 어느 나라보다 큰 당혹감에 휩싸였다. 영토 회복을 위해 서방의 지원이 절실한 마당에 푸틴과 친분을 과시하는 트럼프의 등장은 우크라이나 외교에 치명타였다. 과도하게 힐러리를 지지해온 전력이 대미(對美) 관계에서 포로셴코의 발목을 잡을 것으로 예상됐다. 2017년 1월 말 우크라이나 동부에서 교전이 발생했지만 미국 국무부 성명이 나온 것은 사건 발생 이틀이 지나서였다. 당시 성명 내용은 전투를 즉각 중지하고 정치적 협상을 통해 해결하라는 여섯 줄짜리에 불과했고, 러시아는 아예 거론조차 하지 않았다. 이에 대해 정치평론가인 막심 에리스타비(Maxim Eristavi) 같은 사람은 "미국과 우크라이나 간에 우정은 끝났다. 동부 문제에 대해 미국 정부가 단호한 입장을 취하길 거부한다는 신호를 키예프에 보낸 것"이라고 평가했다. 러시아 영문 매체인 ≪러시아투데이(RT)≫는 "트럼프의 승리로 포로셴코는 매우 난처한 입장에 처했다. 이 때문에 트럼프가 만나서 얘기하고 싶은 상대가 티모셴코가 되었을 것이다. 트럼프는 앞으로 누가 우크라이나를 이끌어야 하는지 다른 생각을 갖고 있을 수도 있다"고 보도했다.3) 포로셴코가 트럼프와 전화 통화도 하지 못하

---

3) "When Trump won, Ukraine's Poroshenko put himself in pretty bad position," *RT*, Feb 7, 2017.

고 있던 순간 티모셴코는 2017년 2월 워싱턴을 찾아가 트럼프를 만났다. 행사장에서의 짧은 비공식 미팅이었지만 우크라이나 최초 여성 대통령을 꿈꾸는 티모셴코의 집념이 오랜만에 부각된 이벤트였다. 칩거했던 그녀가 매스컴의 주목을 받으며 2019년 대선에서 포로셴코의 대항마로 떠올랐다는 해석까지 나왔다. 여성을 좋아하는 트럼프는 과거 패션잡지 모델까지 했던 티모

❖ 율라 티모셴코 우크라이나 전 총리.

셴코를 만나 포로셴코와 정상회담에서 나누었을 법한 얘기들을 다 해버렸다. 신이 난 티모셴코는 트럼프가 "우크라이나 동부에 평화가 찾아올 때까지 러시아에 대한 제재를 철회하지 않겠다"고 자신에게 약속했다며 떠들고 다녔다.

고르쉐닌 연구소의 레쉬첸코 부소장도 "트럼프 시대는 우크라이나 외교에 큰 고통이 될 것"이라고 밝혔다. 이유는 우크라이나 정부가 성급하게 힐러리를 공개적으로 지지한 원죄에 있다고 설명했다. "우크라이나에 대한 트럼프 정부의 첫 반응은 러시아의 크림 합병과 동부 지역 점령을 인정하지 않는다는 것이었습니다. 하지만 말 뿐인 선언입니다. 트럼프의 행동은 예측이 어렵다는 점에서 백악관이나 국무부의 발표 내용이 언제까지 지켜질지 몰라요. 어쩌면 우크라이나인들에게 트럼프 시대는 더 많은 고통을 가져다줄지 몰라요." 라줌코프 센터의 파쉬코프 박사는 "트럼프 정부가 대외 정책을 막 입안하고 있는 단계라 양국 관계를 예단하기는 어렵다"며 신중론을 펼쳤다. "분명한 것은 미국과 러시아가 우크라이나를 사이에 두고 어떤 식으로든 거래를 할 것이라는 점이죠. 러

시아도 트럼프로부터 크림과 동부 문제에서 무엇인가 받기를 희망했지만 아직까지 얻은 것은 없습니다. 유럽은 난민 문제와 선거, 브렉시트(Brexit) 등으로 향후 미국과의 관계가 어떻게든 변할 텐데 그 점도 우크라이나에 영향을 미칠 겁니다."

나는 우크라이나 대외 정책이 좀 더 근원적인 문제를 갖고 있다는 점을 지적하고 싶었다. 그동안 유럽과 러시아 사이에서 한쪽만을 일방적으로 편드는 식의 외교가 과연 우크라이나의 안정과 번영에 도움이 되었는지에 대해 이들의 생각이 궁금했다. 2004년 오렌지혁명으로 집권한 유셴코 정권은 친서방을 내걸면서 줄곧 러시아의 경제 제재와 가스공급 중단 압박에 시달렸고, 러시아 편에 선 야당의 반발로 정국의 안정도 기하기 어려웠다. 유셴코 정부에서 외교 고문을 지낸 찰리 전 차관은 내가 우크라이나의 균형 외교를 강조하자 "전적으로 맞다"며 고개를 끄덕였다. 친서방 정권에서 대외 정책을 자문한 사람치고는 좀 싱거웠다. 유셴코가 친서방으로 나간 데 대해 자기변명이라도 할 줄 알았지만 그는 반성의 기미가 담긴 얘기를 꺼냈다. "지금 우크라이나 항공사들은 모스크바를 비롯한 러시아 도시로 일체 운항하지 않습니다. 유로마이단 혁명이 일어나고 1년여 만에 모든 러시아 노선을 중단시켰죠. 그렇다면 이렇게 유럽만 바라보고 가는 게 옳은지 따져보아야 합니다. 답변은 절대 그렇지 않다는 것이죠. 우리는 좀 더 개방된 경제 환경을 갖추고 더 많은 외국인 투자를 유치해야 합니다. 하지만 어느 한 쪽을 고의적으로 막고 있으면 그것 자체가 투자 환경에 마이너스가 될 뿐이에요." 그는 탁자에 놓인 종이에다 그림을 그리기 시작했다. "예전에는 우리의 교역에서 러시아와 EU, 기타 나라가 3등분을 했습니다. 여기 삼발이 그림에서 보듯이 가장 안정적인 구조이죠. 하지만 지금은 EU가 45~50%, 러시아 15%, 기타가 35%로 불균형이 생기고 있어요. 우리 수출품은 곡물과 고기, 광물

정도인데 기술 제품은 첨단 시장인 EU에 진출하기도 힘들고요. 러시아와의 관계가 중단되면서 교역의 질도 그다지 좋지 못하다는 얘깁니다."

레쉬첸코 부소장도 유럽과 러시아 사이에서 균형 외교가 중요하다고 강조했다. 하지만 현실은 우크라이나가 그렇게 가도록 만들지 않고 있다고 했다. "우크라이나는 지리적으로 보면 유럽과 아시아를 연결하는 환승 국가입니다. 물류나 에너지 수송도 그렇고 우크라이나는 중간다리 역할을 하죠. 국제정치도 마찬가지예요. 우크라이나는 러시아와 유럽 사이에서 양쪽의 이해관계를 조정해 이득을 얻어내는 현명한 외교를 할 수가 있어요. 1990년대 중반 쿠츠마 정권이 그것을 잘 했고요. 하지만 러시아는 더 이상 우리가 환승 국가로서 단물을 빼먹는 것을 원하지 않습니다. 그들은 우크라이나를 완전히 통제하려 하고 있어요. 그들은 우리 국경에 무기를 배치해놓고 동부 지역도 사실상 점령해버렸죠. 이런 상황에서 우리는 러시아를 멀리할 수밖에 없고, 이론과 달리 균형을 유지하기는 어려워졌어요." 그는 푸틴이 강조하는 EAEU에 대해서도 말을 꺼냈다. "EAEU의 실체가 러시아가 이 지역에서 정치적인 영향력을 확보하려는 수단이라는 점은 누구나 알고 있습니다. 순전한 경제공동체가 아니죠. 러시아의 과도한 비중이나 일방주의를 감안하면 EAEU로는 경제적인 효과도 낙관할 수 없어요. 우크라이나가 EU를 포기하고 러시아 영향권인 EAEU에 들어가는 것은 의미도 없고 도저히 상상할 수 없는 일입니다." 옆에 앉은 소콜로프 수석 부소장도 비슷한 얘기를 했다. "러시아는 우크라이나를 다시 자기 품 안에 두려고 합니다. 우크라이나에 경제적인 침투도 많이 해서 러시아에 의존하도록 만들려고 하죠. 하지만 우크라이나 사람들은 러시아인들과 정신적으로 매우 다릅니다. 무엇보다 유럽적인 가치를 선호하고 있고, 유럽과 연계되어 있다고 느끼죠. 수년 전 여론조사를 보면 러시아와 경제협력을 원하는 비율은

78%나 됩니다. 어디까지나 순수한 경제적 도움을 주고받는 차원입니다. 반면에 러시아와 공통군 창설(5%), 공동 화폐 도입(7%), 공동 국경 운영(3%)을 지지한다는 답변은 극소수였어요. 이렇듯 유럽과 러시아 사이에서 균형을 잡기는 어렵고, 러시아와의 협력에는 분명한 한계가 있어요."

같은 동슬라브족으로 밀접한 양국이 소련 해체 이후 지속적으로 불화를 빚고 있는 것은 둘 간의 잠재력을 감안하면 서로에게 마이너스가 될 뿐이다. 문제는 러시아가 우크라이나를 동등한 파트너 국가로 대우하지 않는다는 것이다. 우크라이나를 한 수 아래로 보면서 러시아의 영향권 밑에 두려고 하다 보니 양국 간에 충돌이 발생하는 것이다. 10여 년 전 우크라이나가 낳은 글로벌 정치 스타였던 티모셴코가 주먹을 불끈 쥐면서 울분을 토했던 것도 바로 이 점 때문이었다. 당시 그녀는 "러시아는 엄연한 주권 국가인 우리를 아직도 동생 취급하고 있다. 왜 우리를 끝없이 못살게 구는가. 왜 우크라이나의 모든 일에 간섭하려고 하는가"라고 격정을 쏟아냈다.

발레리 코피카 키예프 대학교 국제관계학과 교수는 우크라이나가 균형자적 이익을 취하지 못하는 이유에 대해 같은 맥락에서 얘기를 했다. "우크라이나는 인구나 경제 규모로 볼 때 덩치가 큰 나라입니다. 러시아와 유럽의 이해가 중첩되는 곳이고요. 그렇기 때문에 우리는 국제정치 무대에서 주체로 살아오지 못했고 늘 대상(객체)이 되어왔습니다. 러시아 대외 정치의 대상물이었고요. 그런 간섭이 많은 상황에서 우리가 자주적으로 움직이기에는 한계가 있는 겁니다. 스위스처럼 작은 규모에다 주변에 평화로운 나라들이 포진해 있어 중립적인 균형자 역할을 하는 경우와는 다르죠."

러시아인들은 역사적으로 우크라이나를 놓쳐서는 안 될 지역으로 여겼다. 우크라이나는 유럽으로 가는 지정학적 요로에 있을 뿐만 아니

라 영토나 인구, 농업, 지하자원, 과학기술 등 여러 분야에서 구소련 국가들 중 러시아에 가장 필적할 만했다. 레닌(Vladimir Il'ich Lenin)이 "우크라이나를 상실한다면 우리는 머리를 잃는 것이다(Если мы потеряем Украину, то потеряем голову)"라고 말한 것도 우크라이나의 중요성을 강조한 것이다. 레닌을 도와 혁명을 주도했던 사상가 레온 트로츠키(Leon Trotsky) 역시 "우크라이나가 없으면 러시아는 불가능하다. 우크라이나의 석탄과 철, 광물, 빵, 흑해가 없다면 러시아는 존재할 수 없다. 우크라이나가 없으면 우리는 죽을 수밖에 없다"고 설파했다. 브레진스키는 "러시아가 발트해 3국과 폴란드를 잃더라도 우크라이나에 대한 영향력만 유지할 수 있다면 러시아는 구소련의 영광을 어느 정도 시현할 수 있다"고 했다. 그러나 애착이 깊은 만큼 우크라이나에 대한 러시아의 접근 방법은 유럽과 달리 세련되지 못했다. 러시아는 우크라이나를 잃어버려 국제무대에서 자신들의 취약함이 드러날까 봐 초조해했고, 친러 정부를 세워 간섭한 데 이어 무력 충돌까지 벌였다. 반면 우크라이나는 소련 시절부터 자신들을 열등하게 대우한 러시아를 가급적 멀리하려 했고, 높은 생활수준과 민주화된 유럽을 지향했다. 우크라이나가 독립국의 자존심을 버리고 러시아의 비위를 맞추어가며 유럽과 러시아 사이에서 실익을 찾는 방법을 택하지 않는다면 이들 두 슬라브 형제국 간의 다툼은 끝나지 않을 것이다.

이런 배경에서 NATO의 동진을 의식한 러시아와 유럽 간에 지정학적 충돌을 막기 위해 양 진영 간 충돌 지점인 우크라이나, 조지아 등을 국제사회가 영세 중립화하자는 방안도 나오고 있다. 여기에는 우크라이나가 러시아를 자극하는 유럽 편향을 멈추고 비동맹노선을 확실히 하는 것이 포함된다. 일종의 '핀란드화(Finlandization)'라고 볼 수 있는데 핀란드화는 일체의 정치·군사동맹 가입을 배제한 중립국의 형태를 띠지만

경제·통상 이슈에서는 좀 더 융통성이 있다. 강대국 틈바구니 속에서 생존을 도모하기 위한 약소국의 불가피한 전략적 선택이란 의미와 함께 이웃 강대국의 뜻을 거스르지 않고 묵종한다는 부정적인 뉘앙스도 함께 존재한다. 모델이 되는 핀란드는 러시아와 국경을 접한 EU 회원국이지만 NATO에는 가입하지 않았고, 냉전 시절에는 중립을 내세워 서방 진영에 자국의 영토를 군사기지로 내주지 않았다. 러시아에 맞닿은 지리적 여건상 우크라이나처럼 서방의 첨병 역할을 할 수 있었지만 핀란드는 이를 거부하고 비동맹 중립을 표방했고, 일부 대외 문제에서는 오히려 친소 노선을 걷기도 했다. 일각에서는 핀란드화가 러시아에 대한 외교적 굴종이라는 지적도 하지만 핀란드는 우크라이나와 달리 서방과 소련(러시아) 사이에서 특정 블록에 치우치지 않고 중립을 통해 양쪽의 신뢰를 얻고 국가의 생존과 번영을 도모할 수 있었던 것이다. 서방 측 인사들도 우크라이나의 핀란드화에 대체로 동조하는 분위기다. 브레진스키는 "핀란드식 모델이 우크라이나에 가장 이상적이다. 러시아가 우려하는 우크라이나의 군사동맹 참여를 배제할 수 있고, 우크라이나로서는 유럽과의 연대를 확장할 수 있다"고 밝혔다.

그러나 러시아 입장에서 볼 때 구소련을 함께 구성했던 우크라이나와 러시아의 식민지 경험이 없는 핀란드는 사정이 전혀 다르다. 또 현실 정치에서 두 국가에 대한 러시아의 전략적 중요성도 차이가 나는 만큼 우크라이나에 대해 철저한 핀란드화가 진행되기에는 무리가 있다. 무엇보다 '미인박명(美人薄命)'이라는 말처럼 우크라이나는 가진 것이 너무 많기 때문에 주변에서 중립 체제로 영원히 놔두지 않을 것이란 점도 있다. 이래저래 우크라이나가 중간에서 양쪽의 이득을 취하며 유능한 균형자가 될 가능성은 말처럼 쉽지는 않다.

루마니아 Romania

차우셰스쿠 향수에 젖은 부쿠레슈티

루마니아하면 흡혈귀 드라큘라나 체조선수 코마네치(Nadia Comaneci)를 떠올리는 사람들이 많겠지만, 나는 뭐니뭐니해도 니콜라에 차우셰스쿠(Nicolae Ceausescu)가 먼저 떠오른다. 24년간 루마니아공산당 서기장, 국가평의회 의장, 대통령으로 집권하면서 수많은 기행(奇行)을 일삼은 데다 어떠한 지도자도 민중의 심판 속에 그처럼 극적인 죽음을 맞은 경우는 없었다. 역대 최고 지도자를 둘러싼 놀라운 얘기들도 차우셰스쿠는 단연 최고였다. 예컨대 한 번 입은 양복은 바로 태워버렸다거나, 외국 정

- 유럽 남동부에 위치하고 있으며 발칸반도 내에서 가장 큰 영토를 가진 나라다. 냉전 시절, 다른 동유럽 지역처럼 소련의 위성국가였지만 당시 차우셰스쿠 정권은 중국은 물론 미국, 유럽과 협력하면서 소련 공산당과 일정한 거리를 두었다. 소련 붕괴 후 시장경제 체제로의 전환은 상대적으로 늦었지만 EU와 NATO에 가입하면서 러시아에 맞선 서방의 첨병 기능을 하고 있다.

❖ 니콜라에 차우셰스쿠 루마니아 전 서기장.

상들과 악수를 하고 나서는 반드시 알코올로 손을 소독했으며, 유서 깊은 병원을 방문하던 중 그의 애견이 병원 고양이와 싸워 상처를 입자 다음날 그 병원을 없애버리기도 했다. 특히 인구를 늘려 국가 위세를 키워야 한다는 망상에 사로잡혀 낙태와 이혼을 금지하고 '자녀할당제'를 실시해 한 가정에 네 명의 아이를 의무적으로 갖게 한 것도 차우셰스쿠의 기발한 발상에서 나왔다. 부부관계를 갖지 않으면 일명 '금욕세'를 물렸고, '월경(月經)경찰'까지 두어서 임신을 독려하고 부부간 잠자리 동태까지 파악하는 쓸데없는 짓거리도 많이 했다. 1966년 월경 경찰제도 시행 첫 해에만 인구가 잠시 늘었을 뿐 이후 국가 간섭을 피해 망명하거나 외국으로 가서 낙태하는 일이 잦아지면서 인구는 제자리로 돌아왔고 여성들 건강만 해쳤다고 한다. 부쿠레슈티에서 본 루마니아 여성들은 서구에 비해 체격이 작았는데 이들이 어떻게 네 명씩 아기를 낳을까 하는 우려와 함께 태아의 발육도 더딜 것 같다는 생각이 들었다.

수도인 부쿠레슈티(영어로는 부카레스트)에는 차우셰스쿠의 흔적들이 곳곳에 남아 있어 이는 역설적이게도 관광자원이 부족한 이 도시에서 최대 수입원이 되고 있었다. 살아생전에 국민의 고혈만 빨아먹고 나라를 망친 차우셰스쿠가 죽어서야 국가에 보답을 하고 있는 셈이다. 나 역시 2016년 11월 말, 부쿠레슈티에 가면서 가장 하고 싶은 일이 차우셰스쿠

의 악명 높은 발자취를 따라가 보는 것이었다. 여기에는 그가 북한을 방문하고 나서 평양의 주석궁을 따라 짓기 시작했다는 인민궁전과 그 앞에서 시작되는 샹젤리제풍의 통일대로, 그의 거처인 프리마베리 대궁전, 초라한 묘지까지 포함된다.

현재는 의회와 각종 사무실, 공연장 용도로 쓰이고 있는 인민궁전(Parliament Palace)은 엄청난 크기에 위풍당당한 모습을 하고 있다. 웅장한 건물 외관만 봐서는 다른 어떤 중세의 건축물보다 인상적이다. 차우셰스쿠의 기억을 지우기 위해 공식 명칭은 '의사당 궁전'이라고 했지만 시민들은 여전히 인민궁전으로 알기 쉽게 불렀다. 26만 5000m² 대지 위에 세워진 건물은 지하와 지상 10층으로 가로, 세로 길이가 각각 270m, 240m에 방은 3107개나 된다. 대지 면적만 놓고 보면 미국 펜타곤(국방부) 다음으로 전 세계에서 가장 큰 건축물이라고 한다. 1983년 땅을 파면서 시작된 공사는 1989년 12월 혁명으로 차우셰스쿠가 처형되는 바람에 공정률 70%선에서 중단됐다가 이후 소련 붕괴의 혼란 속에서 당초 계획의 95% 수준에서 마무리하고 1996년 일반에 개방됐다. 워낙 건물이 큰 데다 의회 같은 공용 시설이 많다 보니 관광객들에게 개방하는 범위는 전체의 5%에 불과하다.

인민궁전은 시간대별로 투어 가이드를 두고서 여섯 개의 프로그램을 운영 중인데 나는 일반 투어에 발코니와 지하층 방문을 추가했다. 입장료 55레이(약 1만 6000원)에 내부 사진을 찍으려면 여기에 30레이를 추가로 내야 했다. 말은 2시간 투어라고 했지만 실제로는 1시간 35분이 걸린 점을 감안하면 가격은 비싼 편이었다. 내부는 돈을 처발랐으니 화려할 수밖에 없었다. 가이드 여성은 많은 숫자들을 나열했는데, 하도 복잡해서 파악이 제대로 안 됐다. "2800개의 샹들리에, 100t의 대리석, 70만t의 철과 청동이 들어갔고, 20만m²의 양탄자, 금과 은을 수놓아 만든 세

❖ 부쿠레슈티에 있는 웅장한 인민궁전.

계 최대의 벨벳 커튼, 700명의 건축가와 4000명의 노동자들이 투입됐고……" 다 옮겨 적기가 힘들 정도로 인민궁전은 방대하고 화려함 그 자체였다. 궁핍한 사회주의 시절, 이걸 짓기 위해 루마니아 민중이 겪었을 고단한 삶이 꽉꽉 묻어난다. 백성은 굶기면서 자기 과시와 허영을 위해 차우셰스쿠는 결국엔 완성도 하지 못한 채 자신을 죽음으로 몰고 간 피의 대역사를 저지른 것이다. 가이드는 미국 대통령이 된 트럼프가 인민궁전을 사겠다는 제안도 했었다고 설명했다. "7~8년 전에 트럼프가 인민궁전에 초대형 카지노를 짓겠다면서 매입 제안을 했어요. 당시 거론된 가격이 30억 유로에 달했죠. 하지만 루마니아 정부와 시민들은 역사의 현장을 외국인에게 넘길 수 없다며 거절했어요. 실제 인민궁전을 짓는데 돈이 얼마나 들어갔는지는 누구도 정확히 몰라요. 소요된 자재와 기술뿐만 아니라 인부까지도 루마니아 사람들만 썼다는 데 대해 자부심이 큽니다. 가치는 그야말로 무한대죠."

❖ 인민궁전의 화려한 내부.

　가이드는 널찍한 방들과 복도, 회의실, 콘서트홀, 집무실 등을 돌아가며 안내했다. 대부분 고급 목재와 천연 실크 벽지, 금과 대리석으로 치장되어 있었다. 차우세스쿠의 집무실로도 쓰였다는 방 중 하나(쿠자홀)는 1200개 좌석을 갖춘 콘서트홀로 사용됐을 정도로 컸다. 쿠자홀은 특히 발코니를 통해 뻥 뚫린 통일대로를 내다볼 수 있게 되어 있는 점이 인상적이었다. 차우세스쿠가 발코니에 나가 만백성을 향해 손을 흔들려고 기획한 장소였다. 차우세스쿠는 인민궁전과 한 세트로 샹젤리제를 본뜬 통일대로를 만든 뒤 대로 중심에 분수대를 설치하고, 그 주변에는 고급 아파트와 정부 청사를 일렬로 세웠다. 차우세스쿠는 발코니에서 통일대로를 바라보면서 우리가 서구(프랑스)를 능가한다는 자기 최면을 걸고 싶었던 것이다. 인민궁전 때문에 비참해진 주민들의 삶은 망각한 채 자신의 허영심만을 채우면서 '사회주의 루마니아 만세!' 어쩌고 하면서 떠들었을 것이다. 그러나 아이러니한 것은 정작 이 발코니에 맨 처음 선 인

❖ 인민궁전에서 바라본 통일대로와 부쿠레슈티 전경. 통일대로는 프랑스 샹제리제 거리를 모델로 했다.

물은 차우셰스쿠가 아니라 미국의 팝가수 마이클 잭슨(Michael Jackson)이었다는 점이다. 사회주의의 영광을 과시하려고 만든 인민궁전이 돈과 팝뮤직이라는 자본주의에 자리를 내준 것이다. 발코니가 완성되고서 1992년 10월, 마이클 잭슨은 발코니에 서서 그에게 열광하는 시민들에게 손을 흔들며 "헬로! 부다페스트(Budapest)!"라고 외쳤다. 부쿠레슈티 시민들에겐 인민궁전 자체가 치욕적인 역사인데 거기에서 부다페스트(헝가리 수도)라고 잘못 소리친 마이클 잭슨은 루마니아인들을 두 번 죽이는 꼴이 됐다.

그러나 부쿠레슈티에서 만나본 시민들은 인민궁전을 수치가 아니라 자랑거리로 여겼고, 무모한 차우셰스쿠를 크게 칭찬하고 있었다. 대다수는 차우셰스쿠 시절의 정치적 억압을 잊고 경제적으로 수월하게 살았던 시절을 그리워하고 있었다. 대놓고 차우셰스쿠 시절로 돌아가고 싶다고 말하는 이들도 있었다. 인민궁전 앞 통일대로가 끝나는 통일광장 부근에서 꽃가게를 운영하던 50대 중반의 여성은 차우셰스쿠 시절이 훨씬 나았다고 했다. 조그마한 가게 문 앞에 서서 과거를 회상하는 듯한 그녀의 표정은 사뭇 진지했다. 그 나이에 영어가 능숙한 것으로 봐서는 평균 이상의 교육을 받은 것이 분명했다. "1989년 혁명이 일어났을 때 저는 29살이었어요. 당시엔 시위에 참가하면 세상이 좋게 바뀔 것으로 알고 너도나도 다 나갔죠. 하지만 사는 게 지금이 훨씬 힘들어요. 1989년에 회사에서 경리 업무를 봤는데 하루 8시간 일하고, 주말은 다 쉬고,

국가 공휴일도 많았죠. 하지만 지금은 하루 12시간씩 토·일요일도 없이 매일 일해요. 절대 소득은 지금이 높지만 물가가 크게 올라서 생활 형편은 훨씬 어려워요. 만일 그때로 다시 돌아간다면 전 아마 시위에 안 나갈 겁니다." 택시 운전을 하는 40대 중반의 남성은 엷은 미소를 띠며 과거를 회상했다. "차우셰스쿠는 슈퍼맨입니다. 저는 1989년 혁명 당시 18세였는데 그때는 일자리도 많았고, 정부에서 병원, 주택, 교육, 연금 등 모든 것을 공짜로 해주었어요. 그런데 지금은 낮에는 관공서 경비 업무를 하고 저녁엔 우버 택시 운전을 해도 가족을 부양하기가 벅차요. 제 부친은 소련 시절 리비아에 파견된 건설 근로자였는데 달러로 급여를 받아서 참 유복했어요. 지금은 병원도 그렇고 모든 비용을 개인이 다 부담해야 해서 생활 형편이 나을 리가 없죠." 내가 "차우셰스쿠가 사람들을 많이 죽였잖아요"라고 하자 그는 "차우셰스쿠가 한 게 아니에요. 그 밑에 있는 정보기관 놈들이 저지른 거죠. 자기들 잇속을 차리려고 차우셰스쿠를 핑계 대고 다 해먹은 거예요"라고 소리쳤다. 40대 중반의 다른 남성도 칭찬 일색이었다. "인민궁전은 대단한 건축물이죠. 부쿠레슈티 시민들이 사랑하고 자랑스럽게 여겨요. 지금 어떻게 이런 건물을 지을 수 있겠습니까. 차우셰스쿠 시절에는 교육도 평등했고, 다들 직업을 가졌어요. 지금보다 경제적 형편이 모두들 나았죠." 어쩌면 맞는 말이기도 했다. 민주주의 사회에서 최고 지도자의 집무실을 이렇게 크게 세운다는 것은 있을 수 없는 일이니 말이다. 중세 왕조시대에나 가능한 일을 차우셰스쿠는 밀레니엄 시대를 코앞에 두고 지구상에서 마지막으로 누구도 흉내 낼 수 없는 일을 해낸 것이다. 루마니아 최고 명문인 부쿠레슈티 대학교에 다닌다는 한 젊은이도 차우셰스쿠를 숭배하기는 마찬가지였다. "요즘 저보다 나이 어린 학생들은 차우셰스쿠를 잘 몰라요. 그만큼 정치에 관심도 없고요. 하지만 분명한 건 그 시절에는 청년들이 모

두 일자리를 가졌고, 실업이라는 게 없었다는 겁니다. 지금 젊은 사람들은 차우셰스쿠에 대해 중립적입니다. 크게 싫어하지 않아요."

차우셰스쿠는 동유럽 정상들 가운데 자기 색깔이 분명한 매우 독특한 사람이었다. 1960~1980년대를 살아간 동유럽 지도자들은 소련 순종파와 소련 반대파로 나눌 수 있는데 차우셰스쿠는 독립노선을 내세운 대표적인 반대파로 크렘린 주인들의 가장 큰 골칫덩어리였다. 그는 걸핏하면 소련과 동유럽 위성국가들의 방위동맹인 바르샤바조약기구에서 탈퇴하겠다고 외쳤다. 이유는 바르샤바조약기구가 소련이 각국 내정에 개입하는 수단이 되고 있다는 것이다. 크렘린은 1969년에 몽골을, 1978년에는 베트남과 쿠바를 바르샤바조약기구 회원국으로 받아들이려고 했지만 차우셰스쿠는 지리적인 이유를 들어 반대했다. 바르샤바조약기구가 어디까지나 서유럽의 군사행동에 대한 방어 차원에서 만들어진 만큼 여타 지역까지 확대할 필요가 없다는 것이었다. 루마니아 측이 바르샤바조약기구 결정에 하도 자주 거부권을 행사하자 소련 국방장관은 크렘린에 루마니아에 대한 침공을 수차례 설득할 정도였다. 1980년대 들어 바르샤바조약기구 개혁을 놓고 소극적인 크렘린과 가장 많이 부딪힌 것도 차우셰스쿠였다. 1988년 7월 모스크바에서 열린 바르샤바조약기구 개편 논의에 루마니아 대표로 참석한 이온 코만(Ion Coman) 장군은 이렇게 적었다. "우리는 바르샤바조약기구가 군사 위주에서 정치·경제·군사적 성격으로 바뀌어야 하고 결국에는 해체까지 염두에 두어야 한다고 했지만 (대화 상대인) 셰바르드나제는 콧방귀도 뀌지 않았다. 다만 우리의 개편 주장이 퍼져나가지 않도록 쉬쉬하려고만 했다." 그때까지만 해도 소련 당국자들은 차우셰스쿠에 비해 세상의 변화를 읽지 못하고 3년 뒤 종말을 맞은 바르샤바조약기구의 운명을 무작정 낙관하고 있었던 것이다.

루마니아는 1971년 동유럽 사회주의 국가로는 유일하게 세계무역

기구(WTO: World Trade Organization) 전신인 '관세 및 무역에 관한 일반협정(GATT)'에 가입했다. 이에 미국을 위시한 자본주의 진영은 소련과 거리를 두면서 독자 노선을 걷는 차우셰스쿠를 유고 연방의 전설적 지도자인 티토 수준으로 환대했다. 차우셰스쿠를 소련·동유럽 블록을 균열시킬 아군으로 눈여겨본 것이다. 루마니아는 1960년대 중소(中蘇) 분쟁의 틈바구니에서 미국과 중국 간 수교에 도움을 주었다. 당시는 소련의 서슬이 퍼렇던 시절이었지만 차우셰스쿠는 동유럽권 정상으로는 처음으로 미국을 찾아가 회담을 가질 정도로 과감했다. 소련의 굴레에서 벗어나려 했던 차우셰스쿠는 중국 공산당과도 친분이 두터워 외교 관계가 없던 미국과 중국 간 수교를 막후에서 지원할 수 있는 최적의 인사였다. 루마니아 현대사의 대가이자 국제문제연구소장인 래리 와츠(Larry Watts)는 『갈취한 평화: 루마니아와 냉전의 종말(Extorting Peace: Romania and the End of the Cold War)』이라는 책에서 미·중 수교 논의가 막 시작됐던 1960년대 중반 상황을 이렇게 적었다.

  크렘린은 루마니아가 중국과 미국 간에 채널 역할을 하지 않을까 우려했다. 실제 1967년 린든 존슨(Lyndon Johnson) 미국 대통령은 중국과 화해를 하는 데 루마니아가 중재 역할을 맡아달라고 요청했고, 루마니아 측은 중국이 문화대혁명의 시기였음에도 그러겠다는 의사를 전달했다. …… 1969년 8월 리처드 닉슨(Richard Nixon) 대통령 역시 전임자처럼 루마니아가 채널이 되어달라고 부탁을 하자 루마니아는 즉시 그러겠노라고 흔쾌히 답했다. 닉슨은 국가안보회의에서 소련에 대응하기 위해 중국에 접근하려는 데 루마니아가 모종의 역할을 해줄 것이라고 천명했다. …… 차우셰스쿠는 소련의 지령을 무시하고 중국이 미국 외에도 이탈리아, 오스트리아, 동독을 포함한 동유럽 국

가들과 수교를 맺는 데도 역할을 했다. 이에 중국 공산당은 1968년 소련의 체코슬로바키아 침공을 비판하는 루마니아 정부를 옹호하면서 만일 소련군이 추가적인 군사 개입을 한다면 루마니아에 무기를 포함한 지원을 약속했다. …… 중국은 그해 루마니아에 2억 3000만 달러의 무이자 원조도 제공했다. …… (소련공산당 서기장인) 브레즈네프에게 차우셰스쿠는 미국과 중국을 이용하거나 이용당하는 배신자로 여겨졌다.[5]

미국을 방문한 차우셰스쿠는 닉슨과 포드 대통령을 만났고, 아시아를 중시해 북한(김일성), 중국(마오쩌둥), 캄보디아(폴 포트), 일본(히로히토 일왕)도 찾아갔다. 차우셰스쿠가 1971년 평양을 방문해 김일성의 주체사상과 통치술에 깊은 감명을 받고 루마니아에 돌아와 본격적인 우상화 작업을 하고 인민궁전 같은 대공사를 벌였다는 점은 잘 알려진 사실이다. 동유럽의 주목받는 지도자에서 망조가 든 독재자로 변신한 데에는 방북(訪北)이 어느 정도 일조한 것으로 볼 수 있다. 1991년 출간된 영국 작가 존 스위니(John Swinney)의 『차우셰스쿠의 생애와 죄악의 시기(The Life and Evil Times of Nicolae Ceausescu)』라는 책은 차우셰스쿠가 1971년 중국과 북한 방문을 통해 미쳐버렸다는 것이 통설이라고 적고 있다. 차우셰스쿠는 '민족의 태양'으로 불린 김일성처럼 부쿠레슈티에 돌아와 자신을 '카르파티아 산맥의 천재'로 부르게 하는 등 과대망상증에 사로잡혔다. 악녀였던 마누라 엘레나를 부수상에, 자녀들을 비밀경찰 등 주요 공직에 앉히면서 본격적인 국가 가족 경영을 시작한 것도 이 무렵이다. 차우셰

---

[5] Larry L. Watts, *Extorting Peace: Romania and the End of the Cold War 1978~1989* (Editura RAO, 2013), pp. 154~157.

스쿠는 특히 북한처럼 핵무기 개발 의지도 수차례 피력했다. 처음엔 기술적 견지에서 핵무기 제조 능력이 있다고 흘리더니 1970년대 중반부터는 공식 석상에 나와 "우리가 원한다면 바로 당장 핵무기를 만들 수 있다"고 대놓고 얘기했다. 물론 차우셰스쿠는 대화 말미에 결코 핵무기를 만들지는 않겠다며 꼬리를 내렸지만 러시아와 서방은 차우셰스쿠의 돌출 발언에 머리를 싸매야 했다. 루마니아가 핵무기를 직접 만들지는 않더라도 리비아나 이란, 이라크에 핵기술이 넘어갈 수 있다고 우려했기 때문이다.

점점 허영심과 사치벽이 커진 차우셰스쿠 일가는 서방으로부터 막대한 외채를 끌어다가 썼고, 이는 추후 변제하는 과정에서 민생 파탄을 초래했다. 공업화도 추진했지만 1970년대 오일쇼크와 부쿠레슈티 대지진(1977년)이 겹치면서 실패로 끝났다. 집권 말기 변덕스러운 차우셰스쿠는 갑자기 100억 달러가 넘는 외채를 모두 갚겠다며 수입에 의존하는 생필품 반입을 금지시키고 자국 농산물은 수출로 빼돌리면서 국민에게 철저한 내핍을 강요했다. 40억 달러나 되는 인민궁전은 지으면서 식료품 배급을 줄이는 위선적 행보로 인해 루마니아 민중은 폭발 직전이었다. 더욱이 소련의 영향력이 약화되면서 이웃 동유럽 국가인 헝가리, 폴란드, 체코에서 자유민주주의, 시장경제가 도입되고 있었던 점도 차우셰스쿠의 멸망을 부채질하고 있었다. 사회주의 국가들이 공산 독재를 청산하는 변화에 억지로 눈을 감으면서 스스로 수명을 재촉했다. 루마니아의 체조 영웅인 코마네치는 미국에 망명한 뒤 "(당시는) 커피 한 잔도 마음대로 먹지 못하던 시절이었다. 누구와 얘기하는지, 무슨 말을 하는지 그들은 모두 알고 있었다"고 털어놨다. 그녀는 두 차례 올림픽에서 다섯 개의 금메달을 땄지만 루마니아 당국의 간섭을 못 이겨 1989년 차우셰스쿠 혁명이 일어나기 직전 헝가리와 캐나다를 거쳐 미국으로 망명했다.

❖ 부쿠레슈티 혁명광장과 기념탑. 그 뒤는 소련공산당 중앙위원회 건물로 차우셰스쿠는 여기서 마지막 대중 연설을 하던 중 반응이 차갑자 긴급히 도주했다.

차우셰스쿠의 죽음은 극적으로 찾아왔다. 1989년 12월 16일, 반정부 시위가 발생한 이후 그가 이승을 떠나기까지 걸린 기간은 9일에 불과했다. 그때만 해도 차우셰스쿠는 물론 어느 누구도 24년의 막강했던 권세가 그리도 허망하게 무너질지는 몰랐을 것이다. 발단은 서부 국경도시 티미쇼아라에 사는 헝가리 개혁교회 목사 라즐로 퇴케스(Laszlo Tökes)의 발언이었다. 헝가리 TV에서 차우셰스쿠를 비판한 그의 인터뷰가 방송된 이후 당국은 라즐로를 강제로 퇴거시켰고, 이에 격분한 신학생들을 중심으로 첫 시위가 발생했다. 보안경찰이 총을 쏘고 군이 탱크까지 동원하는데도 유혈 사태가 확산되자 당시 이란을 방문 중이던 차우셰스쿠는 일정을 앞당겨 귀국했다. 차우셰스쿠 정부는 시위에 외국 세력이 개입했다며 불순한 의도를 공격했지만 이는 오히려 전국적으로 데모가 확산되는 역효과만 냈다. 일장 연설로 소란을 잠재울 수 있다고 오판한 차우셰스쿠는 21일 공산당 중앙위원회 건물 발코니에 나와 10만 명이 넘

는 군중을 향해 질서를 호소했다. 그곳은 21년 전, 그가 소련의 체코슬로바키아 침공을 비난하며 대내외적으로 존경을 이끌어냈던 장소였다. 하지만 이번엔 달랐다. 유튜브에 당시 차우셰스쿠의 연설 장면이 있는데 그는 연신 "우리의 힘과 통합을 과시하자. 루마니아의 독립과 주권을 지키고 단결을 보여주어야 한다"는 말을 반복했다. 또 "연금도 올리고, 사회보장 수준을 높이고, 국민생활 향상을 위해 힘쓰겠다"는 공약까지 내놓았지만 성난 국민은 일절 반응하지 않았다. 군중은 야유와 욕설을 쏟아냈고, 폭탄을 든 것으로 추정되는 젊은이가 사살되면서 대회장은 극도의 혼란에 빠져들었다. TV 중계를 보고 있던 시민들마저 거리로 뛰쳐나와 대통령 퇴진 시위가 격화되면서 차우셰스쿠는 연설을 멈추고 건물 내부의 비밀 지하도를 통해 빠져나가야 했다. 다음날 정부군마저 민주화 시위에 가담해 차우셰스쿠 친위대와 시가전이 전개됐다. 이날 국방장관이 자살을 했는데 당시만 해도 군중에 대한 발포 명령을 거부해 장관이 처형된 것으로 알려지면서 군부는 차우셰스쿠에 일제히 반기를 들었다.

승산이 없다고 판단한 차우셰스쿠 부부는 공산당 중앙위원회 건물 옥상에서 헬리콥터를 타고 탈출을 감행했다. 하지만 헬기 조종사마저 대공(對空) 사격 위험을 언급하며 그들을 내리게 했고, 자가용 운전수는 멀리 국경으로 가라는 지시를 어기고 농가로 이동해 차우셰스쿠 부부는 그곳에서 혁명 시위대에 붙잡혔다. 1989년 12월 25일, 속전속결로 진행된 군사재판에서 그들 부부는 반역과 대량 학살, 부정 축재 혐의로 사형을 선고받았다. 차우셰스쿠 지지자들과 비밀경찰의 저항을 초기에 분쇄하기 위해 선고부터 처형까지 몇 시간이 걸리지 않았다. 유튜브에서는 선고 직후 군인들이 포승줄로 묶으려 하자 차우셰스쿠 부부가 저항하는 장면이 나온다. 엘레나는 여전히 사태 파악을 하지 못하고 "내가 너희들을 어머니처럼 키웠다"는 말을 지껄인다. 차우셰스쿠의 변호인마저 "당

신이 해놓은 짓을 보시오. 편을 들어준다고 해결될 문제요? 상식적으로 봐도, 아무리 유리하게 설명하려 해도, 당신이 루마니아를 멸망으로 몰고 간 것을 부인할 수가 없소. 내가 변호사로 일하면서 많은 사람을 맡았지만, 당신 같은 최악은 처음이오. 나도 당신을 포기했소"라며 변론을 그만두었다고 한다. 차우셰스쿠 부부는 마지막까지 반성하는 기미 없이 도리어 "반역자들에게 죽음을!"이라고 외치다가 사라졌다. 9일간 1104명의 루마니아인이 숨지는 값비싼 대가를 치르고서야 차우셰스쿠는 160여 발의 총탄 세례를 받고 처참한 죽음을 맞았다.

난 길거리에서 만난 시민들이 차우셰스쿠에 대해 느끼는 향수를 현지 지식인들은 어떻게 설명할지가 궁금했다. 부쿠레슈티 구시가에 위치한 은행회관 사무실에서 만난 두 명의 관료 출신의 교수들은 차우셰스쿠 사후 루마니아가 '나쁜' 이행기를 겪었다고 지적했다. 이들은 둘 다 1948년생으로 1990년대 정부의 대외 관계 설정과 시장경제 제도 도입에 직접 참여했던 루마니아의 대표적인 지성인이었다. 국제관계학 박사 출신의 바실레 세카레스(Vasile Secares) 교수는 1990년대 초반 대통령 행정실장(장관)과 고문을 지냈고, 현재는 은행감독제도이사회 의장과 함께 정부와 의회에 유럽 통합 관련 자문을 해주고 있었다. "차우셰스쿠 혁명은 이후 루마니아 사회에 긍정적인 영향보다는 부정적인 결과를 가져왔어요. 자본을 독점하는 또 다른 계급이 출현했는데, 이들은 사유화 과정에서 공산주의자들보다 더 악랄했습니다. 지금 루마니아 최고 부자들이 얼마나 해먹고 있는지 아십니까. 루마니아에서 그나마 은행에 계좌를 갖고 있는 인구가 400만 명인데 136명의 슈퍼리치들의 재산은 이들보다 40배나 많습니다. 물론 저축도 못 하고 있는 사람들이 부지기수고요. 루마니아에서는 1990년 사유화나 시장경제 제도를 만드는 작업을 특정 그룹이 거의 찬탈 수준으로 좌지우지했는데 일반 시민들에 대한 배려는 일절 없

❖ [인터뷰] 바실레 세카레스 루마니아 은행감독제도이사회 의장. 대통령 행정실장을 지내기도 했다.

었어요. 그러니 차우셰스쿠를 쫓아내고도 많은 사람들이 오랫동안 허망함과 분노에 빠져들면서 옛 시절을 그리워할 수밖에 없는 것이죠"라고 했다.

역사학자 출신으로 정부와 의회를 상대로 국방 분야 자문역을 맡고 있는 미하일 이오네스쿠(Mihail Ionescu) 박사는 "인간이란 인생의 황금기인 젊은 시절을 그리워하기 마련"이라고 운을 뗐다. "차우셰스쿠 혁명에 참가했던 사람들은 지금 대부분 40대가 넘었습니다. 나도 그 시절에 30대였는데 지금 생각해보면 신체적으로 건강했고, 예쁜 여성들과 데이트도 하면서 매우 행복했죠. 진심으로 차우셰스쿠 시절로 돌아가겠다는 사람은 아마 없을 겁니다. 물론 루마니아 사회가 혁명 이후에 빈부 격차가 커지고, 일자리는 줄고, 유능한 인재들은 해외로 빠져나가고 하면서 시민들이 공산주의 시절에 대한 향수를 가질 수는 있어요. 또 최근까지 정치적·사회적 긴장이 커지면서 과거로 회귀하는 게 낫다는 무기력감도 팽배해지고 있죠."

그렇다면 나는 왜 루마니아가 이웃 국가인 폴란드, 헝가리, 체코처럼 초반에 시장경제 개혁을 제대로 추진하지 못했는지가 궁금했다. 이들은 루마니아가 개혁을 시작할 기본 토대가 상대적으로 부족했다고 설명했다. 이오네스쿠 박사는 "폴란드나 헝가리, 체코는 1990년대 이전에 정부는 물론이고 정당, 시민단체들이 사회주의를 때려치고 난 뒤 어떻게 변화를 맞을지 미리 준비를 했습니다. 이 과정에서 서방의 유명 경제학자들도 부르고, 외부의 재정 지원도 받아가면서 대비를 했어요. 하지만 루마니아는 어땠습니까. 차우셰스쿠의 전제정치 와중에 어느 누구도 개

❖ [인터뷰] 미하일 이오네스쿠 루마니아 국방정책고문.

혁이라는 말조차 꺼낼 수 없었어요. 차우셰스쿠는 그런 시도를 봉쇄해버렸고, 그가 갑작스럽게 죽자 루마니아는 개혁을 위한 준비 과정 없이 맨땅에 내동댕이쳐진 것이죠. 그러니 혼란이 상대적으로 더 컸을 수밖에요." 그는 좀 더 먼 역사적 연원을 거론하기도 했다. "중세 폴란드나 헝가리는 가톨릭 국가로서 바티칸의 지원을 받았고, 좀 더 자유로운 분위기에서 자체적인 귀족 엘리트들을 배양할 수 있었습니다. 하지만 루마니아는 1877년까지 오스만제국의 지배를 오랫동안 받으면서 엘리트 생성의 토대가 부족했어요. 루마니아 귀족층은 그리스어로 의사소통을 할 정도로 민족의식도 희박했고요. 또 트란실바니아, 부코비나, 베사라비아로 지역과 민족이 나뉘어 통일된 국가 건설도 어려웠습니다. 어떤 학자는 가톨릭이 정교보다 자본주의에 더 적합하다고 했는데 그게 바로 소련 해체 후 폴란드, 헝가리, 체코와 우리 사이에 나타난 자본주의 속도의 차이를 정확히 대변해주는 것이죠." 옆에 있던 세카레스 교수도 거들었다. "폴란드, 헝가리, 체코는 이른바 '예비 변혁기'라는 과정을 거쳤습니다. 시장자유화에 앞서 1년 동안 앞으로 닥쳐올 현실에 대해 준비를 했어요. 당시 미국의 제프리 삭스(Jeffrey Sachs) 교수가 이 나라들에 경제자문관으로 가서 충격요법을 진행하지 않았습니까. 그걸 누구 돈으로 했습니까. 미국이나 IMF 같은 데서 도와준 겁니다. 이 국가들은 이때부터 제도 개선은 물론이고 외부와 어떻게 협상을 하고 소통하는지를 배웠습니다. 우리가 차우셰스쿠 혁명을 한 뒤 소련이 무너지는 혼란 속에서 어디로 가야 할

지 종잡지 못하고 있을 때 이들은 우리보다 몇 발짝 앞서 갔던 것이죠."

부쿠레슈티에서 20년 넘게 살면서 독일 컨설팅회사인 노에르(Noerr)의 중부 유럽 담당 코리안 데스크인 최성국 전문위원(이사)은 차우셰스쿠 제거에 소련 당국이 방조를 했고, 이후 루마니아 사회는 소련(러시아)의 영향하에 계속 놓였다고 주장했다. "차우셰스쿠를 몰아낸 민족구국전선이 수일 만에 결성되고 이후 대통령을 비롯한 주요 관료들이 러시아 유학파로 채워졌습니다. 소련의 묵인 내지 지원 없이는 불가능한 겁니다. 그래서 차우셰스쿠 실각 후 루마니아는 자본주의로 이행하기보다는 한동안 사회주의 체제를 유지하면서 개혁이 부진했어요. 서방의 지원도 폴란드나 헝가리에 비해 매우 적었고, 사유화도 8년이나 늦게 시작됐죠. 1989년 사건은 차우셰스쿠를 몰아냈지만 그 다음 준비가 되어 있지 않은 미완의 혁명이었죠." 최 이사는 루마니아 민중의 무사태평한 자세도 문제였다고 덧붙였다. "루마니아인들은 차우셰스쿠만 사라지면 서방의 자본이 들어와서 부유해질 것으로 생각했어요. 외국계 기업들이 들어와 급여도 높아질 것으로 기대했죠. 투자 유치를 위한 환경을 어떻게 조성할지, 자기들의 낮은 노동생산성을 어떻게 타개할지 등은 전혀 감안하지 않고 말입니다."

실제 1989년 혁명의 수혜자는 민중이 아니었다. 루마니아공산당 지도부는 '민족구국전선'을 구성해 차우셰스쿠의 유산을 그대로 물려받았고, 이는 1996년 11월 총선과 대선을 통해 권력이 야당으로 넘어가기 전까지 개혁과는 거리

❖ [인터뷰] 독일 컨설팅 기업 노에르(Noerr)의 코리안 데스크인 최성국 전문위원.

가 먼 정치 상황을 연출했다. 차우셰스쿠의 자리를 차지한 이온 일리에스쿠(Ion Iliescu) 대통령은 서구적 변화에 거부감을 가졌고, 기존의 강력한 중앙집권적 통치 체제를 고수했다. 유럽을 지향하는 정당들이 나타나기도 했지만 정권의 반동적 성향이 강해지면서 개혁 세력은 기를 펴지 못하고 사라졌다. 러시아를 포함한 대다수 동유럽 국가들이 긴축정책과 사유화를 통해 시장자본주의에 적응하기 위한 몸부림을 치고 있던 순간 루마니아는 공산당에 기초를 둔 민족구국전선이 여전히 기득권 집단으로서 언론 검열, 정치 탄압, 시위 통제를 자행하고 있었던 것이다. 공산주의자로서 일리에스쿠가 가진 한계였고, 갑작스러운 혁명 다음이 전혀 준비되지 않은 결과였다. 이로써 루마니아는 1990년대 중반까지 발칸은 물론 동유럽 전체에서 자유화와 개혁이 가장 뒤처졌고, 차우셰스쿠 유산에 대한 청산이 제대로 이루어지지 않으면서 국민 불만은 가중됐다. 루마니아가 국유 산업 위주의 경제체제를 해체하고 긴축적인 충격요법과 경제 개방을 선언한 것은 1997년이나 되어서였다.

민중의 외면으로 한순간에 몰락한 차우셰스쿠의 그림자는 최근 루마니아에서 몇 차례 드리워졌다. 2017년 2월 부패 사범에 대한 사면에 반대해 루마니아 전역에서는 정권 퇴진을 내건 항의시위가 한 달간 이어졌다. 집권 여당이 직권남용에 따른 국고 손실액이 한국 돈으로 5500만 원 미만인 부패 사범들을 대거 사면하는 내용의 행정명령을 추진하자 시민들이 거리로 쏟아져 나온 것이다. 정치 부패라면 이골이 난 루마니아인들은 과거 차우셰스쿠를 몰아냈던 피플파워(People Power)를 다시 결집시켰다. 비록 정권 교체까지는 가지 않았지만 깜짝 놀란 정부는 즉각 행정명령을 철회했고, 법무장관이 책임을 지고 물러났다.

이보다 앞서 2015년 10월 30일 발생한 나이트클럽 대형 화재사건은 정권 퇴진까지 몰고 왔다. 부쿠레슈티의 '콜렉티브(Colectiv)'라는 나이

❖ 2015년 10월 대형 화재로 정권 교체까지 불러온 나이트클럽 '콜렉티브'.

트클럽에서 발생한 화재로 64명이 숨지고 147명이 다쳤는데 루마니아인들은 업주로부터 뇌물을 받아먹은 공무원들이 규정을 무시하고 영업 허가를 내주어서 사상자가 대거 발생했다고 믿었다. 직접 찾아가본 나이트클럽 현장은 통일광장에서 자동차로 10여 분 거리에 있었다. 공장지대였는데 쓰러질 것 같은 낡은 건물 안쪽에 위치해 있었고, 2층 벽면까지 그을린 검은색 연기 자국이 당시의 참상을 전해주고 있었다. 도로 앞 건물 입구에 놓인 고인들의 영정 사진과 수많은 조화들은 사건 발생 1년이 넘어서도 그 날의 교훈을 떠올리게 하고 있었다. 콜렉티브로 들어가는 입구에는 경찰차 한 대가 지키고 있었다. 내가 주변을 어슬렁거리자 경찰은 신원 확인을 요구했고 "한국에서 온 기자"라고 하자 몇 가지 질문에 답변을 해주었다. "여기는 신발 공장이었고, 야간에만 나이트클럽으로 영업을 했습니다. 어떤 매체는 나이트클럽이 지하에 있다고 썼지만 사건 발생장소는 1층이고, 거기서 나온 연기가 2층까지 올라갔죠. 입구가 좁아서 아비규환 속에서 빠져나오지 못한 채 죽은 겁니다. 콜렉티브가 언제 다시 문을 열지는 알 수 없고요. 어쩌면 영원히 폐업할 수도 있습니다. 루마니아 사람 누구도 콜렉티브를 다시 열어 아픈 기억을

꺼내고 싶지 않기 때문이죠."

　사고 당일 클럽에는 수용 기준보다 많은 500명이 들어갔고, 금지된 록밴드 공연과 폭죽놀이에도 아무런 제재가 없었다. 출입구도 한 개에 불과해 불이 나자 사람들은 먼저 빠져나가기 위해 서로를 밀치고 밟으면서 현장은 아수라장이 됐다. 서로 엉켜서 탈출하지 못한 것이 화재 후 질식사 규모를 더욱 키웠다. 사고 다음날, 부쿠레슈티에서는 1만 2000여 명이 부패 규탄 시위를 벌였고, 매일 참가자가 늘어나 10만 명을 넘어서며 인근 대도시로 확산됐다. 검찰이 업주 세 명을 구속하는 처방을 내놓았지만 시위대는 부패한 정부의 퇴진을 겨냥하고 있었다. 결국 사건 발생 닷새 만에 빅토르 폰타(Victor Ponta) 총리는 "사회의 분노가 정당하다"고 꼬리를 내리면서 사퇴 의사를 밝혔고, 부쿠레슈티시장도 함께 물러났다. 이미 탈세 및 돈세탁 혐의로 기소돼 퇴진 압박을 받고 있던 폰타 총리로서는 클럽 화재 건으로 하차하는 것 말고는 대안이 없었다. 자칫 잘못하다는 차우셰스쿠의 전철을 밟을 수 있다는 판단도 했을 것이다. 이를 보면 시간만 끌다가 나중엔 도망자 신세가 되어 외지에서 죽음을 맞았던 '차우셰스쿠 트라우마'가 루마니아 정치인들에게는 뚜렷이 각인되어 있는 셈이다. 외신들도 루마니아가 1989년 혁명으로 차우셰스쿠의 독재 정권을 몰아냈던 훌륭한 반정부 시위의 전통을 갖고 있다면서 총리 사퇴를 기정사실로 받아들였다.

　루마니아는 2015년 국제투명성기구가 실시한 세계부패인식지수 조사에서 58위로 불가리아, 이탈리아에 이어 EU 국가 중 세 번째로 부패가 심한 나라였다. 2007년 EU에 가입은 했지만 공무원 부패가 워낙 심각해 협력검증 메커니즘(CVM) 관찰대상국으로 지정되기도 했다. 하지만 차우셰스쿠를 몰아낸 저력이 화재 사건을 계기로 부패한 정부를 퇴진시키는 역할을 했다. 특히 대통령 직속으로 반부패조사청(DNA)을 설치해

사회 고위층에 대한 부정부패 감시에 적극 나선 것이 효과를 보았다. 2015년만 해도 반부패조사청은 전직 총리와 다섯 명의 장관을 포함해 1250건의 부패 사범을 기소했고, 이 중 92%에 대해 유죄가 선고됐다. 반면 반부패조사청의 인기가 허상일 뿐 정권에 밉보인 고위 인사들만 타깃으로 하고 있다는 비판도 있다. 일각에서는 루마니아의 부패 척결 작업을 비관적으로 보는 시각도 있다. 마이클 헤인(Michael Hein) 베를린 훔볼트 대학교 교수는 공직자들의 부패가 반부패조사청의 조사만으로는 턱없이 부족하다고 말한다. 그는 루마니아 공직자들의 부패 습성이 역사적 유산이자 세습 받은 네트워크를 통해 하나의 정치 문화나 관행이 되어 있다면서 한 논문에서 이렇게 주장했다.

    부패 혐의로 기소되거나 유죄 판결을 받은 사람이 감옥에 가서도 의원직을 유지하는 것을 어떻게 설명해야 하나. 2013년 11월 기준으로 전·현직 공무원과 의원의 50% 이상이 부패 등의 혐의로 기소됐거나 형을 선고받았다. 루마니아에는 부패 사범이 국민의 대표가 될 수 없다거나 공직에서 추방해야 한다는 컨센서스(consensus)가 없기 때문이다. 정치인들이 정부와 수익 좋은 계약을 체결하는 것도 문제다. 2011년에 3명의 장관과 72명의 의원이 2억 5800만 유로에 달하는 정부 계약을 따냈는데 부패 고리 없이는 불가능하다. 따라서 루마니아의 부패 문제가 감독기구 활동만으로 쉽게 해결될 것으로 기대해서는 안 된다.[6]

---

6) Michael Hein, "The Fight Against Government Corruption in Romania: Irreversible Results or Sisyphean Challenge?" *Europe-Asia Studies*, Vol. 67(Jun, 2015) pp 747~776.

루마니아가 NATO의 최전선이 된 이유

차우셰스쿠가 루마니아 현대사에서 차지하는 비중은 너무나 크지만 그것은 어디까지나 과거의 일이었다. 부쿠레슈티의 한 대학생이 말한 것처럼 나이가 어릴수록 차우셰스쿠가 누군지, 그가 무슨 짓을 저질렀는지 별 관심도 없다. 이들에게 인민궁전은 그저 프랑스의 베르사이유궁, 오스트리아의 쇤부른궁, 터키의 톱카프궁처럼 관광객들을 끌어 모을 수 있는 명소에 불과할지 모른다. 차우셰스쿠는 부쿠레슈티의 가장 유명한 관광 키워드로 떠오른 지 오래다.

하지만 국제정치에서 지금의 루마니아 위상은 러시아에 대항하기 위한 NATO 내 가장 강력한 안보 파트너로 격상되어 있다. 차우셰스쿠의 오명을 짊어져야 했던 루마니아에 대해 자유민주주의를 지키는 보루라는 찬사가 잇따른다. 국제 외교 무대에서 루마니아가 각광을 받는 것은 어쩌면 냉전 시절, 동서 진영을 오가며 통로 역할을 했던 이후 처음일 것이다. 앞서 언급했듯이 루마니아는 미국과 중국 간 수교에 모종의 기여를 했을 뿐만 아니라 1970년대 후반에는 중동 문제를 중재하는 평화의 사도로서도 주목을 받았다. 1978년 4월 지미 카터(Jimmy Carter) 전 미국 대통령의 발언은 루마니아와 차우셰스쿠를 격찬하고 있어 눈에 띈다. "루마니아는 서로가 직접 대화할 수 없는 국가들 간에 다리 역할을 해왔는데, 최근에는 사다트(Muhammad Anwar Sadat) 이집트 대통령의 역사적인 예루살렘 방문에 차우셰스쿠 대통령이 큰 역할을 했다. 루마니아는 또 동구와 서구 국가들 간에 서로를 이해하고 이를 바탕으로 합법적인 신뢰를 쌓는 데 소중한 수단이 되고 있다. 차우셰스쿠는 백악관이 외교 관계가 없어 소통할 수 없는 각국 지도자들에게 우리의 메시지를 전달하는 데도 매우 큰 도움을 주고 있다. 이런 교량적 역할로 국제사회

의 긴장 완화와 상호 이해가 이루어지고 있으니 그의 능력은 큰 보답을 받을 것이다." 인권 전도사인 카터가 독재로 몰락한 차우셰스쿠를 이토록 칭찬했다니 놀랍기도 하거니와 아이러니가 아닐 수 없다. 그만큼 루마니아는 전통적으로 국제무대에서 가만히 있지 않고, 서먹한 둘 사이에 개입하는 데 능숙한 면모를 보여왔던 것이다.

지금도 마찬가지다. 소련의 손아귀에 있던 수많은 동유럽 국가들이 NATO에 들어갔지만 루마니아만큼 적극적으로 활동하는 나라도 드물다. 2004년 NATO 가입 후 미국 주도의 아프간 전쟁을 비롯해 여러 국제 분쟁에 대규모 병력을 파견했고, 2007년 하반기부터 자국 땅에 미군 주둔을 허용해왔다. 이에 NATO 각국은 자신들의 방위 전력을 십시일반 루마니아에 몰아주고 있다. 2016년 5월 루마니아에서는 NATO의 미사일 방어(MD) 기지가 가동을 시작했다. 푸틴이 유럽 내 미국의 미사일 방어 기지만은 절대 안 된다고 해서 2009년 오바마는 포기 선언까지 했지만 체면을 구기고 3년 만에 이를 번복했다. 당초 계획은 폴란드와 체코에 각각 요격미사일 발사 기지와 레이더 기지를 세우려는 것이었지만 체코 자리를 루마니아가 차지했다. 그것도 루마니아가 폴란드보다 3년 먼저 미사일 방어 기지를 완공키로 한 것이다. 루마니아 남부 데베셀루 지역에 SM-3 요격미사일 등이 포함된 미사일 방어 기지가 가동을 시작하면서 2016년 한 해 동안 NATO 주력군들이 루마니아에 둥지를 틀었거나 향후 배치될 계획이라는 뉴스들이 쏟아졌다. 러시아의 도발에 대응하기 위해 NATO의 유럽방위계획에 투입되는 예산은 전년보다 네 배가 늘었고, 영국과 캐나다는 2017년에 각각 최신예 전투기인 타이푼과 F-18 호넷을 루마니아에 보내 작전 운용에 투입한다고 발표했다. 미국은 독일 브레머하펜에 주둔 중인 제3기갑전투여단 소속 병사 500명을 루마니아에 파병했다. 이 부대는 에이브럼스 탱크와 M2 브래들리 장갑차, 155㎜ 곡사포 등

❖ 부쿠레슈티 혁명광장 인근에 있는 루마니아 국방부 청사.

대량의 무기를 갖추었다. NATO 군수통제센터가 부쿠레슈티에서 가동을 시작했고, 남부 크라이오바 지역에서는 NATO 내 다국적 여단이 구성될 것이라는 소식도 들렸다. 옌스 스톨텐베르크(Jens Stoltenberg) NATO 사무총장은 2016년 7월, "남부 유럽에서 NATO의 항시 주둔력을 키우기 위해 루마니아 여단을 다국적 여단으로 개조하겠다"고 밝혔다. 터키가 미국과 갈등을 빚으면서 터키에 배치했던 핵무기를 루마니아로 이전할 것이라는 얘기도 흘러나왔다. 루마니아는 2014년 우크라이나 사태 이후 러시아와 NATO 간 세력 각축이 확대되는 속에서 이래저래 NATO의 총아로 떠오르고 있는 것이다. 겉보기에는 흑해를 사이에 두고 러시아와 대척점에 있는 루마니아가 알아서 방패막이가 되어달라는 주문일 수도 있다. 물론 그 대가로 서방은 EU 기금을 통해 루마니아 내 인프라 프로젝트에 거액을 몰아주거나 투자를 크게 늘릴 것이다.

부쿠레슈티에서 만난 김은중 대사는 루마니아가 자천타천(自薦他薦)으로 NATO의 최전선이 되기로 한 것은 다 이유가 있다고 설명했다. "루

마니아는 역사적으로 반러시아 기질이 강한 나라입니다. 오랫동안 베사라비아 지역(지금의 몰도바)을 러시아(소련)에 빼앗겼는데, 어떤 민족도 자기의 영토를 차지한 나라와는 절대 친해질 수가 없어요. 냉전 시절, 차우셰스쿠만 해도 소련에 가장 독자적으로 행동한 몇 안 되는 동유럽 지도자 중 하나였어요. 루마니아는 특히 경제적 측면에서 러시아로부터 독립적입니다. 에너지 의존은 거의 없고 오히려 자급자족이 가능하니 러시아에 휘둘릴 가능성이 낮죠. 소련이 해체되었을 때 곡물이나 기계류 같은 것을 수출해서 러시아에 대해 순채권국이었을 정도죠. 루마니아가 NATO 역할에 충실하면서 미국이나 유럽은 투자도 많이 해주고 있습니다. 오라클, MS, 휴렛패커드를 비롯해 수많은 IT 회사들이 부쿠레슈티에 들어와 있고, 독일 기업들도 생산 공장을 저임금의 루마니아 곳곳에 차리고 있죠." 김 대사는 최근 유럽의 정치 지형에 친러시아화가 진행되면서 루마니아가 이를 막는 보루 역할을 하고 있다고도 했다. "얼마 전 불가리아 대선에서 러시아와의 관계를 강조하는 대통령이 당선됐고, 몰도바 대선에서도 친러 후보가 이겼습니다. 헝가리 총리는 난민 문제 등에서 우경화를 보이며 서방과 멀어져 러시아에 붙고 있고요. 명색이 NATO 회원국인 터키는 어떻습니까. 미국, 유럽과 끊임없는 설전을 벌이는 반면 러시아와는 다시 사이가 좋아지고 있죠. 서방 입장에서 러시아를 막는 데 루마니아에 대한 중요성이 커질 수밖에 없는 형국이에요."

현지에서 만난 국제관계 전문가인 세카레스 교수도 비슷한 얘기를 했다. "터키 대통령이 며칠 전 유럽 대신에 러시아와 중국이 주도하는 상하이협력기구(SCO) 가입 얘기를 꺼냈습니다. 물론 실현 가능성은 없고 레토릭에 불과합니다. 하지만 NATO 입장에선 터키를 믿을 만한 동반자로 볼 수 있겠습니까. 터키 내의 NATO 핵무기를 루마니아로 옮긴다는 소문까지 나도는 것도 이 때문이죠. 그만큼 루마니아가 NATO 내

❖ 차우셰스쿠 부부의 시신이 안치된 공동묘지. 인민궁전에서 멀지 않은 곳에 위치해 있다.

에서 중요해졌다는 방증이기도 하고요. 우리가 미사일 방어 기지를 설치했다고 러시아가 공격할 수 있을 거라고 보십니까. 푸틴도 힘의 균형을 알고 있는데 NATO의 최전선인 루마니아를 상대로 일을 벌이지는 못합니다."

무엇보다 루마니아가 군사적·정치적으로 친서방 모드를 강하게 켜고 있는 것은 러시아에 대한 반감과 의심이 크기 때문일 것이다. 루마니아는 냉전 시절, NATO에 맞선 바르샤바조약기구 회원국이었지만 당시에도 소련군의 루마니아 주둔을 거부하고 바르샤바조약기구 차원의 연합 군사훈련에 불참하는 등 독자적인 노선을 걸었다. 차우셰스쿠 전임자인 게오르기 데지(Gheorghiu Dej)가 바르샤바조약기구가 결성된 1955년부터 소련군의 철수를 제기하자 격노한 니키타 흐루쇼프는 3개월간 루마니아와의 관계 단절을 선언하기도 했다. 특히 1989년 차우셰스쿠 정권이 무너진 이후 양국 정상 간에 상호 방문이 단 한 번도 없었을 만큼 루마니아-러시아 관계는 냉랭한 편이다. 루마니아의 시민권자인 최성국

전문위원은 "제2차 세계대전에서 루마니아군은 독일 편으로 참전해 스탈린그라드 전투 때 무려 20만 명이 러시아군에 몰살을 당했어요. 인육(人肉)이 됐다는 표현을 쓸 정도로 참담했죠. 소련 시절에도 얼마나 많은 무고한 시민들이 숨겼습니까. 한 집 건너면 다 소련(러시아) 놈들한테 당한 한 맺힌 정서가 있습니다. 반면 지금은 루마니아 역사에서 외세 침략을 막는 데 가장 안정적인 상황이죠. NATO와 최고 수준의 협력을 하고 있으니까요."

역사학자인 래리 와츠에 따르면 냉전 시절을 살았던 루마니아 사람들은 자신이 러시아인과는 문화나 전통적으로 아무런 연계가 없고, 경제적 의존도가 낮아 루마니아가 소련 블록을 떠나더라도 크렘린이 이를 막을 레버리지가 없다고 여겼다. 고르바초프의 외교 책사로도 활동했던 알렉산드르 야코블레프(Aleksandr Yakovlev)는 소련 해체를 앞두고 "루마니아 사람들은 전통적으로 (우리와 다른) 라틴 공동체의 분위기에서 자랐고, 서구로부터 경제적·물질적 지원을 받기 때문에 그들을 막을 도리가 없다"고 밝혔다. 실제 라틴 계열인 루마니아는 슬라브족인 러시아와 민족 자체가 다르다. 같은 슬라브 조상을 둔 불가리아가 피를 강조하면서 러시아에 좀 더 온정적인 모습을 보이는 것과는 사뭇 대조적이다.

불가리아의 수도 소피아에서 만난 신부남 대사는 "최근 루마니아 외무장관이 소피아에 와서 흑해 연안 국가들끼리 러시아에 맞서기 위해 흑해연합 함대를 만들자고 제안했다가 거절당했어요. 불가리아는 그런 것까지 해서 러시아를 자극할 필요가 있느냐는 것이었는데 러시아에 대해 불가리아와 루마니아 간의 차이를 극명하게 보여주는 것이죠." 어쩌면 불가리아는 러시아 입장에서 보면 유럽을 공략하거나 분열시킬 때 가장 약한 고리가 될 수 있는 나라다. 그 옆에 붙어 있는 슬라브 맹방인 세르비아와 그 위의 헝가리가 최근 친러시아 행보를 보이는 점을 감안하면

러시아는 불가리아-세르비아-헝가리를 따라 유럽을 약화시키는 공략 루트로 삼을지 모른다. 여기에 아직 NATO에 들어가지 못한 우크라이나, 몰도바까지 옆에 두고 있는 루마니아는 러시아와 NATO 간 충돌에서 고립될 운명에 처할 수도 있다. NATO로서는 루마니아마저 잃을 경우 발칸은 물론 동유럽 전체가 다시 러시아의 손아귀에 떨어질 수 있는 만큼 루마니아에 화력을 특별히 집중시킬 수밖에 없는 것이다.

내가 보기에 루마니아는 러시아와 NATO 간 갈등 상황을 어쩌면 즐기고 있는 것 같았다. NATO군을 자국 땅에 불러들여 국가 안보와 국제 위상을 높이고 경제적 실리도 챙기고 있기 때문이다. 문제는 러시아가 조지아와 우크라이나에 이어 만에 하나 루마니아에 도발을 가한다면 NATO의 안보 우산이 즉시 가동될지 여부다. 이에 대해 루마니아 학계의 두 명의 현인(賢人)도 명확한 답변을 주지 못했다. NATO 비회원국인 조지아나 우크라이나 사례와 비교할 수 없다는 점에서 루마니아 공습 시 NATO 차원에서 가만히 있지는 않을 것이라는 정도였다. 반면 가장 우려스러운 점은 러시아의 제국주의적 근성이라고 꼬집었다. 이로 인해 NATO 국가들에 대한 러시아의 도발 가능성도 결코 사라지지 않을 것이라고 힘주어 말했다. 이오네스쿠 박사는 "러시아 엘리트들의 제국주의적 성향이 지역 갈등을 끊임없이 야기하고 있어요. 지금 당장 NATO와 러시아가 가까워진다고 해도 또 얼마 안 가서 대립하는 일이 생길 겁니다. 이것이야 말로 흑해 연안 국가들의 본질적인 진짜 위협이죠." 세카레스 교수는 본인이 30여 년 전 워싱턴에서 미국 당국자들과 회의를 하면서 이 문제를 제기했다고 말했다. "미 국무부 당국자에게 러시아가 인근 작은 국가들을 대하는 제국주의적 태도에 대해 제 경험을 담아 우려를 전달했지만 그들은 잘 이해하지 못했습니다. 그리고 이후 소련이 무너졌고 그들은 또다시 러시아를 파악하지 못했어요. 우리는 러시아 옆

에서 수천 년을 살았으니 그들의 생리를 잘 압니다. 어쩌면 우리는 (냉전 때처럼) 서방과 러시아 간 전쟁의 최전선으로 또다시 끌려가고 있는 것인지도 모릅니다. 물론 그게 언제 끝날지는 아무도 모르죠."

불가리아 Bulgaria

사기꾼들을 피해 따스한 나라로

인민궁전 내부를 관람하려면 그 앞에 있는 큰 공원을 지나가야 했다. 이른 아침 추운 날씨 속에서 현지인으로 보이는 20대 후반의 남성이 인민궁전을 배경으로 사진을 찍고 있었다. 루마니아의 지방 사람이 수도(부쿠레슈티)로 놀러온 것이겠거니 했다. 내가 인민궁전 안으로 들어가려면 어디로 가야하는지 물으니 친절하게 설명을 해주었다. 그리고는 나와 같이 동행하면서 이것저것 얘기를 나누었다. 전날 내가 교민 몇 분을 만난 자리에서 "루마니아 사람들, 참 불친절하다"고 투덜댔던 것과는 딴판

- 루마니아 남쪽, 발칸반도 남동부에 있는 나라로 주변 강국인 터키와 국경을 접하고 있다. 터키의 동유럽 진출 통로에 위치하고 있어 500여 년 동안 오스만튀르크의 식민 지배를 받았다. 1878년 러시아와 터키 간 전쟁에서 러시아가 승리하면서 독립했고, 현재 EU와 NATO 회원국이지만 친러시아적 성향이 남아 있다. 최근에는 중앙아시아와 중동으로부터 동유럽으로 석유와 가스를 수송하는 에너지 허브 역할로 주목받고 있다.

이었다. 카자흐스탄에서는 외국인이 길을 물어보면 직접 데리고까지 가서 위치를 알려주고, 버스에서는 나이든 분에게 반드시 자리를 양보하는데, 부쿠레슈티 시민들은 그런 게 거의 없었다. 사진 찍는 그 친구

❖ 인민궁전 내부를 관람하려면 그 앞 공원을 지나야 한다.

와 공원을 얼마쯤 걸어가니 영화배우 숀 코넬리를 닮은 40대 남자가 경찰이라며 신분증을 보여주면서 우리에게 여권을 꺼내라고 했다. 인민궁전에 대한 테러 가능성이 있다면서 여기서부터 신원 검사를 해야 한다는 것이었다. 그 경찰은 우리의 여권 검사를 끝내자 요즘 불법 코카인 반입이 많다면서 소지품도 검사해야 한다고 했다. 루마니아인 그 청년은 먼저 지폐 다발을 건넸고, 경찰 남자가 코에 대더니 개처럼 킁킁거리며 냄새를 맡고 나서 돈을 돌려주었다. 내게도 지갑을 꺼내라고 했다. 나는 무심코 그 친구를 따라 지갑을 내주었지만 아무래도 수상쩍어서 인상을 쓰며 경고를 날렸다. "한국에서 온 기자인데 너희 나라 높으신 양반들을 만나고 있다. 지갑 갖고 허튼 수작하면 가만 안 둔다." 나는 속으로 신용카드까지 들어 있는 지갑을 그가 들고 줄행랑칠지 모른다는 생각으로 불안했다. 그는 지갑 속에 있는 달러와 텡게, 리라를 꺼내 또다시 킁킁대며 냄새를 맡더니 그것들을 돌돌 말아서 지갑에 다시 넣어 내게 돌려주었다. 눈앞에서 돈이 도로 지갑에 들어간 것을 봤으니 더 이상 의심하지 않고 인민궁전을 향해 갔다. 경찰 심문이 끝나자 루마니아인 청년은 내게 인민궁전을 배경으로 사진을 찍어달라며 포즈를 취했다. 휴대폰 셔터를 누르고 뒤를 돌아봤더니 경찰 놈은 이미 떠나고 없었다.

인민궁전 입구에서 오전 11시에 내부 투어를 시작하는 표를 구입했

다. 그런데 지갑 속에 돌돌 말아진 달러 지폐를 펴려고 지갑을 열어봤더니 원래 600달러가 있어야 하는데 300달러만 보였다. 순간 '아차, 당했다'하는 생각이 퍼뜩 떠올랐다. 빳빳하게 반으로 접어 지갑에 넣어둔 달러를 돌돌 말아 집어넣는 과정에서 경찰로 사칭한 그 놈이 손기술을 발휘한 것이다. 바로 눈앞에서 보고도 감쪽같이 당한 것이다. 공원에서 사진을 찍던 젊은이는 경찰이란 놈과 한패였던 게 분명했다. 내가 선뜻 지갑을 꺼내도록 하고, 지갑을 돌려받자 곧장 사진을 찍어달라면서 그 사기꾼이 도망칠 시간을 벌어준 것이다. 당장 공원으로 달려가 그 놈을 잡아야겠다고 생각했지만 그 놈도 머리가 조금이라도 있다면 이미 도망치고서 한동안 그 자리에 나타나지 않을 것이 분명했다. 또 시간은 인민궁전 내부 투어를 5분여 앞두고 있었다. 환불을 요청했지만 역시나 '불가하다'는 불친절한 답변만 들었다. 그때부터 인민궁전 투어는 가이드의 설명이 절반도 들리지 않았다. 수중에 남아 있는 돈으로 어떻게 불가리아, 터키까지 갈 것인지, 그 놈을 어떻게 잡을 것인지 하는 생각만 계속 맴돌았다. 그동안 해외 출장을 30개국 넘게 다녀봤지만 면전에서 대놓고 사기를 치는 인간은 처음 봤다. 그 험한 러시아나 우크라이나에서도 이런 일은 없었는데, 루마니아 놈들은 어떤 인간이길래 이런 장난을 치는지 루마니아에 대한 혐오감이 커져갔다. 관람을 끝내고 인민궁전에 있는 관리자에게 자초지종을 얘기했더니 "안타깝지만 경찰에 신고하는 방법밖에 없다"는 답변만 돌아왔다. 또 인민궁전 홈페이지에 '인근 공원에서 경찰을 사칭하는 사람을 주의하라'는 경고문을 올려놨는데 보지 못했느냐는 힐난 섞인 소리도 들었다. 그렇게 위험하면 경찰을 공원에 배치했어야지, 인터넷에 경고문 하나 달랑 올려놓으면 할 일 다했다는 것인지 할 말이 없었다.

현지 거주자도 아닌 나로서는 경찰서를 찾아가 신고할 필요가 전혀

없었다. 이 지긋지긋한 도시를 빨리 떠나면 될 뿐이었다. 경찰에 신고해서 언제 잡을 것인가, 경찰을 만나 사건 경위를 진술하다가 내 화만 더 날 것이 분명했다. 자칫 부패한 경찰이라도 만나면 트집을 잡혀 뒷돈을 요구할지도 모를 일이다. 당초 다음날 오전에 부쿠레슈티를 떠나려고 했지만 하루라도 빨리 이 징그러운 도시를 탈출하려고 심야 버스를 타기로 했다. 돈이 부족해진 만큼 호텔 대신 심야 버스를 타야 이동과 숙박 문제를 동시에 해결할 수 있기 때문이다.

　루마니아에는 외국인을 상대로 한 사기꾼들이 유독 많았다. 대표적인 것이 택시로 내가 부쿠레슈티에서 여섯 번을 탄 택시 중에 네 번이 사기였다. 공항에서 시내 호텔을 가는데 27레이(약 8000원)가 나왔지만 운전사는 공항에 돌아가야 한다며 50레이를 내놓으라고 우겼다. "그런 게 어디 있냐"고 따졌더니 "여기는 원래 그렇다"며 막무가내였다. 부쿠레슈티에 오기 전, 루마니아에서 겪은 택시들의 횡포를 써놓은 블로그를 많이 봤는데 역시 그대로였다. 해병대 출신의 건장한 한국 남성이 공항에서 호텔까지 택시를 탔다가 무려 200달러를 달라는 황당한 요구에 경찰을 부르기 직전까지 갔다가 시간이 아까워 그냥 50달러에 마무리했다는 얘기도 생각났다. 부쿠레슈티에서는 택시 가격을 흥정하지 못하도록 미터기를 달아놨지만 얼마든지 운전사가 조작할 수 있다는 게 문제였다. 분명히 갔던 길을 돌아오다가 중간 지점에서 내렸는데 택시비는 두 배 가까이 나오기도 했다. 길이 막힌 것도 아니었다. 운전사가 주행 중 미터기를 슬쩍 만진 것 같더니 그 다음부터 요금 올라가는 속도가 빨라졌다. 통일광장 앞에서 나이트클럽 화재 현장을 가려는데 택시마다 25레이를 불렀다. 인상이 좀 착해 보이는 운전사를 골라 미터기를 켜고 갔더니 5레이에 불과했다. 한마디로 부쿠레슈티에서 택시 요금은 엿장수 마음대로였다.

내가 겪은 택시 운전사 횡포의 하이라이트는 인민궁전에서 나와 차우세스쿠 부부의 묘지로 가기 위해 택시를 잡아탈 때였다. 미터기가 꺼져 있길래 "왜 미터기를 안 켜냐"고 질책을 하자 택시 운전사는 "지금 막 미터기의 전원을 켰으니 좀 기다려달라"고 했다. 하지만 작동이 계속 멈추어 있길래 "빨리 켜라!"고 요구했고, 그제야 "고장났다"며 이실직고를 했다. "그럼 얼마에 갈 수 있냐"고 묻자 50레이나 달라고 했다. 어제 교민에게 듣기로는 5~10레이면 충분하다고 했는데 이놈이 또 장난질하고 있는 게 분명했다. 나는 "당장 차 세워!"라고 외쳤고, 그는 한쪽에 차를 멈추더니 9레이를 내라고 했다. 1km도 안 되는 거리에 9레이라니, 나는 분노가 한꺼번에 폭발해 한국말로 욕설과 함께 당장 경찰 부르라고 소리쳤다. 그리고 그냥 차에서 내려버렸다. 그랬더니 그 망할 놈의 운전사는 창문을 내리고 알 수 없는 욕지거리와 함께 영어로 "Go back to your country! You are a devil!(너네 나라로 돌아가라! 악마 자식아!)"이라고 한참을 떠들어댔다. 옆에 있는 호텔에 가서 차우세스쿠 묘지까지 택시비가 얼마냐고 물어보니 5레이면 충분하다는 얘기를 들었다. 정말이지 2시간 전에 지갑을 털리고, 엉터리 택시 운전사에게 이런 일까지 당하고 나니 힘이 쭉 빠졌다. 거기에서 다른 택시를 잡아타고 차우세스쿠 묘를 다녀오긴 했는데 그때도 역시나 사기 택시였다. 택시 겉에 기준 요금이 km당 1.39레이라고 분명히 적혀 있는데 중간에 5.39레이로 올라가더니 비용은 15레이가 나왔다. 내가 5레이만 주겠다고 하자 자기도 너무 했는지 조금만 더 달라고 해서 7레이를 주고 택시 문을 쾅 닫고 나와버렸다. 춥고 음산한 날씨에 기분까지 우울해져서 부쿠레슈티 탈출을 재촉할 수밖에 없었다. 도저히 다른 곳을 택시 타고 돌아다닐 기분이 나지 않았다. 그래서 차우세스쿠 묘지에서 호텔까지 40여 분을 그냥 걸어서 왔다. 부쿠레슈티의 엉터리 택시에 신물이 났고, 인상 흉악한 운전사들을 만나

이래저래 떠들기도 싫었다. 속으로 '괴상한 차우셰스쿠의 후예들이라 어쩔 수 없구만. 이런 게 무슨 EU 국가라고. (거기 들어가려는) 조지아나 우크라이나도 이렇지는 않는데' 하는 냉소와 원망만 마음에 가득했다. 호텔에 돌아와 프런트에 있는 현지인에게 내가 겪은 일을 얘기했더니 놀란 표정을 지으며 "미안하다"는 말을 해준 것이 그나마 작은 위안이었다. 그녀가 옆에 앉은 동료에게 "우리나라에서 택시 운전하는 인간들은 정말 문제가 너무 많아"라며 푸념하는 소리를 듣기도 했다.

부쿠레슈티에서 버스를 타고 불가리아 국경 도시인 루세까지는 1시간 30분밖에 걸리지 않았다. 겨울 저녁이어서 루마니아와 불가리아 간 국경 역할을 하는 다뉴브강의 경치를 잘 보지는 못했지만 루세 국경검문소에 걸려 있는 흰색, 초록, 빨강의 커다란 3색기가 불가리아에 도착했음을 알려주었다. 통관 절차는 너무나 간단했다. 버스 운전사에게 여권을 건넸고, 그가 국경 초소로 가서 도장을 받아오면 그만이었다. 공항에서처럼 본인이 직접 얼굴을 내보일 필요도 없고, 짐 검사 같은 것도 일절 없었다. 얼마든지 루마니아-불가리아 국경에서 무기나 마약 반입이 쉽게 이루어질 수 있어 보였다. 이런 식의 허술한 검사라면 테러리스트를 단속하기도 어려울 것이다. 물론 유럽행 중동 난민들도 가장 가고 싶지 않은 나라가 루마니아, 불가리아라고 하니 이들 당국이 이런 식으로 국경을 열어놔도 난민이 몰려들 걱정은 없을 테지만 말이다. 루세에서 소피아까지는 버스로 6시간이 걸렸는데 새벽 2시 반 차를 타기 위해 버스 대합실에 또다시 6시간을 앉아 있어야 했다. 한국의 어디 벽촌 터미널보다 못했지만 무료 와이파이가 터진다는 것이 참 신기했고 그나마 울적한 마음에 위안이 됐다. 나라는 바뀌었지만 여기도 한 인상하는 험상궂은 인간들이 득실거렸고, 이 때문에 새벽까지 맘 편하게 눈을 붙이기도 힘들었다. 유튜브를 통해 예전 코미디 프로를 보며 일부러 웃기도 하면서 기

❖ 매장과 식당이 밀집한 깨끗한 소피아 시내의 거리.

분을 회복시키려고 해보았지만 한편으로는 '역시 유럽은 선진국을 가야지. 이래서 변두리 국가는 잘 안 가는 거겠지'하는 생각이 들기도 했다.

　심야 버스에서 몇 번을 뒤척이며 비몽사몽하다 드디어 소피아에 도착했다. 버스 터미널은 크지 않았지만 나름 깔끔했다. 여기에서도 택시 호객꾼들이 접근을 했고, 자원봉사자라며 도와주겠다는 사람도 있었지만 냉정하게 무시했다. 내게는 다 사기꾼으로만 보였다. 이제부터 이동은 웬만하면 지하철로 하기로 했다. 불가리아도 루마니아와 비슷할 테니 택시 타고 깐족대는 운전사와는 만나지 않는 게 상책이었다. 물론 수중에 돈도 떨어져가고 있었다. 비상용으로 신용카드를 갖고 있었지만 혹시나 하는 우려로 쓰지 않으려고 했다. 이른 아침 숙소로 가기 위해 버스 터미널 인근 지하철로 이동을 했는데 예상과 달리 엄청 깨끗했다. 유럽의 어떤 지하철보다 나아 보였다. 루마니아에서는 보기 힘들었던 러시아 키릴문자도 반가웠다. 사람들도 부쿠레슈티에서보다 훨씬 친절했다. 길을 물으면 자기 휴대폰을 켜서 알려주기도 했고, 근처까지 데려

다주기도 했다. 소피아 방문에 앞서 현지 사람들과 인터뷰 일정을 잡을 때도 그들은 반드시 답장을 해주었고, 거절 시에는 미안해하면서도 무척 정중했다. 소피아의 고풍스러운 도시 모습도 마음에 들었다. 부쿠레슈티는 인민궁전과 통일대로를 짓기 위해 많은 유적들이 파괴됐고, 소련 시절에 옆으로 길쭉하게 멋없게 지은 건물들만 남아서 삭막한 느낌이 든 반면 소피아에는 고대의 건축물들이 잘 보존되어 있었다. 도시 규모는 작았지만 과거와 현대식 건물들이 조화를 잘 이루고 있었다. 도시가 전체적으로 인간적이고 따뜻한 분위기였다. 부쿠레슈티에서 착잡했던 마음이 소피아에 와서 서서히 풀리는 느낌이 들었다. 소피아마저 부쿠레슈티를 닮았다면 아마 발칸반도에 대한 인상은 실망 그 자체였을 것이다. 소피아가 그런 우려를 씻어냈고 내 기분도 살려냈다.

하지만 몇 개월 뒤 불가리아를 다시 방문했을 때 나는 루마니아에서 있었던 불쾌한 사기 사건을 다시 경험했다. 2017년 7월 초, 터키를 거쳐 불가리아, 마케도니아, 알바니아로 발칸 남부를 여행하면서 불가리아 제3의 도시이자 흑해에 접한 휴양지인 바르나에 들렀다. 이스탄불을 떠난 버스는 10시간을 달려 새벽 6시에 바르나 버스 터미널에 도착했다. 이른 새벽에 내린 탓에 환전소들이 문을 닫은 상태여서 터미널 부근의 한 여행사에서 20달러를 바꾸었다. 당시 은행 환율은 1달러에 1.7레바였는데 여행사 직원은 외국인인 내게 1달러에 1.5레바를 적용해 30레바를 내주었다. 약간의 이익을 보려고 환율을 속였지만 남보다 일찍 출근한 자의 보상이라 생각하며 애교로 넘겼다. 문제는 다음이었다. 터미널 내부를 구경하고 있는 내게 50대 초반의 남성이 다가와 좋은 환율로 환전을 해주겠다며 꼬드겼다. 그는 은행 앞 환율 시황판을 가리키며 저것보다 높은 1달러에 1.8레바를 제시했다. 그러면서 100달러 외에 10달러를 더 내면 200레바를 주겠다면서 내가 앞서 여행사에서 받은 30레바 가운

데 20레바를 가져가더니 100레바짜리 지폐라며 두 장을 건네주었다. 그는 추가로 달러를 더 환전하라고 재촉하면서 결국엔 100달러를 더 뜯어갔다.

나는 그와 헤어진 뒤 숙소로 오면서 혹시 위폐(僞幣)가 아닐까 의심도 들었다. 하지만 그가 얼굴까지 새겨진 명함을 건네주었고, 이날 이탈리아로 여행을 가야 해서 급전이 필요하다며 애원하는 통에 마지못해 200달러를 내주고 만 것이다. 내가 지폐 내용을 정확히 본 것은 호텔 체크인을 위해 로비에 도착하고 나서도 1시간이 지나서였다. 그런데 아뿔싸. 지폐에는 100레바가 아니라 러시아어로 벨라루스 중앙은행이 발행한 100루블이라고 적혀 있었다. 100레바라며 네 장의 지폐를 받았을 때 그냥 '0'의 개수가 두 개라는 것만 보고는 주머니에 서둘러 넣어버렸던 것이다. 환율을 알아보니 벨라루스 400루블은 한국 돈으로 치면 겨우 23원에 불과했다. 내가 묵은 숙소의 직원은 어쩌면 이 지폐가 사용이 중단된 것일지 모른다고 했다. 눈 뜨고도 당한 내 황당한 실수에 쓴웃음만 나왔다.

나는 가까운 경찰서를 찾아가 몇 시간 전에 벌어진 황당 사건의 전말을 털어놓았다. 처음에 현지 경찰들은 태평한 표정을 지었다. "버스 터미널은 우리의 관할 지역이 아니다. 지도에 보이는 여기로 가봐라"며 남한테 떠넘기는 분위기였다. 내가 "한국 기자인데 이런 식으로 일처리를 하면 기사와 책을 통해 오늘 겪은 일을 다 폭로하겠다"고 소리를 치자 그제야 서로 수군대더니 관할 경찰서에 연락을 취했다. 1분이 지나 제복을 입은 경관 두 명이 차를 타고 와서 나를 자신들의 건물로 데리고 갔다. 그 곳의 간부로 보이는 남성은 나를 면담하면서 자초지종을 설명 듣고 나더니 "은행이나 환전소가 아니라 길거리 개인에게서 돈을 바꾸는 것은 엄연한 불법"이라며 나를 다그쳤다. 내가 지지 않고 "그게 생면부

지 땅에 관광 왔다가 돈 잃어버린 외국인한테 할 소리냐. 내가 확인을 못한 것은 실수지만 이런 일이 잦으면 미리 단속을 하고, 상황을 고지해야 하는 것 아니냐"고 따졌다. 실제 바르나 시내에서 현지인들은 환율을 높게 쳐주겠다며 주로 외국인들과 은밀히 접촉하려 했다. 나중에 만나 본 주민들은 길거리에서 환전한 돈의 상당수가 가짜라며 절대 하지 말라고 당부하기도 했다.

솔직히 나는 불가리아 경찰이 내 돈을 찾아줄 수 있을 것으로 애초 기대하지 않았다. 그냥 지푸라기라도 잡아보려는 심정에서, 또 내 사정을 호소라도 해보려고 경찰서를 찾아갔던 것이다. 그들은 피해자인 나를 타박하고, 범인을 언제, 어떻게 검거해서 나한테 연락을 주겠다는 등 어떤 얘기도 해주지 않아 역시나 희망을 품기는 어려웠다. 하지만 다음 날 아침 일찍, 경찰 두 명이 내가 머무는 숙소에 찾아와 정밀한 조사가 필요하다며 검찰청사로 데리고 갔다. '경찰과 검찰 간에 호흡이 참 좋구먼. 이렇게 사건 처리가 빠를 수가' 하는 생각이 스쳐갔다. 검찰조사관은 영어-불가리아어 통역원까지 불러 내가 겪은 일을 자세히 기록했다. 범인의 인상착의는 물론이고 단서가 될 만한 사소한 정황까지 자세히 캐물었다. 중년의 여성 검찰조사관은 버스 터미널과 그 주변에는 단속 카메라가 많아 범인을 금세 찾을 수 있다고 했다. 늦어도 2개월이면 검거할 수 있다면서 결과가 나오는 대로 이메일로 연락을 주겠다고 했다. 잃어버린 돈은 불가리아에 사는 한국인 지인이나 소피아에 있는 한국 대사관을 통해 건네받을 수 있도록 하겠다는 얘기도 했다.

바르나에서 금전 사기를 당한 뒤 처음엔 여기도 루마니아와 다르지 않아 보였지만 신속히 수습에 나선 검경(檢警)을 보면서 위안이 됐다. 루마니아와 불가리아는 둘 다 흑해에 접한 발칸 국가지만 외국인 관광객 수는 불가리아가 훨씬 많다. 흑해를 포함한 불가리아 도시 곳곳의 풍광

이 아름답기도 하지만 관광도시에서 사기꾼을 몰아내기 위해 공권력이 잘 작동하기 때문일 것이다. 앞으로 발칸의 소국들과 조지아, 우크라이나가 EU에 들어가려 할 때 낮은 범죄율도 중요하지만 이를 다루는 정부의 능력과 의지도 반드시 체크해야 할 요소라는 생각이 더욱 든다.

소피아에 중요한 건 대외 관계보다 내치

소피아는 유럽 국가의 수도 치고는 작았지만 아기자기한 건축물들이 시내에 많아 걸어 다니며 구경하기에 좋았다. 유럽 내 어느 도시보다 쾌적한 소피아의 지하철은 4레바(약 2500원)짜리 표를 끊으면 온종일 타고 다닐 수 있다. 소피아 시민들은 한국을 잘 안다면서 친절히 길 안내를 해주었다. 신호등 앞에 서 있던 정장 차림의 남성은 "한국 대통령의 탄핵 정국이 어떻게 되어가느냐"고 물어볼 정도로 한국에 대한 관심이 높았다. 소피아 시내 관광에서 최대 명소를 꼽으라면 알렉산드르 넵스키(Aleksnandr Nevsky) 성당이 아닐까 싶다. 시내 한복판에 초록색과 황금색 지붕을 한 예쁜 모양의 성당은 규모 면에서 발칸 내 1~2위를 다툰다고 한다. 러시아-오스만튀르크 전쟁(러-터 전쟁, 1877~1878)에서 숨진 러시아군 전사자 20만 명을 추모하기 위해 30년(1882~1912)에 걸쳐 지어졌고, 여기에 1960년 소련 정부로부터 순금 20kg을 기증받아 황금색 돔 지붕이 완성됐다. 러시아와 불가리아 모두 넵스키 성당에 공을 들인 이유는 이 건물에 양국 관계가 녹아 있기 때문이다. 불가리아는 1396년부터 장장 500여 년 간 오스만튀르크의 지배를 받았는데 여기에서 해방된 계기가 러-터 전쟁이었다. 부동항을 찾아 남진(南進)하던 와중에 터키와 충돌

❖ 알렉산드르 넵스키 성당.

한 러시아가 전쟁에서 승리하면서 불가리아는 지긋지긋했던 터키의 압제에서 벗어났다. 이후 러시아는 불가리아를 통해 흑해와 발칸반도에 대한 영향력을 강화했고, 소련 시절에는 불가리아를 위성국으로 두었지만 불가리아인들은 러-터 전쟁을 조국 해방 전쟁으로 부르면서 러시아에 감사해하고 있다. 넵스키 성당이 소련이 해체되고서도 온전히 보전되고 소피아 시민들의 사랑받는 명물이 된 데에는 이런 배경이 있었다.

불가리아는 NATO와 EU 국가지만 러시아에 대한 감정은 이웃 나라들에 비하면 크게 나쁘지 않다. 국립 소피아 대학교의 카멘 남(Kamen Nam) 교수는 불가리아가 역사적으로 유연한 대외 정책을 펼쳐왔기 때문에 NATO에 들어가고도 러시아와 사이가 좋다고 말했다. 그는 북한 유학생이던 부친과 불가리아 여성 사이에서 태어나 2016년 서울에서 탈북 이복동생을 만나 화제가 되기도 했다. "제2차 세계대전 때 불가리아는 독일에 점령되고서 러시아와 싸워야 했지만 당시 보리스 3세 국왕은 불

가리아군에게 가급적이면 러시아 군을 살상하지 말라고 했어요. 러시아와는 같은 슬라브 형제니까요. 또 당시 3만 5000여 명의 유대인이 불가리아에 살고 있었는데 국왕은 그들을 독일 수용소로 보내지 않았습니다. 그래서 불가리아는 유대인들과도 지금까지 매우 우호적인 관계를 유지하고 있죠. 불가리아는 발칸 주변국들과 사이가 좋기 때문에 한국도 이 지역에 진출하려면 불가리아를 교두보로 활용할 필요가 있어요."

❖ [인터뷰] 국립 소피아 대학교 카멘 남 교수.

제2차 세계대전이 끝난 후 냉전 시절에도 불가리아는 동유럽 국가들 중 소련과 가장 친밀한 나라였다. 역대 동유럽 지도자로는 최장 기간인 35년(1954~1989년)을 집권한 토도르 지브코프(Todor Zhivkov) 불가리아 제1서기 겸 수상은 크렘린의 지시라면 죽는 시늉까지 하는 스타일이었다. 불가리아가 루마니아와 달리 소련의 앞잡이로 불렸던 것도 친소파인 지브코프가 오래 집권을 한 탓이었다. 지브코프와 차우셰스쿠는 둘 다 장수 독재자였지만 대외적인 성향은 달랐다. 차우셰스쿠가 중소분쟁 와중에 중국을 편들며 소련과 거리를 둔 반면 지브코프는 철저히 반중(反中) 노선을 견지했다. 1968년 체코 자유화 운동인 '프라하의 봄'에 소련군이 개입하자 차우셰스쿠는 즉각 반대 성명을 발표했지만 지브코프는 소련을 지지하는 차원을 넘어 군사까지 보내 동참했다. 지브코프는 유럽과의 협력도 모색했지만 소련과의 친선관계가 자국 외교의 근간이라고 떠들고 다녔다. 열렬한 친소 노선 덕분에 지브코프는 체제 안정을 이루었고, 소련으로부터 물질적인 지원이 더해져 냉전시절 산업화 측면

에서 루마니아보다 앞섰다.

불가리아 뉴스통신사 BGNES에서 일하는 15년차 기자 엘리차 엘레플레로바(Elitza Eleflerova)는 "우리는 루마니아와 달리 러시아를 싫어하지 않는다"고 했다. 그녀는 소피아 대통령궁 앞에서 다른 기자들과 함께 여당 정치인을 만나기 위해 속칭 '뻗치기'를 하고 있었는데 정치 상황을 묻는 내 질문에 몇 마디 해주었다. "길거리 시민들한테 물어보세요. 아마 대놓고 러시아 싫다고 하는 사람은 별로 없을 겁니다. 우리는 같은 민족인 데다 터키와의 전쟁에서 러시아는 우리를 구해주었어요. 또 소련 시절에는 농업과 제조업이 발전하는 데 도움도 받았고요." 내가 "그래도 불가리아는 친서방 아니냐"고 하자 "이번 대선에서 현 보리소프 총리가 밀었던 후보가 졌어요. 여러 이유가 있겠지만 그중 하나는 총리가 미국과 손잡고 온갖 이권 획득과 부정부패를 많이 저질렀기 때문이에요. 국민은 서방과 짝짜꿍해서 해 먹는 정부에 화가 난 거고요. 물론 새 대통령이 러시아와 관계 개선에 나선다고 하지만 유럽을 버리고 러시아로 쏠리는 일은 절대 없을 겁니다. 대외 정책도 이젠 균형을 찾아가야죠"라고 답했다.

소피아에 가기 일주일 전에 끝난 불가리아 대선 결선투표는 사회당의 지지를 받는 루멘 라데프(Rumen Radev)가 승리했다. 막강 실세인 보이코 보리소프(Boyko Borisov) 총리가 이끄는 집권당 유럽발전시민당(GERB)은 상원의장인 여성 체츠카 차체바(Tsetska Tsacheva)를 내세웠지만 실패했다. 이로써 보리소프는 약속한 대로 총리에서 물러나면서 불가리아 정국은 어수선했다. 당장 2017년 1월 말 취임하는 라데프 신임 대통령이 어떤 외교 노선을 취하느냐가 이목을 끌었다. 그가 유세 기간에 러시아와의 관계를 중시하는 발언을 쏟아내면서 친러시아 외교를 강조할 것이라는 소문이 돌았다. 그는 수차례 "EU와 긴밀히 협의해 러시

아에 대한 제재를 해제하겠다. (NATO와 EU 가입으로) 우리는 러시아를 적으로 간주하면서 많은 것들을 잃었다"면서 러시아를 편드는 얘기를 했다. 당시 친서방파인 로센 플레네비예프(Rosen Pleneviev) 대통령은 "러시아가 우리 선거에 개입하고 있고, 푸틴은 유럽을 약화시키려 한다"며 라데프와는 반대되는 얘기를 쏟아내고 있었다. 이로 인해 라데프의 공약은 기존의 외교 노선과는 다른 것으로 인식됐고, 그의 친러 성향이 어느 정도 심각한지에 대한 관심으로 옮겨갔다. 집권당인 GERB는 라데프의 표를 떨어뜨리기 위해 선거운동 기간 내내 그가 러시아의 첩자라는 이미지를 흘리기도 했다. 친정부 성향의 매체들은 라데프가 소련제 전투기 미그(MiG)의 베테랑 조종사라면서 지금도 미그 전투기를 수리해서 쓰자는 주장을 하고 있다고 보도했다. 젊은이들이 많이 찾는 뉴스 포털에는 "라데프는 러시아 전투기 부품을 사오기만 하면 불가리아 공군 전투력 문제가 다 해결될 것으로 믿는다"면서 친러 성향을 의도적으로 부각시켰다. 하지만 라데프는 유로파이터로 기종을 교체하기 전까지 남은 소련제 전투기들을 잘 수리해서 쓰자고 주장했을 뿐이었다. 그런데도 라데프가 대통령이 되면 공산주의로 돌아갈 수 있다는 허무맹랑한 소문까지 등장했다. 대선 토론에서 여당 후보인 차체바가 "내 조부는 소련 공산당에 끌려가 엄청난 고초를 겪었다"면서 불가리아 공산당에서 간판을 바꾼 사회당 진영의 라데프를 겨냥하기도 했다. 이미 사회당은 오래전에 공산당의 이념을 버렸는데도 공산

❖ 루멘 라데프 불가리아 대통령.

❖ 소피아 시내 대통령궁 앞에서 진행된 열병식.

주의를 혐오하는 시민들을 자극하기 위해 억지 논리를 편 것이다. 실제 소피아에서 만난 30대 중반 남성은 "라데프는 공산주의자예요. 그가 왜 이긴 줄 아십니까. 소련 시절을 살았던 노인네들이 그 시절을 그리워하면서 라데프에게 표를 몰아준 거예요. 그는 친미주의자가 아니에요. 러시아 편이라고요!"하고 소리쳤다.

하지만 대선 과정에서 라데프에 대한 과장된 소문만큼이나 그의 친러시아 성향에 대한 근거는 확실치 않았다. 기존의 EU 일변도에서 벗어나 러시아와도 협력해서 불가리아의 목소리를 좀 더 내겠다는 게 맞았다. 소피아에서 만난 지식인들도 그가 유럽을 버리고 러시아로 돌아가는 일은 절대 없을 것이라고 했다. EU와 NATO 회원국인 불가리아가 총리보다 실질적인 권한이 없는 대통령이 바뀌었다고 해서 러시아로 방향을 튼다는 것은 상상하기 힘든 일이라고도 했다. 넵스키 성당에서 걸어서 10여 분 거리에 있는 불가리아 과학아카데미의 경제조사연구소에서 만난 다니엘라 보베바(Daniela Bobeva) 교수도 라데프의 친러 성향에 대

❖ [인터뷰] 다니엘라 보베바 불가리아 전 경제부총리.

해서는 "아니다"라고 확실히 선을 그었다. 그녀는 2013~2014년 경제개발 담당 부총리를 지냈고, 경제학자로서 무역 투자 관련 정부 정책에 오랫동안 간여해왔다. 직설적인 화법의 그녀는 대선 결과에 대해 묻자 "라데프를 누가 친러주의자라고 한답니까? 그 사람은 공군 사령관 출신으로 NATO에서도 일한 사람이에요. 러시아가 아니라 미국에서 공부도 했고요. 오히려 친EU주의자인데 왜 언론이 자꾸 러시아 편이라고 부각시키는지 모르겠어요. 그의 노선은 실용주의인 것이지 러시아와 친해지려는 게 절대 아닙니다. 그가 말한 것처럼 러시아에 대한 유럽의 제재를 풀어서 불가리아 경제발전을 도모하자는 것뿐입니다. 그 이상도, 그 이하도 아니에요. 어떻게 그게 친러주의입니까?" 보베바 교수는 물어본 내가 무색할 정도로 소리도 치고 웃기도 하면서 말을 쏟아냈다. 실제 라데프 스스로도 몇몇 인터뷰에서 "우리의 정치적 미래는 EU이며 여기서 탈퇴하지 않겠다"고 분명히 밝힌 바 있다. 카멘 남 교수 역시 비슷한 얘기를 했다. "라데프는 미국에서 대학을 나왔고, 균형적인 대외 관계를 강조한 것이지 러시아를 편드는 게 아닙니다. 더욱이 불가리아는 내각책임제라서 대통령이 대외정책을 바꿀 수도 없어요."

사업가 출신의 국회의원인 슬라비 비네프(Slavi Binev)는 라데프의 외교 성향을 묻는 질문에 이메일로 답변을 보내왔다. 51세인 비네프 의원은 1992년 유럽 태권도 챔피언을 지낸 이력으로 불가리아 태권도연맹

총재와 한-불가리아 친선협회장을 맡고 있다. 그는 대선 이후 총리가 물러나는 소용돌이 속에서 너무 바빠 면담 약속이 번번이 취소됐지만 뒤늦게 이메일로 의견을 보내왔다. "언론이 라데프에 대해 잘못 보도하고 있어요. 그는 무소속으로 출마한 것인데 좌파인 사회당 지명위원회가 그를 지지하면서 러시아와 한편으로 인식됐어요. 내가 아는 한 라데프 장군은 훌륭한 대통령이 될 것이고, 국제 문제에서 균형 감각을 유지할 겁니다. 진정한 대통령이라면 어느 한쪽에 치우쳐서는 안 되고 모든 국가들과 정상적인 관계를 맺어야겠죠."

불가리아 대선은 향후 대외 노선을 결정하기보다는 두 번을 집권한 보리소프 내각을 심판하는 성격이 강했다. 그는 2009년 7월 총리에 올랐다가 전기료 인상에 항의하는 반정부 시위로 2013년 물러난 뒤 2014년 12월 다시 권력을 잡았고, 이번 대선 역풍으로 2년 만에 퇴임했다. 하지만 2017년 3월 치른 조기 총선에서 GERB가 240석 중 95석을 얻어 다시 제1당이 되면서 보리소프는 연립정부를 구성해 세 번째 총리에 앉았다. 라데프의 대통령 당선으로 잠시 어수선했지만 GERB의 총선 승리로 친EU, 중도우파적 흐름이 지속될 것이다. 떡 벌어진 어깨와 강골의 외모를 가진 보리소프는 원래는 경찰관이었다가 사업에 눈을 떠 주요 인사들의 경호를 맡는 보안업체를 차렸다. 2005년 정계에 입문해 국회의원에 당선됐고 이듬해에는 집권당인 GERB를 창당할 정도로 수완이 좋았다. 3년여 만인 2009년 총선에서 GERB가 승리해 총리 자리를 거머쥐기까지 그의 정치 이력은 4년에 불

❖ [인터뷰] 슬라비 비네프 불가리아 국회의원.

❖ 보이코 보리소프 불가리아 총리.

과했다. 이로 인해 불가리아에서는 보리소프의 빠른 출세를 놓고 말이 많았다. 부패한 경찰관과 보디가드 출신이 줄을 잘 잡아서 총리까지 됐고, 각종 이권 사업에서 검은 돈을 갈퀴로 긁고 있다는 것이다.

소피아 시민들은 보리소프 얘기를 꺼내면 대부분 고개를 흔들었다. 좋다고 얘기하는 사람은 거의 없었다. 30대 중반으로 소피아에 있는 캐나다 기업에 다니는 한 직장 여성은 "보리소프는 꼴도 보기 싫다"며 얼굴을 찡그렸다. 이유를 물으니 "그는 정상적인 교육을 한 번도 안 받았어요. 무식한 데다 말하는 스타일도 저속하고, 아무튼 수준 낮은 단어들만 써요"라고 답했다. 한국에 유학도 다녀온 그녀는 보리소프 같은 사람이 정치판에 계속 남아 있는 한 불가리아의 미래는 없다고 소리쳤다. 또 불가리아의 암담한 현실에 대해서도 분노를 표했다. "전 이번 대선에서 투표하지 않았습니다. 제 주변 친구들도 마찬가지고요. 누가 대통령이 되든, 어느 당이 집권하든 누구도 내 삶을 좀 더 낫게 바꾸지 못할 것이기 때문이죠. 한마디로 투표소에 가는 것 자체가 시간 낭비예요. 소피아에서 같이 대학을 나온 친구들은 모두 불가리아를 떠났어요. 불가리아에서는 일반 서민이 아무리 노력해도 위로 올라가기가 어려워요. 앞으로는 교육을 못 받고 아무 생각이 없는 사람, 집시 같은 거지들만 불가리아에 남을 겁니다." 다소 극단적인 성격인 그녀는 불가리아 사회가 안고 있는 답답한 현실을 한국과 비교하기도 했다. "한국에서는 무슨 문제가 터지면 당장 자기한테 이익

이 생기지 않더라도 전체 사회를 위해 나서는 경우가 종종 있잖아요. 대통령 탄핵 시위도 그렇고요. 하지만 불가리아 사람들은 자기 생각만 해요. 나하고 내 가족의 이익만 따지고 다른 사람이 어떻게 살든지 관심이 없어요. 그렇게 이기적인 사고만 하니까 사회가 균형 있게 발전하지 못하고, 힘 있는 자들과 일반 서민들 간에는 소통이 꽉 막혀 있죠. (종이에 동그라미 원을 그리면서) 이 원 안에는 지도자와 그 주변 인물들이 있고, 원 바깥에는 서민들이 가득한데 좀처럼 그 경계가 열리지 않아요. 그러니 생각 있는 사람이라면 불가리아 사회가 답답하지 않겠습니까."

터키와의 전쟁에서 이긴 러시아가 불가리아를 해방시켰다는 세간의 얘기에 대해서도 부정적으로 반응했다. "러시아가 터키로부터 우리를 독립시켜주어서 고맙다고요? 누가 그래요? 이후에 러시아의 간섭이 얼마나 심해졌는데요. 만일 러시아가 없었더라면 우리는 더 발전된 서구 사회로 나갈 수 있었을 겁니다. 어쩌면 터키의 지배를 계속 받는 게 러시아보다 나았을 수도 있고요. 러시아가 우리를 구해주었다는 긍정적 시각은 아까 그린 원 그림에서 안쪽에 있는 분들이나 하는 소리예요. 러시아와 이것저것을 주고받았으니까요. 일반인들은 꼭 그렇게 생각하지 않아요. 이것만 봐도 원 안팎으로 생각 차이가 큰 거죠."

소피아를 떠나 제2의 도시인 남쪽 플로브디프에 가서 만난 38세의 남성도 보리소프와 권력자들에 대해 이를 갈았다. 토요일 저녁 플로브디프의 한 음악 공연에 참가하기 위해 소피아에서 왔다는 그는 전자음악을 하는 뮤지션이었고, 부인은 조그마한 장난감 매장을 운영한다고 했다. "솔직히 투표 안 했습니다. 제 주변 사람들도 다 마찬가지고요. 정치인들을 믿지도 않고, 찍을 사람도 없어요. 불가리아에서 힘 있는 사람들은 피 속에 부패함을 타고났다고 보면 돼요. 와이프가 소피아에서 장난감 가게를 6개월 전부터 운영 중인데 계속 적자예요. 힘 있는 자들과 연

❖ 소피아 법원과 그 앞에 놓인 사자상. 사자는 불가리아 국가 상징이다.

계된 백화점 매장하고 처음부터 경쟁 자체가 안 되는 거였죠. 하지만 권력자들은 국민이 어떻게 사는지 안중에도 없어요. 보리소프요? 총리하면서 해놓은 거 하나도 없으신 분 말인가요? 자기 뱃속만 크게 불렸겠죠. 불가리아는 자원도 있고 농산품도 많아 국가 자체는 걱정이 없는데 윗분들만 잘 먹고 잘 사는 게 문제예요. 특정 몇 개 집단이 불가리아 경제를 주무른다는 얘기는 아마 맞을 겁니다."

불가리아는 EU에서 가장 가난한 나라 중 하나다. 경제적 궁핍함 때문에 국민의 원성이 높을 수밖에 없다. 2016년 10월 불가리아독립신디케이트연합(KNSB)에 따르면 불가리아의 1인당 월평균 명목소득은 420유로로 EU 전체 평균(2293유로)의 18%밖에 안 되고, 루마니아 등 다른 발칸 국가들보다도 낮다. EU는 2007년 불가리아를 회원국으로 받아들이면서 소득뿐만 아니라 여러 제도면에서 많이 부족했지만 EU 확대라는 정치적 고려에 의해 서두른 측면이 있다. 그러다 보니 시민들은 EU에 들어갔어도 거기의 선진국들과 비교되는 불가리아 정치권에 대해 큰

불신을 가질 수밖에 없었다. 불가리아 정부는 NATO와 EU 가입, 주변 대국인 러시아나 터키와 원만한 관계를 맺는 등 외치에는 성공했지만 그 힘을 내정에 쏟아붓지는 못하고 있다. 안보 불안을 덜어내면서 생긴 여력이 부(富)의 공평한 분배나 법치 확립, 약자에 대한 배려 등으로 옮겨가야 하는데, 관료나 정치권은 아직 그러한 수준에 도달하지 못했다. 대외 안정에 힘입어 일부 집단만이 부와 권력을 안정적으로 과점하는 행태만 늘어가고 있을 뿐이다. 하지만 그럴수록 시민들의 무력감은 커지고 사회 안정과 통합은 저해될 것이 분명하다.

경제를 살리려면 부패의 싹부터 없애라

숫자만 놓고 보면 불가리아 경제는 2015년 이후 안정된 모습이었다. KOTRA 소피아 무역관 자료를 보면 불가리아의 경제성장률은 2010년 이후 0~1%대였지만 2015년 3%로 크게 올랐고, 2016년에도 3.45%를 기록했다. 디플레이션에 빠졌던 물가도 2015년에는 1.2%를 기록하면서 플러스로 돌아섰다. 수출이 늘면서 -40억 유로에 달했던 무역수지 적자는 2016년에는 -18억 유로로 줄어들었다. 경제학자 출신의 보베바 전 경제부총리도 "불가리아 경제는 GDP의 80%가 무역에서 나올 정도로 개방된 경제"라면서 "유럽 경제가 회복되지 않은 상황에서 불가리아 경제성장률이 최근 3%대를 기록한 것은 대단한 일"이라고 치켜세웠다. 특히 러시아에 대한 가스 의존도를 줄이기 위해 에너지 다변화도 진행 중이라고 강조했다. "우크라이나를 거치지 않고 터키를 통해 러시아나 아제르바이잔, 중앙아시아 가스를 들여오는 루트를 개발 중입니다. 이미

지금은 러시아산 가스 의존도가 예전에 비해 크게 낮아졌어요. 또 흑해 연안의 가스전을 자체 개발하기도 하고, 에너지믹스를 통해 신재생에너지 비중도 높일 계획이에요."

불가리아는 한때 러시아산 천연가스 의존도가 90%에 달해 매년 겨울철 러시아와 우크라이나 간 가스 분쟁 발생 시 최대 피해자였다. 우크라이나 영토를 통과해 불가리아로 들어오는 러시아산 가스 공급이 끊기기 일쑤여서 불가리아는 수송로를 다변화하고 공급원 자체도 러시아 외에 아제르바이잔, 이란, 투르크메니스탄 등으로 다양화하는 방법을 추진해왔다. 특히 불가리아가 가스 공급국과 유럽의 소비국들 사이에 위치해 있다는 점에서 보리소프 총리는 "우리가 유럽 가스 수송의 허브가 되겠다"며 이를 위한 서방의 재정 지원을 요청하기도 했다. 영국 킹스칼리지의 토마스 몰트비(Tomas Maltby) 교수는 2015년에 쓴 논문에서 불가리아가 2011년부터 러시아산 에너지를 도입하는 데 따른 정치적·경제적 압박을 줄이기 위해 공급원 다변화에 나서왔다고 했다.

> 불가리아 정부는 2011년 12월 러시아가 51%의 지분을 가진 부르가스(불가리아)-알렉산드루폴리스(그리스) 송유관 사업에서 손을 뗐다. 이는 러시아와 카스피해의 석유를 불가리아와 그리스를 거쳐 유럽으로 수송하려던 것이었다. 2012년 3월에는 환경 피해를 이유로 러시아의 지원을 받는 벨레느 원자력발전소 건설 계획도 철회했다. 반면 불가리아 정부는 유럽의 반대에도 가스프롬으로부터 낮은 가격에 가스를 수입하는 대신 러시아가 추진하는 '사우스 스트림(South Stream)' 가스관 사업에 참여하기로 결정했다. …… 아직까지 불가리아에서 가스 시장 다변화는 느리게 진행되고 있지만 불가리아는 유럽 내 에너지 정책에서 영향력 있는 주체가 될 수 있는 잠재력을 갖고 있다."[1)]

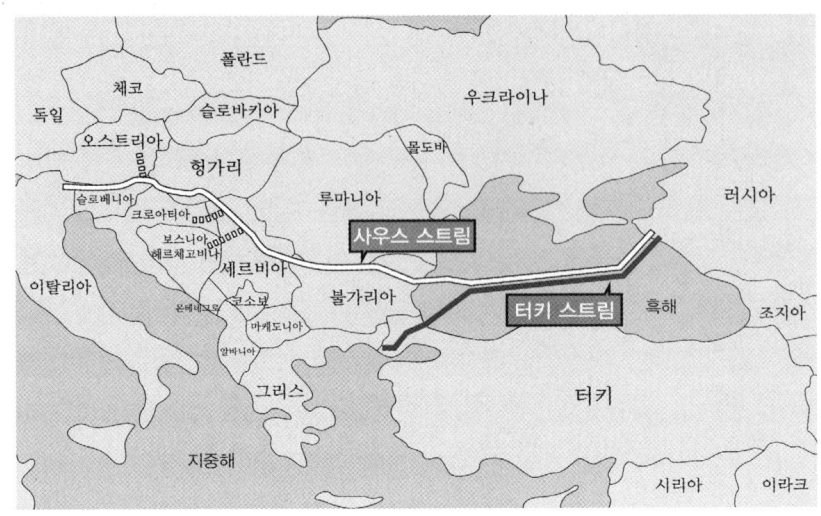

❖ 사우스 스트림과 터키 스트림.

그러나 2014년 12월, 푸틴 대통령은 사우스 스트림 프로젝트를 폐기한다고 발표했다. 그해 발생한 우크라이나 사태로 유럽의 제재를 받아 재정 여건이 악화된 데다 EU가 가스관 독과점 문제를 내세워 불가리아에 공사 중단을 압박하면서 실패로 끝난 것이다. 사우스 스트림 사업은 러시아산 가스를 우크라이나가 아닌 흑해 해저를 통해 불가리아·세르비아·크로아티아·헝가리·오스트리아로 연결하려던 것으로 불가리아의 가스 수송로 다변화와 가스 허브 전략에 호기였지만 또다시 우크라이나 문제가 발목을 잡은 셈이 됐다. 러시아는 사우스 스트림을 대신해 한때 난관을 맞았던 '터키 스트림(Turkish Stream)'을 재개하기로 터키 측과 합의했다. 이는 러시아 남부에서 흑해 해저를 지나 터키 서부까지 연결

---

1) Tomas Maltby, "Between Amity, Enmity and Europeanisation: EU Energy Security Policy and the Example of Bulgaria's Russian Energy Dependence," *Europe-Asia Studies*, Vol. 67(Jun, 2015), pp. 809~830.

하는 1100km 길이의 가스관으로 여기에서 그리스, 불가리아를 통해 유럽으로 다시 이어진다. 중·남부 유럽행 러시아산 가스 수송의 허브가 불가리아에서 터키로 옮겨간 것이다.

보베바 전 부총리는 경제지표의 개선에도 불구하고 미래를 낙관하기는 힘들다고 했다. "최근의 경제성장은 수출 증가보다는 소비가 견인하고 있는 점에서 지속성이 떨어질까 우려가 됩니다. 유럽이나 러시아, 중국 시장이 다 좋지 않으니 우리 수출이 늘어나는 데도 한계가 있고요. 특히 가장 큰 도전은 인구가 줄어들고 있다는 것이죠. 뛰어난 인재들이 외국으로 많이 나가기도 하고요. 정부 차원에서 정보통신(IT) 산업을 육성 중인데 인력이 부족해 아시아, 특히 인도에서 기술 인력을 들여오고 있는 형편이죠. 또 EU의 권고대로 재정적자 폭을 GDP 대비 3% 아래로 계속 맞추어야 하고, 에너지 분야 구조 개혁도 해야 하고, 일들이 많습니다." 보베바를 만나기 며칠 전 ≪파이낸셜타임스≫에는 '불가리아가 발칸의 기술 수도가 되려고 한다'는 제목의 기획 기사가 실렸다. ≪파이낸셜타임스≫에 따르면 불가리아 IT산업이 4만 명의 소프트웨어 기술자들을 고용하고 있고, 4년 전만 해도 국가 GDP의 1%에 그쳤지만 지금은 3%대로 올라섰다. 특히 소련 시절부터 불가리아의 국영 기업들은 컴퓨터 하드웨어와 프로그래밍 개발에 집중해온 연구개발(R&D) 전통이 있다고도 했다. ≪파이낸셜타임스≫는 불가리아가 숙련된 기술력과 저임금, 훌륭한 멘토 시스템, 엔젤 투자를 포함한 우호적인 금융 여건을 갖고 있어 발칸 내 IT 허브가 되고 있다고 평가했다.[2]

보베바 전 부총리는 불가리아에 만연한 부패 문제를 질문하자 "서방 언론과 조사 기관이 과장되게 얘기하고 있다"면서 다소 불쾌한 기색

---

2) "Bulgaria strives to become tech capital of the Balkans," *Financial Times*, Oct 16, 2017.

을 내비쳤다. "제가 사회학이나 심리학, 철학을 연구한 사람이 아니라서 부패 문제를 잘 모릅니다만 경제부총리로 있으면서 뇌물과 관련해 어떠한 제의도 받아본 적이 없습니다. 제 밑에 있는 직원들도 검찰 조사 한 번 받지 않았고요. 전 개인적으로 특정 국가가 부패했다는 것을 어떻게 숫자로 나타낼 수 있는지 모르겠어요. 다 주관이 개입되어 있는 것이죠. 우리나라에 반부패 관련 새로운 법적 절차가 도입되고 있는데, 이런 것들은 지표에 전혀 반영이 안 되고 있고요. 최근 불가리아는 EU 국가들 중 가장 높은 수준의 외국인 직접투자가 들어오고 있는데, 우리가 부패하다면 이게 가능한 일일까요?"

그러나 불가리아는 2015년 국제투명성기구의 부패인식지수(CPI)에서 167개 조사대상국 가운데 69위로 EU 내에서 최하위의 청렴도를 기록했다. EU 기금이 불가리아의 인프라 개발 사업에 대해 수차례 자금 지원을 중단한 것도 부패와 조직범죄의 개입 우려 때문이었다. 내가 "소수 재벌집단인 아홉 개의 올리가르히가 불가리아 경제를 주무르고 있다는 게 사실이냐"고 묻자 그녀는 대뜸 "그럼 삼성도 한국에서는 올리가르히냐"고 반박했다. 내가 "삼성은 법에 따라 정당하게 사업을 해야 한다. 법을 위반하면 한국 사회에서는 삼성이고 누구건 간에 가만히 안 둔다"고 하자 그녀는 웃으며 말했다. "불가리아 경제를 좌우하는 것은 몇 개 집단이 아니라 삼성 같은 외국계 대기업들이에요. 숫자로만 보면 이들이 GDP의 69%나 됩니다. 기업 부패라고요? 독일 폭스바겐이 환경조치를 위반해 엄청난 과징금을 맞았는데, 왜 이에 대해서는 아무도 부패라고 말하지 않나요. 아까도 말했지만 측정이 불가능한 지표를 갖고 부패했다고 하는 것은 최소한 경제학적으로는 아무 의미도 없어요. 단지 그 나라에 대한 부정적인 이미지에서 나온 허구일 뿐이죠." 그녀는 내게 "불가리아에 대한 그런 선입견부터 버려달라"고 주문하기도 했다.

불가리아는 720만 명의 인구를 가진 소국이지만 엄연히 NATO와 EU의 회원국이다. 유럽 내 최하위 국가를 받아들이는 데는 여러 모로 전략적 판단이 개입했음은 물론이다. NATO에 들어간 2004년만 해도 러시아의 세력이 커지면서 이를 견제하기 위한 정치적 동기가 작용했고, EU 가입 역시 전 세계적으로 다양한 지역블록의 출현에 대응한다는 의미가 컸다. 하지만 불가리아는 루마니아와 마찬가지로 유럽 각국 국민의 자유로운 국경 이동을 규정한 솅겐조약 당사자는 아니다. 그만큼 주류 유럽인들로부터 완전한 신뢰를 아직까지 얻지 못하고 있는 것이다. 가장 큰 이유는 만성적인 부패였다. 1980년대 말부터 공산주의 국가들이 시장자본주의를 받아들이는 과정에서 정치적 불안정과 불투명한 사유화, 정경 유착의 관행은 어디서나 나타난 사회악이었다. 특히 유럽 내 레슬링 최강국인 불가리아는 자본주의로의 전환 과정에서 덩치 큰 레슬러들이 돈줄을 거머쥐었다. 이들은 돈 많은 사업가의 보디가드를 하면서 폭력을 행사해 민영화된 공장을 빼앗거나 경영 능력을 인정받아 사업체를 물려받기도 했다. 완력을 쓰는 레슬러들이 대거 비즈니스 세계에 뛰어들면서 불가리아에는 조폭형 기업 문화와 막가파식 부패 사슬의 이미지가 덧씌워졌을 가능성이 높다.

넵스키 성당 뒤편에 있는 집무실에서 만난 에밀 카라니콜로프(Emil Karanikolov) 사유화청장은 38세에 불과했다. 몸집은 작지만 젊은 나이에 차관급 자리에 앉았을 정도면 실력자임이 분명했다. 내가 "불가리아도 러시아처럼 엉성한 민영화를 통해 특정 집단이 부를 쌓은 것 아니냐"고 묻자 그는 '왜 옛날 얘기를 꺼내느냐'며 쓴웃음을 지었다. "20여 년 전 공기업들을 민영화하는 과정에서 일부 슈퍼리치가 탄생한 것은 인정합니다. 그때는 자본주의 개념도 부족했고 국가 정립조차 제대로 안된 혼란한 시기였으니 발 빠른 누군가는 이익을 보았겠죠. 또 이후에 기업가

치가 스스로 커져서 본의 아니게 높은 가격에 팔아 돈을 번 사람도 있을 겁니다. 정부나 권력자의 입김이 어느 정도 작용했을 수 있었겠지만 당시에도 나름 법에 따라 최대한 공정하게 집행을 했어요." 카라니콜로프 청장은 앞으로가 중요하다고 했다. 남은 민영화 절차는 EU 규정에 맞게 투명하게 진행할 것이라고 강조했다. "우리는 이제 EU 국가

❖ [인터뷰] 에밀 카라니콜로프 사유화 청장.

이기 때문에 정부와 의회, 전문가들이 모여 일곱 명의 이사회를 구성해 공정한 결정을 내리고 있어요. 부정하게 다루면 EU가 가만히 두겠습니까. 지금까지 8000여 개 회사에 대한 민영화가 진행되었고, 이들 기업에 대한 투자 환경 역시 좋아지고 있죠."

비네프 의원도 외국인들이 불가리아에서 사업을 하거나 투자하기가 힘들다는 점을 잘 알고 있다고 했다. 그는 야당 의원답게 정부에 대해 비판적이었다. "우리나라에서 사업하는 데 부패와 뇌물, 관료주의가 문제가 되고 있는 것은 다 맞습니다. 그래서 저는 외국인 투자자들이 공무원의 부패 문제를 감시할 수 있는 기구를 의회 내부에 두자고 수차례 제의를 했어요. 하지만 (정부나 여당이) 이해를 못했는지, 아니면 하기 싫어서인지 불행하게도 번번이 채택되지 못했습니다. 불가리아에서는 공무원들이 부패에 빠져들지 않게 그들의 업무를 감독하고 통제할 수 있는 의회 내 기구를 설치하는 게 꼭 필요합니다." 그는 한-불가리아 친선협회장으로서 한국 기업들의 불가리아에 대한 투자를 희망한다며 말을 이어갔다. 특히 EU 의회 의원을 겸하며 EU 기금소위원회 위원장도 맡고 있는 그는 '한국 기업들이 EU 투자프로젝트에 참여할 수 있는가'라는 질

문에 긍정적으로 답했다. "한국 기업들은 높은 기술력을 갖고 있기 때문에 EU 기금을 활용한 각종 인프라 사업에 뛰어들 기회가 많을 겁니다. 예컨대 한국의 전자정부 개발 노하우를 불가리아에 적용할 수 있겠죠. 전자정부 프로젝트에만 EU 자금이 수백만 유로가 책정되어 있어요. 이 밖에 고속도로 같은 건설 공사에도 한국이 참여할 수 있고요. 물론 불행히도 정부 당국과 밀착된 독과점 기업들 때문에 수주까지는 어려울 수도 있지만 말입니다."

KOTRA에 따르면 한국 기업들이 불가리아에 진출할 수 있는 방안 중 하나는 EU 기금 사업에 뛰어드는 것이다. EU는 회원국들 간 사회적·경제적 결속을 강화하고 불균형 해소, 고용 창출을 장려하기 위해 기금을 만들어 지원해왔다. 이 기금은 7년 단위로 배정되는데 EU 회원국들에게는 2014~2020년 EU 전체 예산의 4%가량인 3515억 유로가 할당됐다. 이 중 불가리아는 교육·고용·사회통합, 혁신기술 투자, 녹색경제 구축, 정치·공공행정 개선의 4대 혁신을 목표로 98억 유로를 배정받았다. 하지만 불가리아 내 EU 기금 사업은 현지 기업이 약 70%를 따내고 있고 나머지도 EU 국가 업체들의 몫이 되고 있다. 터키와 러시아 기업의 비중은 1%에 불과하다. 이처럼 불가리아와 유럽 기업들이 수주를 싹쓸이 하고 있는 데다 비네프 의원의 말처럼 정권과 유착한 현지 독점기업들과 경쟁해야 한다면 한국 기업들이 입찰에 참여해도 승산은 별로 없어 보인다.

리투아니아 Lithuania

방위비 인상 압박에 서둘러 처신한 발트해의 소국

발트해 3국 가운데 가장 남쪽에 있는 리투아니아에 갔던 2017년 5월 말은 브뤼셀에서 트럼프 대통령이 처음 참석한 가운데 NATO 정상회의가 열리던 때였다. TV 화면을 통해 비춰지는 트럼프의 표정은 기고만장했고, 다른 회원국 정상들은 방위비 인상을 요구하는 트럼프의 일관된 압박에 얼어 있었다. 트럼프는 GDP 대비 2%가 넘는 방위비를 지출하지 않는 나라들은 미국에 막대한 빚을 지고 있다면서 발언 수위를 높였다. NATO 회원국들의 더 많은 군비 분담을 요구한 것은 이번만이 아니지만 트럼프가 직접 정상들 앞에서 면박을 주는 모양새 때문에 이들은 충격을

- 북유럽 아래 발트해에 접한 3국(리투아니아, 라트비아, 에스토니아) 중 하나다. 오랫동안 폴란드와 독일, 러시아의 지배를 거듭 받았고, 냉전 시절에는 소련 내 15개 공화국의 일원이었다. 1990년 3월 소련에서 독립했고, 2004년 EU와 NATO에 가입했다.

받았을 것이다. 트럼프와 죽이 잘 맞을 것이라고 소리쳤던 오르반 헝가리 총리마저도 고양이 앞의 쥐처럼 고분고분한 모습이었다. 수개월 전부터 미국 부통령과 국무장관, 국방장관은 저마다 이번 정상회의를 앞두고 트럼프의 뜻을 관철시키기 위해 충실히 밑밥을 뿌려댔다. 그들은 여기저기 NATO 회의 참석을 통해 미국이 더는 과도한 비용을 댈 수 없다면서 각국에 GDP 대비 2%의 방위비 지출 계획을 세우라고 재촉했다.

러시아와 접해 있는 리투아니아는 그나마 트럼프의 화살을 피해갔다. 리투아니아는 현재 2% 기준을 충족하는 5개국(미국, 영국, 에스토니아, 그리스, 폴란드)에 들지는 않지만 2018년부터 2%를 맞추겠다는 답변을 이미 제출했던 터였다. 리투아니아가 서둘러 트럼프의 뜻에 호응한 이유는 러시아의 침공 위기가 NATO 회원국들 가운데 가장 고조되어 있기 때문이다. 러시아는 NATO 국가인 폴란드와 리투아니아에 접한 역외 영토인 칼리닌그라드에 최첨단 '이스칸데르' 탄도미사일과 'S-400' 방공미사일 시스템을 배치하는 등 군비를 증강하면서 리투아니아를 겁먹게 했다. 이에 NATO의 주적(主敵)인 러시아와 국경을 맞대고 있는 리투아니아는 루마니아와 함께 NATO의 화력이 집중되고 있었다. 미국과 독일 병력이 러시아의 위협을 막기 위해 리투아니아 영토에 주둔해 있고, 첨단 무기까지 들여놓는 마당에 발트해의 작은 나라가 트럼프의 요구를 모른 척 할 수는 없는 일이었다.

구소련의 15개 공화국 중 하나로 러시아인들의 제국주의적 속성을 꿰뚫고 있는 리투아니아로서는 자국이 조지아, 우크라이나에 이어 푸틴의 다음 타깃이 될 것이라는 시나리오는 그럴 듯 해보였다. 러시아의 역외 영토에 닿아 있고 소국인 데다 변변한 탱크나 전투기마저 부족한 리투아니아야말로 칼리닌그라드에서 미사일 한 방으로 크렘린의 위세를 보여주기에 안성맞춤일 것이다. 특히 리투아니아는 우크라이나 사태 당

❖ 빌뉴스 강변의 공원에서 젊은이들이 운동을 하면서 평화로운 일상을 보내고 있다.

시 공개적으로 포로셴코 정부를 응원하고 무기까지 대여해주면서 러시아의 눈 밖에 났다. 이후 러시아는 NATO와의 긴장 수위가 높아질 때마다 리투아니아 영공에 전투기를 띄워 무력시위를 했고, 고위 공직자들의 인터넷 계정을 해킹하는 일도 다반사였다. 서방 매체들은 러시아의 공격 가능성을 제기하면서 이에 놀란 리투아니아인들이 전쟁이 나면 발트해를 거쳐 도망치려고 배편을 구하고 있다는 보도까지 내보냈다. 그만큼 크림 합병으로 야기된 러시아와 서방 간 갈등은 리투아니아에서 폭발할 개연성이 농후했고, 이는 NATO 회원국들 간 협력의 수준을 가늠할 시험대이기도 했다.

그러나 수도인 빌뉴스(Vilnius)의 현지 분위기는 전쟁 위기와는 무관해 보였다. 노천 카페에 나와 모처럼 따사로운 햇살을 맞으며 담소를 나누는 시민들의 표정은 밝았다. 시내 광장과 공원, 강변을 따라 조성된 벌판 곳곳에는 겨우내 움츠렸던 기지개를 펴기 위해 봄나들이하는 시민들

로 가득했다. 빌뉴스 대학교에서 이슬람 철학을 강의한다는 30대 초반의 현지인 강사는 내가 리투아니아에서 무력 충돌 가능성을 묻자 고개를 가로저었다. "러시아나 NATO가 군사훈련을 하고 무기를 배치하는 것은 정치적 제스처일 뿐입니다. 물리적 대결을 일으켜서 둘 다 얻을 게 없으니까요. 러시아만 해도 그렇습니다. 경제가 어려워져 국방 예산도 크게 준 마당에 우크라이나, 조지아에 이어 전장을 확대하는 것은 부담이 클 수밖에요. NATO가 러시아에 대해 강수를 두는 이유도 다 상징적인 거예요. NATO의 협력 체제가 공고하다는 점을 보여줘서 국민을 안심시키고, 외국인 투자가 빠져나가지 않게 하려는 계산이 깔려 있죠." 내가 묵은 숙소의 주인에게 '리투아니아인들이 전쟁 위협을 피해 탈출 준비를 하고 있다'는 기사 내용을 보여주었더니 그의 입가에는 금세 미소가 번졌다. "많이 과장됐네요. 리투아니아에서 전쟁이 날 것이라고 믿는 사람은 극소수예요. 우리는 평화롭습니다. 그렇지 않다면 지금 리투아니아에 관광객들이 몰려오겠습니까. 정치와 언론이 의도적으로 긴장을 만들어내고 있지만 실제는 다르죠. 우리는 전쟁을 원하지도 않고, 그럴 가능성은 낮다고요." 길거리에서 아이와 함께 산책 중이던 30대 후반의 남성은 "우리는 늘 평화를 원하는데 크렘린은 역사적으로 우리를 작은 나라로 보면서 가만두지 않았어요. 하지만 지금은 달라졌습니다. 양국 간에 교역과 투자가 활발하고 러시아에 대한 에너지 의존도는 줄어들었죠. 예전에는 가스의 100%를 러시아에서 수입했지만 이제는 LNG 터미널을 지어서 노르웨이로부터 상당한 물량을 들여오고 있어요. 경제적으로도 더 이상 러시아의 일방적인 압박이 통하지 않는다는 얘깁니다. 리투아니아에서 전쟁을 일으켜 러시아 애들이 얻는 실질적인 이익은 없다고 봐야죠."

무엇보다 러시아가 침공한 조지아나 우크라이나와 달리 리투아니

❖ 대통령궁 인근의 국방부 청사. 그 앞에 스탈린 시절 소련에 저항한 리투아니아 장군의 동상이 세워져 있다.

아에 사는 러시아인의 비중은 크게 낮다. 러시아가 조지아와 우크라이나에 쳐들어간 명분이 현지에서 대다수를 이루고 있는 자국민의 이익 보호였지만 러시아인 비율이 6%에 불과한 리투아니아에서 이를 적용하기는 무리다. 러시아가 NATO와 벌이는 무절제한 자존심 대결이 아니라면 리투아니아에 침투할 명분을 기존의 방식으로는 찾기 어려운 것이다. 특히 빌뉴스의 풍경은 유럽의 느낌이 물씬 나서 왠지 모르게 칙칙한 러시아와는 매우 이질적으로 보였다. 다른 구소련 국가들을 가보면 소련 시절의 어둡고 낡은 분위기가 남아 있지만 빌뉴스는 전혀 그렇지 않았다. 거리와 건물들은 모두 깨끗하게 단장되어 있었고, 올드타운과 거기의 레스토랑과 카페는 고풍스러우면서도 고급스러웠다. 빌뉴스의 색감 있는 거리를 걸으면서 조지아나 우크라이나와는 다른 이곳을 러시아가 억지로 차지하거나 침공한다면 이는 인류의 재앙이 될 것이라는 생각마저 문득 들었다.

양측 간 무력 충돌의 가능성을 희박하게 보는 견해는 러시아 발틱함

대의 기지인 칼리닌그라드에서도 마찬가지였다. 칼리닌그라드에서 빌뉴스로 가는 버스는 평소대로 하루에 두 차례씩 운행 중이다. 국경을 통과하는 절차도 전쟁을 앞둔 나라들 간 이동이라고 볼 수 없을 정도로 간단하고 신속했다. 칼리닌그라드 시내에서 탑승한 버스의 운전사는 제멋대로 차를 몰았다. 도로가 막히자 갑자기 길을 바꾸면서 지름길을 찾아 내달렸다. 이성과 절제, 정확성의 대명사인 칼리닌그라드 출신의 철학자 칸트(Immanuel Kant)의 후예라고는 도저히 믿기지 않았다. 자신도 외국인 앞에서 머쓱한지 씩 웃으면서 "한낮에 도로 공사를 하는 놈들이 어디 있나. 그러니까 차가 막히지"라며 변명을 해댔다. 내가 그 틈을 이용해 "NATO가 칼리닌그라드를 공격한다고 하던데 관광하는 데 위험하지 않을까요?"라고 하자 그는 큰 목소리로 속사포처럼 쏘아댔다. "무슨 위험이 있습니까. 이렇게 평화로운데. 다 윗사람들끼리 말장난하는 것이죠. 싸움해서 누구도 이로울 게 없는데, 서로 무력 공격을 하겠습니까. 정치적 발언일 뿐이에요." 칼리닌그라드 시내 모습도 평화롭기는 빌뉴스와 엇비슷했다. 대성당 앞에서는 칼리닌그라드 도시 축제를 앞두고 300여 명이 어린이들이 시민들이 지켜보는 가운데 합창 예행연습을 하고 있었다. 곳곳에는 군사 도시답게 탱크와 함정들의 모형이 전시되어 있었지만 전쟁 공포의 그림자는 어디서도 찾아볼 수 없었다.

리투아니아인들은 러시아와 당장 군사적 충돌을 빚을 가능성은 낮다고 보지만 역사적으로 주변 대국들의 침입을 자주 받은 탓에 안보 문제에 민감할 수밖에 없다. 1991년 9월 소련에서 독립하기 전까지 리투아니아는 폴란드, 독일, 러시아의 지배를 돌아가면서 받은 만큼 대외 요인이 주는 트라우마는 상당히 크다. 리투아니아의 수난사를 간단히 살펴보면 16~17세기 제정러시아에 대항해 폴란드와 연방을 구성했지만 18세기 들어 프로이센(독일), 합스부르크(오스트리아), 로마노프(러시아) 세

❖ NATO에 접한 칼리닌그라드 시내의 한 아파트 단지에 탱크가 전시되어 있다.

개 왕국에 분할되면서 무너졌고, 이후에는 주로 러시아의 간섭하에 놓였다. 제1차 세계대전 때인 1915~1918년에는 독일군에 점령됐다가 독일의 패배와 러시아 사회주의 혁명이 발생하면서 이들의 손아귀에서 벗어났다. 하지만 이번에는 제2차 세계대전 전까지 20년간 리투아니아의 주요 땅은 폴란드로 넘어갔다. 리투아니아는 빼앗긴 빌뉴스 대신 별도의 임시 수도를 세워 폴란드에 맞섰지만 빌뉴스를 되찾은 것은 소련과 1939년 10월 상호원조 조약을 체결하고 나서였다. 하지만 비열한 스탈린은 두 달 전에 제2차 세계대전의 단초가 된 독·소 불가침조약의 비밀 의정서에 따라 소련이 리투아니아를 포함한 발트해 3국을 차지하도록 히틀러와 모종의 거래를 한 상태였다. 이에 리투아니아는 독일의 폴란드 침공으로 해방되기가 무섭게 소련에 넘어갔다. 그러다가 이번에는 독일이 불가침조약을 어기고 소련을 침공하면서 소련에 속한 리투아니아는 1941~1944년 나치 독일에 점령됐다. 리투아니아는 소련의 지배에서 벗어나고자 전쟁 초반에는 나치의 편을 들었지만 홀로코스트 와중에 자국 내 유대인들만 크게 학살당했다. 이후 독일이 패하면서 리투아니

❖ 1989년 8월 발트해 3국의 독립을 염원하는 인간사슬 퍼포먼스가 시작된 빌뉴스의 게디미나스 탑과 광장.

아는 승전국이 된 소련에 재편입하게 됐다. 스탈린 치하에서 많은 리투아니아 민족주의자들이 체포됐고 시베리아 유형에 처해졌으며, 농업집단화, 종교 및 문화적 탄압이 자행되면서 리투아니아인들에게는 씻을 수 없는 상처로 남았다. 지금의 리투아니아가 러시아에 강한 반감과 함께 두려움을 갖는 것은 이 같은 역사적 굴레 때문이다. 틈틈이 반소련 행보를 거듭하며 독립할 기회를 엿보던 리투아니아는 동구권 해빙기를 맞아 1990년 3월, 다른 발트해 공화국들과 함께 가장 먼저 독립을 선언했다. 이 과정에서 소련군의 침입으로 수많은 시민들이 살상됐지만 러시아와

역사적 악연을 끊으려는 리투아니아인들의 열망은 수그러들지 않았다. 앞서 발트해 3국 국민은 1989년 8월 23일, 각국의 수도를 연결한 620㎞에 달하는 인간띠를 만들어 독립 의지를 과시하기도 했다. 인간사슬 '발트의 길(Baltic way)'로 명명된 퍼포먼스에는 200만 명이 참가해 각자 길에서 서로 손을 잡고 15분간 소련으로부터 독립과 자유를 외쳤다. 이런 절박함 때문에 리투아니아 국민은 소련의 공식 해체를 3개월 앞둔 1991년 9월에 정식으로 독립을 승인받았다.

이제 나는 NATO와 러시아 간의 대치 국면에 대해 전문가의 얘기를 듣고 싶었다. 리투아니아에 있는 유일한 국제관계 싱크탱크라고 소개한 동유럽연구센터(EESC)의 리나스 코잘라(Linas Kojala) 소장은 불과 20대 중반의 소장 학자였다. 동유럽연구센터는 리투아니아 정부의 용역을 맡거나 해외 연구 기관과 공동으로 이 지역 대외 문제를 주로 살펴왔다. '리투아니아에서 러시아 포비아 상황'을 묻는 질문에 코잘라 소장은 지금은 많이 나아졌다고 평가했다. "우크라이나 사태가 터진 2014년 여론조사를 보면 리투아니아인들의 84%가 러시아가 또 다른 나라를 점령할 수 있다고 했어요. 그래서 우리는 방위비를 늘렸고, 10여 년 전 폐지했던 징병제 부활에도 나섰죠. 국방 예산은 2013년만 해도 GDP 대비 0.78%였던 것이 올해는 1.8%가 됐고, 내년에는 정확히 얘기하면 2.07%까지 올라갈 예정입니다. 트럼프가 요구하기에 앞서 우리 스스로 안보의 중요성을 절감한 데 따른 것이죠. 국방부는 전쟁이 나면 무엇을 하고, 어떻게 대응할지를 담은 30여 쪽 분량의 행동 수칙을 배포하기도 했고요. 물론 지금은 불안을 느끼는 강도가 크게 줄었습니다. NATO가 적극 대응해 독일과 미군 부대가 주둔하고 있고, 이들이 많은 무기를 들여와 우리가 혼자가 아니라는 점을 인식하고 있기 때문이죠. 현재 NATO 내에 미국과 유럽의 군비 분담률이 약 7 대 3 정도인데 유럽 각국이 국방비 지

❖ [인터뷰] 리투아니아 싱크탱크 동유럽연구센터의 리나스 코잘라 소장.

출을 늘리게 되면 6 대 4나 5 대 5까지 갈 수 있어요." 나는 "리투아니아가 서둘러 방위비를 인상하겠다는 것을 보면 향후 전쟁 가능성을 높게 보는 것인가"라고 물었다. "리투아니아는 러시아나 친러 국가인 벨라루스와 국경을 접하고 있는 NATO의 최전선이죠. 그래서 스스로 억지력을 강화할 수밖에 없어요. 이미 2% 기준을 충족한 에스토니아는 물론이고 라트비아와 리투아니아가 내년까지 2% 목표를 맞추겠다고 한 것은 발트해 국가들이 다른 나라보다 러시아의 위협에 민감하다는 방증일 겁니다. 우리 스스로 국방력을 높여야 하기 때문에 추가적인 비용 지출은 불가피한 일이죠. 우리는 NATO에 가입한 2004년 이후 NATO에 의존하면서 국방에 쓰는 돈을 크게 줄였어요. 또 비용 자체도 아프가니스탄이나 이라크에 신속대응군을 파병하는 임무에 주로 쓰였습니다. 하지만 우크라이나 사태 여파로 방위비를 증액했을 뿐만 아니라 국내 안보 태세를 강화하는 쪽으로 바뀌고 있습니다. 러시아에 대한 서방의 제재로 리투아니아도 부정적인 영향을 받고 있지만 아무도 제재 철회를 거론하지 않습니다. 직접적인 피해를 입는 기업인들도 마찬가지고요. 다들 러시아로부터 지켜야 하는 안전과 평화가 더 중요하다고 보기 때문입니다."

트럼프 시대에 NATO나 리투아니아와의 관계가 어떻게 될지도 궁금했다. 리투아니아 정권이 전통적으로 미국 내 민주당보다는 공화당과 친했는데 트럼프에 와서는 좀 다르지 않은가라고 질문을 던졌다. 코잘라 소장은 "좋은 질문"이라고 말한 뒤 휴대폰에 저장된 사진 한 장을 보여주

었다. 빌뉴스 시내의 시청 건물 벽면에 새겨진 '리투아니아를 적으로 취하려는 자는 미국 역시 적으로 만드는 것이다'라는 문구를 찍어놓은 사진이었다. "2002년 빌뉴스를 방문한 부시 대통령의 발언이죠. 그는 2년 뒤 리투아니아가 NATO에 가입하는 것을 적극 지원했어요. 그에 앞서 또 다른 공화당 출신 대통령인 레이건(Ronald Reagan)은 소련을 '악의 제국(evil empire)'으로 칭하면서 소련을 상대로 전략방위구상(SDI)을 내놓기도 했죠. 레이건은 발트해 3국이 소련으로부터 독립하는 것을 지지하기도 했고요. 이렇듯 리투아니아 정치는 공화당과 관계가 좋았지만 작년 미국 대선 때 트럼프를 응원하는 비율은 4%에 그쳤습니다. 대다수 리투아니아인들은 힐러리를 원했죠. 물론 리투아니아 정부는 누구의 편도 들지 않고 중립을 지켰고, 누가 당선되더라도 미국과 함께 간다는 입장을 천명했어요. 그래서 트럼프 정부가 들어섰지만 양국 관계가 크게 서먹하지 않은 것이죠." 그는 트럼프에 대해 예측 가능성은 낮지만 대외 문제에서 주요 결정은 오바마 정부의 틀에서 크게 바뀌지 않을 것이라고 설명했다. "물론 트럼프 시대에 미국과 NATO의 관계는 매우 어려울 겁니다. 트럼프가 무슨 일을 만들어낼지 모르니 위험하죠. 반면 트럼프는 레토릭이 많아도 결정 내용은 전 정부와 크게 다르지 않아요. 예컨대 오바마는 동유럽에 대한 방위비 지원을 높여놨는데 트럼프는 그대로 유지하고 있어요. 폴란드나 리투아니아에 미군을 파병하는 것도 그 일환이죠. 매티스 국방장관 역시 친NATO주의자예요. 그는 러시아를 상대로 크림 합병을 비판하고 책임을 물으면서 민스크 협정을 준수하라고 요구하죠. 트럼프가 푸틴에 우호적이라 NATO가 위기에 빠질 것이라는 얘기는 트럼프의 정치적 레토릭만 보기 때문입니다. 트럼프는 매우 전통적인(conventional) 사람이라 그의 전략적 결정은 과거 공화당의 노선이나 오바마 정부로부터 크게 바뀌지 않을 겁니다. 러시아에 대한 결정에 있어

서는 공화당 전통에 따라 엄격한 입장을 견지하고 있어요."

대외 정책에서 발트해 3국 간의 입장은 모두 같은 것이냐고 묻자 코잘라 소장은 리투아니아가 가장 강성일 것이라고 답했다. "대외 문제, 특히 러시아와의 관계에서 발트해 3국의 입장은 동일합니다. 러시아에 대해 국가 안보를 해치는 위협 요소로 보고 NATO와 최대한 협력해야 한다고 여기죠. 하지만 전술적인 측면에서는 좀 달라요. 우리는 러시아를 공격적으로 대놓고 비판하는 반면 나머지 두 나라는 좀 더 부드럽죠. 리투아니아 대통령이 러시아를 '테러리스트 국가'라고 언급한 것이 대표적인 사례일 겁니다. 이는 우리 여성 대통령의 기질이 강골인 탓도 있지만 리투아니아에서 러시아인의 비중이 낮기 때문이죠. 러시아 사람이 전체 인구의 25%나 되는 라트비아나 에스토니아에 비해 우리는 좀 더 러시아로부터 자유로울 수 있고, 러시아 문제를 놓고 유권자들을 의식할 필요가 적으니까요."

리투아니아는 NATO와 러시아가 무력 충돌로 치닫는다면 최우선의 전쟁터가 될 테지만 그것이 현실화되기는 쉽지 않아 보인다. 무엇보다 리투아니아는 NATO 회원국이 아닌 조지아나 우크라이나와는 근본부터가 다르다. 리투아니아는 NATO의 집단안보 체제가 작동하고 있는 상대방 적국에 맞닿아 있는 최전선이다. 이곳이 냉전 이후 소련의 그늘에서 벗어난 신생 국가들이 안보 대안으로 택한 NATO의 대응 체계가 제대로 작동하는지 검증의 시험 무대가 된다면 NATO는 러시아의 공격을 막기 위해 최선을 다 할 수밖에 없다. 그 대응이 미숙할 경우 NATO에 대한 무용론 제기는 불을 보듯 뻔하기 때문이다. 조지아나 우크라이나 사태에서 NATO는 러시아의 영향권을 사실상 인정하면서 속수무책이었지만 NATO 국가인 발트해 3국은 쉽게 내줄 수 없다. 미국 정부는 냉전 시절에도 발트해 국가들의 소련 편입을 인정하지 않을 정도로 이들을 유럽

❖ 2002년 11월 빌뉴스를 방문한 조지 W. 부시 대통령의 발언('리투아니아를 적으로 취하려는 자는 미국 역시 적으로 만드는 것이다')이 새겨진 빌뉴스 시청 벽면.

내 파트너로 대우했다. 이런 정황상 리투아니아를 러시아가 구소련에 속했던 땅이라는 추억만 믿고 자신의 영향권인 양 도발을 감행하기는 힘들 것이다. 리투아니아는 소련에 속했지만 가장 먼저 이탈했고, 또 EU와 NATO 같은 서방의 제도권에 재빨리 들어갔다. 아직도 불편한 소련식 냄새를 풀풀 풍기면서 러시아가 고개를 옮기면 무작정 따라가는 중앙아시아의 특정 국가들과는 차원이 다르다. 이 때문에 러시아의 속내도 NATO와 무력을 주고받는 대신에 대화를 원하는 분위기다. NATO 주재 러시아 대사인 알렉산드르 그루슈코(Alexander Grushko)는 NATO 정상회의를 앞두고 러시아 언론과의 인터뷰에서 서방 측의 도발을 비난하면서도 화해를 강조했다. 리투아니아가 조지아나 우크라이나 전선과는 다르니 함부로 다루기가 어렵다는 점도 일견 수긍했다. "최근 많은 유럽인들이 러시아와의 대치가 양측에 이로울 게 없다는 점을 점차 분명히 이해하고 있다. 긴장이 고조되는 것을 막는 방법을 찾아야 하고, 양자 간에는 평등과 상호 이해를 바탕으로 대화의 길을 모색해야 한다. 국제적인 테러리즘 척결 등 현안이 산적한 마당에 양측은 서로 싸우기보다는 공통된 해결책 마련을 위해 머리를 맞대야 한다."

코소보 Kosovo

독립 10년을 앞둔 코소보, 발칸의 계륵 되나

2017년 2월 중순, 세르비아 베오그라드에 머물고 있던 나는 이미 베오그라드의 웬만한 곳은 다 가보았기 때문에 급히 다른 방문지를 찾아봐야 했다. 대학 과(科) 선배이기도 한 박기창 공사는 유네스코 세계문화유산으로 지정되어 있는 몬테네그로의 코토르(Kotor)를 소개해주었다. 베오그라드에서 코토르 인근의 티밧 공항까지는 비행기로 1시간이 걸렸다. 아드리아해(海)에서 내륙 쪽으로 쑥 들어가 만(灣)을 형성하고 있는 코토르는 눈부시게 아름다운 곳이었다. 도로를 따라 끝없이 펼쳐져 있는 깨끗한 바다와 아기자기한 상점들, 그리고 역사적 중후함이 느껴지는 올드

- 발칸반도에서 알바니아계가 다수로 있는 자치주였다가 독립을 위해 세르비아와 전쟁을 치러 잔혹한 인종 학살을 당했다. 서방의 도움을 받아 2008년 2월 17일 독립을 선언했지만 러시아와 세르비아 등은 여전히 국가승인을 하지 않고 있다.

❖ 몬테네그로의 유네스코문화유산 도시 코토르 전경.

타운이 서로 조화를 이루고 있었다. 이전까지 보았던 어느 나라, 어떤 풍광보다 멋졌다.

　세르비아와 하나의 나라를 유지하다가 2006년 독립을 선언한 몬테네그로는 한국인들에게는 낯선 땅이다. 나라 전체가 대부분 바다와 험준한 산으로 되어 있어 버스를 타고 육로로 진입하기도 쉽지 않다. 전체 인구라고 해봐야 65만 명에 불과한 이 나라는 2017년 6월 NATO에 가입했다. 미국을 포함한 28개 전체 NATO 회원국들은 각자 승인을 통해 몬테네그로를 29번째 NATO 국가로 받아들였다. 병사가 1만 명도 안 되는 발칸의 최소국(最小國) 입장에서는 NATO 가입이 절실했겠지만 보잘것없는 군사력을 지닌 몬테네그로를 NATO가 껴안은 것은 상징적인 제스처다. 발칸반도 서쪽의 작은 끝자락마저 러시아에 내줄 수 없다는 정치적 결단의 표시인 것이다. 그동안 몬테네그로 내부에서는 러시아의

지지를 받는 야당이 친서방 정부에 저항하면서 NATO 진입을 막으려 했지만 결국에 러시아는 또 한 번 NATO 동진의 쓴 잔을 마셔야 했다.

그러나 나는 아름다운 코토르에서 이런 정치적 이야깃거리는 잊고 싶었다. 몬테네그로 수도인 포드고리차라면 모를까, 코토르는 서방과 러시아 간에 대결무대가 아니었다. 나는 해안가를 따라 걸으면서 영국 극작가 조지 버나드 쇼(George Bernard Shaw)가 "내가 천국에 와 있는 것인가"라며 감탄했다는 코토르의 멋진 경치를 그냥 즐기면 될 뿐이었다. 올드타운 내 게스트하우스에서 만난 한국인 배낭여행객은 내게 "두브로브니크에 가보았느냐"고 물었다. 그는 거기서 왔는데 전체적인 규모에서 코토르를 훨씬 압도한다고 했다. 거리는 버스로 2시간에 불과했다. 크로아티아에 속한 두브로브니크는 한국 TV 프로그램에 소개돼 최근 한국 관광객들이 급속히 몰려들고 있는 곳이다. 그 여행객 말로는 "두브로브니크에 있는 외국인 관광객 중 한국인이 절반을 넘는다"고 했다. '국경을 또 넘어야 하나' 잠시 고민했지만 지금 기회를 놓치면 두브로브니크에 영영 가보지 못할 수 있다는 생각이 들었다. 그래서 코토르에서 1박을 한 뒤 다음날 오전에 짐을 싸서 두브로브니크행 버스를 탔다. 겨울철 비수기라서 그런지 30인승 버스에는 달랑 나 혼자였고, 버스는 구불구불하면서도 소름끼치게 아름다운 아드리아해의 해안도로를 내달렸다. 국경 통과는 금세 이루어졌고, 크로아티아에 진입하자 버스는 높은 산자락 길을 타고 올라가기 시작했다. 거기서 내려다보는 해안 절경은 더 말할 것이 없었고, 저 멀리에 두브로브니크 올드타운의 전체 윤곽이 모습을 드러냈다. 모두 주황색 지붕을 한 수백 개의 건물과 집들이 난공불락의 요새처럼 어우러진 모습은 가히 장관이었다. 코토르에 있는 올드타운보다 열 배는 커보였다. 기온은 2월인데도 영상 15도나 되어서 두꺼운 옷이 필요 없었다. '슬로우 시티(slow city)' 두브로브니크의 햇살은 따

❖ 아드리아해에 접한 크로아티아의 휴양도시 두브로브니크.

스했고, 사람들의 얼굴에는 여유가 묻어났다. 크로아티아가 유고 연방을 나오기 위해 세르비아와 치렀던 전쟁의 흔적은 어디에도 없었고 밝은 기운만이 느껴졌다. 크로아티아는 1991년 유고 연방에서 일찌감치 떨어져 나와 2009년과 2013년에 각각 NATO와 EU에 가입했다. 그래서인지 크로아티아는 발칸국가 가운데 가장 높은 국민소득과 정치적 안정을 누리고 있다. 여기에는 두브로브니크에서 나오는 막대한 관광 수입도 한몫하고 있을 것이다.

하지만 발칸반도를 떠나 이란의 테헤란까지 일정이 있었던 나로서는 두브로브니크의 안락함에 언제까지 취해 있을 수는 없는 일이었다. 머나먼 길을 달려 먼저 코소보까지 가야 했다. 박 공사는 "알바니아나 코소보는 고생길이고, 두브로브니크는 환상적인 베네치아 문화의 꽃"이라며 "뭐하러 코소보에 가려고 하느냐"고 했다. 나는 "발칸에 오기도 힘

든데, 세르비아 학살을 경험한 코소보가 어떻게 생겼는지 너무 궁금해서"라고 답했다. 당초 예정대로 베오그라드에서 코소보 수도인 프리슈티나로 바로 갔더라면 6시간이면 충분했지만 이제는 두브로브니크에서 포드고리차(몬테네그로)를 거쳐 프리슈티나로 들어가는 데 버스 탑승만 14시간을 각오해야 했다. 한밤중에 몬테네그로의 험준한 산악 지대를 통과하고, 검게 변해버려 공포감이 감도는 해안가를 지나야 했다.

포드고리차에서 프리슈티나로 가는 버스에는 예상보다 사람들이 많았다. 20명은 족히 됐다. 한국인들에게 코소보는 1990년대 말 세르비아로부터 인종 청소와 추방을 당한 비운의 땅으로 기억되고 있겠지만 그것은 과거의 일이었다. 버스 안에는 코소보에 가서 물건을 팔려는지 보따리를 잔뜩 들고온 사람에서부터 비즈니스 상담을 위해 꽤 고급스러운 서류가방을 들고 있는 자도 있었다. 코소보로 가는 산악 지대에는 몬테네그로에서 볼 수 없었던 눈이 가득 쌓여 있었다. 마치 대관령, 진부령을 넘어가는 듯했는데 여기는 1차선이라 조금이라도 실수하면 바로 낭떠러지 아래로 추락하게 된다. 다행히 도로의 눈을 잽싸게 치워놓아서 길이 미끄럽지는 않았지만 한밤중에 운전기사가 졸기라도 하면 끝장이었다. 프리슈티나 시내에 있는 버스 터미널에 도착한 시간은 새벽 5시경이었다. 객관적으로 여기 터미널은 규모나 청결함 면에서 베오그라드나 포드고리차보다 훨씬 나았다. 또 시내 도로는 넓었고, 길가에는 작지만 깔끔한 간판을 단 상점들이 가지런히 서 있었다. 프리슈티나 외곽에는 폭스바겐, 시트로앵 등 외국 차량의 판매 전시장들도 눈에 띄었다. 코소보 전쟁 때문에 폭격 맞은 우중충한 도시를 예상했지만 프리슈티나는 개발 모드로 들어간 지 오래된 듯 보였다. 도시 곳곳에 놓인 크레인과 굴삭기들은 건설공사가 활발하다는 점을 말해주고 있었다.

버스 터미널 1층에 있는 커피숍에는 프리슈티나에서 아직 갈 곳을

❖ 세르비아의 인종 청소에 맞서 무장투쟁을 주도한 코소보해방군(KLA)의 창립자 아뎀 자샤리. 그의 사진은 코소보 어디서나 쉽게 볼 수 있다.

정하지 못한 사람들이 모여들었다. 새벽의 추운 날씨에 몸이라도 녹이려면 커피숍에 들어갈 수밖에 없었다. 프리슈티나에서는 별도의 자국 통화 없이 유로가 통용됐는데 아메리카노 커피 한잔에 1유로였다. 커피숍 내부에는 군복을 입고 수염을 기른 사람의 초상화가 걸려 있었다. 짐작컨대 세르비아와의 전쟁 때 활약한 코소보 장군쯤 될 것 같았다. 내가 커피숍에 있는 코소보 사람과 대화를 해보려고 "이 사람이 누구죠?"라며 말을 걸었다. 아니나 다를까, 그들은 미끼를 덥석 물었다. 동양인의 호기심어린 질문에 옆 테이블에 앉아 있던 다른 사람까지 모두 세 명이 합석했다. "아뎀 자샤리(Adem Jashari)를 몰라요? 코소보에서 가장 유명한 사람인데, 전쟁 영웅이죠. 인터넷 찾아보면 위키피디아에도 나와요. 자샤리 앞에서 세르비아 놈들 꼼짝도 못 하고 벌벌 떨었는데……." 자샤리는 세르비아가 코소보에 쳐들어와 알바니아계 주민들을 상대로 인종 학살을 저지르자 무장투쟁을 위해 코소보해방군을 조직하고 사령관을 지낸 인물이었다. 코소보 독립운동의 상징이었고, 세르비아에 맞서 싸운 용맹스러운 코소보해방군의 아버지로 통했다. 젊어서부터 코소보 내 대다수를 차지하는 알바니아계를 선동해 분리 단체를 조직

하는 등 세르비아인들에게는 눈엣가시 같은 존재였다. 그는 코소보가 유고 연방을 탈퇴해 같은 민족인 알바니아와 합쳐 대(大)알바니아 국가를 세우자고 주장했다. 이를 위해 코소보 알바니아계는 수입의 3%를 세금으로 내서 이 돈으로 무기를 구입해 세르비아와의 항전 의지를 불태우기도 했다. 하지만 자샤리는 1998년 3월, 세르비아 경찰특공대의 공습을 받아 42세의 나이에 가족과 함께 몰살당하면서 그의 비극적 운명은 코소보인들의 가슴에 더욱 깊게 각인되었다. 자샤리의 초상화가 곳곳에 걸려 있다는 것은 아직도 코소보인들이 세르비아와의 전쟁을 잊지 않고 있다는 의미였다. 내가 "세르비아하고 화해할 수 있는가"라고 묻자 아르벡이라고 이름을 밝힌 30대 남성은 "절대 못 한다"고 했다. 그는 프리슈티나 식당에서 요리사로 일하고 있었다. "그들의 만행을 용서할 수가 없어요. 세르비아군은 코소보 사람들을 너무 많이 죽였어요. 여자와 어린이들도 많이 희생됐죠. 어떤 아이들은 팔이 잘리기도 했고요. 잔인하고 끔찍한 짓이죠. 당시 전쟁으로 가족과 친척들을 잃은 친구들이 많은데 그들은 아직도 슬픔과 고통을 겪고 있어요. 세르비아와 가까워질 수는 없습니다." 내가 "코소보해방군도 코소보에 있는 세르비아계를 많이 죽이지 않았나"하고 말하자 "우리는 세르비아 군인들만 상대했지, 민간인을 살해하지는 않았다"고 반박했다. 하지만 그것은 코소보 인구의 90%를 차지하고 있는 알바니아계의 일방적인 주장이었다. 2017년 1월, 프랑스에서 체포된 라무시 하라디나이(Ramush Haradinaj) 전 코소보 총리에 대한 세르비아 측 기소 혐의에는 그가 1998~1999년 코소보해방군 사령관일 때 민간인 납치, 고문, 살해를 저질렀다고 되어 있다. 또 유고국제형사재판소(ICTY)도 그의 죄목을 37개나 나열하면서 민간인에 대한 범죄 사실을 거론했다. 대화가 진지해지자 옆에 있던 친구도 끼어들었다. 그는 오스트리아에서 바텐더로 일하고 있었다. "우리는 곧 NATO와 EU

에 들어갈 겁니다. 세르비아는 계속 러시아 품에서 놀 것이고요. 미국은 코소보를 전쟁에서 구해주었고 지금도 많이 도와주고 있어요. 유럽도 우리 편이죠. 세르비아하고 우리는 가는 길이 다른데 화해하고 말고가 어디 있습니까."

하긴 1999년 NATO의 베오그라드 공습을 주도해 전쟁을 끝내준 클린턴 전 대통령은 코소보인들 사이에서 여전히 '빅 히어로(Big hero)'였다. 클린턴을 얘기할 때면 사람들은 엄지손가락을 치켜세웠다. 프리슈티나에 클린턴의 이름을 딴 대로가 있고, 그의 전신 동상이 서 있는 것만 봐도 코소보인들의 클린턴 사랑을 알 수 있다. 베오그라드 시민들이 클린턴을 '악마(devil)'라고 했던 것과는 딴판이었다. 프리슈티나에는 클린턴 외에도 부시 거리가 있고, 2016년 8월에는 조 바이든(Joe Biden) 전 부통령의 작고한 아들 보 바이든의 이름을 딴 거리도 생겨났다. 바이든 전 부통령은 1999년 상원의원 시절에 NATO의 세르비아 공습 결정을 주도했고, 그의 아들은 2001년 코소보에서 법률고문으로 일한 경력이 있다. 코소보 정부는 이래저래 인연이 닿는 미국 인사들을 자국 땅으로 끌어들이고 있는 것이다.

코소보와 세르비아 간에 인식 차이가 이처럼 현격한 마당에 화해를 운운한다는 것은 부질없는 일이다. 서로 마음을 열고 친해지기에는 이들이 지향하는 방향은 너무나 달랐다. 둘 다 EU 가입을 추진 중인 세르비아와 코소보는 먼저 반목부터 없애라는 EU 측 중재에 따라 2011년부터 관계 정상화를 위한 회담을 열고 있지만 계속 평행선만 달리고 있다. 정부 간 협상도 지지부진한데, 세르비아의 인종 청소라는 감정적 자극에 휘둘리는 민중에게 세르비아와의 화해 얘기를 꺼내는 것은 그 자체가 난센스였다. 프리슈티나의 한 식당에서 음식값으로 베오그라드에서 쓰고 남은 세르비아 화폐로 계산하려고 하자 주인은 "여기는 코소보지, 세르

❖ 프리슈티나에 있는 빌 클린턴 미국 전대통령의 동상과 사진 포스터. 코소보에서 클린턴은 유혈 내전을 종식시킨 영웅으로 칭송받고 있다.

비아가 아닙니다"라며 의미심장하게 꾸짖었다.

코소보는 밀로셰비치가 유고국제형사재판소에 기소되고, 몬테네그로까지 떨어져 나가는 등 세르비아의 지위가 국제적으로 약화되자 2008년 2월 독립을 선포했다. 그리고 2010년 국제사법재판소가 독립선언의 적법성을 인정하면서 서방 주요국들로부터 국가승인을 받았다. 세르비아와 러시아는 지금도 코소보를 국가로 보고 있지 않지만 코소보를 승인한 나라는 110개국이 넘는다. 미국과 유럽이 처음부터 코소보 해방과 재건을 적극 지원하면서 코소보의 국가주권을 인정하는 나라는 매년 늘고 있다. 싱가포르와 방글라데시는 각각 2016년 12월과 2017년 2월에 코소보를 국가로 승인했다. 러시아와 중국 등의 반대로 코소보는 아직 유엔 회원국은 아니지만 국제통화기금과 세계은행에 가입해 있다.

그러나 코소보가 과연 독립국가가 될 수 있는지 문제는 역사나 국제법상의 텍스트를 떠나 정치적 해석이 뒤따른다는 점은 부인할 수 없다. 냉엄한 현실 정치 앞에서 코소보가 세르비아 민족주의의 발원지이고, 세르비아 정교회의 첫 교구가 탄생한 곳이라는 얘기는 다 부질없는 소리다. 세르비아가 오스만제국을 상대로 기독교연합군을 결성해 마지막까지 싸운 곳이 코소보였고, 이로 인해 세르비아인들의 민족적 성지(聖地)라는 주장도 별 의미가 없다. 푸틴 대통령이 특정 민족의 독립을 놓고 서방 측이 이중 잣대를 갖고 있다고 쓴웃음을 짓는 것도 이런 맥락이다. 미국과 유럽이 세르비아로부터 코소보나 몬테네그로의 독립은 받아주면서 조지아나 몰도바에 속한 친러시아 자치공화국들의 분리 독립에는 모른 척 한다는 것이다. 푸틴은 크림을 합병하기 전부터 "서방 진영이 (조지아 내 친러시아 공화국인) 압하지야나 남오세티야의 분리 독립은 부인하면서 세르비아로부터 알바니아계(코소보)의 독립은 된다고 주장한다면 이 차이를 어떻게 설명해야 하나"라고 반문했다. 결국 코소보 같은 소국

의 국가승인 문제는 역사나 법의 원칙보다는 국가마다 정치적 입장에 따라 달라지는 것이다. 미국은 코소보를 국가로 받아들이면서 알바니아계가 90%를 차지하고 있고, 억압 세력인 소수 세르비아계로부터 벗어나기 위한 이들의 독립 염원을 무시할 수 없다고 주장했다. 코소보 내 알바니아계 주민들의 인권이 세르비아의 국가주권보다 위에 있다고 본 것이다. 반면 러시아는 코소보 독립이 유럽과 독립국가연합 각국에 분리 독립 움직임을 격화시켜 혼란을 초래한다는 명분을 내세워 반대했다. 당연히 여기에는 러시아(동슬라브)가 같은 슬라브 계통의 세르비아(남슬라브)와 특별한 관계 때문에 세르비아를 편든 것임은 주지의 사실이다. 요아킴 베른트손(Joakim Berndtsson) 스웨덴 괴텐부르크 대학교 국제학부 교수는 한 논문에서 이렇게 썼다.

> 많은 나라들이 코소보가 세르비아에서 뛰쳐나오는 자기 결정을 지지했지만 이는 국가주권 원칙과 국제 시스템 안정에 위협이 될 수 있다. 코소보의 독립을 지지하더라도 이탈 결정권을 보편적으로 받아들여서는 안 되고 코소보는 특별한 경우로 보아야 한다. 그 이유는 밀로셰비치 체제에서 코소보 알바니아계에 대한 인종 청소와 인권유린이 심각했기 때문이다. 하지만 다른 지역의 독립 요구는 인정하지 않으면서 코소보 독립을 지지하는 것은 이중 기준이라는 논란을 피할 수는 없다.[1]

---

1) Joakim Berndtsson and Peter Johansson "Principles on a collision course? State sovereignty meets peoples' right of self-determination in the case of Kosovo," *Cambridge Review of International Affairs*, Vol. 28(Oct, 2015), pp. 445~461.

❖ 프리슈티나 중심부인 클린턴 대로. 주변에 성당과 오피스, 상점들이 들어서 있다.

    나는 커피숍에서 대화하던 중 오스트리아에서 바텐더로 일한다는 사람에게 "왜 멀리까지 가서 일합니까"라고 물었다. 그는 "코소보는 급여가 낮고 일자리가 별로 없어 외국에 나갈 수밖에 없습니다. 월급이 월 평균 200 유로에 불과한데 어떻게 먹고 삽니까. 적어도 500 유로는 되어야죠. 다 정치가 썩어서 그렇습니다"라고 했다. 여기도 권력이 부패해서 국민의 삶이 피곤하기는 마찬가지였다. 이러려고 그 큰 희생을 치르고 유고 연방에서 뛰쳐나온 게 아닐 텐데 말이다. 얼마 전 한 독일 매체의 보도를 보니 코소보의 실업률이 40%가 넘고 빈곤율이 극심해 많은 사람들이 테러 단체인 이슬람국가(IS)의 문을 두드리고 있다고 했다. 구체적인 숫자까지 제시됐는데 2012~2016년에 IS에 간 코소보인은 여성과 아이들을 포함해 총 316명에 달했다. 코소보 곳곳에는 테러리스트의 교본 격인 이슬람근본주의에 대한 교육 시설도 생겨나고 있다고 한다. 플로리안 쿼하리(Florian Qehaja) 코소보 안보연구센터장은 "재앙적인 경제 상황, 부패와 무능력한 약한 정부로 인해 많은 코소보 젊은이들이 희망을

잃고 유럽으로부터 고립감을 느끼고 있다"고 밝혔다.

코소보의 정치·경제 사정이 악화일로를 걷는다면 코소보는 발칸에서 진정한 서방의 교두보가 되기 어려울 것이다. 이슬람을 믿는 알바니아계가 압도적인 상황에서 코소보가 정치 부패와 경제 위기까지 겪는다면 이 말썽 많은 발칸의 소국에 대한 서방의 관심은 점차 멀어질 것이다. IS의 잦은 테러로 이슬람에 대한 부정적인 분위기가 만연한 데다 유럽 내 극우 민족주의 물결과 트럼프의 '아메리카 퍼스트(미국 우선주의)'를 감안할 때 서방이 예전만큼 코소보를 자기 품에 안고 갈 가능성은 희박하다. 많은 유럽인들은 코소보에 모스크가 800개나 된다면서 코소보의 이슬람적 정체성을 문제 삼아 EU에 받아들여야 하는지 의문을 제기하고 있다. 반면 사우디아라비아, 쿠웨이트를 비롯한 중동의 석유 부국들이 유럽을 대신해 코소보에 투자를 늘리고 있다고 한다. 불씨가 꺼지지 않은 코소보는 러시아와 NATO 간에 무력 충돌이 발생할 가장 개연성이 높은 후보지 중 하나다. 하지만 1999년 세르비아 폭격 때처럼 NATO가 또 한 번 혼연일치가 돼서 코소보 구하기에 나서줄지는 미지수다. 약해진 유럽과 트럼프의 고립적 성향에 더해서 코소보가 이슬람 극단주의로 치달아 서방의 전략적 가치가 줄어든다면 코소보의 국가적 명운은 장담하기 어려워질지 모른다.

4부

미완의 중앙아시아를 가다
우즈베키스탄·카자흐스탄·키르기스스탄

4부 이동 경로
- ❖ (카자흐스탄) 알마티 → (우즈베키스탄) 타슈켄트 → 사마르칸트
- ❖ (카자흐스탄) 알마티 → 아스타나
- ❖ (카자흐스탄) 알마티 → 악타우
- ❖ (카자흐스탄) 알마티 → (키르기스스탄) 비슈케크

우즈베키스탄 Uzbekistan

장기 집권자의 죽음을 슬퍼한 민초들

2016년 8월 16일, 카자흐스탄 최대 도시인 알마티에서 내 해외연수 생활이 시작됐다. 그리고는 도착한지 2주일 만에 옆 나라 우즈베키스탄에서 이슬람 카리모프(Islam Karimov) 대통령의 사망 소식이 들려왔다. 그는 소련이 공식 해체되기 한 달 전인 1991년 11월, 대선을 통해 초대 우즈베키스탄 대통령이 되면서 25년 간 통치했다. 하지만 소련 시절 15개 공화국 내 최고 통치 권력인 우즈베키스탄 제1서기 경력까지 넣으면 그의 독재 기간은 2년이 추가된다. 한국에서는 이름도 헷갈리는 카자흐스탄과 우즈베키스탄의 공통점 가운데 하나가 특정 지도자가 장기 집권을 해

- 19세기 후반 제정러시아의 지배를 받은 이후 1924년 소련의 공화국으로 편입되었다. 당시 우즈베키스탄 사회주의공화국은 중앙아시아의 맹주였지만 구소련 붕괴와 함께 1991년 9월 독립한 뒤 경제침체와 정치 불안, 대외 고립의 과정을 겪었다. 장기 집권자였던 카리모프가 2016년 9월 사망한 뒤 신정부는 각 방면에서 개혁 드라이브를 강하게 걸고 있다.

왔다는 것이다. 누르술탄 나자르바예프(Nursultan Nazarbayev) 카자흐스탄 대통령도 공화국 제1서기 출신으로 소련 해체 과정에서 재빨리 대선을 치러 통치의 정당성을 확보했다.

카리모프의 가족은 그의 부음이 공식 발표되기 일주일 전, "대통령이 뇌출혈로 중환자실에 입원해 있다"면서 사실상 사망했음을 알렸다. 권력 승계에 민감한 중앙아시아 국가에서 대통령이 위

❖ 이슬람 카리모프 우즈베키스탄 전 대통령.

독하다는 사실을 전한다는 것 자체가 이미 자연인으로서의 생명이 끝났음을 뜻한다. 단지 권력 누수와 정치적·사회적 혼란을 막기 위해 통치권 배분 논의가 사경을 헤매는 카리모프 옆에서 진행되고 있었을 것이다.

공식 사망 발표가 나온 2016년 9월 2일, 푸틴과 나자르바예프는 중국 항저우에서 열린 G20 정상회의에 참석 중이었다. 따라서 이들은 생전에 그렇게 가깝게 지냈던 카리모프의 장례식에 가보지도 못했다. 그들이 구소련 후신인 독립국가연합 내 강력한 동지였던 카리모프의 묘소에 헌화한 것은 중국을 다녀온 뒤였다. 푸틴과 나자르바예프가 각자 개별 방문 형식으로 카리모프의 고향이자 시신이 안장된 사마르칸트에 다녀온 모습이 TV 방송 전파를 탔다. 이들을 맞은 것은 당시 장례위원장이었던 샤프카트 미르지요예프(Shavkat Mirziyoyev) 총리였다. 그는 곧 대통령 권한대행에 임명됐다. 거기서 일주일이 지나자 그해 12월 4일 대선에서 집권여당 후보로 추대됐다는 발표가 나왔다. 그리고는 88%가 넘는 득표율로 쉽게 당선됐다. 모든 게 일사천리였다. 우즈베키스탄 헌법에 따라 대통령 유고 시 권한대행을 맡아야 할 상원의장은 총리에게 일찌감치 권

한을 넘겨버리고 TV에 나타나지도 않았다. 카리모프가 병상에 누워 있는 와중에 권력 수뇌부는 미르지요예프를 후임으로 낙점하고, 모든 스포트라이트가 그에게 쏠리도록 한 것이다. 카리모프 가족 내 후계자로 거론됐던 둘째 딸 롤라 카리모바 틸라예바(Lola Karimova-Tillyaeva)의 이름은 쏙 들어갔다. 알마티 키맵 대학교의 나르기스 카세노바(Nargys Kassenova) 중앙아시아연구소장은 카리모프 사망 후 '롤라가 후계자가 될 수 있느냐'는 내 질문에 "절대 불가능하다"고 잘라 말했다. "이슬람 국가에서 여성이 국가지도자가 되기는 아직 어려워요. 또 이미 총리가 후임으로 지명되면서 카리모프 가족은 정치에서 떠났습니다. 미르지요예프가 카리모프의 정치 노선을 충실히 계승할 것인 만큼 카리모프 일가가 더 이상 막후에서 별다른 역할을 하진 않을 겁니다."

카리모프의 죽음과 뒤이은 미르지요예프의 승계에 대해 우즈베키스탄 정치권에서는 저항도 없었고 시민들도 동요하지 않았다. "지도자가 사망했으니 당연히 슬프죠. 어떻게 마음이 좋을 수 있겠어요." 알마티의 한인 민박집에서 일하는 20대 후반의 우즈베키스탄 여성인 율랴는 한숨을 쉬며 말했다. 그녀는 타슈켄트에서 결혼해 두 살이 된 딸을 두고 있는데 돈을 벌기 위해 가족과 떨어져 알마티에 2개월마다 와서 일을 했다. 율랴는 카리모프가 중환자실에 있다는 발표가 나온 직후 카자흐스탄과의 국경이 잠정 봉쇄되자 당초 계획했던 육로 이동을 포기하고 비싼 비행깃값을 치르고 이틀이나 늦게 알마티에 왔다. 나는 카리모프의 죽음이 슬프다는 그녀의 말에 "그는 나라를 망친 독재자예요. 그 인간 때문에 안디잔에서도 그렇고 얼마나 많은 사람들이 죽었는지 알잖아요"라고 소리를 쳤다. 하지만 율랴는 "아니에요. 그분 때문에 우즈베키스탄은 평화롭고 조용했어요. 우리는 불만이 별로 없어요"라고 했다. 나도 물러서지 않았다. "대통령으로서 시도조차 한 게 없고 해놓은 일이 없으니

❖ 사마르칸트에 있는 카리모프 묘소에 올라가기 위해 줄을 서서 기다리는 우즈베키스탄 사람들.

평화로웠겠죠. 외부 세계에 문을 닫고 수십 년간 자기 왕국만 지켰으니 조용할 수밖에 없는 거잖아요. 소련 때만 해도 우즈베키스탄이 중앙아시아 최대 국가였는데 지금은 카자흐스탄이잖아요. 그게 왜죠? 카리모프는 지도자 역량이 그만큼 안 된다는 거예요." 내가 따발총을 쏘듯 계속 지적을 해대자 율랴는 "저는 복잡한 정치 문제는 싫어해요. 하지만 우리들은 대통령의 죽음을 진심으로 애도하고 있어요. 물론 돈 많은 사람들은 앞으로 어떻게 될지 몰라 불안에 떨고 있겠지만요."

카리모프가 사망한 직후 타슈켄트를 다녀온 알마티의 한국교육원장도 비슷한 얘기를 했다. "장기 독재자가 죽었으니 무슨 폭동이라도 날 줄 알았는데 타슈켄트 전체가 너무 조용해서 놀랐습니다. 거기 사람들은 카리모프의 죽음을 진정 슬퍼하고 있었어요. 제가 현지인들한테 대통령 서거를 애도한다고 하자 몇몇 사람은 나를 끌어안고 고맙다며 눈물까지 보

❖ 사마르칸트의 카리모프 묘소에서 바라본 비비하눔 모스크 전경.

이더군요." 내가 2017년 4월 말, 사마르칸트를 찾았을 때도 많은 사람들이 언덕 위에 마련된 카리모프의 묘소에 올라가기 위해 줄을 길게 서 있었다. 그가 사망한 지 8개월째로 접어들었지만 추모 열기는 식지 않았다. 사마르칸트에서 가장 멋진 풍광 중 하나인 비비하눔(Bibi-Khanum) 모스크와 영묘(靈廟)가 내려다보이는 하즈라트-히즈르(Hazrat-Hizr)에 안치된 카리모프의 시신을 보기 위해 30도가 넘는 폭염에도 불구하고 먼 시골에서 늙으신 부모와 어린 자녀들을 동반한 가족 단위 참배객들이 눈에 자주 띄었다. 그곳을 지키는 경찰에게 물어보니 매일 3000명이 넘는 시민이 방문한다고 했다. 대규모 묘지 조성 작업이 진행 중이라 시신이 안치된 곳까지는 입장할 수 없었지만 대신 추모객들은 300~400명씩 이슬람식으로 공동 예배를 드렸다. 이슬람 특유의 슬픈 장송곡 가락이 울려 퍼지는 가운데 이들의 표정에서는 사뭇 진지하고 진심을 다해 애도하고

❖ 사마르칸트 최대 관광지인 레기스탄 광장과 거기에 있는 세 개의 마드라사(신학교) 전경.

있구나 하는 점이 느껴졌다.

어쩌면 이것이 서방 세계가 중앙아시아의 독재 국가 중 하나로 비판해온 우즈베키스탄의 정확한 민심일지 모른다. 우즈베키스탄 사람들은 잦은 권력 교체를 통한 정치적 혼란과 이로 인해 경제 기반을 상실할까 두려워했다. 이들은 또 같은 소련 출신인 조지아나 우크라이나에서 잦은 정권 교체의 소용돌이에도 불구하고 민초의 삶은 별로 나아지지 않는 것을 보았다. 이 국가들은 한때 러시아를 배척하고 서방 세계에 들어가려고 했지만 여전히 자기 수준에 맞지 않는 옷을 걸쳐보려다가 죽도 밥도 안 되고 있는 처지다. 카리모프를 대신할 비전 있는 정치인을 검증하기 쉽지 않은 상황에서 차라리 카리모프식의 국정 통제는 안정되고 조용한 삶을 원하는 우즈베키스탄인들에게 최선은 아니라도 차선일 수는 있는 것이다.

특히 중앙아시아에서 특정 권력자가 장기 집권하는 문제는 카리모프만의 전유물도 아니다. 중앙아시아 5개국 지도자들은 재임 시절, 평생 권력을 지키기 위한 술책 만들기에 몰두했다. 소련 붕괴로 갑작스럽게 독립되어 나온 이 나라들의 기존 통치 세력은 최고평의회의 의결과 국민투표 등 나름의 합법화 과정을 통해 집권했다. 이들도 권력을 얻고 유지하는 데 선진국처럼 직접선거와 국민투표를 공식적인 수단으로 활용하기는 했던 것이다. 하지만 불투명한 선거 절차로 늘 시끄러웠고, 제멋대로 개헌을 통해 종신 집권의 길을 연 것은 중앙아시아 어디서나 똑같았다. 1990년 직선을 통해 가장 먼저 대통령에 오른 사파르무라트 니야조프(Saparmurat Niyazov) 투르크메니스탄 대통령은 1999년에 종신 대통령으로 추인됐다. 하지만 소련 해체 직후 권력을 잡은 동년배 지도자인 카리모프나 나자르바예프, 라흐몬처럼 천수를 다 누리지 못하고 2006년 심장마비로 일찌감치 생을 마감했다. 대신 후임인 구르반굴리 베르디무하메도프(Gurbanguly Berdymukhammedov)가 2017년 대선에서 97%가 넘는 득표율로 3기 집권에 성공하면서 니야조프의 한풀이를 하고 있다. 직전 해에 헌법을 고쳐 대통령 임기를 5년에서 7년으로 늘린 데다 70세로 못 박은 대통령의 나이 제한도 없애 종신 집권의 길을 열었다. 현재 60세인 베르디무하메도프는 니야조프처럼 사실상 평생 권력자가 된 것이다. 카자흐스탄에서도 2007년 개헌을 통해 초대 나자르바예프 대통령에 한해서는 횟수 제한 없이 재선할 수 있는 길을 시원하게 열었다. 타지키스탄도 2016년 5월 국민투표를 거쳐 1994년부터 집권해온 에모말리 라흐몬(Emomalii Rahmon) 대통령이 평생 집권할 수 있도록 개헌에 성공했다. 대선 후보의 연령 제한도 35세에서 30세로 낮추어 라흐몬의 아들이 대를 이어 통치할 수 있는 기반도 만들었다. 카리모프 역시 3기 연임을 금지하는 헌법 조항을 고쳐 사실상 종신 집권 체제로 갔지만 명운이 짧

아 25년으로 마무리한 것이다. 하지만 카리모프 역시 10년 일찍 죽은 니야조프나 시민혁명으로 쫓겨난 아스카르 아카예프(Askar Akayev) 키르기스스탄 전 대통령에 비하면 행복한 편이다. 그의 죽음을 애통해하는 국민이 많다는 것은 중앙아시아 장수 권력을 비판해온 서방의 기준에서는 불편한 일이지만 여기서는 장기 집권이 별 문제가 아니라는 점을 여실히 보여준다.

그러나 우즈베키스탄에서 비즈니스를 해본 사람들은 "카리모프, 잘 죽었다"는 말도 서슴지 않는다. 타슈켄트에서 17년간 나무 재배 사업을 하다가 2년 전 알마티로 옮겨 식당을 운영 중인 한 교민은 우즈베키스탄은 희망이 없는 나라라고 욕을 퍼부었다. "우즈베키스탄 사람들이 슬퍼한다고요? 과연 그게 진정성 있는 눈물일까요?" 그는 타슈켄트에서 나무와 묘목을 키워 한국 돈으로 자본금 6000억 원 규모의 큰 회사를 만들었지만 우즈베키스탄 당국으로부터 헐값에 내놓으라는 요구를 듣고 사업을 접어야 했다. "우즈베키스탄은 제 젊음을 바친 곳이라 애착이 커요. 하지만 사업체를 넘기지 않으면 세무조사라도 벌여 회사를 공중분해시키고, 신체적 위해까지 가하겠다는 마당에 다 버리고 빈털털이로 나왔습니다." 그는 카리모프 정권에 대한 적개심이 담긴 발언을 이어갔다. "요즘 그곳 경찰 놈들은 돈벌이가 안 되니 노점상을 하는 가난한 사람들한테도 '삥'을 뜯고 있어요. 아마 카리모프 다음에도 별반 달라지지 않을 겁니다." 내가 "그러고도 국민이 저항도 하지 않으니 참 순종적이네요"라고 하자 "그것이 카자흐스탄과 우즈베키스탄의 차이"라며 설명을 이어갔다. "유목민인 카자흐스탄 사람들은 뭔가 도전을 해보고 불만이 있으면 싸움이라도 해서 표출을 하는데 농경민족인 우즈베키스탄 사람들은 자기 터전을 빼앗기지나 않을까, 혹시 이웃한테 왕따라도 당하지 않을까 늘 굴종적이죠. 그러니 나라가 발전이 없어요. 유목민의 피를 받은

나자르바에프는 전 세계 여기저기를 돌아다니며 투자 유치도 하고 국가 세일즈도 하는데 카리모프는 맨날 조용히 앉아만 있었어요." 어쩌면 소심하고 순한 우즈베키스탄 사람들이 카리모프의 죽음 앞에서 보인 눈물은 슬퍼하지 않으면 혹시 나만 이상한 사람으로 매도될까 봐, 만일 슬픈 표정을 짓지 않으면 내 삶이 위협받을지 모른다는 두려움에서 나온 계산된 '악어의 눈물(crocodile tears)'이 아닐까 싶다.

서방의 시각에서 볼 때 카리모프는 허울뿐인 선거를 통해 집권을 연장하고 반대자들을 고문하고 숙청했으며, 언론통제, 폐쇄경제를 지향한 꽉 막힌 지도자였다. 다 죽어가는 목소리에 무표정한 그의 얼굴을 보고 있노라면 무슨 꿍꿍이인지 속을 알기 힘들었다. 이로 인해 그의 외교 노선은 러시아 편인지, 서방의 편인지 헷갈릴 정도로 자주 왔다 갔다 했다. 결단성 있는 모습은 적을 제거하는 순간에만 나타났다. 줄곧 카리모프의 퇴진을 외쳐온 골칫거리 테러 단체 '우즈베키스탄 이슬람운동(IMU)'이 1999년 타슈켄트에서 수차례 폭탄 공격을 퍼붓자 카리모프는 "IMU에서 활동하는 자식을 둔 아버지들은 누구를 막론하고 체포해버리겠다"고 으름장을 놓았다. 또 "나라의 평화와 안정을 위해 괴수 200명의 목을 베어버릴 각오가 되어 있다. 만일 내 아이가 그 길(IMU)을 택한다면 내 스스로 그의 목을 베어버릴 것"이라며 테러 척결의 단호한 의지를 보이기도 했다. 키맵 대학교 국제관계학과의 지리 멜리치(Jiri Melich) 교수는 카리모프의 테러 응징에 대해서는 높게 평가했다. "그는 테러 집단인 이슬람 급진 세력과 치열하게 싸워서 우즈베키스탄이 테러리스트의 배양지가 되지 않도록 힘썼습니다. 그의 반테러 성향은 결과적으로 카자흐스탄 남부 국경 지대가 테러의 위협으로부터 안전해지는 데 큰 기여를 했어요."

카리모프는 말년에 주로 러시아 쪽에 붙었지만 1990년대만 해도 러시아로부터 벗어나려고 애썼다. 그는 중앙아시아에서 러시아의 입김을

배제하고 맹주가 되겠다면서 러시아가 주도해 만든 독립국가연합 내 기구에는 일절 가입하지 않았다. 오히려 반(反)러시아 동맹체인 '구우암(GUUAM)'에 참여했고, 미국과의 결속을 강조했다. 그에게는 당시 우즈베키스탄이 중앙아시아 최대 인구 대국이자 군사 강국이라며 다른 독립국가연합 국가들을 깔보는 경향까지 있었다.

카리모프가 러시아를 떠나 미국과 가까워진 결정적인 계기는 2001년 9·11 테러였다. 카리모프는 테러리스트 척결을 위해 아프가니스탄 공격을 준비하던 미국에 자국 내 군사기지를 제공했고, 이슬람 반군이 득실대던 남부 페르가나 계곡에서 미군과 합동 군사훈련도 실시했다. 2002년 3월, 카리모프가 처음이자 마지막으로 워싱턴을 찾아가 양국 간 전략적 파트너십협정에 서명한 것도 이때였다.

미국 역시 비민주적인 우즈베키스탄 내정에는 비판적이었지만 지정학적 가치에 대해서는 처음부터 높게 평가했다. 1995년 봄, 타슈켄트를 방문한 윌리엄 페리(William Perry) 미 국방장관은 귀국 후 우즈베키스탄의 전략적 중요성에 대해 이렇게 말했다. "우즈베키스탄은 구소련 국가들 가운데 상대적으로 경제가 강하다. 안보 면에서도 지역 불안정을 막는 역할, 특히 이란에서 유입되는 극단주의를 차단할 수 있는 대항력을 갖고 있다." 외교 책사인 즈비그뉴 브레진스키(Zbigniew Brzezinski) 역시 우즈베키스탄을 러시아와 이란의 영향력 확대를 막을 수 있는 최전선으로 판단하고 있었다. 특히 IMU가 아프가니스탄 탈레반 정권과 강한 연계를 갖고 있는 것으로 드러나면서 9·11 테러 이후 미국과 우즈베키스탄은 테러라는 공동의 적에 대항해 최고로 협력할 기반이 만들어졌다.

그러나 서방과의 우호 관계가 우즈베키스탄에 시장자유화와 민주주의를 가져오지는 못했다. 카리모프는 산업근대화를 위한 별다른 노력을 하지 않은 채 소련 시절부터 해온 대로 원자재와 면화 등을 내다파는

수준에 그쳤다. 달러 반출을 어렵게 만들어 외국인 투자 유치에도 실패했다. 애초부터 국가 이념 자체가 다른 미국과는 유대 관계가 오래가기 힘들었다. 2003년 조지아의 '장미혁명', 2004년 우크라이나 '오렌지혁명', 2005년 키르기스스탄 '튤립(레몬)혁명'이 잇따라 발생하자 카리모프는 위기감을 느꼈다. 장기 독재의 동지였던 이웃 나라 지도자들이 서방의 지원을 받는 야당과 시민들의 저항에 무너지자 카리모프는 '나도 혹시?'라는 생각을 가졌다.

미국과 멀어진 또 다른 기폭제는 2005년 5월 13일, 동부 도시 안디잔(Andijan)에서 발생한 유혈 사태였다. 이는 당초 안디잔 내 수구 세력을 테러 집단으로 몰아 내쫓던 와중에 반정부 시위가 격화되면서 비롯된 것이다. 사태 발생 1년 전, 안디잔 주지사가 탄핵되고 나서 카리모프의 지지를 받고 등장한 신임 주지사는 현지 기업인 23명을 체포했다. 이들은 아크라미야(Akramiya)라는 현지 기업인협회의 회원들로 타슈켄트 정부는 아크라미야를 테러 단체로 보고 이들을 검거한 것이다. 설립자인 아크람 율다셰프(Akram Yuldashev)가 테러리스트의 온상지로 알려진 페르가나 계곡 지대 출신인 데다 이슬람 테러 단체인 히즈브-우트-타흐리르(Hizb-ut-Tahrir)에서 활동했던 전력이 있기 때문이다. 하지만 구속된 사람들은 전직 주지사 시절에 이권을 챙긴 것을 넘어 테러리스트로까지 낙인이 찍혀 정치범으로 다루어지는 상황을 받아들일 수 없었다. 이에 그들의 친구와 가족이 주동이 되어서 2005년 5월 12일 법정 선고를 앞두고 시위가 열렸고, 이를 경찰이 진압하자 이번에는 형무소를 습격하는 무장 봉기가 발생했다. 시위대는 억울하게 수감된 기업인들뿐만 아니라 다른 죄수들까지 탈옥시켰고, 안디잔 정부 공무원들을 붙잡아 인질극을 벌였다. 시위대가 카리모프 정권의 부정부패와 실정을 폭로하자 안디잔에서는 대규모 반정부 시위로 번져갔다. 사태의 심각성을 눈치챈 카리모프

는 직접 현장까지 찾아가 작전을 진두지휘했다. 하지만 몇 번의 협상이 불발되자 카리모프는 무자비한 진압을 지시했다. 우즈베키스탄 당국은 공식 사망자 숫자가 187명이라고 밝혔지만 국제인권단체는 600명이 넘는다고 지적했다. 대규모 인명 피해가 나는 바람에 서방은 안디잔 사태를 '학살(massacre)'이라고 부르면서 카리모프에게 죽을 때까지 짊어져야 할 멍에를 씌웠다.

미국과 유럽은 우즈베키스탄 당국이 저지른 비인도적 행태를 강하게 몰아붙였다. 우즈베키스탄에 대한 경제 제재는 물론 안디잔 사태에 대한 국제사회 차원의 진상 조사를 요구했고, 미국 의회는 카리모프를 국제형사법정에 세울 것과 우즈베키스탄의 개혁에 진전이 없으면 금융 지원을 중단하라고 정부를 압박했다. 흥미로운 것은 안디잔 사태를 다루는 과정에서 미국 국무부와 국방부가 엇박자를 낸 것이다. 국무부는 우즈베키스탄과의 모든 관계를 끊어야 한다고 주장한 반면 아프가니스탄 테러 작전을 진행 중인 국방부로서는 군사기지로서 우즈베키스탄의 전략적 가치를 포기할 수 없었다. 도널드 럼스펠드(Donald Rumsfeld) 국방장관이 사태 여파로 우즈베키스탄에서 미군 철수가 결정되자 "서투른 미국 외교가 상황을 악화시켰고, 라이스 국무장관과 의견이 맞지 않았다"고 실토한 것도 이 대목이다. 당시 카리모프는 부시(George W. Bush) 대통령에게 편지까지 보내 테러와의 전쟁에서 자국의 특별한 역할을 강조했지만 철저히 무시됐고, 카리모프는 미국에 심한 굴욕감을 느꼈다. 발끈한 카리모프가 믿을 데라고는 이제 러시아밖에 없었다. 미군에 내주었던 공군기지를 폐쇄하고 그들을 쫓아냈다. 반면 러시아가 주도해 만든 중앙아시아협력기구(CACO), 집단안보조약기구, 유라시아경제공동체(EurAsEC)에는 잇달아 가입했다. 러시아는 우즈베키스탄을 편들어 안디잔 사태를 테러리스트의 음모라고 선전했고, 안디잔 학살로 우즈베키

스탄을 떠난 피난민들을 각국이 정치적 난민으로 수용하지 말라고 종용하기도 했다. 의심 많은 카리모프와 러시아 간에 최고 밀월기였다.

그러나 시간이 흐르자 카리모프의 변덕은 또다시 시작됐다. 소련 시절을 겪은 카리모프는 기본적으로 러시아를 믿지 않았다. 과거의 구소련 국가들을 은근히 하대하는 러시아와 같이 해서는 자주권을 지킬 수 없다고 여겼다. 러시아의 2008년 조지아 침공과 2014년 크림 합병은 우즈베키스탄을 포함한 독립국가연합 회원국들에겐 언제든 나도 당할 수 있다는 군사적 악몽으로 다가왔다. 카리모프가 2015년 1월 출범한 푸틴의 역작인 EAEU에 가입하지 않은 것도 이 때문이다. 카리모프는 "역내 경제를 통합하면 정치적 독립은 보장될 수 없다"며 처음부터 소극적이었다. 2012년에는 집단안보조약기구에서도 탈퇴했다. 대신 중국과 군사 및 경제협력을 부쩍 강화했다. 미국과도 관계 회복에 나서 연합 군사훈련 재개와 자국 내 미군 기지 재건을 추진했다. 하지만 카리모프는 말년에 이미 러시아 쪽으로 멀리 가 있는 상태였다. 버락 오바마 미국 대통령은 푸틴에 대해 그랬던 것처럼 카리모프를 신뢰하거나 두둔하지 않았다. 백악관은 카리모프 사망에 대해 "우즈베키스탄 국민에 대한 지지를 확인한다"는 짤막한 성명만 발표했다. 생전에 독재자로 간주한 외국 지도자의 죽음에 대해 '애도'라는 표현은 없었다.

시늉뿐인 변화는 이제 그만

우즈베키스탄의 수도인 타슈켄트에 가려면 외국인들은 초청장과 비자가 필요했다. 우즈베키스탄에 사는 누군가가 본인을 초청한다는 서류를

대사관에 보내면 그것을 근거로 비자를 받아 입국해야 한다. 초청장을 신청하고 비자를 찾는 과정이 번거로워서 우즈베키스탄에 가는 일은 그다지 탐탁지 않았다. 초청장과 비자를 받는 데 약 100달러의 비용이 드는 것도 좀 못마땅했다. 하지만 동일한 절차를 요구하는 타지키스탄과 투르크메니스탄은 포기하더라도 인구가 3000만 명이 넘는 중앙아시아 대국인 우즈베키스탄을 그냥 지나칠 수는 없었다. 오랫동안 타슈켄트는 중앙아시아를 대표하는 정치·경제의 중심지였고, 주변 국가를 연결하는 요충지였다.

타슈켄트에 와서 널찍한 도로와 큼직한 건물들을 보게 되니 알마티는 왠지 모르게 초라하게 느껴졌다. 나자르바예프 대통령이 수도를 알마티에서 아스타나로 옮긴 이유 중 하나를 타슈켄트에 와보니 이해할 만도 했다. 폭넓은 도로가 거의 없고, 닥지닥지 붙은 건물들이 즐비한 알마티를 아무리 뜯어 고쳐봐야 모양새가 나지 않고 비용만 크게 든다면 야심 많은 나자르바예프가 새로운 곳에서 타슈켄트를 뛰어넘는 수도 조성을 꿈꾼 것은 예상 가능한 일이다.

우즈베키스탄은 특히 과거 러시아와 영국 간에 중앙아시아를 놓고 쟁탈전을 벌인 대결의 심장부이기도 했다. 19세기 중앙아시아를 둘러싸고 러시아와 영국 간 대결의 역사를 다룬 책 『그레이트 게임(The great game)』을 보면 러시아가 지금의 우즈베키스탄 주요 지역들(타슈켄트·사마르칸트·코칸트·히바·부하라)을 점령하는 과정이 나온다. 당시 중앙아시아의 권력을 대표하는 세 개의 한국(汗國, Khanate)인 히바, 부하라, 코칸트가 지금의 우즈베키스탄에 있을 정도로 이 나라는 중앙아시아의 최고 요지를 차지해왔다. 또 타슈켄트는 코칸트 한국에 속한 중앙아시아에서 가장 부유한 도시였고, 부하라에 편입된 사마르칸트는 칭기즈칸 이후 중앙아시아 최대의 정복자로 꼽히는 티무르(Amir Timur)가 수도로 삼은 실크

로드의 중심 도시다. 『그레이트 게임』에는 19세기 중반 러시아가 당시 세계 최강국인 영국을 따돌리고 중앙아시아 진출을 위해 우즈베키스탄을 선점하려 했던 배경이 적혀 있다.

첫째는 영국이 먼저 와서 그 지역의 교역을 독점할 것이라는 우려였다. 러시아의 상인과 제조업자들은 오래전부터 중앙아시아의 개발되지 않은 시장과 자원, 특히 원면에 눈독을 들여왔다. 그 다음은 제국의 자존심이었다. 유럽과 근동에서 봉쇄를 당하자 러시아는 아시아에서 식민지 정복을 통해 자신의 군사적 위세를 과시하여 좌절감을 풀려고 했다. …… 마지막으로 전략적 요인이 있었다. 영국과 문제가 생길 경우 발트해가 러시아의 아킬레스건이듯이 인도가 영국의 가장 큰 취약점이었다. 따라서 인도의 국경을 위협할 수 있는 중앙아시아 기지를 확보하면 러시아의 협상력이 올라갔다.[1]

카리모프가 죽고 미르지요예프가 2016년 12월 초 선거를 치러 대통령에 당선되고 나서 우즈베키스탄으로부터 좋은 소식이 들려왔다. 전 세계 27개 나라를 대상으로 2017년 4월부터 입국 비자를 면제한다는 것이다. 미르지요예프 체제가 카리모프와 달리 개방과 개혁으로 나간다는 신호탄이나 다름없었다. 외국인들을 의심의 눈초리로 바라보던 카리모프식의 폐쇄 국가 이미지를 벗는 데 비자 면제만큼 효과가 나는 일도 없을 것이다. 구소련 출신국 중 비자를 요구하는 나라는 우즈베키스탄과 투르크메니스탄, 타지키스탄 등 중앙아시아 3국이 유일하다. 아제르바이잔과 아르메니아는 공항에 도착해 비자를 쉽게 받을 수 있고, 러시아,

---

1) 피터 홉커스, 『그레이트 게임』, 정영목 옮김(사계절, 2015), 403~404쪽.

조지아, 우크라이나, 카자흐스탄, 키르기스스탄, 벨라루스는 한국인들에 대해 비자를 요구하지 않는다. 이런 상황에서 우즈베키스탄이 뒤늦게 비자 면제 방침을 밝힌 것은 어쩌면 당연한 수순이었고, 크게 놀랄 일도 아니었다. 하지만 진짜 놀랄 일은 비자 면제 계획을 밝힌 지 한 달여 만에 없던 일이 되어버린 것이다. 우즈베키스탄 당국은 준비 기간이 필요한 만큼 4년 후인 2021년부터 풀겠다고 한발 물러섰다. 하지만 비자 면제로 우즈베키스탄에 쉽게 갈 수 있게 되었다며 기대에 잔뜩 부풀어 있던 나를 포함한 한국인들은 '그 나라 하는 짓이 뭐 그렇지'라는 푸념과 함께 불만을 쏟아냈다. 당시 알마티에 있는 해외건설협회의 간부는 "4월에 비자가 풀리면 한국 건설업자들을 상대로 카자흐스탄을 거쳐 우즈베키스탄에 다녀오는 행사를 준비하려고 했는데 힘들게 됐다"며 억울해했다. 이 일정대로 시행하려면 비자를 받기 위해 복잡한 서류 작업부터 진행해야 하니 그가 한숨을 쉬는 것도 이해할 만했다. 나도 비자 면제를 기대하며 타슈켄트 방문을 2017년 4월 이후로 미루어놨는데 결국은 초청장 신청부터 알마티 대사관 앞에서 긴 줄을 서는 수고를 감내해야 했다.

비자 면제를 둘러싼 해프닝은 미르지요예프 체제가 뭔가를 해보려 한다는 긍정적인 신호였지만 나쁘게 보면 개혁 추진에 여전히 내부 걸림돌이 많다는 방증이기도 했다. 실제 서방의 매체들은 미르지요예프의 개혁 실패 사례로 한결같이 비자 면제 건을 들었다. 카리모프의 유지(遺志)를 받들어 폐쇄 체제를 지키려는 국가보안부가 주도해 외국인들을 무작정 받아들이는 비자 면제에 반발했고, 내부 파워게임에서 일단 미르지요예프가 물러섰다는 것이다. 또 비자 사태를 보면서 미르지요예프가 카리모프를 넘어 앞으로 얼마나 우즈베키스탄을 변화시켜 나갈 수 있을지 의문을 제기하는 사람들도 많았다. 타슈켄트에서 만난 한 교민 기업인은 신정부가 비자 면제를 꺼낸 것은 충분한 내부 협의 없이 나온 성급한 결

정이었다고 지적했다. 그는 러시아를 비롯해 우크라이나, 키르기스스탄, 카자흐스탄을 거쳐 우즈베키스탄까지 20년 넘게 러시아권에서 사업을 해온 현지 전문가였다. "지금도 타슈켄트 공항에 내리면 복잡한 통관 수속 절차에다 검색대가 부족해 공항을 빠져나오려면 2시간이 넘게 걸립니다. 그런 상태에서 아무런 준비도 없이 비자 면제를 대뜸 해놓으면 늘어나는 외국인 수요를 감당할

❖ 샤프카트 미르지요예프 우즈베키스탄 대통령.

수 있겠습니까. 문제는 테러 발생이나 사회 혼란을 막기 위해 국가보안대가 비자 면제에 반대한 것이 아니라 공항 인프라가 턱없이 부족한 마당에 정부가 너무 서둘렀다는 거예요. 타슈켄트 공항 확장 계획은 있지만 아직 구체적인 사업안이나 시행사도 선정되지 않은 상태라 4년이 지나서도 비자 면제가 될 수 있을지 장담할 수 없어요. 비자 면제를 즉각 취소한다고 하면 반발이 클 테니 일단 4년 뒤로 미루어 놓으면서 그 무렵 가서는 사실상 취소하려는 의도일 겁니다. 공항 확장도 어렵고, 기득권 세력이 자기 권한과 이익을 포기하지 않을 것이기 때문에 2021년에 가서도 비자 면제가 될 가능성은 낮아요."

내가 타슈켄트를 찾은 것은 미르지요예프 대통령이 2016년 12월 중순 취임한 이후 5개월이 지나서였다. 미르지요예프 체제가 성과를 내기에는 짧은 시간이지만 어떤 변화의 움직임이 있는지 궁금했다. 하지만 길거리 시민들은 정치적인 문제에 대해 적극적으로 답변해주기를 꺼려했다. 시사적인 이슈를 물어보면 그들은 시선을 다른 데로 돌리면서 한

류 등 한국 관련 얘기만 하려고 했다. 카리모프 시절을 칭찬하고 미르지요예프에 대해서는 그냥 좋은 사람이라고 말하는 정도였다. 초록색 제복을 입은 경찰들이 길거리 곳곳에서 경계를 서고 있는 상황에서 타슈켄트 시민들은 정치적 발언을 하는 데 민감해했다. 국정 문제를 얘기할 때는 주변을 둘러보면서 입을 닫기가 일쑤였다. 그래서 이들에게 더 이상 뭔가를 물어본다는 것은 별 의미가 없었다. 미르지요예프가 과감한 변화를 주지 않는다면 우즈베키스탄 사람들은 여전히 카리모프 때의 족쇄에 갇혀 자유롭게 토론을 즐길 것으로 기대하기는 힘들어 보였다.

    타슈켄트에서 만난 권용우 우즈베키스탄 대사는 신정부가 카리모프 시대와 다른 행보를 보이면서 변화의 분위기는 분명히 있다고 설명했다. "과거보다는 좀 더 개방적이고, 민의와 여론을 수용하려고 하고 있어요. 대통령과 장관들이 현장을 찾아가 많은 시민들을 만나 이들의 의견을 듣는 것도 달라진 모습이고요. 장관들이 지방 현장을 자주 다니다 보니 요즘에 여기 관료들을 만나기가 어려울 정도예요. 미르지요예프 대통령이 카리모프와 차별화된 지도자가 되려면 개방적인 자세로 국민의 애로를 해결해주는 식으로 나갈 수밖에 없어요. 이를 위해 예컨대 인터넷상에 '가상 응접실'이라는 것을 만들어 지금까지 50만 건이 넘는 민원을 접수받아 이 중 60%를 해결해주었습니다. 대통령 관용차가 지나갈 때 과거에는 도로를 막았지만 미르지요예프는 시민들의 차량 운행을 통제하지 않고 있어요. 국민 권리를 증진하겠다는 것이죠." 하지만 대통령의 차량 통행 시 시민들의 운행을 막지 않는다는 권 대사의 얘기가 꼭 맞는 것은 아니었다. 내가 타슈켄트에 있던 4월 말, 시내 독립광장이 있는 샤라프 라쉬도프 대로를 걷고 있을 때 도로 한복판에서 경찰 한 명이 순찰봉을 휘두르며 고래고래 소리를 질러댔다. 나는 단순히 차량 흐름을 원활히 하기 위한 것으로 생각하고 무심코 인도를 걸었다. 그런데 갑자

기 대로 양쪽이 단 한 대의 차량도 없이 텅 비워졌다. 이후 경찰 차량 몇 대가 빠른 속도로 지나가더니 이번에는 검은색 소형 벤츠 버스가 나타났다. 거기에는 검은색 복면을 하고 총기를 든 무장 병력이 타고 있어서 무

❖ 타슈켄트 독립광장 인근의 샤라프 라쉬도프 대로. 대통령 차량 이동을 위해 도로 양쪽으로 자동차 운행이 전면 차단됐다.

슨 테러가 나서 그것을 진압하러 가는 것으로 여겨졌다. 하지만 그 뒤로 벤츠 리무진 차량 무리가 등장했고, 이후 또다시 경찰차들이 지나가는 것으로 마무리됐다. 내가 모든 차량이 사라지고 나서 인도에서 망을 보던 경찰에게 "방금 대통령이 지나간 것이냐"고 물으니 "맞다. 그렇다"고 했다. 상황에 따라 그때그때 다르겠지만 우즈베키스탄에서는 시민들의 차량 통제가 여전히 남아 있다는 점을 직접 목격한 셈이다. 무엇보다 도로 양쪽의 모든 차량들을 순식간에 비워놓는 우즈베키스탄 경찰의 순발력이 매우 놀라웠다. 우즈베키스탄 시민들은 대통령의 활동을 위해 얼마든지 자신의 불편을 감수할 수 있는 아량이 있었고, 또 그런 일에 익숙하게 길들여 있는 듯했다. 타슈켄트 공항에서 만난 30대 초반의 우즈베키스탄 사람에게 "한국에서는 대통령 차가 지나간다고 해서 시민 통행을 막는 일은 극히 드물다"고 했더니 그는 "여기서는 별 문제가 안 된다"고 답했다. 그는 강원도에 있는 건설 현장에 파견되는 근로자였고, 2022년까지 한국행 비자를 받아서 들어간다고 했다. "여기 사람들은 그런 일에 익숙해져 있어요. 카리모프 때는 늘상 그랬는데요 뭘. 우리 국민은 지도자가 일하는 데 국민이 5~10분 자기 시간을 희생하는 것은 그럴 수도 있다고 여기죠."

우즈베키스탄 사정에 정통한 교민 기업인은 새 대통령의 개혁 강도가 상당히 세다고 강조했다. 지금 우즈베키스탄이 확실히 변혁기를 맞고 있다고도 했다. "미르지요예프가 지방 시찰을 자주 가는데, 현지 담당자들이 제대로 답변을 못 하거나 업무 실적이 크게 낮으면 바로 해고를 해버려요. 타슈켄트의 네다섯 명의 구청장이 능력 부족과 민원 응대를 잘하지 못해 옷을 벗기도 했죠. 예전에는 공무원들이 소위 '갑'이었는데 요즘 관청에 가보면 이들이 부쩍 친절해졌고, 일처리도 빨라졌어요. 누가 잘못한다는 얘기가 나오면 언제든지 잘릴 수 있으니까 공무원들도 정신을 차리고 있는 것이죠. 세관과 경찰, 구청 같은 민원 처리 공무원들의 태도가 많이 변했어요. 관료 사회가 전보다 성의껏, 신속하게 대응을 해주니 우리가 사업하는 데도 수월해진 측면이 있습니다."

미르지요예프가 등장한 이후 우즈베키스탄에서는 대내외적으로 작지만 몇 가지 변화가 있었다. 내부적으로는 소수의 정치범들을 석방했고, 대외 관계 측면에서는 갈등을 빚어온 주변국들과 화해의 움직임이 있었다. 먼저 미르지요예프는 작년 말 대선을 앞두고 국민 화합을 가장한 표심을 얻기 위해 장기간 수감됐던 몇몇 정치범들을 풀어주었다. 석방된 이들이 20년 안팎으로 복역하고 나서 이제 나이가 60~70대 고령인 점을 감안하면 정력적으로 국민을 선동할 위험이 없다고 판단했기 때문이다. 야당 정치인인 사만다르 쿠카노프(Samandar Kukanov)는 카리모프에 맞서다가 횡령 혐의로 걸려 1993년 투옥된 이래 23년 만에 풀려났다. 그가 석방됐을 때 나이는 72세였다. 반정부 매체의 편집장이던 무하마드 베키아노프(Muhammad Bekjanov)도 18년을 복역했다가 풀려났는데 그가 만든 신문은 동생이 창당한 야당 '에르크(Erk, 자유)'의 기관지였다. 두 형제는 모두 카리모프의 탄압에 쫓겨 동생은 터키로 도망가서 정착했지만 베키아노프는 1999년 우크라이나 키예프에서 납치돼 타슈켄트로 압

송됐다. 인권감시단체인 휴먼라이츠워치(HRW)에 따르면 베키아노프는 전 세계에서 최장수로 복역한 언론인 중 한 명이다. 은행가로서 정치활동을 해온 루스탐 우스모노프(Rustam Usmonov)는 불법 외환거래 혐의가 적용돼 19년간 옥살이를 하고 나왔다. 그는 소련 해체 후 우즈베키스탄에서 최초로 상업은행을 설립했는데, 야당을 지원하면서 미운털이 박혀 수감자 신세가 됐다. 이들은 카리모프가 살아 있었더라면 2016년에 세상 밖으로 나오지 못했을 것이다. 카리모프 시절, 정치범들은 출소 만기를 앞두고 형기(刑期)가 수년씩 연장되기 일쑤였다. 정치범 석방에 따른 소요를 불안해했던 카리모프는 사소한 수감 규정 위반을 들어 형량을 갱신하면서 이들을 감옥에 계속 가두는 꼼수를 부렸다.

하지만 열 명도 안 되는 정치범을 석방한 것을 두고 우즈베키스탄에 정치적 자유가 찾아왔다고 보아서는 안 된다는 시각이 우세하다. 현재 교도소에 수감되어 있는 정치범이 수천 명에 달한다는 점에서 이번에 풀려난 인사는 빙산의 일각이라는 것이다. 미국 컬럼비아 대학교 해리먼 연구소의 에드워드 레몬(Edward Lemon) 박사는 정치범 석방 조치는 개혁과 무관하다고 강조했다. 그는 한 언론 인터뷰에서 이렇게 말했다. "미르지요예프는 카리모프가 다져놓은 독재화의 길을 계속 가겠다는 의사를 밝혔다. 카리모프 사후 그의 체제는 혼동스러운 신호를 보내고 있는데 예컨대 2016년 10월부터 진행된 정치범 석방 같은 것은 긍정적인 현상이다. 하지만 그런 개선은 경미한 조치일 뿐이다. 우즈베키스탄은 전 세계에서 가장 사악한 인권 남용 국가로 남아 있다. 고문은 광범하게 자행되고 있고, 언론의 자유는 없으며, 수감된 정치범들도 수천 명이나 된다. 미르지요예프가 일부 개선 조치를 취하더라도 이 나라는 자유국가와는 거리가 멀다. 정부는 권력 유지와 축재를 위해 다른 목소리가 나오지 않도록 교육과 언론, 시민사회를 면밀히 통제하려고 한다. 반기를 드

는 자를 처벌하는 풍토는 바뀌지 않을 것이다."2)

생전에 주변국들과 교감이 적었던 카리모프와 달리 미르지요예프는 대외 관계에서 다소 전향적인 태도를 보이고 있다. 러시아와 거리를 두었던 모습에서 벗어나려 하고 있고, 서로 으르렁댔던 키르기스스탄, 타지키스탄과도 오해를 풀려고 애쓰는 중이다. 우즈베키스탄은 키르기스스탄, 타지키스탄과 영토 획정 및 물 공급 문제로 잦은 충돌을 빚어왔다. 하류 지대에 위치한 우즈베키스탄은 상류에 있는 이 나라들이 수력 발전을 위한 댐을 건설하려고 하자 농업용수 부족을 내세워 극렬히 반대했고, 분풀이로 이 나라들로 가는 가스 공급을 막기도 했다. 하지만 미르지요예프 체제가 들어서면서 우즈베키스탄 당국은 이런 문제를 갖고 싸움을 걸지 않았다. 2016년 9월 유엔 총회에서 우즈베키스탄 외무장관은 예년처럼 타지키스탄의 물 자원 횡포를 비난하지 않고 침묵을 지켰다. 우즈베키스탄은 타지키스탄이 추진 중인 로건(Roghun) 댐의 공사를 물 주권을 빼앗는 만행이라고 비난해왔지만 이번에는 참았다. 특히 카리모프 정권은 옆 나라인 타지키스탄과 항공은 물론 철도와 도로 통행을 막아놨는데, 신정부는 연결을 재개하기 위한 논의도 시작했다. 그 결과 중 하나로 1992년부터 중단됐던 타슈켄트와 두샨베 간에 항공 노선을 재개하기로 합의했다.

러시아와의 관계 개선도 전향적인 모습을 보이고 있다. 카리모프 사후 국민투표로 당선된 미르지요예프는 주변 최대국인 러시아와의 관계를 잘 다질 필요가 있었다. 그렇기 때문에 일찌감치 미르지요예프는 주저 없이 모스크바 방문을 택했다. 푸틴과 만나 양국 간 협력 관계를 강화하는 차원에서 공동 자원 개발을 포함해 120억 달러에 달하는 합작

---

2) "Little hope for change in Uzbekistan, experts say," *Daily Sabah*, April 2, 2017.

❖ 타슈켄트에 있는 티무르 동상. 뒤쪽은 국제회의장.

투자 사업에 서명했다. 이들 간 회동은 상트페테르부르크에서 지하철 폭탄 테러가 발생하고 나서 이틀 뒤에 열렸는데, 공교롭게도 범인이 우즈베키스탄계(系)로 키르기스스탄 국적의 러시아에서 거주해온 청년이어서 화제가 되기도 했다.

 카리모프가 집권한 25년간 우즈베키스탄은 다른 독립국가연합 회원국들에 비해 러시아와의 협력이 매우 더딘 편이었다. 폐쇄적인 카리모프의 개인적 품성 탓도 있지만 러시아의 제국주의적 속성을 두려워했기 때문이다. 소련 시절을 겪은 그는 러시아가 간섭과 개입적 성향을 일관되게 유지해온 것을 알고 있었고, 한배를 타게 되면 우즈베키스탄의 자주성을 해칠 것으로 보았다. 특히 러시아의 조지아 공격과 크림 합병을 지켜보면서 우즈베키스탄도 다른 구소련 국가들처럼 러시아 무력 도발에 대한 공포가 커졌다. 물론 이는 크림과 달리 우즈베키스탄 내 러시아인의 비중이 3%에 불과하다는 점에서 과장된 것일 수 있다. 이와 함께 카리모프는 민주화나 인권 문제로 시비를 거는 서방에 대해서도 반대했기 때문에 타슈켄트 정부의 대외 노선은 늘 오락가락했다. 지속적으로 관계를 유지할 만한 진정성 있는 우방이 없기 때문에 우즈베키스탄의 외교는 고립주의로 갈 수밖에 없었다. 2005년 안디잔 사태를 겪고 나서 서방의 노골적인 간섭과 압박이 심해지자 카리모프는 그동안 가입을 꺼렸던 러시아 주도의 집단안보조약기구에 들어갔다. 하지만 가입 후에도 미

❖ 타슈켄트 시내의 독립광장 입구. 뒤편 왼쪽 건물은 상원.

진한 활동에 그치더니 러시아의 입김을 우려해 4년 만에 집단안보조약기구에서 나왔고, 바로 그해에 중국과 전략적 파트너십협정을 체결했다. 하지만 우즈베키스탄 근로자 330만 명이 러시아에 가서 일하고 있는 점을 감안하면 러시아와 우즈베키스탄은 서로 떼어놓을 수 없는 운명이다. 러시아 내 근로자들이 송금하는 금액은 우즈베키스탄 전체 GDP의 25%에 달한다. 러시아에도 우즈베키스탄은 독립국가연합 내 어느 나라보다 중요하다. 우즈베키스탄은 중앙아시아의 나머지 4개국 및 아프가니스탄과 국경을 접하고 있는 지정학적 요충지다. 또 3000만 명이 넘는 인구 대국이고, 석유와 천연가스 자원도 풍부하다. 러시아의 국영 천연가스 회사 가스프롬(Gazprom)은 2016년 우즈베키스탄으로부터 향후 5년간 40억m^3에 달하는 가스를 도입하는 협정에 서명했는데, 이는 권위주의적 통치 체제를 가진 가스 대국 투르크메니스탄을 대체하는 것이기도 했다.

권용우 대사는 미르지요예프 체제가 주변국들과의 관계를 본격적으로 바꾸어보려 하고 있다고 설명했다. "카리모프 때의 대외 관계는 러

❖ 타슈켄트의 아미르 티무르 박물관. 카리모프 전 대통령은 '우즈베키스탄 사람을 이해하려면 티무르를 떠올려라'라면서 중앙아시아 최대 정복자인 티무르를 통한 국민 단합과 자긍심을 강조했다.

시아나 서방과 거리를 두면서 특정 지역을 선호하지 않는 등거리 외교였어요. 주변국들과는 다 사이가 나빴죠. 타지키스탄과 키르기스스탄과는 물과 국경 문제로 갈등을 빚었고, 카자흐스탄과는 중앙아시아의 주도권을 놓고 경쟁했어요. 투르크메니스탄은 폐쇄 국가로서 정치적 정향이 비슷해 그나마 나은 편이었죠. 우즈베키스탄은 이중 육로 폐쇄 국가(double landlocked country)라서 인접국과 교통 연결이 되어야 물류도 발전하고 할 텐데 카리모프 때는 주변국과 사이가 나빠 그럴 기회가 없었습니다. 하지만 미르지요예프 대통령은 취임 후 투르크메니스탄, 카자흐스탄, 러시아를 다녀왔고, 내달(5월)에는 중국에도 가고 하면서 외교 정상화에 심혈을 기울이고 있어요." 권 대사는 미르지요예프의 외교적 다변화 전략이 우즈베키스탄과 그동안 밀접한 관계를 맺어온 한국에게 다소 부담이 되지 않을까 걱정하기도 했다. "카리모프 전 대통령이 한국을 매우 좋아해서 우즈베키스탄에서 한국의 입지는 세 번째에서 다섯 번째 안에 듭니다. 카리모프 때는 러시아나 중국에 대한 경계심이 커서 이

나라들이 우즈베키스탄에 접근하기가 힘들었지만 미르지요예프가 대외 관계 개선을 시도하면서 러시아나 중국 모두 호시탐탐 우즈베키스탄 진출을 강화하려 하고 있어요. 대한민국이 대우차 공장도 세우고 하면서 우즈베키스탄 시장을 선점하고 좋은 관계를 유지했는데, 앞으로 다른 국가들의 진출이 늘게 되면 우리는 더 많은 경쟁을 해야 할 겁니다. 우즈베키스탄에서 지금처럼 최우선적인 위상을 유지하려면 투자도 더 해야 하고 정상 간 외교 채널도 활발해져야 해요. 양국 간에는 그동안 정상 외교를 통해 신뢰가 축적된 측면이 큰데, 지금 국내 사정 때문에 정상 간 소통에 제약이 있는 것이 안타까워요. 물론 미르지요예프 대통령도 카리모프 밑에서 20년 넘게 총리를 지내면서 한국에 우호적인 만큼 양국 관계는 지금처럼 최적의 관계가 지속될 겁니다."

그러나 미르지요예프의 러시아 방문에도 불구하고 이것이 카리모프식의 중립적 외교 노선을 포기한다거나 친러시아로 기우는 것을 의미하지는 않는다는 시각이 우세하다. 미르지요예프가 이 지역 종주국인 러시아로부터 카리모프 사후 체제의 정통성 같은 것을 인정받기 위한 수순일 뿐이라는 것이다. 또 중앙아시아 출신의 테러리스트가 최근 활개를 치면서 러시아와 실질적인 테러 협력의 필요성도 커졌다. 미국의 저명한 정치 분석기관인 스트랫포(Stratfor)는 「러시아에 대한 우즈베키스탄 움직임의 한계」라는 보고서에 이렇게 적었다.

> 카리모프는 러시아건 서구건 간에 외국의 개입을 몹시 의심스러워했다. 전임자의 중립 노선을 강조하고, 어떠한 정치적·군사적 동맹에도 가입하지 않겠다는 미르지요예프의 행태로 볼 때 폭넓은 중립주의 전략을 포기하지 않을 것이다. 대신에 중국과 미국, 다른 강국들과의 전략적 관계를 유지하는 길을 택할 것이다.[3]

이런 정황에서 보면 우즈베키스탄 신정부의 유화적인 제스처는 새로운 지도자 탄생에 따른 분위기 조성용일 가능성이 크다. 집권 허니문 기간에 대내외적으로 안정을 찾기 위해 불안정한 돌출 변수의 발생을 줄이기 위해 기획된 것일 수 있다. 특히 카리모프를 따르는 충신들이 많은 상황에서 미르지요예프가 자기 색깔을 내기는 쉽지 않다. 그가 경제자유화나 이웃 국가들과의 관계 개선 등을 외치며 전임자의 노선에서 벗어나려고 하면서도 틈만 나면 카리모프의 노선을 따르겠다고 공언하는 것도 이런 고민이 담겨 있는 것이다. 미르지요예프의 실질적인 개혁 의지가 어느 정도인지는 본인 말고는 알 길이 없지만 설사 그가 강력한 의지를 갖고 있더라도 카리모프 때부터 최고위직을 지내며 은총을 입은 데다 기존의 엘리트가 온존하고 있는 현실에서 개혁을 최대로 실행하기란 한계가 있는 것이다.

특히 우즈베키스탄 곳곳에 정보기관의 영향력이 아직 많이 배어 있는 상황도 미르지요예프에게는 부담스럽다. 새 대통령이 카리모프처럼 권력기관을 굳건히 장악하지 못한다면 개혁은 성과를 내기가 쉽지 않을 것이다. 서방 매체에 따르면 미르지요예프는 전 경제장관인 루스탐 아지모프(Rustam Azimov)나 국가보안국(SNB)의 루스탐 이노야토프(Rustam Inoyatov)가 주도하는 파워써클과 '복잡한(complicated)' 관계를 갖고 있다. 특히 이노야토프는 미르지요예프의 견제 세력으로 카리모프 시대의 가치를 수호하는 인물로 평가된다. 미르지요예프가 대선을 앞두고 2005년 안디잔 사태로 중단된 유럽부흥개발은행(EBRD)과의 전폭적인 협력 관계를 재개하려고 했지만 이노야토프는 반대했다. EBRD는 소련 붕괴 후 우즈베키스탄에 9억 달러를 투자했는데, 미르지요예프는 향후 경제개발

---

3) "The Limits of Uzbekistan's Drift toward Russia," *Stratfor*, April 2, 2017.

을 하려면 EBRD 같은 국제기구의 자금이 절실했다. 미르지요예프가 2016년 11월 통화시장 자유화 등을 담은 대통령령 초안을 공개한 것도 EBRD에게 구애하기 위한 것이었다. 하지만 이노야토프와 그의 추종자들은 급격한 환율 변화가 시장에 부작용을 초래한다는 이유로 극렬히 반대했다. 정치평론가인 페트르 볼로고프(Petr Bologov)는 "타지키스탄 국영 항공사인 소몬에어가 2017년 2월에 타슈켄트로 비행을 재개하려고 했지만 갑자기 출발 몇 시간을 앞두고 중단된 것은 기술적인 문제 때문이 아니라 이노야토프가 안보상 이유로 해당 항공 루트를 반대했기 때문"이라고 밝혔다. 카리모프 시절만 해도 타지키스탄은 마약과 극단주의 종교를 우즈베키스탄에 수출하는 주요 통로로 여겨져 모든 것이 차단됐는데, 타지키스탄과의 항공 운항 재개는 카리모프의 뜻을 뒤집는 것으로 해석됐던 것이다.

이런 배경에서 우즈베키스탄 신정부가 추진하는 변화가 성과를 내기란 쉽지 않을 것이다. 미르지요예프가 카리모프와 차별화된 업적을 내놓기 위해 성급한 변화를 시도한다면 기득권층의 반발로 내정은 불안에 빠질 수 있다. 미르지요예프는 특히 카리모프의 유훈을 받들려는 내부 권력기관과 체제 변화에 소극적인 러시아 내 부유한 우즈베키스탄 디아스포라까지 의식해야 한다. 이들은 우즈베키스탄이 개혁에 속도를 내서 러시아의 통제에서 벗어나려는 것을 지속적으로 방해하는 세력이라고 볼 수 있다. 여기에는 우즈베키스탄 출신의 러시아 최고 부자인 알리셰르 우스마노프(Alisher Usmanov)도 포함될 것이다. 그가 막강한 금전력을 바탕으로 급격한 체제 변동을 막기 위해 우즈베키스탄 정계에 수많은 지지 세력을 심어두고 있는 것은 주지의 사실이다. 터키 앙카라에 있는 가지 대학교의 아키프 오쿠르(Akif Okur) 교수는 우즈베키스탄에서 변화가 불가능한 이유에 대해 이렇게 얘기했다. "권위주의 체제 내의 지배

엘리트층에서 지도자가 교체됐기 때문에 신정부는 두 가지 태도를 보일 것이다. 첫째는 과거와의 단절이 아니라 연속성에 초점을 맞추게 되고, 둘째로 새 지도자는 기존의 관료주의를 인정하고 야당 인사들을 권력 게임에서 몰아내는 작업을 진행하게 된다. 결국 우즈베키스탄의 새 지도자는 통치 권력을 잡기 위해 급격한 변화보다는 연속성을 유지하는 데 중점을 두게 될 것이다."

기이함에 덧댄 테러 유발 국가라는 불명예

카자흐스탄 알마티에서 타슈켄트까지 가는 데 비행기로 1시간 30분밖에 걸리지 않았지만 우즈베키스탄은 가까우면서도 좀 부담스러운 나라였다. 타슈켄트에 다녀온 사람들로부터 우즈베키스탄에는 경찰이 하도 많은 탓에 안전하기는 하지만 잘못하면 잡혀가서 추방되기 일쑤라는 얘기를 자주 들었다. 그들은 타슈켄트에 가서 취재한답시고 이것저것 물어보다가는 경찰의 표적이 될 수 있으니 그냥 관광이나 하며 조용히 있으라는 충고도 덧붙였다. 실제 초청장에 방문 목적을 '관광'으로 적은 만큼 취재 활동을 하다가 적발될 경우 추방이 불가피할 뿐만 아니라 내게 초청장을 내준 여행사도 엄청난 벌금과 함께 영업 활동에 제약을 받을 수 있었다. 그렇기 때문에 전문가 인터뷰 섭외가 거의 불가능한 타슈켄트에서 괜히 뭐라도 해보겠다고 여기저기 쑤시고 다니는 것은 나와 여행사 모두 공멸을 초래할 가능성이 컸다. 그래서 나는 잘 나오지도 않는 취재 비자를 받기 위해 회사 공문서 제출 같은 복잡한 절차를 밟지 않기로 했다. 관광 비자로 가서 타슈켄트에 있는 한국 교민들로부터 얘기를 듣고,

❖ 타슈켄트 국제공항 외부. 출국 시 공항 밖에서부터 수하물 검사가 시작된다.

관광객 입장에서 길거리 시민들과 몇 마디 대화를 나눌 수 있으면 그만이었다. 타슈켄트에서 여행사를 운영하는 한 교민은 며칠 전 있은 피해 사례를 들려주었다. "초청장에 기재한 방문 목적에 위배되는 행위를 하거나 입국 후 거주 등록을 하지 않을 경우 경찰의 단속 대상이 됩니다. 최근 한국에서 온 관광객 두 명이 음주가무를 위해 타슈켄트 근교의 사우나를 다녀오다가 경찰에 걸려 쫓겨났어요. 외국인이 밤 11시가 넘어 밖에 돌아다녔다는 이유였죠. 그런 규정이 있는 줄은 저도 처음 알았습니다. 그들에게 초청장을 내준 여행사는 3000달러의 벌금을 맞았고, 이후 초청장 발급이 중단됐어요."

타슈켄트 국제공항은 알마티 공항보다는 조금 컸지만 내부 시설이 빈약하기는 매한가지였다. 항공 노선도 별로 없는 나라에서 공항에 대한 시설 투자를 크게 할 리가 없었다. 타슈켄트에서 특이한 점은 입국 도장을 받은 뒤 수하물을 찾고 나서 공항을 나갈 때 X-레이 짐 검사를 한 번 더 하는 것이다. 다른 공항들은 의심스러운 특별한 경우가 아니면 수하물 검사 없이 그냥 짐을 들고 나가면 되지만 타슈켄트에서는 짐을 찾고서 검사를 위해 또 한 번 긴 줄을 서야 했다. 무엇보다 입국 시 소지한 외환 액수를 반드시 적도록 되어 있는 것도 생소했다. 달러나 유로, 텡게 등 외환별로 갖고 온 금액을 기록해서 담당자의 사인을 받아야 했다. 나갈 때는 입국 시 기재했던 외환액보다 적어야 하고, 많을 경우 복잡한 소명 절차를 거쳐야 한다. 공항 당국이 방문객들의 외환 사정을 면밀히 체

크하는 것은 그만큼 우즈베키스탄의 외환 보유 사정이 녹록치 않기 때문이다. 폐쇄 국가라 외국인 투자가 잘 들어오지 않고, 수출도 한계에 처한 만큼 외환 유출을 강하게 통제하고 있는 것이다.

실제 달러로 환전하는 문제는 우즈베키스탄에 진출한 외국 기업들이 겪고 있는 최대 불편 사항이다. 거래 후 받은 우즈베키스탄 화폐인 숨을 달러로 환전하기가 매우 힘들어서 달러로 된 수익을 본사로 보내는 것이 봉쇄되어 있는 것이나 마찬가지다. 타슈켄트에서 만난 한국 제조 업체 대표는 "숨을 달러로 바꾸는 것이 사실상 불가능해 제3자에게 공식 환율보다 비싼 값을 주고 일종의 환치기를 통해 송금하는 방식을 쓰고 있습니다. 우즈베키스탄에는 은행 환율과 암시장 환율 외에 기업인들이 이용하는 환치기 환율 등 세 가지가 존재하는데, 약자인 우리는 달러를 받기 위해 울며 겨자 먹기로 가장 높은 환율을 적용받을 수밖에 없습니다"라고 말했다. 예컨대 2017년 4월 말, 공식 은행 환율은 달러당 3700숨이었는데 길거리 암시장 상인들이 제시하는 환율은 두 배가 넘는 7600숨이나 됐다. 여기에 환치기에 적용하는 환율은 9000숨이 넘는다는 것이 그의 얘기였다. 1달러를 환전하는 데 정상적인 은행이라면 3700숨만 내면 되지만 그게 안 되니 제3자로부터 9000숨이나 내고서 달러로 바꾸는 것이다. 무엇보다 은행과 길거리 환전상 모두 숨을 달러로 바꾸어주는 역환전을 거의 하지 않는 관계로 사업을 하려면 비싼 환치기용 환율을 쓸 수밖에 없는 것이다. KOTRA 타슈켄트 무역관에 따르면 기업이 숨을 달러로 바꾸기 위해 거래 은행에 신청하면 이를 중앙은행이 건별로 승인을 해주는 데 보통 6개월~1년 이상이 걸린다. 또 외국 기업의 이윤 송금은 법적으로 보장되어 있지만 실제는 송금 지연, 환전 지체로 인해 소비재 수출에 애로가 많다고 한다. 한시가 바쁜 기업 입장에서는 언제 달러 환전이 승인 나서 송금할 수 있을지 모르기 때문에 환치기

를 포함한 변칙적 방법을 쓸 수밖에 없는 것이다. 또 다른 교민 기업인은 타슈켄트에서 이중 환율의 폐해를 이렇게 설명했다. "거래 은행이 중앙은행에 얼마나 적극적으로 푸시하느냐에 따라 달러로 환전할 가능성과 금액이 달라집니다. 이 때문에 기업인들은 거래 은행과 좋은 관계를 구축해놓는 것이 필수죠. 정기적인 선물 제공 같은 것은 기본이고요. 환율이 다르니 달러로 표시한 우즈베키스탄 근로자의 임금도 차이가 납니다. 임금을 공식 환율을 적용해 달러로 환산하면 높은 편이지만 대다수 국민이 이용하는 암시장 환율로 따져보면 달러 임금은 크게 낮아요. 정부가 필요에 따라 두 가지 환율을 사실상 다 관리하고 있는 셈이죠. 조만간 환율을 하나로 합친다고 하는데 둘 간의 격차가 벌어지고 있어 쉬운 일이 아닐 거예요."

비즈니스를 하는 데 환전 문제가 큰 장벽이라면 외국인 관광객들은 숨이라는 엄청난 돈 뭉치 때문에 고생을 해야 한다. 2017년 4월 말, 100달러를 길거리와 재래시장에서 숨으로 바꾸자 자그만치 76만 숨이나 됐다. 1000숨짜리 지폐로 받을 경우 760장이고, 고액권인 5000숨으로 계산해도 152장이 되어서 지폐 두께가 2cm나 된다. 현지의 경동나비엔은 우즈베키스탄에 보일러 60대를 팔고서 대금을 수령했는데 소형 봉고인 다마스 차량 전체를 1000숨으로 꽉 채워 와야 할 정도로 지폐 분량이 엄청났다고 한다. 현지인들은 그 많은 숨을 보관하기 위해 '숨카'라고 부르는 가방을 들거나 매고 다닌다. 물건을 구입하고 음식을 사먹으려면 가방이나 주머니에서 돈 다발을 꺼내야 하니 여간 불편하지가 않다. 외국인 입장에서는 화폐 단위가 너무 커서 뒤에 붙은 0자를 몇 개 지워버리는 통화 개혁이 필요해 보였다. 한국으로 치면 150원도 안 되는 1000숨짜리 지폐 뭉치를 들고 다니는 것은 번거로울 뿐만 아니라 계산하기도 복잡했다.

❖ 타슈켄트 시내에 있는 '짝퉁' 버거킹 매장과 던킨 도너츠 매장.

달러 부족으로 환전이 극도로 제한되고 이중 환율이 사용되는 등 우즈베키스탄 경제는 문제점이 많아 보였지만 그들이 내놓는 지표는 정반대였다. 경제성장률은 2012년과 2014년, 2015년에는 8%가 넘었고, 가장 낮은 2013년에도 7.0%였다. 작년에도 7.8%를 기록했을 정도로 양호했다. 실업률은 2014~2016년 모두 5.1~5.2%로 전 세계 어느 나라보다 낮았다. 외국인 투자도 2014년 29억 달러로 저점을 찍은 뒤 2015~2016년에는 33억~33억 5000만 달러로 늘어났다. 최조환 KOTRA 타슈켄트 무역관장은 우즈베키스탄 정부가 내놓는 경제지표를 믿기가 어렵다고 털어놨다. "IMF는 작년 우즈베키스탄의 경제성장률을 3%대로 봤는데 여기 정부 발표로는 두 배가 넘는 7.8%가 나왔어요. 실업률도 매우 낮고요. 이 나라 주요 교역 및 투자처인 러시아와 카자흐스탄의 경제가 근래 들어 망가졌는데, 우즈베키스탄만 7~8%의 성장을 유지한다는 것을 곧이곧대로 받아들이기는 어렵죠. 또 정부 통계로는 우즈베키스탄 전체 GDP에서 서비스업 비중이 40%나 된다고 하는데, 그것도 이해하기 힘들어요. 서비스업에 무슨 업종을 집어넣은 것인지도 모르겠고요. 여기에는 글로벌 유명 브랜드나 프랜차이즈 매장도 없고, 서비스라는 개념도 생소한데, 40%나 된다니 참 모를 일이에요."

폐쇄 국가인 탓에 우즈베키스탄 정부가 내놓는 경제지표가 외부 검

증을 받지 않고 가공됐을 가능성은 농후하다. 매년 7~8%의 성장을 하려면 제조업 경쟁력이 탄탄해서 수출이 지속적으로 늘든지, 아니면 외국 기업들의 투자가 뒷받침되어야 하는데 우즈베키스탄 실물경제가 나아졌다는 증거를 찾기는 어려웠다. 오히려 수출과 수입 모두 2013년 이후 전반적으로 감소세였고, 경제 상황이 나쁘다 보니 환율 역시 계속 오르고 있다. 2012년에 달러당 2000숨 아래였던 공식 환율은 2016년 평균 3231숨을 기록했고, 내가 타슈켄트를 갔던 2017년 4월 말에는 3700숨까지 올라갔다. 암시장 환율은 2015년에 5000숨대, 2016년 6000숨대, 2017년 7000숨대로 거의 매년 1000숨씩 뛰었다. 현지 시민들은 올해 8000숨대를 찍을지 모른다고 했다. 숨의 가치가 해마다 크게 떨어지고 있다는 것은 그만큼 우즈베키스탄의 경제 체력이 바닥을 드러내고 있다는 것인데 정부가 내놓는 지표는 반대 방향으로 가고 있으니 이를 어떻게 이해해야 할지 모를 일이다.

타슈켄트 시내의 나보이 국립공원에서 만난 30대 중반의 회계사는 정부를 두둔하는 보통의 우즈베키스탄 사람이었다. 그는 사마르칸트에 있는 회계법인에서 일했는데, 마침 타슈켄트로 출장을 와 있던 차였다. 그는 공원 벤치에 앉아 두꺼운 서류를 꺼내놓고 볼펜을 그어가며 열심히 자료 검토를 하고 있었다. 영어가 유창한 것으로 봐서는 우즈베키스탄에서는 나름 엘리트였다. 내가 지하철역으로 가는 길을 묻자 그는 성의껏 답변을 해주었고, 내게는 이참에 다른 질문도 해볼 기회였다. "여기가 카자흐스탄보다 경제 사정이 나쁜 것이냐"라고 묻자 그는 "카자흐스탄은 외국과 국제기구에서 돈을 마구 빌려와서 발전한 것이지만 우리는 될 수 있으면 외부에서 돈을 빌리지 않는다. 그 때문에 발전 속도는 더딘 것처럼 보이지만 나중에 가면 우리가 훨씬 건실할 것이다. 특히 우리는 군인과 경찰, 공무원 수가 많아 그것을 지탱하는 것도 보통 일이 아니

다. 카자흐스탄은 인구로 따져보면 우리하고 비교 대상이 못 된다"고 답했다. 내가 "사마르칸트에서 카리모프 묘소에 다녀왔는데 그가 죽은 것을 이번에 알았다. 그런데 신문에서 카리모프를 독재자로 표현한 것을 본 것 같은데 왜 그러는 것이냐"면서 아무것도 모르는 관광객으로 가장해 질문을 던졌다. 그는 애국심이 발동했는지 아니면 잘못된 것을 바로잡겠다는 사명감 때문인지 열변을 이어갔다. "고인이 된 카리모프 대통령을 우리 국민은 모두가 존경합니다. 그분은 나라를 바로 세운 분이죠. 그를 비난하는 것은 다 미국의 음모예요. 10년 전 안디잔 사태 이후 미군이 철수하고 나서 그들은 우리를 계속 비판하고 있어요. CNN 등이 전 세계 뉴스를 장악하고 있으니 우리는 변명할 여지도 없이 속수무책으로 당하고만 있는 것이죠. 야당 탄압이라는 것도 서방 언론이 지어낸 단골 메뉴고요. 우리는 미국과 달리 전 세계에 나가 분쟁을 일으키지 않아요. 우리는 평화를 사랑하는 민족인데 미국은 중앙아시아에서도 다른 나라와 갈등을 조장하고 있습니다. 러시아와 달리 미국은 앞에서 하는 말과 나중에 하는 행동이 다르니까요. 시리아 문제도 마찬가지예요. 아사드 정권이 왜, 무슨 이유로 아이들을 죽이겠습니까. 미국이 마음에 들지 않는 정권을 교체하려는 수작일 뿐입니다."

우즈베키스탄에서는 길거리와 지하철역, 공원, 관공서 등 곳곳에 경찰들이 무수히 깔려 있었다. 몇 발짝만 움직이면 초록색 제복을 입은 경찰을 쉽게 볼 수 있을 정도로 그들은 시민들과 가까이에 있었다. 지하철이라도 한 번 타려면 입구와 역사(驛舍) 안에서 두 번씩이나 경찰의 짐 검사를 받아야 했다. 타슈켄트 경찰이 러시아와 달리 위압적이지 않고 대체로 친절하고 상냥하다는 점이 그나마 위안거리였다. 우즈베키스탄 정부가 경찰들을 도시 곳곳에 배치하고 있는 것은 시민들에 대한 통제도 있지만 여전히 테러 위험이 남아 있다고 보기 때문이다. 일부 매체는 카

❖ 타슈켄트 지하철 입구에서 경찰이 시민들 물품 검사를 하고 있다.

리모프가 서거한 뒤 권력 공백을 틈타 IMU 같은 테러 단체들이 우즈베키스탄에서 도발을 일으킬 가능성이 크다고 경고했다. 우즈베키스탄 당국이 그동안 권위주의 체제를 강화하는 수단으로 테러 위험을 부각시킨 측면도 있지만 IMU가 카리모프 생전에 정권 전복을 노렸다는 점에서 신정부가 강력한 경찰력을 동원해 도시 곳곳을 철통 감시하는 것은 이해할 만한 일이다. 특히 우즈베키스탄인들이 최근 전 세계 도시에서 테러를 일으켜 주목을 받은 점을 감안하면 언제든 그 화살을 타슈켄트로 돌릴 수 있는 것이다. 2016년 6월, 터키 이스탄불 국제공항에서 자폭 테러를 벌여 44명을 숨지게 한 테러범 중 한 명이 우즈베키스탄 출신이었다. 또 2017년 신년 벽두에 이스탄불 나이트클럽에서 발생한 총기 난사로 39명이 숨진 사건과 스웨덴 스톡홀름에서 있은 트럭 돌진 테러도 우즈베키스탄 국적자의 소행인 것으로 드러났다.

우즈베키스탄은 지리적으로 알카에다와 탈레반의 본거지인 아프가니스탄과 국경을 접해 있어 자칫하면 거기에서 유입되는 테러 소용돌이에 휘말릴 소지가 컸다. 1990년대 초반 발생한 타지키스탄 내전 당시 카리모프가 현지 정부군을 지원해 승리하면서 쫓겨난 타지크 반군들이 보복 테러를 저지를 가능성이 남아 있는 것도 우즈베키스탄 안보에 늘 골

첫거리였다. 특히 IMU 같은 자생적 테러 단체는 카리모프의 철저한 압박에 굴복해 우즈베키스탄 본토를 떠났지만 여전히 파키스탄 등에 근거지를 두고 활동하고 있다. IMU는 자신들이 이슬람국가(IS)의 일부라고 강조하면서 IS에 충성을 맹세했고, 파키스탄 탈레반 세력과 공조해 2015년 카라치 공항 습격 등 몇 차례 끔찍한 테러를 저지르기도 했다.

우즈베키스탄 정부가 테러에 대해 극도의 알레르기를 갖게 된 것은 1999년 2월 16일, 타슈켄트 시내 다섯 곳에서 연쇄 폭발테러가 발생한 이후였다. 당시 관공서나 대로변에 주차되어 있던 자동차가 폭발하면서 16명이 사망하고 수십 명이 부상을 입었다. 대통령이 주재하는 각료회의가 예정된 건물 앞에서도 카리모프가 도착하기 몇 분전에 자동차가 폭발했다. 카리모프는 IMU가 주도한 테러가 자신의 목숨을 노린 것으로 여겼고, 이후 무력을 동원해 테러 단체들의 잔당을 소탕하는 작전에 돌입했다. 이에 테러범들은 타지키스탄, 키르기스스탄 등으로 쫓겨났다. 우즈베키스탄 정부는 이들이 테러뿐만 아니라 급진 종교와 마약의 주요 공급원이 된다는 이유로 국경 곳곳을 차단했다. 카리모프의 독재를 비판하는 사람들도 그가 테러 세력을 철저히 응징한 데 대해서는 칭찬을 아끼지 않는다. 우즈베키스탄이 테러에 뚫리게 되면 카자흐스탄과 키르기스스탄, 그 위로 러시아 남부까지 위험해지는 상황에 처할 수 있기 때문이다.

반면 우즈베키스탄에서 이슬람 급진 세력이 태동하게 된 데에는 카리모프가 단초를 제공한 측면도 있다. 종교의 자유를 내세우지만 실제는 무슬림의 활동을 제한하면서 이들의 반발을 산 것이다. 이에 대해 미국 오클라호마 대학교의 류엘 한크스(Reuel Hanks) 교수는 논문에서 이렇게 설명했다.

소련 해체 후 중앙아시아 국가들은 헌법상 종교의 자유를 허용하면서도 세속주의를 추구했다. 하지만 우즈베키스탄 정부는 1992년부터 이러한 원칙을 지속적이고 광범하게 위반했다. 카리모프는 이슬람 정부 수립을 외치는 중도 성향의 이슬람부흥당(IRP)을 비롯해 정부 밖의 모든 이슬람 조직들을 파괴했다. 카리모프는 1998년에 이슬람 종교활동을 크게 제약하는 종교법을 개정했는데, 여기에는 종교의 자유를 침해하는 독소 조항들이 포함됐다. 이슬람으로 개종하는 활동을 금지하고, 성직자를 빼고는 종교적 복장 착용을 제한할 수 있으며, 종교 작품을 출간하려면 당국의 허가를 받아야 했다. 특히 모든 종교 단체는 정부에 등록한 뒤 회원 명단을 제출하도록 했다. 이는 종교의 탈을 쓰고 정부에 잠재적인 비판 세력과 적대자들을 추적해서 비공식적으로 이슬람 내 반정부 세력을 통제하려는 것이다. 새로운 종교법에 따라 이슬람 복장을 한 대학생들이 캠퍼스에서 쫓겨났고, 이들은 소송을 제기했지만 기각됐다. 또 턱수염을 길렀다는 이유로 경찰에 폭행을 당했고, 정부의 허가 없이 개종하거나 종교 교육을 실시한 사람들에 대해 제재가 뒤따랐다. 코란을 자기 아이와 손자에게 가르치는 것까지도 범죄시했다. 이는 스탈린의 전제정치와 유사한 것으로 카리모프는 이슬람 극단주의의 위험을 막는다면서 이런 일을 벌였다. 급진 이슬람세력이 체제 안정에 지속적인 위험이 된다면서 억압을 가한 것이다. 이로 인해 우즈베키스탄에는 이슬람 신자들은 많지만 그들의 종교적 지식은 낮고 예배 참석률도 저조한 편이다. 2012년 여론조사에서 이슬람 교리를 잘 안다는 답변은 19%에 그쳤고, 모스크에 가지 않는다는 응답은 41%나 됐다.[4]

---

4) Reuel Hanks, "Repression as Reform: Islam in Uzbekistan during the Early Glasnost'

카리모프는 떠났지만 우즈베키스탄의 권력 핵심부는 정권의 전복을 가져올지 모를 외부 공격에 대해서는 1999년 연쇄 테러의 트라우마를 떠올리고 있다. 당국이 카리모프 사후에도 긴장의 끈을 놓지 않기 때문에 경비가 삼엄한 타슈켄트에서 테러나 무장폭동이 당장 재발하기란 쉽지 않을 것이다. 또 많은 시민들이 카리모프를 합법적으로 승계한 미르지요예프 체제를 지지하기 때문에 테러리스트들의 운신의 폭도 상대적으로 좁다. 존 허브스트(John Hurbst) 우즈베키스탄 주재 전 미국 대사는 "IMU 같은 테러 단체가 체제 전복을 노리더라도 성공을 장담하기 어렵다. 우즈베키스탄의 안보는 여전히 중앙아시아에서 최고 수준"이라고 말할 정도다.

하지만 우즈베키스탄에서 미르지요예프의 개혁 실험이 사회적 피로를 가중시키고, 성과를 내지 못한다면 테러범들은 커져가는 불만 세력들 사이를 파고들 것이다. 악화되는 빈곤과 인권 탄압, 부정부패에 대한 반감이 커진다면 시민들은 테러 집단이 내놓는 급진적인 해결책에 기대고 싶어지기 때문이다. 이와 더불어 카리모프 시절에 크게 억눌렸던 테러리스트들이 미르지요예프 체제의 대응력을 시험해보려는 순간이 닥칠 수도 있을 것이다. 결국 중앙아시아 각국과 아프가니스탄에 접한 우즈베키스탄이 러시아, 중국까지 연결된 테러 통로국, 테러 유발국이라는 불명예를 얻지 않으려면 미르지요예프 정권이 테러 척결에 대한 결연한 의지와 대응 능력을 어떻게 전임자만큼 유지할 수 있느냐에 달렸다.

Period," *Religion, State and Society*, Vol. 29(Aug. 2010), pp. 227~239.

카자흐스탄 Kazakhstan

나자르바예프 후임은 아직 오리무중

알마티에서는 자동차를 구입하지 않았다. 경찰이 외국인 운전자를 상대로 갈취하는 일이 여전한 데다 길거리에서 손만 흔들면 자가용 차량이 언제든 택시처럼 달려오기 때문이다. 또 전화로 연결하거나 스마트폰에 앱을 깔고 부를 수 있는 택시들도 많다. 알마티의 도로를 달리는 대다수 차량은 매우 더럽다. 고급 세단도 흙먼지와 얼룩이 수두룩하다. 자동차에 연료 정화 장치가 아예 없는지 뿜어져 나오는 매연량이 엄청나다. 택시를 잡으려고 길가에 5분만 서 있으면 매캐한 기름과 배출 가스 냄새

- 중앙아시아 국가들 중 가장 위쪽에 위치하고 있으며 영토는 카스피해에서 중국 서쪽까지 동서로 길게 뻗어 있다. 소련 공화국 중 하나로 1991년 독립한 뒤 풍부한 에너지 자원과 강력한 정치적 리더십을 배경으로 중앙아시아에서 가장 번성한 나라가 되었다. 최근 국제 유가 하락으로 경제사정이 악화됐지만 EAEU 가입과 국제엑스포 개최 등으로 반전을 꾀하고 있다.

❖ 알마티 시청사 맞은편 독립기념비와 그 꼭대기에 있는 카자흐스탄 시조격인 황금인간(골든맨)상.

때문에 눈과 목이 따가울 정도다. 한번은 50세가 넘어 보이는 카자흐스탄 사람이 운전하는 차를 잡아탔다. 그는 1990년대에 나온 러시아제 소형 승용차 '라다(Lada)'를 굴리고 있었다. 몇 번의 흥정을 거쳐 차에 들어가 앉으니 어디선가 아이스크림이 녹아서 썩은 냄새가 진동을 했다. 카시트는 한 번도 빨지 않았는지 곳곳에 얼룩과 함께 구멍도 숭숭 나 있었다. 몸무게가 100kg이 넘을 듯한 운전사는 담배를 연신 피워대면서 말을 멈추지 않았다. "이 정도면 좋은 차 아닙니까. 1997년에 산 차를 지금도 굴리고 있으니 러시아 놈들 기술도 좋아요." 여름 땡볕에 에어컨이 고장나 열어놓은 창문으로 들어오는 독한 매연 가스에다 담배 연기, 또 차 안의 우유 썩은 냄새까지 뒤섞여 나는 이미 코를 절반쯤 막고 있었다. 옆에서 그는 뭐라고 주절주절 떠들었지만 나는 답변하기도 싫었다.

그러나 알마티에서 택시는 가격도 싸고 여러 모로 편리하다. 택시를 운전하는 일반 카자흐스탄 사람들과 대화하면서 민심을 들어볼 수 있

❖ 누르술탄 나자르바예프 카자흐스탄 대통령.

는 것은 큰 장점이다. "나자르바예프는 독재자가 아니에요. 대통령 퇴진을 외치는 놈들, 걔들이 더 도둑놈입니다. 그들이 집권하면 나자르바예프가 해놓은 것에 10분의 1이라도 할 수 있을 것 같습니까?" 주중에는 회사에 다니고 주말에만 자기 차로 택시 영업을 한다는 40대 중반의 알마티 남성은 내가 "나자르바예프가 30년 가까이 통치했으면 독재자 아니냐"는 물음에 운전대를 잡고 있던 오른손을 허공에 저어대며 크게 소리쳤다. 외국인들은 집권 기간만 따지는 게 문제라며 한심하다는 표정도 지었다. 내가 "우크라이나, 조지아만 해도 통치자가 여러 번 바뀌지 않았습니까. 나자르바예프, 너무 오래 해먹는 거 아니에요?"라고 하자 1초도 걸리지 않고 답변이 튀어나왔다. "그래서 우크라이나, 조지아가 지금 잘 살고 있나요? 맨날 혁명이다 해서 시끄럽잖아요. 차라리 우리가 나아요."

어쩌면 경제지표나 정치적·사회적 안정성을 따져본다면 카자흐스탄이 우크라이나와 조지아보다 나은 것은 부인하기 어렵다. 우크라이나와 조지아는 러시아와 서방 사이를 오락가락하면서 많은 것을 잃었다. 친러·친서방을 명분으로 집권자가 바뀔 때마다 이 나라들은 큰 소동을 치렀다. 2013년 말부터 시작된 우크라이나 사태로 친서방을 외친 포로셴코가 집권했지만 우크라이나인들이 유럽 수준에 걸맞게 살고 있다거나 삶에 평화가 찾아왔다는 소식은 듣지 못했다. 또 크림반도를 빼앗긴 채 동부 지역 분쟁은 언제 끝날지 모른다. 이 점에선 주변국들과 사이가

좋아 평화로운 카자흐스탄이 훨씬 낫다. 영리한 나자르바예프가 러시아와 서방 사이에서 미묘한 줄타기를 하면서 카자흐스탄을 중앙아시아 맹주로 올려놓은 것은 부인할 수 없는 업적이다. 기존의 맹주였던 우즈베키스탄을 제치고 그 자리를 카자흐스탄이 꿰찬 것은 나자르바예프가 고인이 된 카리모프보다 높게 평가받는 이유다. 카리모프가 숨진 2016년 9월까지 이들은 둘 다 25년 넘게 집권했지만 그들이 받아든 성적표는 극과 극이다. 카자흐스탄은 대외 개방을 통해 국제사회에서 존재감을 높인 반면 우즈베키스탄은 북한처럼 외국과 담을 쌓고 사는 폐쇄형 체제를 고수했다. 카자흐스탄 사람들이 나자르바예프의 오랜 집권에 별 저항이 없는 것도 이해할 만한 것이다. 반면 이는 '나자르바예프가 알아서 잘하겠지', '별 대안도 없잖아'라며 카자흐스탄 사회 내에 정치적 무기력과 무관심을 낳는 원인이 되기도 한다.

알마티 남쪽의 쇼핑몰 메가(MEGA) 옆에 있는 '크니즈늬 고로드(책 도시)'는 좀처럼 서점을 찾기 힘든 이 도시에서 그나마 내부도 깔끔하고 나름 큰 규모다. 서점에서는 늘 오래된 팝송들이 흘러나오는데 예를 들면 왬의 '케어리스 위스퍼', 스콧 매킨지의 '샌프란시스코', 바브라 스트라이샌드의 '추억', 이런 노래들이다. 주인의 취향일 수 있지만 어쩌면 젊은 이들이 서점을 즐겨 찾지 않는다는 방증일 수 있다. 서점 한쪽에 '나의 카자흐스탄'이라는 이름으로 된 부스에는 칭기즈칸 사후 카자흐스탄 땅에 세워진 한국(Khanate)에 대한 역사책들이 쌓여 있다. 고리타분한 고대사를 작은 글씨로 빼곡히 적어놓아 먼지만 쌓이고 있는 책들도 많다. 나자르바예프의 어록을 모아둔 책도 눈에 띈다. 내가 서점 직원에게 "정치나 경제 관련 잡지는 없나요"라고 묻자 그는 따라오라며 나를 어디론가 데리고 갔다. 하지만 읽기도 힘든 두꺼운 책들만 모아둔 곳이다. "책 말고, 월간지나 주간지요"라고 목소리를 높이자 그제야 고개를 저으며 "그

❖ 알마티 알파라비 대로에 인접한 복합 쇼핑몰 MEGA의 모습.

런 것은 없는데요"라고 털어놨다. 카자흐스탄에서는 매스컴의 정부 비판 기능이 약해 보였다. 길가 가판대에서 몇 종류의 신문과 잡지를 찾아볼 수 있지만 ≪맥심≫이나 ≪에스콰이어≫ 같은 외국에서 건너온 도색잡지들이 훨씬 많다. TV 방송도 나자르바예프 대통령의 활약상을 내보내는 이른바 '땡전 뉴스'가 먼저다. 이렇다 보니 건전한 여론이 조성되어서 정부에 뭔가를 제안하거나 잘못을 질책할 수 있는 사회적 풍토가 만들어질 기미를 찾기 어렵다.

    2016년 12월은 카자흐스탄이 소련에서 독립한 지 25년이 되는 때여서 나자르바예프의 집권 25년간의 치적이 신문과 방송을 통해 대대적으로 보도됐다. 12월 1일 '초대 대통령의 날'과 16일 '독립기념일'에 어떤 신문은 전체 분량의 80%가량을 나자르바예프의 일대기에 할애하기도 했다. 이즈음에 열린 세미나와 전문가 기고에서도 국가 기틀을 갖추어 놓은 나자르바예프에 대한 헌사들이 홍수를 이루었다. 싱가포르에 있는 리콴유 공공정책대학교 부학장인 에두아르도 아라랄(Eduardo Araral) 같

❖ 알마티 시민들의 휴식처인 대통령 공원.

은 카자흐스탄 사람은 나자르바예프가 1993년에 리콴유(Lee Kuan Yew)를 처음 만난 뒤 큰 감동을 받아 싱가포르를 따라하면서 엄청난 국가 발전을 이룩했다고 썼다. 그에 따르면 리콴유는 프랑스의 드골(Charles De Gaulle) 대통령과 함께 나자르바예프가 가장 존경하는 롤모델로, 지금의 나자르바예프와 리콴유를 비교하는 것은 매우 가치 있고 타당한 일이라고 했다.

    그러나 카자흐스탄에서는 교수나 공무원들을 만나 얘기를 듣는 것은 매우 힘든 일이다. 이들은 "(특정 문제에 대해) 얘기할 위치에 있지 않다"거나 "직속상관의 허가를 받아야 한다"며 인터뷰 요청을 거부하기 일쑤다. 알마티 시청에서 수출과 투자 유치 등 대외 협력을 담당하는 책임자와 약속을 잡고 사무실까지 찾아가 만났지만 그는 '카자흐스탄의 경제 상황'을 묻는 내 질문에 아무런 답도 주지 않았다. "알마티시(市) 얘기만 하라"는 것이었지만 그는 알마티 사정에 대해서도 별 말을 하지 않았다. 공보실과 상의해 서면 답변을 보내주겠다고 했지만 약속은 끝내 지켜지

❖ 알마티 시민들의 휴식처인 판필로프 공원. 결혼식을 마친 신혼 커플이 무명용사 기념물 앞에서 사진 촬영을 하고 있다.

지 않았다. 아스타나에 있는 정부 공무원도 언론에 비협조적이기는 마찬가지다. 한국 대사관 운운하며 현지 경제 부처 담당자에게 수차례 이메일을 보냈지만 가타부타 아무런 답변도 받지 못했다. 아스타나에 있는 정부 출연 연구소는 회사 대표 명의로 인터뷰 요청 공문을 만들어 보내라고 요구했다. 한국 대사관 관계자는 "장관이 아스타나를 방문해 미팅 약속을 잡으려고 해도 상대방이 전날까지도 컨펌을 해주지 않아 아주 곤혹스럽다"고 말했다. 그러니 언론을 대하는 태도는 더 말할 필요가 없을 것이다. 이에 대해 알마티에서 대학 교편을 잡고 있는 한 교민은 소련 시절부터 꼬투리 잡힐 일은 피하려는 습성, 웬만하면 책임지지 않으려는 태도, 또 가욋일은 절대 하기 싫어하는 체질 때문이라고 설명했다. 내가 볼 때 카자흐스탄에서는 정부가 언론을 통제하는 것도 있겠지만 시민들이 일정한 선을 긋고서 스스로 언론의 자유를 막고 있었다. 예컨대 헝가리에서도 정부의 언론 장악이 문제가 되고 있다지만 현지인들은 내 앞에서 정부를 욕하는 발언을 마음껏 쏟아냈다. 이들은 다른 나라에서

처럼 인터뷰가 기사화되기 전에 미리 좀 보여달라는 주문도 하지 않았다. 반면 카자흐스탄에서는 배웠다는 사람들조차 언론을 통한 여론 환기나 홍보 기능을 잘 몰랐고, 자칫 잘못 얘기해 불이익을 당할까 봐 언론 기피증이 심해지고 있었다. 지식인이라면 귀찮더라도 나서서 사회의 분위기를 전달하고 개선 방안 등을 내놓아야 할 텐데 카자흐스탄에서 그런 성숙함을 기대하기란 아직 힘들어 보였다. 이런 일을 겪다 보면 현지 매체에서 정부를 비판하는 논조를 찾기 힘든 것도 이해가 간다. 대신 대통령을 칭송하는 주문형 기사 비중이 높을 수밖에 없다.

그러나 카자흐스탄의 빈약한 미디어 문화는 시민들의 정치의식 성장에 걸림돌로 작용할 것이다. 이들은 나자르바예프가 모두 알아서 잘 할 것이라며 자신의 무관심을 합리화하려는 유혹에 빠진다. 정부나 여당을 견제할 강력한 야당과 시민단체가 없는 와중에 미디어나 출판마저 부족하니 현지인들은 나라 꼴이 어떻게 되어가고 있는지, 경제 상황은 얼마나 심각한지 깨닫기가 힘들다.

이처럼 국민의 정치적 무력감이 커지고 있지만 옆 나라 대통령 카리모프의 갑작스러운 죽음 때문에 카자흐스탄에서도 대통령 후계 구도가 다시 조명을 받고 있다. 1940년생인 나자르바예프가 사망하면 이 나라가 절단나지 않을지, 텡게는 즉시 폭락하지 않을까 하는 우려가 크다. 알마티에서 20년 넘게 사업을 하고 있는 교민은 이렇게 말했다. "카자흐스탄의 미래를 위협하는 3대 악재가 있는데 첫째는 100여 년 만에 찾아올지 모를 대지진, 둘째는 산악 지대에 쌓인 눈이 녹으면서 댐이 무너져 알마티에 대홍수가 나는 것, 마지막은 나자르바예프 사후 권력투쟁이 심화돼 정치 혼란이 가중되는 겁니다. 그런 혼란 속에 국가를 퇴보시킬 정치인이 나올 수도 있고요. 그러면 외국 기업들은 다 떠나가고 카자흐스탄은 1990년대로 다시 돌아갈지 모르죠."

❖ 나자르바예프 사후 후계문제를 다룬 책 『…이후 카자흐스탄』.

포스트 나자르바예프가 누가 될지는 카자흐스탄뿐만 아니라 중앙아시아를 넘어 미국과 중국, 러시아처럼 이 지역에 눈독을 들이고 있는 나라에게도 초미의 관심사다. 실크로드 요충국인 카자흐스탄의 지정학적 중요성은 차치하더라도 나자르바예프의 후임자가 특정국에 치우친 인물이 된다면 상대방은 타격을 입을 수밖에 없기 때문이다. 하지만 카자흐스탄에서는 나자르바예프의 후계 구도에 대해 구체적인 인사를 거명하는 것 자체가 금기 사항이다. 서점에는 나자르바예프의 얼굴 사진과 함께 『…이후 카자흐스탄(КАЗАХСТАН ПОСЛЕ…)』이라는 제목의 책도 나와 있지만 역시나 후계자가 될 만한 이름은 단 한 명도 꺼내지 않고 있다. 단지 외국의 권력 이양 사례를 들고, 후계자의 요건, 권력 승계 시나리오 같은 추상적인 내용들만 적혀 있을 뿐이다.

몇 년 전만 해도 서방 언론은 나자르바예프의 장녀인 다리가(Dariga)가 권력을 세습할 것으로 내다봤지만 최근엔 거의 언급이 없다. 우즈베키스탄에서 카리모프의 장녀인 굴나라(Gulnara)가 제1순위 후계자로 거론됐다가 막판에 탈락했던 전례의 영향도 있을 것이다. '우즈베키스탄 프린세스'로 불린 굴나라는 2014년 국제적 부패 스캔들에 연루돼 부친의 진노를 사 가택연금까지 당한 채 카리모프 집권 말기 2~3년간 정치 무대에 얼굴을 내밀지 못했다. 화가 난 그녀는 아버지를 스탈린에 비유하며 가족과 영원히 갈라섰다. 그녀와 영국 유학 중인 아들은 카리모프의 장례식에도 끝내 참석하지 못했고, 이후에는 굴나라 독살설도 흘러나왔다.

카자흐스탄에서 일반 국민이 야당 인사들에 대해 후한 점수를 주지 않는 점을 감안하면 결국은 친(親)나자르바예프 파벌에서 후계자가 나올 수밖에 없다. 일각에서는 러시아에서 옐친이 2000년 1월 1일부로 푸틴에게 모든 권력을 넘긴 뒤 자신의 신변 안전을 보장받았던 시나리오가 최선이라고 말한다. 이럴 경우 나자르바예프의 후임은 최측근 심복이 될 수밖에 없고, 대를 이어 집권하는 데 거부감이 적은 중앙아시아 국가들의 후진적 정치체제를 감안하면 맏딸 다리가에게 관심이 다시 쏠릴 수밖에 없다. 친위 정당인 아사르(Asar)를 이끌던 다리가는 2006년 기존의 여당인 오탄당과 친정부 정당들을 합쳐 만든 '누르 오탄(Nur Otan, 조국의 빛)' 당의 당수를 맡아 이후 부친의 장수 집권을 적극 도왔다. 그녀는 교육부총리를 거쳐 최근 상원의원으로 당 업무에 복귀했다. 누르 오탄당은 전체 당원이 100만 명에 달하는 거대한 조직력을 갖추고 있어 푸틴처럼 밀실 권력 이양이 아니라 공식 대선을 치르더라도 다리가가 승리할 가능성이 높다. 카리모프가 사망한 직후 카자흐스탄에서는 카림 마시모프(Karim Massimov) 총리가 그만둔 것을 두고 다리가의 승계 작업을 위한 것이라는 해석도 나왔다. 실세였던 마시모프는 다리가가 향후 총리로 가기 위해 물러나주면서, 대신 국가정보기관 수장을 맡아 그녀가 최고 지도자가 될 수 있도록 지원사격을 한다는 것이다. 이와 별개로 이만갈리 타스마감베토프(Imangali Tasmagambetov) 전 총리도 포스트 나자르바예프 후보로 꼽히지만 견제를 심하게 받는 편이다. 그는 총리를 거쳐 알마티와 아스타나 시장을 지낸 전국적인 인물이지만 나자르바예프의 견제를 받아 카자흐스탄에서는 비교적 한직(閑職)인 국방장관으로 강등됐다. 그는 2016년 9월 부총리로 복귀해 다시 주목을 받고 있지만 정치보다는 '행정의 달인'이라는 이미지가 강해 실제 대권 도전에 나설지는 미지수다.

정치 분석 기관인 스트랫포는 카자흐스탄의 후계 구도와 관련해 세 가지 시나리오를 제시한 바 있다. 첫째는 스탈린이 집권했던 모델로 나자르바예프 이후 강력한 지도자가 나오기 전까지 집단지도체제를 갖는 것이다. 이들의 권력은 처음엔 상대적으로 약하지만 검증 과정을 통해 강력한 후계자를 만들어낸다. 하지만 강력한 지도자가 나올 때까지 혼란이 불가피하고, 나자르바예프의 권위에 맞먹을 만한 리더가 나올 수 있을지는 의문이다. 두 번째는 푸틴식 모델로 나자르바예프가 후계자를 미리 선택해 전폭적인 지지를 보냄으로써 명성을 쌓도록 하는 것이다. 국민과 정치권은 나자르바예프의 선택을 존중할 수밖에 없어 후계자를 둘러싼 논란은 불필요하다. 하지만 나자르바예프가 살아 있을 때에만 후임 권력의 안정성이 보장된다는 반론도 있다.

마지막 권력 이양의 방식은 의회 모델로 나자르바예프가 후계자를 고르지만 사전에 모든 권력을 여당이 장악한 의회에 넘겨놓는 것이다. 이럴 경우 후계자의 개성과 무관하게 의회 권력을 통해 나자르바예프의 정치적 노선은 유지될 수 있다. 1990년대 나자르바예프의 경제고문을 지낸 방찬영 키맵 대학교 총장은 내게 카자흐스탄 정치체제가 의회 모델로 갈 것이라고 설명했다. "영국식 내각책임제로 바꾸어 다수당에서 총리가 나오도록 해 권력 기반을 지속하는 것이 나자르바예프 대통령의 복안일 겁니다." 방 총장은 상원에서 국제관계·국방·안보위원회 위원장을 맡고 있는 다리가에 대해서도 언급했다. "몇 년 전 다리가가 교육부총리를 할 때는 교육행정 문제로 우리 대학에도 가끔 오고 해서 만났어요. 하지만 그녀는 최근 부총리를 그만두고 당으로 돌아갔죠. 부총리로 행정 경험을 쌓은 다리가가 앞으로 당을 장악해 의회 권력을 통해 집권하는 시나리오가 전개될 겁니다." 키맵 대학교 중앙아시아연구소장인 카세노바도 의회 모델을 지지했다. "이슬람 정서상 여성인 다리가가 대통

령 자리에 바로 앉기는 힘들어요. 의회로 권력을 옮겨 여당 당수가 총리가 되게 하고, 나자르바예프가 총리를 통해 영향력을 행사하면서 완전한 권력 이양을 할 때까지 총리에게 힘을 실어주게 될 겁니다." 하지만 집권당 당수가 총리가 되는 방식은 당내 내분이 커지고, 의회 해산이 잦아져 지금처럼 강력한 대통령제보다 정국이 불안해질 우려가 있다.

그러나 결론은 어떤 경우에도 나자르바예프에 필적할 만한 카리스마와 역량을 갖춘 인물은 나오기 힘들다는 점이다. 카자흐스탄의 저명한 정치평론가인 도심 사트파예프(Dosym Satpaev)는 "나자르바예프가 물러나면 정치 시스템이 붕괴돼 혼란이 발생하고 민주적 발전 대신에 권위주의적 통제가 강화될 것이다. 역사적 사례로 보면 내전이나 유혈투쟁으로 확대될 가능성도 있다"고 지적했다. 2011년 4월 스탠더드앤푸어스(S&P)은 "카자흐스탄 정치권력에서 후계 문제가 분명하지 못한 것은 국가 신용 등급의 상승을 막는 요인이 될 것이고, 나자르바예프가 후계자를 지명하지 않고 물러날 경우 정치 불안정은 확대될 것"이라고 경고했다. 한 설문 조사에서도 카자흐스탄 정치 전문가들의 71.8%는 나자르바예프 사후의 권력 이동 문제가 확정되지 않으면 심각한 위험에 처할 수 있다고 답했다. 또 차기 대통령이 지녀야 할 요건으로는 카자흐족으로서 언어와 전통에 대한 이해를 가장 많이 꼽았고, 내부 집단의 강력한 지지(87%), 타협 능력(82%), 구체제에 대한 충성도(78%), 집단 내 높은 권위(63%) 등이 뒤를 이었다. 그나마 다행인 점은 야당의 지지 기반이 미약해 쿠데타와 같은 급격한 정치적 소용돌이는 없을 것으로 본다는 것이었다.

'자원의 저주'가 만든 졸부 도시 아스타나

카자흐스탄 수도인 아스타나는 그 남쪽에 있는 알마티에서 비행기로 1시간 30분이면 갈 수 있다. 아스타나는 산도 없이 황량한 벌판 위에 지어진 도시라 겨울이면 몽골의 울란바토르와 함께 전 세계에서 가장 추운 수도다. 2016년 10월 중순, 알마티로 가기 위해 트빌리시 공항에서 중간 경유지인 아스타나로 가는 비행기를 기다리고 있었는데 1시간 넘게 연착이 됐다. 이유인즉 아스타나 공항에 바람이 너무 세게 불어 비행기가 제때 이륙하지 못해 트빌리시 공항에 늦게 도착한 것이다. 아스타나 공항에서도 알마티행 비행기로 갈아탔지만 거센 눈보라와 강한 바람 때문에 또 한 번 출발이 지연됐다. 10월 중순이었지만 아스타나의 아침 기온은 영하로 떨어져 있었고 창밖에는 눈보라가 세차게 흩날렸다. 기내에는 알마티로 아침 출근을 하기 위해 정장을 입고 있는 사람들이 많았는데 이들은 지각하게 생겼다면서 연신 시계를 쳐다보고 승무원에게 출발을 재촉했다. 그러나 기다리는 것 말고는 뾰족한 다른 수가 없었다. 악천후 때문에 벌어지는 흔한 일이니 누구를 탓할 것도 아니었다. 이런 곳에다 수도를 만들어 이래저래 불편을 끼친 나자르바예프를 속으로 욕하면 될 일이었다.

아스타나 공항은 수도에 지은 신공항 치고는 턱없이 작다. 어차피 취항하는 외국 항공사들도 몇 안 되니 그 정도면 무난할 듯싶기도 하다. 2016년 9월 초, 아스타나 공항에 도착해 도시를 찬찬히 살펴보기 위해 느리게 움직이는 버스를 탔다. 창밖으로 보이는 풍경은 도시라고 하기가 민망할 정도였다. 사진에서 보았던 아스타나의 웅장한 마천루는 아직 나타나지 않았고, 신축 중인 건물들 몇 개를 빼면 황무지나 다를 바 없는 넓은 벌판이 펼쳐졌다. 다 쓰러져가는 낡은 집들도 수두룩했다. 아

스타나는 1998년에 수도가 됐으니 20년을 향해 가고 있지만 미개발지가 많다. 개발이 덜 되어 있으니 어쩌면 대기오염에 찌든 알마티에 비하면 아스타나는 그만큼 친환경적이다. 2017년 아스타나 국제엑스포가 친환경 에너지를 주제로 열린 것도 아스타나의 깨끗한 자연환경과 무관하지 않을 것이다.

 버스 창밖으로 보이는 밋밋한 모습에 황당함과 실망감, 지루함이 계속되는 가운데 30분가량이 지나자 갑자기 입이 딱 벌어지는 광경이 펼쳐졌다. 외벽을 황금색으로 발랐거나, 대형 천막을 두른 듯한 웅장한 건물들이 자태를 드러냈다. 쇼핑몰인 '한샤티르(Khan Shatyr)'에서 시작해 카자흐스탄판 가스프롬인 카즈무나이가스(KazMunaiGas) 사옥을 지나 바이테렉(Bayterek) 타워, 대통령궁, 피라미드로 이어지는 일자선 대로와 그 주위로 현란하게 치장한 건물들이 시골같이 여겨졌던 아스타나에 대한 느낌을 금세 바꾸어놓았다. 카즈무나이가스 본사 사옥은 처음에는 중국 왕조의 대궐같은 느낌이 날 정도로 위압적이었다. 높지는 않지만 반(半)타원형으로 옆으로 길게 놓여 있는 거대한 형상은 카즈무나이가스가 이 나라 최대 기업이라는 점을 확인시켜주고 있었다. 아스타나 중심가를 화려한 건물들로 채우기 위해 카자흐스탄 정부는 그동안 석유·가스를 팔아 번 엄청난 돈을 이곳에 쏟아부은 것이 분명했다. 어쩐지 졸부(猝富) 도시의 냄새가 그대로 났다. 시골 사람이 갑자기 값비싼 밍크코트를 걸친 것처럼 아스타나는 도시의 짜임새가 어딘지 모르게 어색했다. 여행전문 서적인 『론리 플래닛(lonely planet)』은 아스타나의 건물들에 대해 '스텝 지역에 들어선 비현실적인 현대 건축물'이라고 평했다. 얼마 전 아스타나에 다녀온 알마티의 기업 주재원의 말이 떠올랐다. "아스타나는 볼 게 건물밖에 없어요. 거기 관광은 하루면 다 끝나요."

 고층 빌딩들이 밀집된 중심가에는 사람들이 많이 붐빌 것 같지만 그

❖ 아스타나에 있는 국영 에너지업체 카즈무나이가스의 웅장한 사옥 전경.

❖ 아스타나의 한샤티르 쇼핑몰. 유목민의 주거지인 대형 천막(게르)을 형상화했다.

렇지도 않다. 인구가 70만 명에 불과해 아스타나의 넓은 면적과 비교하면 인구밀도는 낮을 수밖에 없다. 또 9월 중순인데도 바람이 몹시 심하게 불고, 아침에 맑았던 날씨는 점심 무렵 천둥과 번개가 칠 정도로 변화가 심했다. 알마티에서는 접해보지 못한 비바람이 치는 궂은 날씨 때문에 아스타나를 흐르고 있는 이심강(江)을 건너보지도 못하고 호텔로 돌아와야 했다. 한겨울에는 영하 30~40도로 떨어진다고 하니 추위 때문에 사람과 차량 이동에 제약이 커서 수도로서의 기능이 원활하지 못할 것 같았다.

1994년 7월, 나자르바예프 대통령이 수도를 알마티에서 내륙 한가운데로 옮기겠다고 전격 선언했을 때 많은 정치인과 시민들은 깜짝 놀랐다. 아스타나는 지금도 그렇지만 당시엔 사람이 별로 살지 않고 척박한 기후 환경을 가진 황무지나 다름없었기 때문이다. 아스타나는 카자흐어로 '수도 도시(capital city)'라는 단순한 의미로 수도 이전 직전까지 '하얀 무덤'이라는 뜻의 '아크몰라(Akmola)'로 불렸다. 그 이전에는 '아크졸', '아크몰린스크'라고도 호칭됐고, 니키타 흐루쇼프 집권기에 농업 생산 확대 캠페인의 일환으로 처녀지 개간 사업이 추진되면서 1961년 첼리노그라드(Tselinograd, 처녀 도시)로 개명됐다. 초원의 빈 땅을 집단 농장으로 바꾸기 위해 소련 각지에서 온 30만 명이 넘는 노동자들을 정착시키는 프로젝트가 진행되면서 첼리노그라드에는 공산당 본부와 정부 청사들이 들어섰다. 흐루쇼프는 이 도시를 자신의 이름을 따서 흐루쇼보그라드라는 이름으로 바꾸어 당시 카자흐스탄공화국의 수도로 삼을 계획도 세웠다고 한다. 어쩌면 나자르바예프보다 흐루쇼프가 수도로서의 아스타나를 먼저 알아본 것이다. 하지만 이곳의 기후는 원래부터 농사를 짓는데 적합하지 않았고, 도로나 수도 같은 인프라도 제대로 갖추어져 있지 않았다. 결정적으로 1964년 흐루쇼프의 실각으로 농업 프로젝트가 백지화

되면서 첼리노그라드는 사람들의 뇌리에서 곧 잊혀졌다.

　나자르바예프가 이런 척박한 땅으로 수도 천도의 카드를 꺼내들었을 때 카자흐스탄 내부에서는 반대의 목소리가 높았다. 삶의 터전을 옮겨야 하는 공무원들의 반대가 특히 심했고, 언론은 '대통령 개인만의 수도'라면서 거액이 투입되는 수도 이전에 모처럼 비판의 소리를 냈다. 알마티 주재 외국 대사들을 초청해 현지 설명회까지 열었지만 수도 이전에 호감을 표한 인사는 몽골 대사밖에 없었다고 한다. 전 세계에서 가장 추운 수도 중 하나인 울란바토르에서 온 몽골의 대사만이 유일하게 혹한의 아스타나를 새로운 카자흐스탄의 수도로 정하는 것에 공감했던 것이다. 당시 나자르바예프의 경제고문이었던 방찬영 키맵 대학교 총장은 아스타나로 수도를 이전하는 데 대해 결사반대했다. "석유·가스를 팔아 생긴 막대한 돈을 제조업 투자나 산업 인프라 건설에 써야지 왜 말도 안 되는 곳에 수도를 만들어 옮깁니까. 천도라는 게 명분과 실리가 있어야 하는데, 전혀 들어맞지 않았어요. 카자흐스탄 경제가 유가 급락 때문에 어렵다고 하는데, 아스타나는 바로 '자원의 저주'를 상징합니다. 아스타나에 비싼 건물들이 들어섰다고 무슨 국가 위신이 높아졌습니까, 아니면 그 건물들을 보고 투자 유치가 잘 돼서 나라가 부강해졌나요. 대통령께 안 된다고 몇 차례 건의를 했지만 워낙 완강해서 포기할 수밖에 없었죠." 그는 말을 이어갔다. "아마 대통령은 국가 자원을 팔아 생긴 돈을 많은 시민들이 같이 나누어 갖자며 덤빌 수 있다고 걱정했던 것 같아요. 특히 알마티에 막강한 자원 마피아들을 견제하기 위해 이참에 수도 이전을 강행하지 않았을까도 싶고요." 나자르바예프는 1990년대 초반 외국 에너지 기업들에게 유전 지분을 넘기면서 쌓아둔 돈이 많았다. 또 중동에서 낮은 금리로 자금을 조달할 수 있었고, 외국 기업들로부터는 학교 신축 같은 현물성 기부도 많이 얻어냈다.

❖ 아스타나에 있는 푸른색 지붕의 대통령궁. 양쪽의 황금색 건물은 카자흐스탄 국부펀드인 삼룩카즈나의 본사와 비즈니스센터.

❖ 카자흐스탄 탄생 신화를 바탕으로 한 바이테렉타워.

물론 나자르바예프가 바보가 아닌 이상 추운 내륙의 불모지로 수도를 옮기는 데는 나름의 명분이 있었을 것이다. 영국 정치인이자 작가인 조나단 아이트켄(Jonathan Aitken)이 쓴 『나자르바예프와 카자흐스탄의 건국(Nazarbayev and the making of Kazakhstan)』을 보면 나자르바예프는 알마티의 인구 과밀과 건설 용지 부족, 대기오염, 지진 위험 등에 대해 걱정했다. 또 알마티에 낙후된 소련의 분위기가 나는 것이 싫었고, 동남부 한쪽에 치우친 채 중국 국경과 불과 160km 떨어져 있어 전략적 위험이 상존한다고 판단했다. 요컨대 국가 방위와 국토의 균형 잡힌 개발이 필요했고, 여기에다 북부에 많이 사는 러시아인들을 배려하고 견제할 필요성도 있었던 것이다.

아스타나는 카자흐스탄이 당면하고 있는 경제 고민을 그대로 보여준다. 에너지를 팔아 번 돈을 쏟아부어 겉은 그럴싸하지만 그 안은 점점 부실해지고 있는 것이다. 국제 유가가 하락하면서 2015년과 2016년 카자흐스탄 경제성장률은 각각 1.2%, -1.3%에 그쳤다. 2000년대 들어 4~5%대를 유지하던 성장세가 크게 꺾인 것이다. 여기에다 2015년 8월 변동환율제를 전격 도입하면서 카자흐스탄 화폐인 텡게의 가치는 급락했다. 소련에서 독립한 후 새로 중앙아시아 맹주로 부상한 카자흐스탄 경제 기적의 신기루가 무너질 것이라는 얘기도 나왔다. 카자흐스탄 경제는 그동안 폭풍 성장을 했지만 어쩌면 땅속의 자원을 팔아 이룬 것에 불과했다. 1992~2010년 카자흐스탄은 생산된 석유의 73%, 가스의 70%, 석탄의 31%를 수출하면서 큰돈을 벌었다. 석유 생산은 1994~2004년에 매년 15%씩 증가했다. 이 과정에서 경제의 다양성은 떨어졌고, 막대한 부(富)는 정권의 수명을 연장하고 강화하는 수단으로 쓰였다.

자원의 저주를 겪는 여느 산유국들처럼 산업다변화가 답이겠지만 카자흐스탄 제조업 역시 당장 세계시장에 내놓을 경쟁력 있는 제품이 없

❖ 알마티 시내 교육대학 앞에 나자르바예프와 카자흐스탄 국기를 배경으로 '카자흐스탄 2050, 영원한 나라'라고 적힌 대형 간판이 세워져 있다.

다는 것이 고민거리다. 정부는 2020, 2030, 2050년 국가전략을 내놓고 있지만 구체성이 떨어진다. '카자흐스탄 2030 국가전략'의 경우 일곱 개의 장기 선행 과제로 구성되어 있다. 항목은 국가 안보, 국내 정치 안정·사회통합, 개방된 시장경제에 기반을 둔 경제성장, 시민들의 건강·교육·복지 강화, 에너지자원, 교통·통신 인프라 개발, 전문적 국가(professional state) 지향 등이다. 하지만 2016년 10월의 한 신문은 정부가 2030년뿐만 아니라 2050년까지 비전을 내놓았지만 구체적으로 무엇을 할지를 모른다는 게 문제라고 따끔하게 지적했다. 영국 케임브리지대학교의 디아나 쿠다이베르게노바(Diana Kudaibergenova) 교수도 2016년 한 논문에서 비슷한 얘기를 했다.

> 2030 국가전략은 주로 경제 분야에서 '우리가 어디로 가고 있는가'를 보여주는 데 그칠 뿐 실제적이고 구체적인 프로젝트 없이 매우 단순하다. 하지만 이는 지방 엘리트들에게 특히 나자르바예프의 반(半)이데올로기적인 청사진을 제공하고 체제에 순응하도록 훈련하는 데 매우 중요하긴 하다.[1]

---

1) Diana T. Kudaibergenova, "The Use and Abuse of Postcolonial Discourses in Post-independent Kazakhstan", *Europe-Asia Studies*, Vol. 68(Jul, 2016), pp. 917~935.

2050 국가전략은 그해까지 카자흐스탄이 세계 30위권 내 선진국에 들어갈 것이라는 포부와 목표가 담겨 있다. 하지만 역시나 구체적인 전략이 없다. '2050 국가전략' 홈페이지(http://kazakhstan2050.com)에 들어가 보면 민주주의·경제정책·교육·에너지·기업가·외교정책·산업화·애국심·사회정책으로 카테고리를 나누어 분야별 개요와 함께 대통령의 발언들이 소개되어 있는데 내용은 마찬가지로 추상적이다. 예컨대 외교정책 다변화, 국익 증진을 위한 통상 외교, 경제적 실용주의, 투자 환경 개선 노력 등 두루뭉술한 얘기뿐이다.

국제유가(WTI 기준)가 배럴당 40~50달러대에 머물렀던 2016년 3분기 이후 카자흐스탄의 주요 경제 뉴스는 여전히 에너지 얘기가 장식했다. 카자흐스탄에 들어와 있는 외국계 큰손들의 대형 투자가 석유·가스 쪽에 몰려 있고, 에너지 수급 문제에 전 세계 이목이 집중되어 있기 때문이다. 한국석유공사는 카자흐스탄에서 일곱 개 광구를 운영 중인데, 2016년 말부터 시작된 유가 반등은 그간의 부진을 만회할 수 있는 기회였다. 석유공사가 카스피해 인근 도시들인 악타우, 아티라우, 악토베에 분산되어 있는 광구에서 뽑아내는 총물량은 연간 약 600만 배럴에 달한다. 생산된 원유는 카자흐스탄 내수와 러시아로의 수출이 각각 30%, 70%가 된다. 2017년 3월 알마티에서 비행기로 3시간을 날아가 악타우에 내린 뒤 거기에서 다시 차를 타고 4시간을 이동해 아리스탄(Aristan) 광구 현장에 도착했다. 아리스탄 광구는 악타우 시내에서 해상이 아니라 육지 쪽인 북북동 방향으로 300여 km 떨어져 있다. 가는 길은 드넓은 황무지와 낮은 돌산, 목초지가 번갈아 나타나는 심심한 풍경이 반복됐다. 도로 포장 상태가 비교적 양호해 차량 의자가 크게 들썩이지 않는 것이 그나마 다행스러웠다. 아리스탄은 낮은 유가에도 불구하고 매년 1000만 달러가 넘는 영업이익을 낼 정도로 효자 광구다. 2016년 9월, 석유공사

❖ 한국석유공사가 카자흐스탄에서 운영 중인 카스피해 인근의 아리스탄 광구. 2016년 낮은 유가에도 수익을 낼 정도로 효자 광구다.

가 카자흐스탄 아티라우에 있는 잠빌(Zhambyl) 광구에서 철수하면서 받았던 질책과 비난을 작게나마 상쇄해주는 희망의 광구이기도 했다. 석유공사는 2008년 이명박 정부의 자원외교 시절, 탐사 단계였던 잠빌 광구를 확보해 2공을 시추했지만 경제성 있는 매장량 확보에 실패하면서 헐값에 팔고 나왔던 아픈 경험이 있다. 반면 아리스탄 광구는 배럴당 40달러를 수익의 마지노선이라고 하는데 올 들어 유가가 50달러를 넘으면서 향후 기대 수익이 높아지고 있다. 이곳의 현재 일일 생산량은 4500배럴이지만 고도의 기술 개발을 통해 생산량을 끌어올릴 예정이다. 이를 위해 기름이 나올 만한 특정 땅 밑을 파는 시추공 추가 작업이 지난해 한 개에 그쳤지만 올해는 세 개가 진행되고 있다. 방문 당시에도 여의도 면적 크기의 넓은 아리스탄 광구 한쪽에서는 땅속 3km 밑으로 시추공을 뚫어 생산 가능 여부를 확인하는 작업이 진행되고 있었다. 현지에서 만난 석유공사 관계자는 유가가 서서히 오르고 있는 지금이 투자에 나설 적기라고 강조했다. "지금처럼 유가가 낮을 때 아리스탄처럼 중·소형급 광구를 확보해 많은 운영 경험을 쌓아야 합니다. 그래야 좀 더 큰 광구를 적절한 가격에 사서 우리 실력으로 운영해 수익을 낼 수가 있어요. 저유가 시기에 신규 광구 참여가 절실한데 요즘 그걸 못하고 있으니 많이 아쉽죠."

전 세계적으로 유가가 회복될 기미를 보이면서 석유공사 말고도 카자흐스탄에 진출해 있는 석유 기업들의 생산 재개, 유전 개발 뉴스가 쏟

아졌다. 2016년 7월, 미국 셰브런(Chevron)은 카자흐스탄 서부의 육상 유전인 텡기즈(Tengiz) 확장 사업에 368억 달러를 투자한다고 발표했다. 민간 석유회사의 유전 투자로는 2010년 이후 최대 규모였다. 1979년부터 생산을 시작한 텡기즈 유전은 하루 생산량 59만 5000배럴로 세계에서 여섯 번째로 큰 규모인데 확장 공사가 끝나면 26만 배럴이 추가로 늘어난다고 한다. 또 2016년 10월에는 카스피해 해상 유전인 카샤간(Kashagan)에서 상업 생산과 수출이 재개됐다는 소식도 나왔다. 2000년에 발견된 카샤간 유전은 유황 성분이 많아 분리 작업에 비용이 들고 송유관 부식으로 잦은 폭발 사고가 발생해 2013년 10월부터 파이프 교체 작업이 진행돼왔다. 카샤간은 최근 40년간 전 세계에서 발견된 유전 가운데 최대 규모로 원유와 천연가스 잠재 매장량이 각각 380억 배럴, 1조 m^3에 달하는 것으로 추정되고 있다. 하지만 카자흐스탄에서 원유 생산량 증가는 이 나라 경제에 무작정 단비같은 소식일 수는 없다. 텡기즈와 카샤간 물량까지 더해져 원유 공급이 늘어나면 국제 유가는 낮은 상태에 머무를 수밖에 없기 때문이다. 전형적인 '제살 깎아먹기'가 반복되는 것이다. 카자흐스탄 에너지부는 낮은 유가에도 생산을 절대 줄이지 않겠다고 강조해왔다. 말은 투자자들에 대한 의무 차원이라고 하지만 에너지 말고는 정부 곳간을 채울 다른 대안이 없다는 점을 여실히 보여주는 것이다. 일각에서는 원유 생산 확대를 크게 기대하기 어렵다는 주장도 나온다. 2016년 11월 현지 신문인 ≪센트럴아시아 모니터(Central Asia Monitor)≫는 '텡기즈 유전의 신화와 진실'이라는 제목의 기사에서 매장된 원유 중 실제 추출할 수 있는 양은 최대 40%에 불과하다면서 나머지 60%는 기술 난제로 영원히 땅속에 묻혀 있게 될 것이라고 지적했다. "매장량만 놓고 보면 텡기즈 유전은 2062년까지 충분히 버티겠지만 만일 개발 확대 프로젝트가 제때 진행되지 않는다면 유전 수명은 10~20년 단

축될 것이다."

　카자흐스탄에서 과도한 에너지 의존을 비판하는 전문가들은 많다. 하지만 다른 석유 부국들이 그랬던 것처럼 이들도 명쾌한 대안을 내놓지 못하고 있다. 단순히 석유에만 집착하는 카자흐스탄 경제의 위험성을 경고하는 정도다. 그리고는 2017년 국제 유가가 오르면서 텡게 가치도 덩달아 뛰고, 경제가 슬금슬금 호전되는 양상을 보이자 알마티는 다시 환호했다. 유가가 바닥일 때 경험했던 위기감이나 초조감은 어디론가 쏙 사라져버렸다. 경제 체질을 바꾸려면 그 방향으로 줄기찬 노력이 필요하지만 반짝하는 유가 상승 앞에 번번이 제동이 걸리는 셈이다. 알마티에 있는 전략컨설팅 업체 알마게스트의 아이다르한 쿠사이노프(Aidarkhan Kusainov) 대표는 『카자흐스탄 경제-신화와 현실(Экономика Казахстана – Мифы и реальность)』이란 책에서 카자흐스탄 정부와 국민이 경제 상황을 낙관하는 안일한 태도에 대해 일침을 가했다.

　많은 카자흐스탄인들이 우리는 석유 강국이고 앞으로도 석유가 경제발전의 동력이 될 것으로 생각하는데 이는 환상일 뿐이다. 우리 앞에 거대한 중동 부국(富國)의 미래가 기다리고 있고, 석유가 영원히 우리를 먹여 살릴 것으로 보는 데 익숙해져 있는 것도 문제다. 그러나 과연 그럴까. 유가는 떨어지고 석유 생산 자체가 줄고 있다. 2000~2010년만 해도 잠재 및 실제 석유 채굴량은 꾸준히 증가했다. 하지만 2010년부터는 상황이 달라졌다. 오래된 원유 매장지가 많아 채굴 감소는 불가피하다. 앞으로 5년 뒤면 산악 자원 개발 지역에 대한 국가의 사회보장 의무는 커지게 될 것이다. 정부 보조 없이 이들 지역은 더 이상 성장할 수 없어 그만큼 정부 부담은 늘어나게 된다. 지금 카자흐스탄이 겪는 위기는 1998년, 2008년과는 다르다. 1997~2000년에는 카자

흐스탄 석유 생산량이 40% 증가했다. 2007~2010년에는 석유 수출 규모가 10%나 늘었다. 하지만 2014~2016년에는 석유 수출이 12% 줄어들었다. 상황이 달라진 점을 깨달아야 한다.[2]

실크로드의 유산, 차세대 먹거리는 물류

알마티에서 동쪽으로 361km, 중국 서부 국경과는 12km에 불과한 호르고스(Khorgos) 국제경제특구까지 가는 길은 매우 험난했다. 울퉁불퉁하고 곳곳이 파인 도로 때문에 6시간을 자동차로 가는 도중에 차 안에서 편히 잠을 잔다는 것은 상상할 수 없는 일이었다. 주변 풍경도 눈이 내린 아름다운 천산이 보이는 구간을 빼고 나면 지루한 평원과 돌산 지대가 반복적으로 이어졌다. 중간에 들른 휴게소들은 지저분하기 짝이 없었다. 곳곳에 물웅덩이가 있어서 여간 조심하지 않으면 더러운 물에 신발과 바지를 적시기 십상이었다. 지나가는 사람들도 별로 보이지 않았다. 호르고스에서 가까운 자르켄트(Zharkent)는 그나마 이 주변에서는 큰 도시였지만 내가 보기엔 높거나 번듯한 건물 하나 없는 시골 마을이었다. 자르켄트는 1992년 8월 중국과의 국경무역을 위한 경제자유구역이 설치돼 소비재 교역으로 번영을 누렸지만 이후 중국 우루무치와의 교역을 알마티가 주도하고 도시화에 실패하면서 쇠락의 길을 걸었다. 카자

---

2) Ай дархан Кусаинов, *Экономика Казахстана - Мифы и реальность: Новая экономическая и информационная политика*(ALMAGEST, 2016), pp. 82~84.

❖ 겨울철 호르고스까지 가는 길은 눈이 덮여 험난했다. 탈디쿠르간 도로에는 양떼까지 지나다녔다.

흐스탄에서는 알마티나 아스타나로부터 멀어질수록 개발이나 문명과는 거리가 생긴다는 점을 보여주는 사례 중 하나일 것이다. 자르켄트에서 조금 떨어진 곳에서는 전기 사정이 나빠서인지 저녁엔 도로 주위가 어둑어둑했다. '아스타나에 쏟아부은 돈을 낙후된 동네에 조금만 투자했더라면 지방도 좀 나아졌을 텐데' 하는 생각이 맴돌았다. 장시간 같이 차를 타고 호르고스에 갔던 사람들의 입이 다들 튀어나왔다. 이런 열악한 도로 사정으로 무슨 물류를 하겠다는 것인지 도무지 이해할 수 없다는 반응이었다. 또 호르고스 특구에 대단위 시설을 지으려면 많은 인력이 필요할 텐데 주위에 사람들이 도통 보이지 않는다는 것도 이야깃거리였다. 그렇다면 이곳 개발 역시 카자흐스탄이 최근 그토록 두려워하는 중국인 근로자들을 불러다가 써야 한다는 결론이 나올 수밖에 없었다.

2016년 12월 8일에 있은 호르고스 방문은 아스타나에 있는 한국 대사관이 카자흐스탄과의 물류 협력을 위해 여는 세미나를 하루 앞두고 현지 조사 방문차 이루어진 것이었다. 커다란 벤츠 20인승 밴의 뒷 타이어

가 열악한 비포장도로를 견디지 못하고 펑크까지 났던 당시의 험난한 방문 길에는 조용천 대사를 비롯해 한국 정부와 학계에서 손꼽히는 물류 전문가들이 대거 동행했다. 하지만 어렵게 도착한 호르고스 특구 일대는 기대와 달리 몹시 썰렁했다. 같은 이름을 쓰는 중국 측 국경의 호르고스(휘얼궈쓰) 지역은 대단위 상권이 형성돼 현지 중국인들은 물론 중앙아시아 사람들이 매일 국경을 넘어가 대량 구매를 해올 정도로 북적댄다고 들었는데 카자흐스탄 내 호르고스 지역은 너무도 평온했다. '호르고스 국경협력국제센터(ICBC)'와 '경제특구 호르고스-동쪽 관문(Sez Khorgos-Eastern Gate)'이라는 이름을 가진 현지 회사의 고위 간부들이 함께 차를 타고 넓은 부지를 돌며 "여기는 물류 창고, 저기는 산업단지, 또 반대쪽은 쇼핑몰과 컨벤션센터가 들어설 곳"이라며 목청을 높였다. 하지만 당시만 해도 굴삭기가 땅을 파고 있거나 인부들이 작업을 하는 모습은 하나도 보이지 않았다. 그냥 드넓은 공터에 자기들끼리 선을 그어 구획 설정만 해놓은 듯했다. 호르고스 주변 도시들에 거주하는 인구가 태부족한 데다 카자흐스탄 경제도 나빠져 특구 조성 사업이 제대로 진행될지 우려가 커 보였다.

호르고스 국제경제특구 조성은 이미 10년을 훌쩍 넘긴 중국과 카자흐스탄 간에 대표적인 경협 프로젝트다. 2004년 9월 양국 정상은 호르고스 경제특구 설립협정을 체결했는데, 당시 목표는 국경무역 및 경제협력 활성화, 외국인 투자와 관광객 유치 같은 것이었다. 특구의 총 면적은 528ha로 이 중 343ha는 중국에, 나머지 185ha는 카자흐스탄 영토에 걸쳐 있다. 각자 물류 창고, 산업 시설, 비즈니스센터, 상업 위락 시설 등을 짓게 되는데 속도 면에서 중국이 크게 앞서가고 있는 것이다. 반면 카자흐스탄이 호르고스에 대해 거는 기대는 물류 산업인 듯했다. 중국 내륙에서 철도와 도로, 수로를 타고 각종 물자들이 중국과 카자흐스탄 국경

도시를 건너 유럽과 중앙아시아, 중동으로 수출되는데 호르고스는 그 관문도시 중 하나였다. 기존에 북쪽에 있는 도스틱이라는 곳이 중국에서 물건을 넘겨받아 외부로 전달하는 주요 창구였지만 이제 호르고스가 해마다 늘어나는 물량을 감당하는 역할을 맡았다. 도스틱이나 호르고스 모두 과거 실크로드 대상(隊商)이 지나가는 길목으로 예나 지금이나 카자흐스탄의 물류 중개지로서 역할은 확고했다. 다만 과거엔 낙타로 다니던 길이 철도와 도로가 연결되어 좀 더 빨라졌고, 항공기나 배 같은 다른 운송 수단과 경쟁을 하고 있다는 점이 달라졌을 뿐이다.

2016년 7월, 중국과 연결된 카자흐스탄 내 호르고스에서 철도 운송이 시작됐고, 우리가 현지에 가기 한 달 전에는 물류 창고 작업도 개시됐다. 앞서 중국은 우루무치·호르고스(중국 구간)에 각각 687km, 654km에 달하는 철도와 고속도로를 완공해, 이것을 카자흐스탄과 연결시켜 유럽 대륙으로 화물을 실어 나르고 있다. 중국과의 국경을 넘어 도스틱 쪽으로는 주로 유럽행 물자들이 아스타나를 거쳐 모스크바로 가는 반면 호르고스는 루트가 다양하다. 호르고스에서 카자흐스탄 서부 도시(악타우)를 거쳐 이란 테헤란으로 가거나 카스피해의 철도페리로 바다를 건넌 뒤 아제르바이잔을 지나 유럽까지 도달하게 된다. 이란에서는 중동 각지로 철도와 도로가 뻗어 있으니 중국에서 출발한 화물이 호르고스를 거쳐 중동에까지 이르게 되는 것이다. 중국을 떠나 카자흐스탄과 투르크메니스탄을 거쳐 이란까지 철도를 통해 수송되는 물량은 오는 2020년까지 70만 컨테이너에 달할 예정이다. 카자흐스탄 서부 유전에서 생산되는 석유도 철길을 따라 중국으로 가거나 악타우에서 철도페리와 유조선을 타고 바쿠까지 옮긴 뒤 BTC(바쿠·트빌리시·세이한) 송유관에 연결되어 터키를 거쳐 유럽으로 수출된다.

'경제특구 호르고스-동쪽 관문'의 히샴 벨마아쉬(Hicham Belmaachi)

최고운영자(COO)는 호르고스의 경쟁력을 이렇게 설명했다. "호르고스에서 나가는 화물은 유럽 쪽이 20%, 중동과 중앙아시아 쪽이 80%입니다. 한국에서 보면 중동이나 중앙아시아로 물건을 보내는 데 아마 호르고스를 통하는 것이 배나 항공편보다 가격 경쟁력이 있을 겁니다. 호르고스는 오는 2020년까지 물동량이 지금보

❖ [인터뷰] 호르고스-동쪽 관문의 히샴 벨마아쉬 최고운영자(COO).

다 10배가량 늘어날 예정이고요. 또 호르고스 경제특구는 토지 사용료와 법인세, 부가가치세, 재산세 등을 100% 면제하는 만큼 생산 공장을 지으려는 외국 기업들이 큰 관심을 보이고 있습니다." 반면 그는 "호르고스 특구에 중국 자본이 얼마나 들어왔는가"라는 질문에 "중국 자본은 일절 없고, 카자흐스탄 돈으로 100% 조성되고 있다"면서 중국 측이 국경 지대까지 돈으로 장악할까 봐 경계하는 모습을 보이기도 했다. 호르고스 국경협력국제센터 간부들도 이곳이 중국과 유럽, 중동을 잇는 첨단 물류 기지라는 점을 누차 강조했다. 그들은 광활한 공터 위에 4층으로 지은 새 건물로 우리 대표단을 안내하더니 글로벌 물류에서 호르고스의 역할과 컨테이너 처리 시스템에 대해 자세히 설명했다. 전문용어를 섞어가며 하는 얘기를 다 알아들을 수는 없었지만 아무튼 외국의 기술을 들여와서 신속하고 한 치의 오차도 없는 정확한 운송이 이루어지고 있다고 자랑했다. 한국 기업들도 카자흐스탄뿐만 아니라 중앙아시아와 중동, 유럽으로 보내야 할 화물이 있으면 안심하고 호르고스의 통관을 이용해달라는 주문도 곁들였다.

그러나 한국에서 호르고스를 거쳐 물품을 옮기는 것이 모두 경쟁력

을 갖는 것은 아니다. 운송 시기와 물동량, 중간 경유지 상황 등에 따라 최종 배송 기간과 가격이 천차만별이기 때문이다. 벨마아쉬 최고운영자는 한국 기업이 중국의 동부 연안에서 제품을 선적한 뒤 렌원(연운)강을 따라 우루무치까지 갔다가 거기서 국경을 넘어 도스틱이나 호르고스를 통과해 러시아 모스크바까지 도착하는데 12~13일이 걸린다고 설명했다. 여기에는 한국에서 렌원강까지 가는 일정은 빠져 있으니 총 걸리는 시간은 보름 남짓이 될 것이다. 반면 블라디보스토크에서 시베리아횡단열차(TSR)를 타고 모스크바까지 가는 데는 이론적으로 8일이면 충분하다. 부산에서 배로 블라디보스토크의 보스토치니항(港)까지 가는 것을 합쳐도 열흘이 조금 넘을 테니 시간으로 따져보면 TSR을 이용하는 게 낫다. 하지만 물류 통관 전문가들은 이들 숫자가 실제와는 맞지 않는다고 지적한다. 운송 시 중간 도착 없이 특정 지역에만 보내는 대규모 물량이 사전에 확보되고, 다른 화물이 밀려 있다거나 국경 통관 절차가 지연되는 일이 없는 이상적인 경우에만 가능하다는 것이다. 알마티에서 만난 한국의 통관 업체 인사는 "부산에서 보스토치니항을 거쳐 TSR로 모스크바까지 전자 부품, 기계류, 고무벨트 등 수많은 품목들을 보내는 데 평균 35일이 걸린다. 사전 작업을 해서 우리 물건만 열차에 싣는 블록을 잡더라도 최소한 14일은 소요된다. 하지만 블록 요금은 비싸고 충분한 물량을 확보하기가 힘들어 대개 35일이 걸리는 TSR을 타거나 45일이 드는 배편을 이용한다"고 말했다. 내가 중국과 카자흐스탄을 거쳐 유럽에 가는 방법은 어떠냐고 물었더니 "국경에서 통관을 두 번씩이나 해야 하고, 중국 측 물동량이 워낙 많아 우리 물건이 밀려서 중간에 적체가 될 위험도 있다. 그들의 이론적 주장과 달리 TSR에 비해 시간도 오래 걸릴 것이다"라고 답했다. 실제 한국에서 유럽으로 수송하려면 호르고스에서는 카자흐스탄 통관 절차가 추가되기 때문에 TSR보다 불리하다. 특

히 중국내륙횡단철도(TCR)
와 카자흐스탄 철도 간에
열차 궤가 달라서 국경에
서 화물을 옮겨 싣는 환적
작업을 해야 하는 불편도
있다. 자칫 다른 일감이 증
가하면 환적 과정이 길어
질 수 있기 때문에 시간이

❖ 호르고스에 있는 철도 환적시설. 중국과 카자흐스탄 열차의 궤가 달라 여기에서 바퀴를 교체해야 한다.

돈인 기업으로선 부담이 된다. 전날 있은 간담회에서 한국산 보일러를 카자흐스탄으로 들여오는 회사의 대표는 다소 불만 섞인 얘기를 털어놨다. "얼마 전 호르고스에서 인근 알틴콜 지역으로 보일러가 도착했는데, 거기에서 알마티까지 철도 운송이 8일이나 지연되어 애를 먹었어요. 물품을 제때 배송해야 하는 우리로서는 직접 트럭이라도 몰고 가서 가져오고 싶은 심정이었죠. 물론 이런 일은 드물게 일어나지만 여기 시스템이 선진적이지 않다 보니 혹시나 하는 걱정이 있는 것은 사실입니다." 간담회에 참석한 다른 교민은 "화물 대차에 과부하가 걸리면 현지 업체는 남보다 빨리 물건을 빼내주겠다며 뒷돈을 요구하기도 한다"고 귀띔했다.

그러나 물류 분야는 카자흐스탄의 대표적인 미래의 먹거리가 될 것은 분명하다. 에너지를 벗어난 산업다변화를 외쳐왔지만 카자흐스탄이 제조업 경쟁력을 갖추려면 시간이 걸릴 것이다. 이 때문에 지리적 위치를 활용한 물류 비즈니스야말로 석유·가스 다음으로 카자흐스탄의 신성장 동력이 될 수밖에 없다. 오래전 조상들이 물류 중개지로서 먹고 살았던 전통을 참고해 기반 시설만 잘 닦아놓는다면 앉은 자리에서 떼돈을 벌 수 있는 노다지 사업인 것이다. 때마침 중국은 '일대일로' 정책과 '실크로드 경제권' 구상을 내놓고 중앙아시아를 자국의 수출 루트로 활용하

려고 하고 있다. 이를 위해 중앙아시아 곳곳에서 인프라 개발 사업에 적극 뛰어들고 있다. 시진핑 주석에게는 중국 서부와 중앙아시아, 유럽을 연결하는 육상 실크로드에서 가장 협력해야 할 연결 고리가 바로 카자흐스탄이다. 서부의 신장·위구르를 거쳐 외부로 나가는 첫 길목이 카자흐스탄이기 때문이다. 또 철도와 파이프라인을 이용한 석유 운송도 카자흐스탄과의 주요 국경무역 품목이다 보니 중국은 인접한 카자흐스탄의 인프라 개발에 신경을 쓰지 않을 수 없다. 카자흐스탄은 최근 중국의 경제적 침투를 걱정스럽게 바라보고 있지만 시진핑이 실크로드 프로젝트를 내놓지 않았다면 유가 하락으로 매력이 떨어진 중앙아시아에 대한 투자적 관심은 크게 줄었을 것이다. 특히 중국 은행들이 중앙아시아 물류 사업에 재원을 적극 조달하고 있고, 중국이 주도해 만든 아시아인프라투자은행(AIIB)도 관심을 갖고 있는 만큼 어쩌면 카자흐스탄 등 중앙아시아 국가들은 중국의 역할에 감사할 일이다. 중국 사람인 진리췬 AIIB 총재는 2017년과 2018년에 인프라 사업 투자 규모가 각각 50억 달러, 100억 달러에 이를 것이라고 말했다. AIIB 투자 목록 최우선 순위에는 중국이 가장 관심이 많은 중앙아시아와 중국을 연결하는 물류 프로젝트가 들어갈 수밖에 없다. 호르고스 방문 다음날 있은 세미나에서 수출입은행 해외경제연구소의 조영관 박사는 "중앙아시아 물류는 내해(內海)인 카스피해 통과 문제, 아프가니스탄의 존재, 인프라가 열악한 투르크메니스탄과의 연결 등의 악재가 많지만 카자흐스탄을 거점으로 흑해와 카스피해까지 물류 루트가 확장되고 있다"면서 "한국 기업들도 카자흐스탄의 물류 인프라 개발에 정부 간 협력 사업이나 (한국이 지분을 가진) AIIB와 같은 국제기구를 통해 참여해볼 수 있다"고 강조했다.

　　카자흐스탄 역시 물류 허브의 중요성을 알고 철도와 도로, 항만시설 개선에 힘을 쏟고 있다. 나자르바예프 대통령은 수송 인프라 개선을 위

해 국부 펀드에서 90억 달러를 조달하겠다는 포부를 밝혔다. 카자흐스탄 정부는 자국 땅을 지나 유럽에서 아시아로 가는 통관 화물과 승객 규모를 오는 2020년까지 지금보다 두 배, 2050년까지는 열 배로 늘리는 야심찬 프로그램도 발표했다. 2014년 세계은행의 물류수행능력지수(LPI)를 보면 독일이 1위, 한국이 21위인 반면 카자흐스탄은 88위에 그치고 있다. 또 2016년 세계경제포럼(WEF)이 발표한 국가경쟁력지수에서도 카자흐스탄의 도로나 항만, 공항 등 인프라 수준은 전 세계 138개국 중 63위에 불과했다. 이에 따라 2014년 11월 나자르바예프 대통령이 긴급 발표한 국가 발전 전략 내지 신경제정책(누를리 졸, Nurly Zhol)의 주요 골자는 인프라 개선이었다. 주거 환경 개선과 중소기업 지원 같은 것도 있지만 핵심은 뭐니 뭐니 해도 운송 물류를 위한 인프라 구축이다. 여기에는 호르고스 특구 주변의 물류 환경 개선뿐만 아니라 카스피해 항만, 중국 서부와 서유럽을 잇는 국제 회랑, 아스타나 중심의 동서남북 도로와 신공항 터미널 건설 등이 포함된다. 누를리 졸은 5년 뒤인 2019년에 일자리를 약 40만 개 늘리고, GDP를 2014년 대비 15.7% 증가시킨다는 목표를 제시했는데, 그 성공 여부는 물류 프로젝트에 달려 있다고 해도 과언이 아니다. 카자흐스탄 당국자들이 누를리 졸과 중국의 실크로드 경제 벨트와의 연계를 강조하고 있는 것도 이 때문이다. 에를란 이드리소프(Erlan Idrissov) 카자흐스탄 외교장관은 "중국과의 프로젝트 통합은 유라시아 대륙에서 광범위한 산업 발전 및 교역 확대에 엄청난 효과를 낼 것이다. 서유럽과 중국, 이란을 잇는 대륙 간 루트는 중동 및 동남아시아까지 연결되어 카자흐스탄을 유라시아의 교통 물류 허브로 만들 것이다"라고 말했다.

물류는 침체에 빠진 카자흐스탄 경제를 구할 수 있는 구세주나 다름없다. 철도와 도로의 길을 잘 닦아놓고, 고객들이 불안하지 않게 통관 시

스템을 제대로 갖추어 놓는다면 커지는 중국의 경제 파워 덕분에 옆 나라 카자흐스탄은 앉아서 큰돈을 만질 수 있다. 또 중국 기업들이 필요로 하는 원료와 중간재가 유럽과 중동에서 호르고스나 도스틱의 철도를 통해 중국 내부로 건너갈 수 있으니 카자흐스탄은 통관국으로서 양쪽 모두에서 수익을 낼 수가 있다. 고대의 동서 교역을 상징하는 과거 실크로드의 영광이 카자흐스탄에서 재현될 가능성이 충분한 것이다. 다만 기반 시설들을 신속히 현대화하려면 관료와 기업인들이 부패하지 않고 국가 장래를 내다보는 선견지명과 사명감을 얼마나 갖는지에 달렸다. 지금처럼 도로 환경을 엉망으로 방치해놓고서는 치열해진 글로벌 물류 경쟁에서 고객 유치는 힘들 것이다. 여기에다 인프라 구축에 중국 자본에 대한 의존도가 너무 커진다면 카자흐스탄 사람들의 '차이나 포비아'가 가중되면서 물류 허브의 효과 역시 반감될 것이 분명하다.

EAEU, 위기 극복의 열쇠될까

2016~2017년 알마티에서 발행되는 신문들은 EAEU에 관한 소식을 늘 빼놓지 않고 지면에 할애했다. 누가 회원국이 될 준비를 하고 있고, 지금 어떤 협상이 진행되고 있으며, 특정 국가와 FTA를 곧 체결할 것이라는 등 외연 확장에 큰 관심을 쏟았다. 카자흐스탄 사람들은 유가 하락과 텡게화 폭락으로 위기에 처했지만 EAEU만 잘 굴러가면 최근 몇 년간의 부진을 만회할 수 있지 않을까 기대하는 듯했다. 이들은 특히 자국 대통령인 나자르바예프가 EAEU 구상을 가장 먼저 제안했다는 데 자부심을 갖고 있었다. EAEU에 대해 알 만한 현지인들과 얘기하다 보면 "그건 애당

❖ [인터뷰] 키맵 대학교에서 경제학을 강의하는 아짐잔 히타후노프.

초 우리 아이디어였다"라는 말을 빼놓지 않았다.

알마티 키맵 대학교에서 경제학을 가르치고 있는 아짐잔 히타후노프(Azimzhan Khitakhunov)도 EAEU에 대해 자부심이 큰 사람 중 하나였다. 그는 카자흐스탄 국립대학교에서 경제학 박사과정을 마치고 대학 강의와 별개로 알마티시(市)의 기업 혁신 프로젝트를 다루는 알마티 테크 가든(Almaty Tech Garden)에서 책임자로 일하고 있었다. 그는 학교 수업보다 테크가든 프로젝트에 더 치중하는 듯했다. 나도 키맵에 적(籍)을 둔 터라 키맵 대학교에서 만나자는 나의 요청에 그는 사무실이 있는 누르타우(Nurly Tau)의 비즈니스센터로 오라고 했다. 이곳은 알마티에서 가장 큰 알파라비 대로에 위치한 곳으로 금융 기업들이 대거 입주해 있는 중심 상업 지구다. 정장 대신 점퍼 차림으로 나타난 히타후노프는 정부나 기업 모두 유가 하락으로 고생하더니 요즘 혁신 이슈에 관심을 갖기 시작했다고 말했다. 그는 카자흐스탄의 경제 침체가 이제는 막바지인 것 같다고 평가하기도 했다. "오일 가격이 서서히 오르고 있고, 러시아와 중국을 포함한 세계경제가 회복세를 보이고 있다는 점이 긍정적이죠. 특히 정부가 경제 분야에서 혁신과 디지털화를 강조하고 있는 데다 EAEU 가입 같은 매우 중요한 조치들을 적기에 잘 시행해서 전체 상황은 계속 나아질 겁니다." 내가 "EAEU에 대해 서방은 비판적인 견해가 많은데 어떻게 보느냐"고 하자 그는 "EAEU가 출범한 지 2년밖에 안 됐는데 효과가 바로 나타나겠어요? 하지만 카자흐스탄으로서는 다른 대안이 없어요. 인구 1700만 명의 작은 시장으로는 지

속적인 성장을 담보할 수 없으니까요." 나는 "과거에도 독립국가연합 국가들 간에 경제협력체는 있지 않았느냐"면서 EAEU의 효용성에 대해 좀 더 구체적인 답변을 원했다. 히타후노프는 내 재촉에 곧 부응했다. "EAEU 이전에는 FTA와 같이 주로 상품 교역에서 장벽을 없애는 것이었지만 EAEU는 서비스와 자본, 노동 이동까지 모든 국경을 허무는 겁니다. 예컨대 100만 명의 키르기스스탄 사람들이 러시아에 가서 일하고 있는데 이들의 대우는 현지 러시아인들보다 열악해요. 하지만 EAEU로 인해 동등한 노동조건을 갖게 됐어요. 카자흐스탄은 시장이 작아 기업들은 경쟁과 혁신 의지가 부족했는데, EAEU로 시장이 커지면서 다른 나라 기업들과 싸워야 하니 다들 경쟁력 제고에 나서게 되죠. 또 카자흐스탄은 농업을 미래 성장 동력으로 육성 중인데 러시아에 더 많은 물량을 수출할 수 있어요. 우리는 지리적 위치가 좋아서 EAEU 비회원국인 우즈베키스탄으로부터 농산물을 수입해서 이를 러시아나 중국에 재수출할 수도 있죠. EAEU 차원에서 중국과 한국 등 많은 나라들과 FTA를 체결할 예정인 만큼 앞으로 농산물 수출 시장은 더욱 커질 겁니다. 중국의 국민소득이 높아지면 당장 질 좋은 먹거리부터 찾을 텐데 가까운 카자흐스탄에서 들여오는 것이 가장 효과적이죠. 결국 EAEU는 시장의 외연을 키울 뿐만 아니라 기업 경쟁력을 높여 질적인 측면에서 카자흐스탄 경제가 발전할 수 있는 토대가 될 겁니다."

중소기업들에 대한 자금 지원과 사업 보증 역할을 하는 카자흐스탄 기업개발펀드(DAMU)의 가빗 레스베코프(Gabit Lesbekov) 전무이사도 비슷한 얘기를 했다. 경제학 박사로 카자흐스탄 국립대학 경제학과 교수와 중앙은행 간부를 지낸 그는 DAMU의 실질적인 1인자로서 카자흐스탄 부총리 주재 중소기업 정책 관련 이사회의 7인 멤버 중 하나다. 그는 산업다변화를 통한 중소 제조업 육성과 EAEU 가입 취지가 맞아떨어진

❖ [인터뷰] 가빗 레스베코프 카자흐스탄 기업개발펀드(DAMU) 전무이사.

다고 강조했다. "우리의 신경제정책(누를리 졸)에 따르면 제조업 활성화를 위해 2000억 텡게(약 7000억 원)를 배정해놓고 석유·가스를 제외한 업종에 자금을 지원해주고 있습니다. 시중 은행의 대출금리가 16~18%나 되지만 이 돈을 이용하면 10년 동안 연 6%에 빌릴 수 있어요. DAMU에서도 은행을 통해 중소기업들에 자금을 지원하는데, 수혜 대상에서 비에너지 기업들이 매년 10~15%씩 늘고 있습니다. 문제는 중소업체가 성장하려면 기술도 중요하지만 시장이 커야 하는데, 카자흐스탄의 내수만으로는 기업 경영이 힘들다는 겁니다. 따라서 EAEU를 통해 시장이 커지면 중소 업체들의 제품을 구매할 수요가 늘면서 자연스럽게 제조업 육성, 산업다변화가 실현될 수 있는 것이죠. EAEU의 외연은 계속 확대될 것인데 우리 제조업의 경쟁력을 키울 수 있는 큰 기회가 될 겁니다."

러시아, 카자흐스탄, 벨라루스, 아르메니아, 키르기스스탄의 5개국이 초창기 멤버로 가입한 EAEU는 2015년 1월 러시아 푸틴의 주도로 출범했지만 카자흐스탄의 나자르바예프는 이미 1994년에 느슨한 결속체인 독립국가연합을 뛰어넘는 강력한 통합이 필요하다며 EAEU 창설을 제의했다. 소련 해체 이후 각국이 주권 챙기기에 급급했던 상황에서 나자르바예프의 제안은 어쩌면 선견지명이 있는 것이었다. 소련에서 막 뛰쳐나온 신생국들이 국제사회의 험악한 정글에서 홀로 버티기란 역부족이라는 점을 나자르바예프는 깨달았던 것이다. 또 구소련권 국가들이 하나처럼 움직여야 외부와 거래하는 데 유리한 고지에 선다는 점도 알아

차렸다. 그가 내놓은 EAEU 운영
방안들도 파격적이었다. 독립국
가연합 체제가 단일성과 실행력
이 부족하다면서 단일 통화의 도
입, 러시아어의 통용, 공통 시민
권, 초국가적 집행 기구의 설립
등을 내세웠다. 설립 원칙으로는
경제적 실용주의, 자발적 통합,
평등, 내정 불간섭, 주권 존중,
국경 불침범 등 좋은 것들은 다
들어갔다. 나자르바예프는 훗날
"내 제안은 당시 만장일치의 지
지를 받았지만 이제 갓 출범한

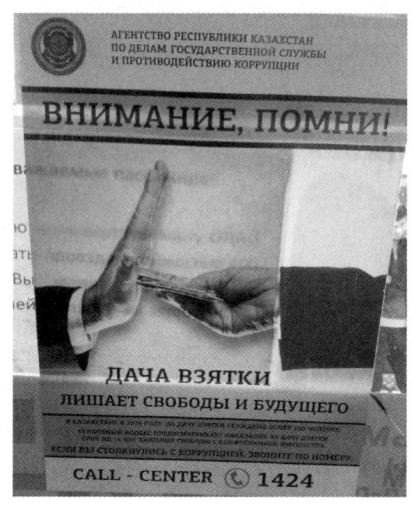

❖ 알마티 시내버스 안에 붙어 있는 반부패 포스터. 뇌물수수 신고 전화번호와 함께 '뇌물을 건네는 것은 자유와 미래를 빼앗는 것'이라는 문구가 적혀 있다.

독립국가연합 각국은 오랫동안 갈구해온 주권을 얻었다는 데 도취되어
있어서 현실화되지는 못했다"고 털어놨다.

　물론 소련이 사라진 뒤 같은 언어를 쓰고 비슷한 문화와 관습을 가
진 이들 지역을 하나로 묶자는 주장이 나자르바예프만의 전유물은 아니
다. 러시아만 해도 소련 붕괴로 국경이 축소된 황망한 현실 앞에 '유라시
아주의', '슬라브주의'라는 것을 내걸고 자국의 정체성을 찾겠다며 인근
국가들과의 연합을 모색해왔다. 러시아 민족의 우월성을 강조하는 지식
인 부류는 활동 반경이 축소된 영토적 조건에 굴복하지 말고, 국가 간 연
합을 통해 러시아가 더 크고 강대해져야 한다고 외쳤다. 노벨문학상 수
상 작가인 알렉산드르 솔제니친(Aleksandr Solzhenitsyn)은 1917년 러시아
사회주의혁명 이전으로 돌아가 슬라브 민족만으로 된 연합국가론을 꺼
내기도 했다. 그는 러시아와 우크라이나, 벨라루스에다 러시아인들이 많

4부 | 미완의 중앙아시아를 가다: 우즈베키스탄·카자흐스탄·키르기스스탄　423

❖ 알마티 알파라비 대로에 위치한 중심 상업지역인 누르타우.

은 카자흐스탄 북부 지방을 합쳐 '슬라브 연합'을 세우자고 했다. 러시아어를 쓰지 않는 사람은 국경 밖으로 추방한다는 단서까지 달았다. 소련 체제의 모순을 고발해온 휴머니스트조차 러시아 위주의 강력한 연방국가를 꿈꾸었던 것이다. 푸틴의 팽창주의 외교 노선의 사상적 후원자이자 '러시아판 브레진스키'로 평가받는 알렉산드르 두긴(Aleksandr Dugin) 역시 나자르바예프에 앞서 지역 제국 형태의 '유라시아 동맹'을 제시했다. 이는 독립국가연합 국가들뿐만 아니라 냉전 시절 소련의 세력권이었던 동유럽까지 포괄하는 원대한 목표였다.

이런 연유로 서방은 EAEU에 대해 러시아의 지정학적 영향력을 회복하려는 푸틴의 도구라고 비난해왔다. 러시아가 역사적으로 외부 국가들을 합병해 거대한 제국을 세워왔던 야심을 놓지 않았다면서 EAEU 역시 푸틴의 불순한 정치적 동기에서 비롯됐다고 폄하했다. "러시아가 근외 국가들과 협력하는 것은 어느 정도 일리가 있지만 러시아의 통합 기도는 제국주의적 색채를 분명히 갖고 있다"는 브레진스키의 주장은

EAEU에도 그대로 적용되는 것이다. 특히 EAEU가 따라가려는 대상인 EU가 경제통합 차원을 떠나 회원국들 간의 이견을 조율하고 대외적으로 한목소리를 내는 포괄적인 정치 공동체가 된 점을 봐도 EAEU의 앞날을 예단할 수 있다. 푸틴의 목표대로 장차 EU와 대등한 파트너십을 구현하려면 EAEU를 그에 걸맞은 정치 협력체 수준으로 끌어올릴 필요가 있기 때문이다. 푸틴은 2005년 4월, 국가두마(하원) 연설에서 "소련 해체는 금세기에 가장 큰 '지정학적 재앙(geopolitical catastrophe)'이며, 러시아인에게는 진정한 비극이 되고 있다"고 말했는데, 그 대안 중 하나가 EAEU가 될 수 있는 것이다. 흥미롭게도 푸틴의 복심(腹心)인 드미트리 페스코프(Dmitry Peskov) 크렘린 대변인은 바로 이 점을 언급했다. 페스코프는 2016년 12월, TV 인터뷰에서 "푸틴이 재앙 발언을 했지만 소련 해체를 번복할 수는 없는 일이다. 대신 (이를 만회하기 위해) 구소련 지역에서 새로운 통합체가 만들어질 필요가 있다"고 밝혔다. 새로운 통합체는 당연히 EAEU를 지목한 것이다.

그러나 러시아는 서방의 우려 섞인 비판에 대해 EAEU에는 정치적 기도가 없다고 맞서왔다. 푸틴은 "EAEU 창설로 소련의 부활은 없다. 과거를 복원하려고 한다는 것은 순진한 생각일 뿐"이라고 반박했다. 반면 EAEU 원조라고 주장하는 카자흐스탄은 양측의 눈치를 보는 분위기다. 카자흐스탄의 정치 평론가인 도심 사트파예프는 "푸틴이 EAEU를 세운 동기는 다분히 정치적이다. EAEU는 러시아가 국제사회에서 힘 있는 실체로서 유지될 수 있도록 해주기 때문이다. 반면 우리 카자흐스탄이 EAEU에 있는 이유는 러시아 시장에 접근해서 보다 많은 경제적 옵션을 얻어내기 위해서다"라고 설명했다. 나자르바예프도 EAEU가 정치적 통합체로 변모할 가능성을 완전히 배제하지는 않았다. 그는 "EAEU가 지금은 지경학적이지만 추후에는 지정학적 조직으로 발전할 것이고, 이는

엄격하게 진화적이고, 자발적인 것이어야 한다"고 했다. EAEU가 정치적 통합체로 변신할 가능성을 열어놓되 참가 희망국들의 반발을 최소화하기 위해 자발성과 동등성 같은 가입 원칙의 필요성을 얘기한 것이다.

그러나 이미 출범한 EAEU의 성격 자체보다 EAEU가 나자르바예프와 푸틴의 주장대로 경제협력체로서 EU에 버금가는 성과를 낼 수 있을지가 관심거리다. 이 점에서 보면 아직까지는 만족스럽지 못하다. 러시아나 카자흐스탄 모두 EAEU의 외연 확대를 강조하고 있을 뿐 경제적 효과에 대해서는 사실상 함구하고 있다. 불행히도 EAEU의 출범이 러시아나 카자흐스탄 모두 사정이 최악이었을 때 진행된 점도 작용했을 것이다. 러시아는 우크라이나 사태로 서방의 제재와 루블화 폭락, 유가 급락의 삼중고로 인해 시장이 쪼그라들었다. 수출의 절반가량을 러시아에 의존하는 카자흐스탄도 경제 성적표가 좋을 리가 없다. 2015년 러시아와 벨라루스의 경제성장률은 각각 -3.7%, -3.9%였고, 카자흐스탄도 1.2%에 그쳤다. 2015년 EAEU 회원국 간 역내 교역 규모는 전년 대비 26%나 축소됐다.

미국 외교전문지 ≪포린 어페어스(Foreign Affairs)≫는 2015년 1월 EAEU가 출범한 직후 "유라시아의 환상, 러시아 경제연합의 신화(The Eurasian Illusion, The Myth of Russia's Economic Union)"라는 기사에서 EAEU는 실패로 끝날 것이라고 결론 내렸다. 이유는 러시아의 압도적인 경제 지배력과 각국이 초국가적인 시스템에 승복하지 않을 것이기 때문이라고 했다. "러시아는 2015년 기준으로 EAEU 전체 GDP의 87%, 인구의 83%를 차지하는 등 쏠림 현상이 과도하다. EU에서 가장 큰 경제 대국인 독일의 비중은 각각 15.8%와 6%에 불과하다. EAEU 국가들은 특히 자신의 주권을 초국가적 조직에 이양하는 것을 꺼려한다. 벨라루스나 카자흐스탄은 자국의 경제 시스템을 바꾸라고 하면 아마 듣지 않을 것이

다. 어쩌면 EAEU를 만든 지도자들이 권력에서 물러날 때쯤에는 EAEU가 조용히 사라질지도 모른다." 러시아의 과도한 비중은 EAEU의 문제점을 지적할 때 자주 나오는 얘기다. 러시아 과학아카데미의 루슬란 그린베르그(Ruslan Grinberg) 경제연구소장도 "가장 큰 문제는 독립국가연합 전체의 경제협력을 위한 잠재력의 65~70%를 러시아가 갖고 있다는 불평등성이다. EU는 회원국들 간 주고받기를 통한 평등한 파트너십이 가능하지만 독립국가연합 경제력의 3분의 2를 차지하는 러시아는 작은 국가들과의 관계를 조정하는 데 어려움이 커서 그만큼 실질적인 통합이 쉽지 않다"고 밝혔다.

정치적인 이유로 회원국 간 균열 양상도 나타나고 있다. 2016년 4월에는 EAEU 정상회의가 아르메니아 수도인 예레반에서 예정됐지만 카자흐스탄이 참가 거부를 통보하면서 장소가 모스크바로 긴급 조정되는 일도 있었다. 당시 아르메니아와 아제르바이잔은 나고르노-카라바흐를 놓고 또 한 번 교전을 치렀는데 아제르바이잔과 사이가 가까운 카자흐스탄이 예레반행을 거부한 것이다. 영토 이슈가 민감해진 시점에서 카자흐스탄 지도자가 예레반에 갈 경우 나고르노-카라바흐 문제에서 아르메니아를 지지하는 것처럼 보일 수 있기 때문이다. 화가 난 아르메니아의 사르키샨 대통령은 당초 예레반 일정보다 닷새 뒤에 열린 회의에 불참했다. 벨라루스와 키르기스스탄은 민스크에 망명 중인 쿠르만벡 바키예프(Kurmanbek Bakiyev) 전 키르기스스탄 대통령의 송환 문제를 놓고 막말을 쏟아내고 있다. 키르기스스탄은 시민혁명으로 도망친 범죄자를 돌려보내라고 요구하고 있지만 벨라루스 측은 송환 결정은 주권 사항이라며 맞서고 있다. 벨라루스는 또 러시아와도 천연가스 수입 가격을 놓고 마찰을 빚으면서 EAEU 참여 수준을 재검토하겠다는 위협 발언도 서슴지 않고 있다. 여기에다 러시아에 대한 서방의 제재가 장기화되면서

중국이나 유럽과 개별적인 협력을 하려는 움직임이 나오고 있다. 카자흐스탄이 2015년 11월 세계무역기구에 가입한 것도 그러한 사례 중 하나다. EAEU 회원국들은 유럽 등 역외 국가의 수입품에 대해서는 높은 관세를 유지하고 있는데 카자흐스탄이 WTO에 들어가면서 담합이 깨질 우려가 커진 것이다. 카자흐스탄이 WTO 합의에 따라 역외 국가에 대한 관세율을 낮출 경우 유럽산 제품들이 카자흐스탄에 들어왔다가 그것이 EAEU의 다른 국가들로 재수출될 수 있기 때문이다. 벨라루스 정부가 카자흐스탄의 WTO 가입을 "EAEU를 공멸시키는 짓"이라고 비난한 것도 이 때문이다.

EAEU는 출범한 지 2년이 지났지만 여전히 러시아의 측근 국가들만 포진해 있을 뿐 신규 회원국의 참여는 저조하다. 중앙아시아 최빈국인 타지키스탄이 가입을 타진하고 있지만 EAEU에 들어오더라도 그 비중은 미미할 수밖에 없다. 2016년 말 대선에서 친러시아 성향의 대통령을 뽑은 몰도바도 EU와의 기존 협정을 폐기하고 EAEU 가입 의사를 밝혔다. 하지만 동유럽 최빈국인 몰도바의 인구는 타지키스탄의 절반도 안 돼 EAEU 확대에 실질적인 기여는 없어 보인다. 몰도바와 타지키스탄의 GDP는 2016년 IMF 기준으로 각각 67억 달러, 66억 달러로 전 세계 142위, 143위 수준이다. 반면 우크라이나나 우즈베키스탄처럼 영토나 경제 규모가 어느 정도 있는 국가들은 EAEU를 향해 문을 닫아걸고 있다. 우크라이나와 조지아는 친유럽적 성향 때문에 노골적으로 EU만을 얘기하고 있고, 폐쇄 국가인 우즈베키스탄은 러시아의 간섭을 우려해 불참 의사를 바꾸지 않고 있다. 영토 문제로 천적인 아르메니아와 한배를 탈 수 없는 아제르바이잔도 EAEU에 대해 부정적이기는 마찬가지다.

경제학자인 히타후노프는 EAEU 확대에 대해 서두를 필요가 없다며 이렇게 말했다. "우크라이나는 EU 가입을 원하지만 정치적인 문제로

❖ 2017년 6월~9월 열린 아스타나 국제엑스포의 메인 행사관.

쉽지 않을 겁니다. 영국이 EU에서 빠져나왔고, 프랑스나 이탈리아에서도 탈퇴 얘기가 나오고 있는데 해체되어 가는 EU에 우크라이나가 왜 굳이 들어가려는지 모르겠어요. 거기 정권이 앞으로 친러시아 성향으로 바뀌게 되면 EAEU에 대한 접근을 시도할 수 있을 겁니다. 어차피 EU냐, EAEU냐는 경제적 선택에 앞서 정치적인 문제니까요. 또 EAEU는 회원국 수를 늘리지 않더라도 주요국들과 FTA 체결을 통해 경제 영토를 확장하는 효과를 거둘 수 있어요."

키르기스스탄 Kyrgyzstan

지하경제가 60%인 나라에서 살아남기

키르기스스탄 수도인 비슈케크로 가는 일정은 다른 나라 방문 때보다 부담이 덜 했다. 알마티에서 버스로 3시간이면 갈 수 있고, 러시아어를 쓰는 데다 당장 전 세계의 이목을 끄는 시급한 현안도 없었기 때문이다. 사람들 외모도 카자흐스탄과 거의 차이가 없기 때문에 가볍게 배낭을 메고 색다른 지방 도시를 간다는 느낌이었다. 알마티의 사이란 버스 터미널에서 출발하는 20인승 승합차는 15분마다 승객을 가득 채워 떠날 정도로 양국 간 인적 이동은 활발했다. 편도 요금은 1500텡게로 한국 돈으로 치면 약 5000원에 불과했다. 짐 검사도 없이 이 가격으로 쉽게 국경

- 카자흐스탄 남쪽에 위치한 내륙 국가로 1864년 제정러시아에 복속되었다. 소련 내 15개 공화국 중 하나였으며 1991년에 독립했다. 인근 중앙아시아 국가들과 달리 두 번의 시민혁명을 통해 부패한 독재 정권을 교체한 경험을 갖고 있는 나라다.

❖ 사람들이 카자흐스탄 육로 국경을 넘어 키르기스스탄 국경 초소로 향하고 있다.

을 넘나들 수 있는 곳은 아마 흔치 않을 것이다. 중간에 휴게소에 한 번 들르고 3시간을 이동하는 일정은 예상 밖으로 편안했다. 알마티와 비슈케크, 양국의 중심 도시를 잇는 도로라서 그런지 예전에 호르고스를 갔을 때보다 도로 상태는 훨씬 양호했다. 좌석 쿠션도 적당했고, 버스 안 TV에서는 최신 러시아 드라마도 나왔다. 다만 키르기스스탄 국경까지 잡초만 무성한 벌판이 계속되는 것이 다소 지루할 뿐이었다. 물론 위쪽으로는 눈 덮인 멋진 천산이 그림같이 펼쳐졌지만 말이다.

키르기스스탄 국경 검문소를 걸어서 통과한 뒤 비슈케크 중심가인 추이(Chui) 대로로 가는 버스를 탔다. 한국에서 자주 볼 수 있는 대형 버스가 아니라 꽉 채우면 30명까지 탈 수 있는 미니버스였다. 카자흐스탄도 국경 근처의 마을 풍경은 허름했지만 키르기스스탄에 비해서는 그래도 양반이었다. 키르기스스탄 국경 안으로 들어서자 도로가 울퉁불퉁해지면서 버스는 마구 흔들렸고, 창 너머에는 1층으로 된 낡고 작은 판잣

❖ 비슈케크 중심가인 추이대로에 위치한 알라투 광장. 반정부 시위가 이곳에서 벌어진다.

집들이 즐비했다. 아무리 국경 부근이라지만 페인트를 칠하지 않아 벽돌이 그대로 드러나 있는 주택들도 많았고, 2층 건물은 찾아보기가 힘들었다. 마을 곳곳에는 배수가 잘 안 되는 탓인지 눈이 녹아 생긴 물웅덩이가 적잖게 눈에 띄었다. 번화가라는 추이 대로로 진입했지만 한국의 도시 풍경에 익숙해진 눈으로는 도저히 최대 중심가라고 보기 어려웠다. 백화점과 상점, 문화시설, 레스토랑, 정부 청사가 모여 있지만 서울이나 알마티에 비해 다들 작았다. 추이 대로라는 것도 말이 대로지 2차선밖에 되지 않았다. 매연 탓인지 하늘은 흐렸고, 무채색 건물까지 어우러져 도시는 회색 느낌이 났다. 누구는 물가 수준이나 국민소득 대비 경찰에 주는 뒷돈의 크기를 따지면 한국의 1970년대 수준이라고 했다.

추이 대로에 있는 예술의전당쯤 되는 필하모니아 건물 앞에서 기념사진을 찍어주는 34세의 남성 아이벡은 이 부근이 나름 역사적인 곳이라고 자랑했다. "부패한 대통령을 몰아낸 두 번의 시위가 추이 대로 중심에 있는 알라투 광장에서 있었어요. 저도 그때마다 참가했고요. TV에

서 한국 대통령 퇴진 시위를 봤는데 그 정도로 많은 사람이 모일 수는 없지만 추이 대로나 알라투 광장은 우리의 민의(民意)가 모아지는 장소예요." 한국에 가서 돈을 벌기 위해 한국어를 3개월간 공부했다는 아이벡은 대한민국 사정에 대해 관심이 많았다. 그의 유일한 꿈은 사진사 직업을 때려치우고 한국에 가서 자동차 정비 일을 하는 것이었다. 기술은 있는데 여기서는 그걸로 취업해도 큰돈을 벌 수 없으니 한국에 꼭 가고 싶다고 했다. "작년에 제 친구는 한국 가서 공장에 취업했는데 매달 3000달러를 받는다고 해요. 여기서 제가 1년을 꼬박 일해도 벌지 못하는 액수죠. 여기 20~30대 사람들은 장사 밑천을 만들기 위해 외국에 나가고 싶어 해요. 그중에서 한국이 가장 선호하는 나라고요." 그는 한국에 가려면 회사가 초청장을 보내주어야 하는데 아는 사람이 없다면서 나보고 소개 좀 해달라고 거의 애원하다시피 했다. "잘 아는 한국 기업 없느냐"고 졸라대면서 내 전화번호와 와츠앱 계정을 묻는 그의 눈빛에서 한국행을 소망하는 간절함을 읽을 수 있었다. 비슈케크에서는 한국에서 3~4년간 일해 목돈을 벌어와 현지 사업에 성공한 사례가 늘면서 한국행은 고단한 여기 젊은이들 사이에서 가장 큰 소망이 됐다. 어떤 키르기스인은 한국에서 양말 공장에 취직해 돈을 모은 뒤 비슈케크 외곽에 있는 도너츠 공장을 인수해 매달 한국 돈으로 치면 150만 원 정도를 번다고 했다. 키르기스스탄 공무원들의 평균 월급이 대략 200달러인 점을 감안하면 이는 매우 큰 액수다.

 추이 대로 중앙에 위치한 알라투 광장은 '벨르이 돔(흰집)'에서 200m 밖에 떨어져 있지 않았다. 벨르이 돔에는 국회의사당과 대통령 집무실이 함께 있는데 아무리 내각책임제 국가라고 해도 엄연한 3권 분립 체제에서 이래도 되는가 싶은 생각도 든다. 하지만 알라투 광장에서 시위가 일어나면 바로 옆 건물에서 일하는 대통령은 신경이 쓰여서라도 못 버틸

것 같았다. 알라투 광장과 벨르이 돔은 키르기스스탄에서 민주주의의 성지 역할을 하고 있는 셈이다.

키르기스스탄의 전설 속 영웅인 마나스(Manas)의 동상과 성탄절 대형 트리가 놓여 있는 알라투 광장에는 2017년 신년 휴일을 맞아 많은 사람들이 모여 있었다. '무슨 데모가 또 일어났나' 하고 궁금해서 발걸음을 빨리 옮겼다. 하지만 가족 단위로 연휴를 즐기기 위해 광장으로 쏟아져 나온 것이었다. 이들이 주로 하는 놀이라고는 알라투 광장을 배경으로 캐릭터 인형들과 기념사진을 찍는 정도였다. 산타클로스나 백설공주, 각종 동물 복장을 한 캐릭터들과 사진 촬영을 하고 나서 20여 분 뒤면 인화까지 해주는데 100솜(약 1500원)이 든다. 이런 장사를 하는 곳이 10여 개가 있어서 넓지도 않은 광장 앞은 문전성시를 이루고 있었던 것이다. 한국 같으면 초등학생들도 유치하다고 하겠지만 여기서는 온가족이 다 같이 인형 캐릭터들과 어깨동무를 한 채 사진을 찍으며 마냥 즐거워했다.

작년 말부터 비슈케크에 중고 휴대폰을 들여와 짭짤한 수익을 내고 있다는 한국인 사업가는 중앙아시아가 마지막 남은 잠재력 있는 시장이라고 치켜세웠다. 그는 20년 넘게 유럽과 중동, 중남미까지 다니며 무역업을 했는데 이제 틈새로 남은 시장은 중앙아시아밖에 없다고 했다. "키르기스스탄에서는 과거 한국에서 재미를 봤던 품목을 가져오기만 하면 뭐든지 성공할 수 있다고 봐요. 다만 무슨 사업부터 벌일지 우선순위를 정하는 게 고민될 뿐이죠. 예컨대 알라투 광장에서 그깟 사진 찍는데 그렇게 많은 사람들이 몰리는 거 봤죠? 만일 그 자리에 스티커 사진이나 인형 뽑기, 두더지 게임 같은 거라도 갖다 놓으면 아마 대박이 날 겁니다." 그는 식음료 사업에 대해서도 말을 이어갔다. "한국에서는 퇴직금으로 식당 창업을 했다가 망했다는 얘기가 많지만 여기서는 한류가 워낙

❖ 비슈케크에 있는 '벨르이 돔(흰집)'. 국회의사당과 대통령 집무실이 함께 있다.

세다 보니 망하기도 쉽지 않아요. 한국보다 훨씬 적은 금액으로 가능하고요. 저 같은 경우는 한국에 있을 때 키르기스 사람들과 친분을 쌓아놓고 여기에서 사업하면서 많은 도움을 받았어요. 지금도 같이 해보자는 제안들이 많은데 다 해볼 만하지만 수익성이 높은 몇 개만 골라서 진행하고 있죠." 실제 '라멘'이라는 이름의 프랜차이즈 분식집은 김밥, 라면, 우동, 불고기덮밥 같은 한국 메뉴들을 팔았다. 한국 음식 발음을 러시아어로 그대로 따서 적어놓았지만 이곳에 들르는 키르기스 사람들은 자연스러운 말투로 주문했다. 나중에 들어보니 '라멘'은 한국인이 운영하는데 비슈케크에만 다섯 개 매장이 있다고 한다. 또 스타벅스나 맥도날드, 버거킹 등 유명 패스트푸드 체인점들이 없다 보니 고려인이 만든 '아드리아노'라는 커피숍이 스타벅스의 자리를 꿰차고 있다는 얘기도 들었다. 그러나 비슈케크에서 식당을 운영하는 한 교민은 현지인들의 생활 패턴을 모르고 무작정 덤볐다가는 큰코다친다고 조언했다. "여기에 오기 전에 카자흐스탄 사람들이 커피를 좋아해서 자판기를 들여왔는데 수일 만

에 망했습니다. 사람들이 커피와 돈을 빼내가기 위해 자판기를 다 때려 부수어 놨어요. 어디에 하소연할 데도 없었습니다. 현지인들의 정서 파악도 하지 못하고 일을 벌였다가 바로 망한 셈이죠. 키르기스스탄도 규모는 작지만 절대 만만한 곳이 아닙니다."

키르기스스탄은 전체 인구가 580만 명에 그쳐 경제 규모가 작을 뿐만 아니라 물류나 주거 환경 등 인프라 수준이 낮아 쉽게 접근할 수 있는 곳이 아니다. 특히 소련 해체 이후 만성화된 지하경제 규모가 아직 상당해서 상층부와 커넥션이 없이는 현지에서 성공을 거두기 힘들다. 비슈케크에 한국 기업들의 지사가 하나도 없다는 것 자체가 시장 규모나 사업 여건 면에서 호락호락하지 않다는 것을 방증한다. 2년 전부터 키르기스스탄 경제 부처에 파견되어 있는 박재호 자문관은 현지의 어두운 경제 사정을 이렇게 설명했다. "IMF는 이곳의 지하경제 규모를 전체 GDP의 60%로 보고 있어요. 여기 국세청장 스스로도 60%라고 말했고요. 얼마 전 재무장관은 39%에 달한다고 털어놨죠. 전체 인구 580만 명 가운데 120만 명이 해외에 나가 번 돈을 국내로 송금하는데, 이것이 GDP에서 차지하는 비중이 35%나 됩니다. 해외서 송금된 자금이 대부분 지하경제로 흘러간다고 보면 될 겁니다. 숫자 39%하고 35%, 대략 비슷하지 않습니까. 밖으로 나가는 인력은 막노동자들도 있지만 국내보다 높은 임금을 받기 위해 고급 기술과 서비스 쪽도 상당히 많아요. 키르기스스탄 정부의 최대 고민 중 하나가 해외에서 들여온 돈을 어떻게 제도권으로 끌고 와서 산업자본화를 하느냐 하는 것입니다. 적절한 세금을 매기는 것이 필요한데 과세 기반이 부실하다 보니 뾰족한 해법이 없어요. 당국도 지하경제의 문제점을 잘 알고는 있지만 구체적인 정책이나 해법을 내놓지 못하고 있어요." 내가 "지하경제에 기생하는 공무원들이 많기 때문인가"라고 하자 그는 고개를 끄덕였다. "여기 투자수출진흥청 과장의 월급

이 250달러, 청장이 450달러에 불과한데 이들이 타는 차가 뭔지 아십니까. 다들 벤츠, BMW, 렉서스 이렇습니다. 한번은 경제 부처 사무관의 집에 초대를 받아 가보았는데 대지 200평에 건물 100평, 차고에 최신 벤츠 모델이 세 대나 있더군요. 다른 공무원들의 집도 화려하기가 이루 말할 수 없죠. 돈 쓰는 규모는 급여의 세네 배는 족히 넘을 겁니다. 그 돈이 다 어디서 나오겠습니까. 일부는 지하경제와 연결되어 있다고 볼 수밖에 없겠죠." 박 자문관은 키르기스스탄 경제가 안고 있는 문제점으로 인력 및 산업 인프라의 부족을 꼽았다. 인력 유출이 심하다 보니 의류 봉제 같은 단순 노동직 말고는 산업 전반에 필요한 숙련 기술자들이 부족해 제조업 기반이 취약하다고 했다. 또 광물자원으로 금과 석탄이 많지만 이것을 캐서 빠르게 운송할 수 있는 물류 시스템이 잘 갖추어져 있지 않다고도 했다. "석탄의 경우 캐고 나서 적절히 가공해 부가가치를 높여야 하는데, 제대로 된 가공 단지가 없어요. 또 철도망이 부실해서 광물을 운반하는 데도 비용이 너무 많이 들어요. 보유한 수력 자원은 전 세계 4~5위라는데 전력 생산 시설과 연결망이 부족해 일부 전기를 카자흐스탄에서 수입해 쓰고 있는 형편이죠. 수량이 풍부한 나린(Naryn)강 상류 수력발전소는 자금 부족으로 건설 공사가 계속 지연되고 있고요. 여기 경제를 요약하자면 잠재력은 있지만 그것을 현실화하는 데는 많은 시간이 필요하다는 겁니다."

비슈케크 남서쪽에 있는 마나스 대학교 연구실에서 만난 주누스 고니예프(Junus Goniev) 경제학과 교수는 지하경제 규모에 대해 한술 더 떴다. "아마 GDP의 70~80%는 될 겁니다. 막대한 지하경제의 존재에 대해서는 정부 스스로도 인정했고요. 이를 막으려면 금융 시스템을 강화할 필요가 있어요. 현금보다는 신용카드나 은행을 통한 거래가 늘어나도록 해야 합니다. 무분별한 세금 우대를 줄이는 등 과세 체제도 개편할 필요

가 있고요. 또 부자들이 해외로 빼돌린 재산들을 환수하는 노력도 기울여야죠." 고니예프 교수는 산업다변화보다 물류 인프라를 개선하는 것이 더 중요하다고 강조했다. 제조업 경쟁력을 갖추려면 많은 시간이 걸리지만 도로나 철도를 정비하는 일은 좀 더 수월하게 경제성장을 유도할 수 있다는 논

❖ [인터뷰] 비슈케크에 있는 마나스 대학교 경제학과의 주누스 고니예프 교수.

리였다. "남부 지역의 유기 농산물이 중국으로 수출되려면 카자흐스탄을 거쳐 갈 수 있도록 철도와 도로가 잘 연결되어야 합니다. 그래야 키르기스스탄의 농업이 좀 더 경쟁력을 갖출 수 있어요. 다른 제조업을 키우는 것도 중요하지만 기존 분야를 확장하는 방법을 찾는 게 필요해요."

키르기스스탄 경제의 강점과 약점을 짚어달라는 주문에 그는 "부정부패가 가장 큰 취약점이고, 강점은 값싼 노동력이 풍부하다는 것"이라고 말했다. 특히 터키 기업들이 적은 자본으로 비슈케크에 많이 진출해 있다면서 기업들의 시장 진입 장벽이 낮은 것도 강점 중 하나로 꼽았다. 마나스 대학교도 정식 명칭은 '키르기스-터키-마나스 대학교'로 터키 정부가 모든 자금을 대서 세운 종합대학이다. 어쩌면 중앙아시아에서 가장 큰 캠퍼스 부지를 갖고 있는 데다 현대식 건물들이 많아 막강한 터키 자본의 진출을 상징적으로 보여준다. 터키 정부는 2000명이 넘는 재학생 전원에게 학비를 전액 면제해주고 있다. 비슈케크 시내의 유통망도 터키 자본이 꽉 잡고 있다. 한국의 이마트격인 베타(Beta), 베파(Vefa)를 비롯해 최대 백화점인 '비슈케크 파크'도 터키 기업이 투자한 것이다. 비슈케크 파크는 기존의 낡아빠진 건물들과 달리 어디에 내놓아도 손색없

❖ 비슈케크에 있는 키르기스-터키-마나스 대학교 정문. 터키 정부가 모든 재정을 부담한다. 키르기스스탄에서는 터키의 자본 진출이 활발하다.

는 멋진 내·외관을 갖추고 있다. 2017년 1월에는 백화점 위로 고층 오피스텔 공사가 한창이었다. 키르기스스탄과 카자흐스탄은 터키와 같은 이슬람교 신자들이 많은 데다 언어 자체도 비슷하다. 그렇기 때문에 터키 자본은 이 국가들에 선도적으로 진출했고, 많은 터키인들이 이주해 살고 있다. 이로 인해 터키 사람들은 자국의 위세를 믿고 키르기스스탄 사람들을 깔보는 경향도 없지 않다. 마나스 대학교에 유학 온 터키 학생들이 키르기스스탄 출신 교수에게 "우리나라가 돈을 대서 학교를 세웠는데 왜 나를 가르치려 드느냐"며 따지는 일도 있었다고 한다. 현지 교민은 터키인이 도로를 무단횡단하면서 아무런 죄책감도 없이 경찰에게 "나 터키 사람이야!"라며 특권 의식을 드러낸 일도 목격했다고 전했다.

키르기스스탄은 구소련 공화국 가운데 석유와 가스가 생산되지 않는 유일한 나라다. 그렇다 보니 2000년대 초반 독립국가연합 각국에서

자원 개발 붐이 한창일 때도 이 나라는 폭발적인 성장을 이루거나 국부를 크게 늘릴 형편이 안 됐다. 주요 산업은 농업과 광업, 섬유 의류, 관광에 집중됐고, 제조업 기반은 미약했다. 그런 취약한 상황에서도 정치권은 권력을 통해 자기 잇속 차리기에 바빴다. 외국인 입장에서 볼 때 '이 작은 경제에서 뭘 더 빼먹을 게 있나' 라며 반문할 수 있겠지만 후진적 정치 문화가 판치는 이곳에서 그런 성숙함을 기대하기는 힘든 일이다. 약탈 경제의 선두에 대통령 일가가 있었으니 무슨 말이 더 필요하겠는가. ≪월스트리트저널≫에 따르면 2010년 4월 대규모 시위로 축출된 바키에프 전 대통령 가족이 해외 계좌로 빼돌린 금액은 1억 7000만 달러로 당시 키르기스스탄 외환 보유고의 10%에 달했다. 전임자인 아스카르 아카에프 시절에도 수력발전소를 이웃 국가에 불법 매각하고, 해외 페이퍼 컴퍼니를 통한 탈세가 비일비재했다. 이들 부패한 대통령의 말로는 2005년과 2010년, 두 번의 대규모 시위로 두 차례나 정권이 교체되는 것으로 나타났다. 이후 정치는 안정을 되찾았고, 경제는 2016년에 3%가 넘는 성장을 기록하면서 다른 주변 국가들보다 나은 성적표를 받았다. 고니예프 교수는 국제투명성기구의 부패인식지수 순위가 2013년 150위에서 2014~2015년에 각각 136위, 123위로 조금씩 상승하고 있는 점도 긍정적이라고 평가했다. 물론 순위 자체만 놓고 보면 여전히 갈 길이 멀지만 말이다.

키르기스스탄의 전반적인 사정은 나아지고 있는 것이 분명했다. 거리에서 만난 시민들은 대부분 알마즈벡 아탐바예프(Almazbek Atambayev) 현 대통령에 대해 긍정적으로 얘기했다. 특출난 업적은 없지만 전임자들보다 부패의 정도가 덜 하고 무난히 국정을 운영해가는 점을 칭찬했다. 그만큼 정치적 격변의 가능성은 적다는 의미였다. 프랜차이즈형 전통 음식점인 '나밧(NAVAT)'에서 기획 업무를 하는 30대 초반의 아지즈는

외국에 나가지 않고도 돈을 벌 기회가 많다고 했다. 나밧 매장은 널찍한 홀에 내부 인테리어가 깔끔했다. "우리 점포가 비슈케크에 네 곳이 있는데 하루에 손님이 최대 800명이나 됩니다. 일주일에 매출은 5만 달러가 되고요. 준비만 잘 갖추어놓으면 수요는 충분합니다. 개인적으론 얼마 전 추이 대로 부근에 카페를 열었는데, 월 임대료 500달러를 빼고도 수입이 짭짤해요."

해외로 나가려는 키르기스스탄 사람들은 분명 많지만 이들은 다시 조국으로 돌아와 자기 사업을 해보려는 꿈을 갖고 있었다. 영세하지만 창업의 문을 노크하는 시민들도 늘고 있다. 중앙아시아에서 유일하게 민의로 권력을 교체해본 경험과 이후 안정적인 정치 풍토가 마련된 것이 그 밑바탕이 되고 있다. 또다시 성난 시위대를 불러올 무모한 권력은 존재하지 못할 뿐만 아니라 대통령 일가가 경제를 주무르는 악행은 재현되지 않을 것이라는 기대도 생겼다. 그러다 보니 중앙아시아 민주주의의 중심 국가라는 국민적 자긍심이 기회의 평등으로 이어져 경제 활성화에도 긍정적으로 작용하고 있는 것이다.

부패 악습을 넘어 중앙아시아 민주주의의 보루로

키르기스스탄은 중앙아시아의 가난한 소국이지만 장기 독재 권력이 판치는 이 지역에서 나름의 민주주의가 가동되고 있는 나라다. 카자흐스탄, 우즈베키스탄, 타지키스탄, 투르크메니스탄은 권력자들이 장기 집권을 해온 반면 키르기스스탄 국민은 민중 시위를 통해 부패한 정권을 무너뜨렸다는 데서 스스로를 중앙아시아의 민주주의 보루로 여기고 있었다. 등록된 정당만 해도 160여 개에 달한다. 특히 2010년 음흉한 바키예

❖ [인터뷰] 알리 롤리예프 키르기스스탄 국가전략연구소 부소장.

프 정권이 축출되고 나서 중앙아시아 국가 중에 유일하게 의원내각제를 채택해 대통령은 외치, 총리는 내정이라는 권력 분담도 이루어지고 있다. 물론 여당 당수이기도 한 아탐바예프 대통령이 측근을 총리로 앉혀 내정을 사실상 좌우하고 있기는 하지만 헌법상 대통령의 내부 통치 권한은 제한적이다. 어떤 이는 두 번씩이나 피플파워로 권력을 교체한 만큼 대통령도 두려워하지 않는 것이 키르기스스탄의 민주주의 수준을 말해준다고 치켜세웠다. 심각한 부패나 비리에 빠진 정권에 대해서는 언제든 타도하기 위해 광장과 길거리로 쏟아져나올 수 있는 자유가 이곳에서는 보장되어 있다고 자랑했다.

비슈케크의 현지 식당에서 만난 알리 롤리예프(Ali Loliev) 국가전략연구소 부소장은 정부 산하기관 인사답게 아탐바예프 체제를 적극 옹호했다. "키르기스스탄은 중앙아시아에서 가장 모범적인 민주주의 국가입니다. 정부가 NGO와도 잘 협력하고 있고, 언론 검열이나 시위 통제 같은 것도 전혀 없어요. 두 번의 시민혁명을 거치면서 사회 불안은 크게 줄어들었고, 이 때문에 최근엔 반정부 시위가 거의 발생하지 않고 있습니다." 내가 "바키예프는 2005년 혁명을 주도해 나라를 번영으로 이끌 것으로 기대했는데 왜 망가졌는가"라고 묻자 "그건 다 옛날 얘기"라는 식의 답변이 돌아왔다. "바키예프가 개인 욕심을 내다보니 대통령을 둘러싼 인사들의 부패와 전횡이 심했어요. 요즘 한국에서 대통령 측근 인물 비리로 탄핵 시위가 벌어지는 것과 똑같은 상황을 우리는 이미 2010년에 경험한 겁니다. 그런데 지금은 어떻습니까. 바키예프가 물러나고

나서 정치·사회·경제 모든 게 안정을 되찾았습니다. 아탐바예프 대통령은 대외 비즈니스에 최우선 순위를 두고 경제 활성화에 나서고 있어요. 현 정권의 비리나 부패는 과거와 비교할 수 없을 만큼 줄어들었고요." 말 잘못했다가는 언제든 그만두어야 하는 국가기관의 직원답게 칭찬 일색이었다.

❖ [인터뷰] 비슈케크에 있는 중앙아시아-아메리칸 대학교 정치학과의 메뎃 티울레게노프 교수.

비슈케크에 있는 중앙아시아-아메리칸 대학교(AUCA)에서 정치학을 가르치는 메뎃 티울레게노프(Medet Tiulegenov) 교수도 바키예프 사퇴 이후 키르기스스탄의 정치 변화를 낙관적으로 보기는 마찬가지였다. 하지만 그는 11년간(1997~2008년) 개도국들의 정치 개혁을 지원하는 소로스재단의 비슈케크 지부에서 활동했던 탓에 현 정권에 마냥 호의적이지만은 않았다. "2010년 바키예프가 축출된 이후 우리나라는 큰 변화를 겪었는데 과거와 가장 큰 차이는 정치 분야에서도 경쟁이 치열해지고, 이로 인해 의사 결정 과정이 좀 더 투명해졌다는 겁니다. 아탐바예프가 취임한 뒤 부패 척결을 최우선 과제로 두면서 대통령 가족이 개입된 부정도 많이 줄었고요. 물론 아탐바예프는 주변 정치 엘리트들의 부패는 아직까지 성공적으로 다루지 못하고 있어요. 관료의 부패 척결은 일시적이고, 정적을 옥죄기 위한 수단으로 활용되는 측면도 남아 있죠. 정부가 세금을 어떻게 효율적으로 쓰고, 부패와 정실주의를 막을지 시민단체들이 감시해야 할 일이 여전히 많습니다."

길거리에서 만난 대다수 시민들도 아탐바예프를 전임자인 바키예프나 아카예프와는 '비교 불가'라고 여겼다. 50대 중반의 고려인은 "바키

예프 때에는 그의 아들과 여섯 명의 형제들이 나라를 말아먹었어요. 대통령을 포함해 그런 흉악한 도둑놈들도 없었죠. 모든 돈줄을 아들이 쥐고 있었으니까요. 반면 아탐바예프 일가는 돈과 관련해 별다른 비리가 없어요. 그의 아들이 어디서 뭘 하는지 우리도 잘 몰라요. 공직에 있지도 않고 조용하게 처신하고 있죠." 하지만 대통령을 깎아내리는 자국민은 어디든 존재하기 마련이다. 20대 초반의 대학생은 "어떤 신문에서 봤는데 아탐바예프의 재산이 5억 달러가 넘어 키르기스스탄 3위 부자라고 해요. 그 돈이 다 어디서 났을까요. 개인 사업을 하지 않았다면 국가 자산을 민영화하는 과정에서 챙긴 것은 아닐까요. 물론 옛날 일이지만요. 바키예프처럼 축재하지 않는 것은 이미 재산이 많으니 더 이상 아등바등할 필요가 없기 때문이겠죠." 길거리 사진사인 아이벡은 "바키예프보다는 낫지만 아탐바예프 역시 측근들이 요직에 다 앉아 있어요. 공무원들은 예나 지금이나 썩었어요"라며 비장하게 말했다.

    2005년 3월 부정선거를 계기로 바키예프가 14년째 집권 중이던 아카예프를 무너뜨렸을 때만 해도 그는 중앙아시아에 민주화 바람을 몰고 올 기대주였다. 2003~2004년 조지아와 우크라이나에서 각각 장미혁명과 오렌지혁명으로 권력이 교체되는 현상이 중앙아시아까지 불어닥친 것이다. '~스탄' 계열의 중앙아시아 4개국은 철권통치로 혁명의 바람을 기어이 막아냈지만 학자 출신으로 둥글고 유순한 얼굴의 아카예프는 무너지고 말았다. 서방에서는 이를 두고 '레몬혁명', '튤립혁명'이라며 조지아, 우크라이나에 이어 키르기스스탄에도 친서방 정권이 탄생할 것이라고 떠들어댔다. 하지만 아카예프는 모스크바로 도망쳤고, 그를 이은 바키예프는 일단 러시아를 택했다. 그해 7월 아직 대통령 직무대행 딱지를 달고 참석한 상하이협력기구 정상회의에서 그는 러시아와 중국을 대신해 자국 내 미군 철수를 주장했다. 아프가니스탄에서 반(反)테러 작전

이 종료 단계인 만큼 마나스 공항의 미군 기지 폐쇄는 불가피하다는 것이었다. 하지만 이는 바키예프의 기회주의적 습성을 여실히 보여준 사례였다. 상하이협력기구에 속한 러시아나 중앙아시아 국가들은 마뜩잖은 시민혁명으로 집권한 바키예프의

❖ 쿠르만벡 바키예프 키르기스스탄 전 대통령.

성향을 테스트했고, 그는 이에 적절히 대응했을 뿐이다. 상하이협력기구 정상회의가 끝나고 일주일 뒤에 있은 키르기스스탄 대선에서 바키예프가 승리하자 그는 안면을 싹 바꾸었다. 이유는 두말할 것도 없이 돈 때문이었다. 그달 말 바키예프의 발언은 "아프간 상황이 아직 안정되지 못해 정상화될 때까지 미군 기지는 유지돼야 한다"로 바뀌었다. 다음날 러시아 신문은 바키예프가 미국으로부터 2억 달러의 무이자 차관을 받기로 밀약을 맺었다고 폭로했다. 기지 임차료도 연 200만 달러에서 1000만 달러로 뛰었다. 바키예프는 돈 앞에서는 언제든 신용을 저버릴 수 있는 얄팍한 인간이었다.

2001년 12월 문을 연 마나스 공군기지는 비슈케크에서 불과 20km 떨어져 있어 미군 병력과 화물이 아프가니스탄에 들어가고 나오는 환승지로 제격이었다. 앞서 그해 9·11 테러가 발생하자 키르기스스탄은 글로벌 테러 작전에 동참한다는 명분에서 러시아의 승인을 받아 마나스를 미군에 내주기로 했다. 연간 200만 달러의 기지 사용료와 이착륙 비행당 4000달러를 받는 것은 자원도 없이 가난한 나라에게는 솔깃한 제안이었다. 또 서방으로부터 독재와 부패로 비난받는 아카예프로서는 미군 주둔을 허용해주면 비난 수위가 낮아질 것이라는 정치적 계산도 깔려 있

었다. 이후 아카예프와 바키예프의 자식들이 마나스 기지에 연료를 공급하는 회사를 세워 돈벌이를 했다는 폭로도 나왔다.

　흥미로운 것은 마나스 기지 폐쇄를 놓고 4년 전과 똑같은 상황이 2009년에도 반복된 것이다. 그해 2월 바키예프는 모스크바를 방문해 러시아로부터 20억 달러를 40년간 0.75%의 초저금리에 제공받기로 하면서 이 중 3억 달러를 즉시 수령했다. 이에 바키예프는 마나스 기지를 닫겠다고 화답했고, 키르기스스탄 외교부는 미군에게 180일 내에 떠나라고 통첩까지 했다. 하지만 바키예프는 4개월 만에 결정을 뒤집었다. 미국과 공항 사용료를 연 6000만 달러로 올리기로 하면서 철군은 없던 일이 됐다. 이름도 '마나스 트랜짓센터'로 바꾸어 군사기지의 냄새를 없애고 마치 상업 물류 시설처럼 보이게 했다. 러시아 주재 미국 대사를 지낸 마이클 맥폴(Michael NcFaul) 교수의 말을 빌리면 2009년에 미국과 러시아는 각자 마나스 기지의 존폐를 위해 바키예프에게 뇌물을 먹인 셈이었다. 러시아가 제공한 3억 달러 차관 역시 오용(誤用)됐다. 바키예프 아들인 막심(Maksim)이 만든 이름도 거창한 개발투자혁신중앙위원회(CADI)는 3억 달러 중 3500만 달러를 착복했고, 다른 일부는 막심의 친구들이 세운 투자회사로 넘어가 주식 투기에 탕진됐다. 정작 약속대로 인프라 개발에 쓰인 자금은 1억 달러에 그쳤다. 당시 푸틴 총리는 바키예프의 황당한 처신에 격노해 모스크바에 온 키르기스스탄 사절단과의 면담을 취소할 정도였다. 케멜 톡토무셰프(Kemel Toktomushev) 영국 엑세터 대학교 교수는 "2010년 바키예프의 몰락은 내부의 불만도 있지만 러시아가 키르기스스탄으로 가는 석유제품에 수출세를 부과해 경제 악화를 초래하고, TV 방송을 통해 바키예프의 실정(失政)을 자주 부각시켰기 때문이다. 바키예프가 축출될 때에도 크렘린은 팔짱만 끼고 도와주지 않았다"고 밝혔다.

바키예프는 황태자인 막심을 시켜 철저히 자산을 관리했다. 막심은 건달 생활을 하던 두 명의 외국인 친구들을 불러 이들이 키르기스스탄의 사법권이 미치지 않는다는 점을 악용해 해외에다 자산 은닉, 돈세탁을 마음껏 할 수 있는 메커니즘을 만들었다. 막심이 2009년에 세운 CADI는 키르기스스탄에 들어오는 모든 자금을 통제할 수 있는 창구였다. 미국과 러시아의 원조 자금에서부터 기업들의 수익까지 전부 관리하도록 해서 정권과 유착 없이는 사업이 제대로 굴러갈 수 없었다. 바키예프의 친동생인 자니쉬(Zhanysh)는 국가보안위원회를 맡아 정적 제거에 앞장서면서 형을 도왔다. 미국 워싱턴D.C. 국방대학교의 에리카 마랏(Erica Marat) 교수는 아카예프 실각 후 들어선 바키예프 체제는 몰락하기까지 5년간 국가에 아무런 진전을 가져오지 못했다면서 이렇게 썼다.

> 바키예프는 최대한 빨리 더 많은 물질적 자원을 움켜쥐는 것을 목표로 했다. 새로운 세제를 도입해 그 돈은 고스란히 고위층의 주머니로 들어갔고, 권력은 범죄행위를 주도하는 데 쓰였다. 약한 의회와 속 빈 정부로 정치에서 견제와 균형은 사라졌다. 길거리에는 경찰들이 깔렸고, 야당과 시민단체, 언론에 대한 정치 폭력은 비일비재했다. 불법으로 돈을 번 기업인들은 자신의 사업을 지키기 위해 스스로 국회의원이나 각료가 되어서 통치 체제로 진입하는 악순환도 반복됐다.[1]

누군가는 당시 정당의 모습을 국회에 대한 로비뿐만 아니라 의원직을 사고팔 수 있는 시장에 비유하기도 했다. 예컨대 아무나 정당을 만들

---

1) Erica Marat, "Global money laundering and its domestic political consequences in Kyrgyzstan," *Central Asian Survey*, Vol. 34(2015), pp. 46~56.

어 공약을 개발해놓으면 부자들은 입맛에 맞는 정당을 고른 뒤 의원이 되기 위해 거액을 주고 비례대표 후보 앞 번호를 구매하는 것이다.

바키예프에 대한 민심 이반은 2008년 12월, 중소기업을 위주로 과세를 강화한 세법 개정안이 나오고 나서였다. 이로 인해 환전소, 사우나, 카지노, 소규모 공장들이 도산 위기에 처했다. 환전소는 키르기스스탄에서 인기 있는 업종 중 하나인데 매달 2000솜(약 30달러)이던 세금이 2만 솜으로 뛰어올랐다. 바키예프는 과세의 정상화를 외쳤지만 시민들은 더 많은 돈을 챙기려는 술수로 여겨 체제에 반기를 들기 시작했다. 2010년 들어 전기와 난방비 등 공공요금마저 다섯 배나 올리자 쌓였던 분노가 폭발했다. 그해 4월 6일, 동북부 도시 탈라스에서 항의 시위가 벌어져 내무장관이 직접 경찰들과 함께 출동했지만 허사였다. 내무장관은 심하게 구타를 당해 인질로 붙잡혔고, 바키예프의 사임을 요구하는 시위가 전국으로 확산됐다. 다음날 비슈케크 알라투 광장에서 1만여 명이 나선 시위를 진압하는 과정에서 97명이 숨졌다. 바람 앞에 놓인 촛불 신세가 된 바키예프는 기사회생을 노리고 자신의 지지 기반인 남쪽 고향으로 내려갔지만 이미 권력의 추는 기울었다. 그는 서둘러 벨라루스 수도인 민스크로 망명을 떠났다. 영원할 것 같았던 바키예프의 권력은 5년 전 자기가 무너뜨린 것과 똑같은 방식으로 스스로 나자빠진 것이다. 2013년 2월 대법원은 바키예프가 불참한 가운데 재판을 열어 24년형을 선고했다. 바키예프의 송환 문제를 놓고 키르기스스탄과 벨라루스는 지금도 설전을 벌이고 있다.

아탐바예프는 2007년 바키예프 정권에서 총리를 지내기도 했지만 2009년 대선에서 야당연합 후보로 나와 바키예프를 상대로 낙선했다. 당시 대결은 이 나라에서 만성화된 남북 간 지역 갈등을 대표하는 것이기도 했다. 아탐바예프는 추이 지방 출신으로 북부 클랜(도당)을 대표했

❖ 알마즈벡 아탐바예프 키르기스스탄 대통령.

고, 남부 잘랄-아바드가 고향인 바키예프는 남부 클랜과 연결되어 있었다. 키르기스스탄은 워낙 지역색이 견고해 남부와 북부 간에는 인적 교류가 매우 드문 편이다. 비슈케크에서 남쪽으로 가는 차편이 많지 않고, 남부 지역은 오히려 우즈베키스탄과 지리적으로 훨씬 가까워 그쪽과 교류가 활발하다. 반면 키르기스스탄 제2의 도시인 남부의 오슈에는 전통적으로 우즈베키스탄 사람들이 많아 키르기스인들과 무력 충돌도 잦다. 2010년 6월, 오슈에서 두 민족 간 충돌이 발생해 2000여 명이 숨지고 40만 명의 난민이 생겨났을 정도다. 비슈케크에서 만난 21세의 아이미는 오슈 출신답게 스스럼없이 "난 지금도 바키예프 지지자"라고 했다. 비슈케크 인문대학교에서 터키-아랍어 통역학과에 다니는 그녀는 추이 대로 부근 호스텔에서 일주일에 두 번씩 아르바이트를 하고 있었다. 내가 "바키예프를 좋아하는 사람도 있나"라고 하자 "우리 오슈 사람들은 그가 비난을 받았을 때 대규모 지지 시위를 했어요. 바키예프가 집권할 때는 경제 사정도 좋았어요. 그가 대통령이 되자 모든 학교의 등록금이 공짜가 됐고, 책도 무상으로 지급받았죠. 오슈 사람들은 그가 고국에 돌아올 날을 기다리고 있어요." 한 나라에서 지역에 따라 이렇게 집단적으로 생각이 다를 수 있다는 데 놀랐다. 이런 지역 간 분열 속에서 최고 지도자가 어떻게 통치를 제대로 할 수 있을지 의심스러웠다.

❖ 비슈케크에는 곳곳에 이슬람 사원들이 눈에 띈다.

바키에프가 몰락한 뒤 아탐바예프는 2011년 말 선거를 치러 대통령에 올랐다. 그는 2017년 대통령 임기가 끝난 뒤에는 어떠한 공직도 맡지 않겠다고 했다. 그냥 당에 남아 국정에 훈수를 두는 정도에 그칠 것으로 예상됐다. 그러나 2016년 12월, 정부와 총리의 권한을 늘려 놓은 개헌안이 국민투표로 통과되면서 그의 진로를 두고 설왕설래했다. 야당은 아탐바예프가 대통령 임기를 마치고 헌법상 연임이 금지된 대통령 대신 총리에 올라 강화된 권력을 누리기 위해 개헌을 밀어붙인 것이라고 주장했다. 바키에프가 물러난 뒤 과도정부는 2020년까지 개헌을 하지 않기로 했는데 조용히 대통령에서 물러나면 될 사람이 갑자기 개헌을 하자고 나섰으니 의심을 살 만도 했다. 개헌 국민투표를 앞두고 아탐바예프는 심장 수술차 갑자기 러시아로 갔는데 이것이 푸틴과 만나 정치적 조언을 듣기 위한 것이라는 소문도 나돌았다. 대통령과 총리를 교대로 해본 푸틴에게서 그 수법을 넘겨받으려 한다는 것이다. 이에 대해 롤리예프 부소장은 "대통령은 수차례 기자회견을 통해 임기가 끝나면 총리나 국회

❖ 비슈케크 시내에 방치되어 있는 소련 시절의 대형 건축물.

의장 같은 고위직을 일절 맡지 않겠다고 얘기했다. 나는 우리 대통령의 말을 믿는다"고 했다. 2017년 8월 말, 키르기스스탄 의회는 신임 총리에 40세 나이의 아탐바예프 최측근 인사를 승인했다. 아탐바예프가 총리를 직접 맡지 않더라도 본인에 충성하는 인사를 통해 국정에 영향력을 발휘할 수 있는 교두보를 마련해놓은 것이다.

아탐바예프 체제에서 키르기스스탄은 아무 변절 없이 친러시아 노선을 견지했다. EU의 일원이 되겠다는 희망을 품은 적도 없고, 러시아를 배척하고 유럽과 가까워지려는 계략도 갖지 않았다. 1991년 소련이 무너진 이후 결성된 독립국가연합부터 최근의 EAEU에 이르기까지 러시아가 주도하는 통합 기구에 거의 빠짐없이 동참하고 있는 몇 안 되는 나라 중 하나가 키르기스스탄이다. 크렘린에 실망을 안긴 바키예프는 물론이고, 역대 대통령인 아카예프, 오튠바예바(Roza Otunbayeva), 아탐바예프 모두 러시아에서 유학했다. 대형 이슈가 터지면 이들이 어김없이 달려가곤 하는 곳이 크렘린이다. 2017년 10월 예정된 키르기스스탄 대선을 앞

두고 푸틴이 그해 2월 말 비슈케크를 방문하자 양국이 최선의 대통령 후보를 찾기 위한 묘책 마련에 들어갔다는 얘기가 나온 것도 이 때문이다. 알마티에서 발행되는 신문인 ≪센트럴아시아 모니터≫는 정치 평론가의 말을 인용해 "러시아에 충성하는지 여부가 향후 키르기스스탄 대선 후보를 낙점하는 데 있어 가장 중요한 요건"이라며 "러시아는 대선 과정을 주시하겠다는 입장을 노골적으로 드러내고 있다"고 전했다. 이에 키르기스스탄 젊은이들은 푸틴이 아무리 대단할지라도 왜 남의 나라 대선에까지 끼어드냐며 불만 섞인 목소리도 내고 있다고 한다.

러시아가 오랫동안 불편해했던 마나스 미군 기지가 2014년 6월 폐쇄된 것도 친러파 대통령 아탐바예프 때문이다. 겉으로는 국가주권과 자기 결정권을 내세웠지만 그는 거액의 돈을 포기하면서까지 푸틴의 뜻에 충실했다는 지적에서 자유롭지 못하다. 이에 대해 롤리예프 부소장은 역시나 안전한 답변만을 내놓았다. "우리는 역사적으로나 전략적으로 서방보다는 러시아와 가깝고, 70년간 구소련 내에서 공생했기 때문에 러시아와 친밀할 수밖에 없어요. 마나스 기지는 크렘린의 압력 때문에 문을 닫은 것이 아니라 법적 임대 기간이 만료된 데 따른 겁니다."

그렇다면 이번에는 키르기스스탄 내에 러시아군이 주둔 중인 칸트 공군기지 차례였다. 아탐바예프는 2016년 12월, 푸틴의 양해를 얻었다면서 2017년부터 15년이 지나 임대 기간이 끝나면 러시아군도 내보내겠다고 했다. 언제까지 미국과 러시아의 도움을 받아 국가를 지킬 수는 없다며 자주국방의 논리를 꺼내들었다. 하지만 러시아군 기지의 폐쇄는 아직 머나먼 일정인 점을 감안하면 미군 철수에 따른 서방의 반감을 줄이려는 의도일 수 있다. 더욱이 러시아군 철수 문제는 아탐바예프가 그때까지 군 통수권자로 남아 보장할 수 있는 사안도 아니다.

당장 러시아에서는 반발 기류가 흘러나온다. 탈레반이나 IS 같은 테

러 집단으로부터 러시아의 남쪽 국경이 위험해질 수 있다며 러시아군의 철수는 일방이 쉽게 결정할 일이 아니라는 것이다. 미군의 마나스 주둔은 자국민의 안전과는 별개지만 러시아는 자국의 남부 국경으로 테러범들이 들어오는 것을 막아야 한다는 점에서 직접적이다. 사정이 다른 만큼 마나스 기지의 폐쇄 논리를 그대로 적용해서는 안 된다는 것이 러시아 측의 입장이다. 블라디미르 자바로프(Vladimir Dzhabarov) 러시아 국가두마 외교관계위원회 부위원장은 "키르기스스탄 대통령이 러시아군 기지가 필요 없다고 하는데 그렇다면 그는 탈레반 같은 테러리스트의 위협을 혼자서 막아낼 자신이 있다는 것이냐"고 반문했다. 키르기스스탄 사람인 티울레게노프 교수도 국익 차원에서 칸트 기지 폐쇄는 좀 더 신중히 고려할 문제라고 했다. 그는 미군이 마나스 기지에서 물러났다고 해서 서방의 눈치 때문에 칸트 기지까지 폐쇄하는 것은 잘못됐다고 평가했다. "마나스와 칸트는 둘 다 초대 대통령인 아카예프가 서방과 러시아 간에 균형을 추구하면서 외국 군대를 받아들여 가동을 시작했어요. 하지만 지금 우리는 러시아의 영향력이 더 커지면서 예전처럼 서방과의 균형은 줄어든 상태입니다. 따라서 칸트 기지를 서둘러 폐쇄할 필요는 없다고 봐요. 주권 행사는 실질적인 국익을 가장 잘 얻을 수 있는 방식으로 이루어져야 하니까요."

5부

반서방 주변 대국을 가다
터키·이란·러시아

5부 이동 경로
- ❖ (카자흐스탄) 알마티 → (터키) 이스탄불
- ❖ (코소보) 프리슈티나 → (마케도니아) 스코페 → (이란) 테헤란
- ❖ (카자흐스탄) 알마티 → (러시아) 모스크바 → 상트페테르부르크

터키 Turkey

테러 위험을 뚫고 도착한 이스탄불

2016년 11월 말, 불가리아 남부에 있는 제2의 도시 플로브디프에서 터키 이스탄불로 가기 위해 선택한 수단은 심야 버스였다. 부쿠레슈티 인민궁전 앞에서 어처구니없는 금전 사기를 당하는 바람에 숙박과 이동 문제를 동시에 해결하려면 이 방법밖에 없었다. 물론 많은 여행자들이 유럽 내 국경을 넘는 데 열차나 버스를 이용하는 만큼 심야 버스가 대단히 특별한 것은 아니다. 단지 테러로 악명 높은 이스탄불을 한밤중에 간다는 점이 약간 꺼림칙하긴 했다. 만일 터키에 대한 남다른 원한을 가진

- 13세기 말 출범한 오스만튀르크(1297~1922)의 후에 국가로 대제국 시절 주변 일대를 정복했다. 오스만제국의 몰락과 함께 터키는 1923년 10월 공화국을 수립하며 정교분리를 통한 근대화를 내건 세속주의를 추구했다. 동·서양의 교차로에 놓인 지정학적 요충국가로 오랫동안 EU 편입을 추구해왔지만 이슬람 색채가 강한 데다 비민주화, 정치적 불안이 해소되지 않아 가입 문제는 담보 상태에 놓여 있다.

쿠르드 무장 단체나 IS 요원들이 버스에 타고 있다가 이스탄불에 들어서는 순간 인질극이라도 벌인다면 어찌할 것인가. 별별 상상이 다 떠올랐지만 하루에 다섯 번씩 불가리아~터키를 오가는 메트로(METRO) 버스에서 설마 오늘이라고 무슨 일이 벌어지겠나 하는 마음으로 표를 끊었다.

　새벽 0시 45분에 출발하는 버스는 이스탄불까지 가는 데 약 7시간이 소요될 예정이었다. 플로브디프의 게스트하우스에서 전날 오후 9시에 짐을 찾은 뒤 버스 터미널로 향했다. 대합실에서 3~4시간 앉아 있다가 탑승할 요량이었는데, 문이 잠겨 있었다. 엄동설한에 승객들은 어쩌라고 대합실 문을 닫아놓았는지, 이스탄불로 가느라 예민해진 탓에 화가 불쑥 났다. 대합실 옆 메트로 사무실에 앉아 있던 20대 여직원은 "대합실은 오후 9시에, 우리 사무실은 새벽 1시에 닫습니다"는 말만 반복했다. "추운 날씨에 승객들은 밖에서 얼어 죽으라는 소리냐. 이 나라는 도대체가 고객을 위한 서비스가 없어요. 그러니까 불가리아가 발전이 없지!" 나의 갑작스러운 한소리에 여직원은 좀 당황하기는 했지만 일절 화를 내지 않고 고개만 끄덕였다. 하지만 더 따져서 무엇하겠는가. 여기는 말은 EU 국가지만 유럽 내 변방일 뿐이고, 앞으로도 그 위치는 좀처럼 바뀌지 않을 것이다. 불가리아 화폐인 레바를 탈탈 다 털어서 버스표를 산 탓에 카페 같은 데는 갈 수도 없었다. 철제로 된 녹슨 벤치에 앉아 시간을 때울 수밖에 없었다. 노트북에 다운받아 놓은 드라마 두 편을 보고 나니 도저히 추워서 밖에 더는 있을 수가 없어 메트로 사무실로 들어갔다. 아까 소리친 게 미안하기는 했지만 염치 불구하고 여기서 2시간 넘게 버텨야 했다. 대화가 끊기면 나가라고 할 것 같아서 이것저것 계속 물어보면서 시간을 끌었다. 다행히 그녀는 쫓아내지 않고 내 질문에 더듬더듬 답변을 해주었다. "플로브디프에서 나고 자랐고, 메트로에 취직한 지는 2개월밖에 안됐어요. 플로브디프 대학교에서 마케팅을 전공했

고요. 두 명이 교대로 하루 9시간씩 사무실에서 일해요. 요즘 불가리아에선 직장 잡기가 힘든데 그래도 빨리 취업이 되어 다행이죠." 러시아와 친한 불가리아지만 그녀는 러시아어를 한마디도 못했다. 배운 적이 없어 모른다고 했다. 대신 터키어를 한다고 했는데 그건 내가 까막눈이니 서로 어리숙한 영어로 손짓 몸짓 섞어가며 얘기를 했다. 그녀는 불가리아 학교에서는 러시아어가 의무교육에서 빠진 지 오래됐다고 했다. 동유럽 지역에서는 과거 러시아어의 자리를 이젠 영어와 프랑스어, 독일어, 터키어가 차지하고 있다. 러시아어는 이제 유럽 변방에서도 찬밥 신세가 되어버린 것이다.

드디어 메트로 버스가 도착했다. 탑승객이 몇 명이나 되느냐고 물으니 그녀는 "전체 60개 좌석에 17명"이라고 했다. 이스탄불이 테러로 몸살을 앓고 있으니 큰 버스가 텅텅 비어서 가게 생겼다. 버스 안에는 테러범이라고 신문에 나와도 손색이 없을 얼굴의 사람들이 몇 명 타고 있었다. 강인한 인상에 떡 벌어진 어깨, 긴 구레나룻과 턱수염, 검은색 털모자, 폭탄을 숨기고 있을지 모를 가죽점퍼까지. 언제든 버스를 탈취할 것처럼 보이는, 영락없이 테러리스트를 닮은 한 인상하는 어깨들이 소피아에서 먼저 탑승해 남쪽 플로브디프로 온 것이다.

내가 이스탄불에 간 2016년 11월 말~12월 초는 미국 주도의 국제연합군이 테러 집단 IS의 근거지인 락카와 모술을 공격하며 IS를 강하게 압박했던 시기였다. 코너에 몰린 IS가 언제, 어디서 또 한 번 분풀이 테러를 저지를지 몰랐다. 미국 정부는 이미 그달 초에 터키 주재 자국 외교관 가족들의 철수를 명령할 정도로 테러 가능성을 높게 보았다. 실제 내가 터키를 떠나고 나서 일주일 만에 이스탄불 축구장 인근에서 폭발 테러가 발생해 38명이 숨졌다. 며칠 있으니 터키 주재 러시아 대사가 이스탄불 미술관에서 축사 도중 '알라는 위대하다'고 외치는 테러범의 총

격에 사망하기도 했다. 2017년 새해 첫날에는 이스탄불 시내 클럽에서 총격 테러로 40여 명이 숨졌다. 사망자 국적이 11개국에 달할 정도로 희생자 상당수가 외국인이었다. 화려했던 오스만제국이 언제부터인가 상시 테러 위험국으로 전락하면서 많은 사람들이 인류 역사의 위대한 장소 중 한 곳을 찾아갈 기회를 놓치거나 꺼리게 되는 안타까운 일이 벌어지고 있다. 2016년 7월 발생한 쿠데타가 실패로 돌아가자 에르도안 터키 대통령은 무소불위의 독재를 강화하면서 내정도 불안하기 짝이 없었다. 이때다 싶어 에르도안은 눈엣가시인 쿠르드 소수민족에 대한 반격을 가해 쿠르드계 정당인 인민민주당(HDP) 의원들을 대거 구속했고, 이에 테러 단체인 쿠르드노동자당(PKK)의 보복 공격 가능성이 어느 때보다 높았다. 이런 와중에 최근 1년간 관광지나 공항, 어디를 막론하고 테러가 잦았던 터키를 간다는 것은 불구덩이에 뛰어드는 무모한 일일 수 있었다. 소피아에서 만난 보베바 여사는 인터뷰 말미에 내가 터키를 간다니까 "그런 위험한 곳에 왜 지금 가나요?"라고 물을 정도였다. 하지만 터키는 인접한 루마니아, 불가리아 방문 길에 그냥 지나칠 수 없는 글로벌 격변지였다. 나 역시 터키와 불가리아 간 국경을 심야 버스로 넘는 것이 영 꺼림칙했지만 동서(東西)를 연결하는 이스탄불의 지리적 이점 때문에 이후에도 버스를 타고 터키 국경을 두 번이나 더 넘어야 했고, 수시로 이스탄불 공항을 경유지로 드나들었다.

플로브디프를 출발한 버스는 불가리아~터키 국경까지 2시간 남짓 걸려 도착했고, 양쪽 초소에서 두 번의 여권 검사를 하는 데 1시간 30분가량이 소요됐다. 불가리아 쪽 국경에는 1000대가 넘는 대형 화물 트럭들이 터키로의 입국 절차를 밟기 위해 한쪽 도로변에 길게 줄을 서 있는 모습이 장관이었다. 터키가 오스만제국 시절 500년 넘게 불가리아를 지배했지만 불편했던 과거사가 지금의 먹고사는 교역까지 막지는 못하고

❖ 불가리아와 육로국경에 접한 터키 초소에서 입국을 위해 여행객들이 여권 검사를 받고 있다.

있는 것이다. 터키 국경에 이르자 검문소에 걸려 있는 빨간색의 대형 터키 국기가 '이젠 좀 더 긴장해라'는 신호를 보내주고 있었다. 국경 초소에서는 여권 확인 말고도 버스에 실은 짐들을 다 꺼내놓고 보안 검사가 실시됐다. 하지만 공항에서처럼 시계나 벨트까지 풀어서 올려놓지는 않았다. 검사 장비를 활용한 몸수색도 없었다. 루마니아~불가리아 국경과는 달리 화물 검사가 추가됐지만 테러 우려 때문에 경찰이 삼엄한 경계를 선다거나 특별히 까다로운 수속 절차가 있는 것은 아니었다. 마음만 먹으면 얼마든지 옷이나 몸에 무기를 숨기고 터키 땅으로 들어올 수 있어 보였다.

 다시 버스에 올라 3시간여를 달리니 그동안 만나지 못했던 엄청난 크기의 도시가 나타났다. 알마티는 물론 부쿠레슈티, 소피아와는 상대가 안 됐다. 널찍한 도시의 첫 인상만 보면 차라리 서울의 모습과 가까웠다. 하지만 곳곳에 우뚝 서 있는 모스크들이 여기는 대제국(1299~1922)을 통치했던 대도시(콘스탄티노플)였음을 알려주고 있었다. 이스탄불 외곽에는 대단지의 성냥갑 아파트들이 들어서 있었고, 언덕 위에 지어진 고층 건물들은 자연을 훼손한 채 영 볼품이 없었다. 도심으로 가기 위한

❖ 친정부 성향의 행사가 자주 열리는 이스탄불의 중심인 탁심 광장. 터키 국기 뒤쪽으로 초대형 간판에는 '주권은 국민에게 있다'라는 문구가 적혀 있다.

대로는 쏟아져나온 차들로 오전 7시인데도 벌써부터 막혔다. 많은 비가 내린 탓도 있지만 이스탄불의 악명 높은 교통난을 일찌감치 체험한 것이다. 버스 터미널(오토가르)에 내려 지하철을 이용해 명물인 탁심 광장 인근의 숙소로 이동하기로 했다. 이스탄불의 택시 기사들도 사기 치는 데 선수라고 들은 까닭에 처음부터 택시는 피하고 싶었다. 터키 지하철이 좀 복잡하기는 하지만 현지인들의 도움을 받아 교통카드도 구입하고 요금 충전도 했다. 여기는 터키어에 대한 자부심 때문인지 영어가 루마니아나 불가리아에서 보다 더 안 통했다. 러시아어는 이스탄불에서는 거의 외계인급 언어였다.

한 터키 청년과 탁심 광장역으로 가는 지하철을 함께 탔다. 그는 앙카라 대학교에서 커뮤니케이션을 전공하는 22세의 훈남이었다. 명문인 국립 앙카라 대학교를 다녔지만 그와도 영어 소통은 시원치가 않았다. 내가 "이스탄불, 안 위험해요?"라고 묻자 "지금은 괜찮다"고 했다. 지하

철 곳곳에는 경찰들이 검문소를 설치해놓고 감시를 하고 있었다. 지하철 노선을 바꾸어 타고 나서 나란히 자리에 앉게 되자 터키 청년은 본인의 얘기를 털어놨다. "난 쿠르드인입니다." 다른 사람이 들을까 봐 고개를 숙이고 아주 작게 말했다. 터키 사람들이 쿠르드인에 대해 좋은 감정이 없는 만큼 크게 떠들 일은 아니었다. 나도 속으로 '이놈, 테러범인가' 하는 생각이 스쳤다. 내가 "(PKK 지도자로 구속된) 오잘란은 요즘 잘 있습니까"라고 얘기를 꺼내자 그는 쿠르드족의 우상을 동양의 먼 나라 외국인이 알고 있다는 데 대해 고무된 모습이었다. "잘 수감되어 있죠. 사형선고까지 받은 그를 터키 놈들은 절대 풀어주지 않을 거예요. 그가 나오는 순간 우리 쿠르드인들이 폭발할 테니까요." 그는 말을 이어갔다. "우리는 에르도안에 대해 불만이 많습니다. 그 사람은 최근에 우리 쿠르드계 정당 국회의원을 11명이나 잡아갔고, 시장(市長) 한 명도 옷을 벗겼어요. 터키 역사에서 에르도안 같은 악마나 독재자는 없어요. 내년이 되면 아마 반정부 시위와 테러로 터키 상황은 훨씬 복잡해질 겁니다. 제가 지금 어디에 가는지 아십니까. 미국 총영사관에 비자 신청하러 가요. 연내에 터키를 떠나서 미국에 가려고요. 에르도안의 폭거가 계속되는 한 우리 쿠르드인들은 여기서 살기가 더 힘들어질 테니까요."

　　PKK에서 자원봉사 활동도 했다는 그가 무사히 미국 땅을 밟았을지 모르겠다. PKK는 터키뿐만 아니라 미국과 유럽에서도 테러 단체로 분류되어 있어 총영사관이 출신 성분을 꼼꼼히 따진다면 젊은 쿠르드 청년은 미국행 비자를 받기가 쉽지 않았을 것이기 때문이다. 독립된 국가 건설을 염원하는 쿠르드 사람들은 터키 내에서 진정으로 융화되지 못하고 있다. 그 젊은 친구의 얼굴에서도 홀로 외톨이 같은 쓸쓸한 기운이 묻어났다. 사회 비주류인 쿠르드족이 에르도안의 심해지는 박해와 공작에 좌절하고, 새로운 꿈을 찾아 미국에도 갈 수 없다면 다음 수순은 무엇일

까. 쿠르드 젊은이들은 자신의 진로를 위해서, 나이든 쿠르드인들은 자손들의 앞날을 위해 반정부 쿠데타에 가담하거나 테러라도 일으키려고 무기를 드는 수밖에 없을 것이다.

무소불위의 권력과 마주한 터키

에르도안 대통령의 강압 통치가 노골화되면서 터키에서 주요 인사들을 인터뷰하기란 정말 힘든 일이었다. 2016년 7월 쿠데타 불발 이후 군부, 행정부, 법조, 언론, 정계에 대규모 사정 바람이 불면서 사람들은 말을 극도로 아꼈다. 자칫 말실수라도 해서 쥐도 새도 모르게 직장을 잃고 교도소에 끌려갈 수 있는 상황이었기 때문이다. 찍히면 어떤 트집이라도 잡아 시베리아 굴락(강제수용소)으로 유배 보냈던 스탈린 시대의 악몽이 21세기, 그것도 유럽의 일원이 되려는 국가에서 재현되고 있었다.

앙카라에 있는 터키 공무원들에게 인터뷰 요청 이메일을 수차례 보냈지만 이들은 공보 당국의 허가가 있어야 한다며 한사코 거부했다. 그래서 "터키의 투자 유치를 위해 경제 상황을 잘 전달하는 기사를 쓰겠다"며 공보 담당자에게 인터뷰 승인을 요청했지만 그들은 아무런 답변도 보내오지 않았다. 터키 내 유명 매체의 사주와 편집국장까지 줄줄이 구속되는 판국에 그들이 외국 언론에 눈길을 줄 리가 만무했다. 명문 이스탄불 대학교에 재직 중인 한 교수는 "터키 정세에 대해 많은 지식인들이 하고 싶은 말들은 많지만 누구도 편안하게 의견을 내놓기가 힘들다. 다들 말을 아끼고 있는 상황인 점을 감안해달라"며 점잖게 면담 고사의 변을 밝히기도 했다.

❖ 2016년 7월 쿠데타 당시 격전이 벌어졌던 이스탄불의 보스포루스 대교.

보스포루스 해협이 내려다보이는 전망 좋은 보아지치 대학교에서 만난 셀축 에센벨(Selcuk Esenbel) 교수 역시 인터뷰 내용을 녹음하려고 하자 훗날 문제가 될까 봐 녹음기 사용을 중단시켰다. 보아지치 대학교는 터키 최고의 명문 국립대학으로 에센벨 교수는 그곳의 역사학과 학과장과 아시아센터장을 역임한 존경받는 학계 원로였다. 더욱이 부친이 터키 외무장관(1974~75년)과 주미대사 세 번, 주일대사를 지냈을 정도로 명문가의 자제였다. 이런 배경 때문에 에센벨 교수는 남보다 자신 있게 인터뷰 요청을 수락했지만 그래도 녹음까지 해서 혹시나 말실수의 여지를 기록으로 남기고 싶지는 않았던 것이다.

에셴벨 교수는 "터키 사람들은 현 정국 상황에 대해 거의 패닉 상태"라고 운을 뗐다. "생각해보세요. 쿠데타 이후 터키인들은 오늘 또 얼마나 많은 사람들이 잡혀가고 죽을지를 걱정하면서 아침을 맞고 있습니다. 얼마나 비극입니까. 대통령은 시민들의 반발을 억누르려고 비

❖ [인터뷰] 이스탄불 보아지치 대학교의 셀축 에셴벨 명예교수.

상사태를 유지하고 자신의 권력을 강화하기 위해 개헌 카드를 꺼내들고 있으니 에르도안 역시 불행한 사람이죠." 내가 "터키 사람들은 왜 침묵합니까. 에르도안에게 성난 시민이 많을 텐데요"라고 물었다. "요즘처럼 사람들을 무자비하게 잡아넣고 하는 일이 없었기 때문에 사람들이 겁을 내고 있어요. 정상적인 시민국가가 아닌데 거리로 나가 무작정 시위를 한다고 달라질 것은 없고 남들처럼 체포만 될 텐데 누가 섣불리 뛰어들겠습니까?" 실제 길거리에서 만난 시민들은 내가 "에르도안은 독재자죠?"라고 하자 대부분 조용히 고개만 끄덕였다. 하지만 다들 어쩔 도리가 없어서 난감하다는 표정을 지었다. 어떤 이는 개헌을 하려면 국민투표가 필요한데, 그때가 되면 계엄령도 풀릴 테니 에르도안에 맞서 국민의 힘을 보여줄 시기라고 했다. 그때까지는 참고 견뎌야 한다는 소리로 들렸다. 얼마 전 무스타파(Mustafa)라는 이름의 터키 학자가 "국가 권위가 설령 독재적이고 사악한 것이더라도 우리 터키인들은 거기에 복종해야 한다는 문화적 코드를 갖고 있다"라고 쓴 얘기가 떠오르기도 했다.

그러나 2017년 4월 실시된 국민투표에서 개헌안이 통과됐지만 국민 기대와 달리 국가비상사태가 해제되기는커녕 도리어 연장됐다. 또

부정투표를 규탄하는 시위와 이에 대한 탄압으로 터키에는 평화가 찾아오지 않았다. 의원내각제로 된 통치 구조를 대통령 중심제로 바꾸는 것을 골자로 한 개헌안은 대통령에게 막강한 권한을 몰아주게 되어 있어 투표 시작 전부터 논란이 거셌다. 총리직이 사라지는 대신 대통령은 신설된 부통령을 포함해 각료들을 임명할 수 있고 법률에 준하는 효력을 갖는 행정명령을 낼 수 있으며, 사법부 인사에도 개입할 수 있다. 예정대로 2019년 11월에 대선이 치러지면 에르도안은 5년간 두 번씩 해서 10년 동안 제왕적 대통령으로 집권할 수 있다. 또 중임한 대통령이 국회의 동의를 얻어 조기 대선에 출마할 수 있는 규정에 따라 5년을 더해 2034년까지 권좌에 앉을 수 있게 된다. 하지만 야권의 주장대로 부정을 저지르고도 개헌안 찬성률이 51%에 불과한 점은 에르도안의 장수 권력과 탄압 정국에 대한 국민 불만이 그만큼 크다는 의미다. 에르도안이 투표일 다음날 국가비상사태를 3개월 추가 연장하고 수천 명을 검거한 것도 개헌 불만 세력의 동요를 서둘러 차단하기 위해서였다.

에셴벨 교수는 혼란한 상황에서 군부의 역할이 아쉽다고 털어놨다. 전통적으로 터키에서는 정치가 혼란할 때 군부가 나서 안정을 찾아주는 역할을 하곤 했지만 이번엔 군부가 예전과 다르다고 했다. 그녀는 7월 쿠데타를 일으킨 세력에 대해 '반역 군인(rebel soldier)'이라는 표현을 썼다. 과거처럼 터키 민주주의를 구하고 정국 안정을 도모하기 위해 나선 것이 아니라 군부 내 소수집단이 충동적으로 일을 저질렀다는 것이다. "과거 터키군은 혼연일체가 되어서 부패한 정국을 처단하고 사회질서를 가져왔는데, 언제부터인가 군부는 내부적으로 분열되기 시작했어요. 그러니 쿠데타가 나고도 군 장교들이 서로에게 총부리를 겨누는 사상 초유의 일도 벌어졌죠." 그녀는 군부가 예전처럼 순기능을 못하는 이유에 대해 에르도안이 세속주의를 버렸기 때문이라며 설명을 이어갔다. "에르

❖ 레제프 타이이프 에르도안 터키 대통령.

도안이 집권한 2002년 이전만 해도 터키 군부는 세속주의 전통을 지키기 위해 매년 우수한 장교들을 선별하는 작업을 해왔습니다. 그래서 군인이 지나치게 종교적이거나, 공산당에 가입한 전력이 있다든가 하면 해마다 군대에서 쫓아냈죠. 많은 은퇴 자금을 주면서까지 이들을 군에서 철저히 배제시켰어요. 그렇기 때문에 터키 군대는 우수하면서도 서로 공통분모가 많은 인재들이 뭉칠 수 있었던 것이죠. 하지만 여당인 정의개발당(AKP)이 세속주의 대신 이슬람화를 외치면서 장교에 대한 선별 작업은 사라졌고, 이슬람교를 맹신하는 군인들이 남아 오히려 에르도안 치세에서는 출세길을 달렸습니다. 그러니 군부의 결속력은 떨어질 수밖에요. 세속주의의 보루였던 군부의 역할을 기대할 수 없게 된 것이죠." 에르도안이 이슬람화에 박차를 가하기 위해 걸림돌이 될 수 있는 군부의 힘을 미리 빼버렸다는 얘기였다.

에센벨 교수는 터키 정부가 이슬람화를 위해 케말주의자(세속주의자)나 서구주의자를 제거하려고 하는 것은 매우 큰 실수라고 지적했다. "1970년대 후반부터 터키는 각지에서 똑똑한 청년들을 뽑아서 외국에 유학을 보내 글로벌 인재로 키웠습니다. 이들은 외모도 훌륭하고 언변도 좋아서 미국이나 유럽의 고위 인사들과 만나도 손색이 없었죠. 이들 중에는 에르도안의 정적인 페툴라 귈렌(Fethullah Gülen)을 따르는 유학파 출신들이 많아요. 그들은 일종의 귈렌 도당(徒黨)을 이루고 있는데 마치 한국에서 문선명 씨의 통일교처럼 엄청난 지지자들을 갖고 있어요.

❖ 이스탄불 관광 명소인 성소피아 성당 앞에서 경찰들이 총을 들고 경계 근무를 하고 있다.

물론 통일교는 한국에서 국정에까지 스며들지 못했지만 귈렌 세력은 터키 국정에 적극 개입했어요. 귈렌 측은 '우리가 AKP의 브레인이다. 에르도안 사람들은 교육도 제대로 받지 못했고, 권력만 누린다'고 비판했었죠. 에르도안과 귈렌 사이에는 이런 간극이 있었습니다. 하지만 에르도안이 이번 쿠데타로 귈렌 세력 축출에 나서면서 실력 있는 인재들은 해외로 떠나고 있어요. 종교를 이데올로기로 믿는 맹신자들만 남아 있는데 이건 큰 실수예요."

온건파 이슬람 사상가로 통하는 귈렌은 2010년까지 에르도안과 정치적 동지였다가 갈라선 인물이다. 그는 2008년 ≪포린 폴리시≫가 '세계 최고 100대 지성'을 뽑는 온라인 투표에서 노엄 촘스키, 움베르토 에

코, 리처드 도킨스 같은 세계적인 석학들을 제치고 1위를 차지했다. 그가 이끄는 단체의 이슬람 네티즌들이 표를 몰아준 탓이지만 귈렌이 전 세계에 거대한 네트워크를 가진 것은 분명했다. 귈렌은 '히즈메트(Hizmet, 봉사라는 뜻)'라는 이슬람 사회교육 운동을 이끌며 그를 따르는 학교는 전 세계 140개국에 1000개가 넘는다. 하지만 2010년 말 에르도안이 귈렌의 측근을 정보기관장에 임명하는 것을 거부하면서 양측은 틀어졌고, 해외 도처에 머리 좋은 귈렌의 세력들은 에르도안에 대한 인신공격을 벌여왔다. 2014년 2월 에르도안과 그의 아들이 3000만 유로의 거액의 비자금을 집에서 어떻게 빼낼지를 놓고 대화를 주고받는 전화 도청 파일이 공개된 것도 귈렌 측 소행으로 추정됐다. 이에 에르도안은 7월 쿠데타를 귈렌 세력을 일망타진하기 위한 절호의 기회로 몰아갔던 것이다. 이미 터키 내 귈렌 추종자들은 지위고하를 막론하고 퇴진했고, 그의 사상을 가르치는 학교들은 대거 폐교됐다.

난 에르도안이 왜 세속주의를 버리고 이슬람화에 집착하는지 그 이유가 궁금했다. 세속주의는 오스만제국이 무너지고 국민적 자존감이 바닥으로 내팽겨쳐진 가운데 국가 근대화를 추진하기 위한 사고의 대전환이었다. 유럽의 패권자에서 동네북 신세로 전락한 국가를 구하기 위해 국부인 무스타파 케말 아타튀르크는 1923년 터키에 공화정을 출범시키면서 세속주의 원리를 들고 왔다. 그로서는 유럽과 벌어지는 격차를 줄이려면 종교적 관습보다는 서구식 제도를 차용하는 세속주의가 시급했다. 보아지치 대학교에서 한국 역사를 가르치는 홍현웅 교수는 터키의 세속주의 배경을 이렇게 설명했다. "구한말 고종이 광무개혁을 통해 대한제국으로 국호를 바꾸기 앞서 단발령 같은 개혁 조치들을 시행한 것처럼 터키도 근대화에 시동을 거는 게 필요했는데, 그 요체가 세속주의였어요. 오스만제국의 과거와 단절하지 않으면 안 된다는 절박한 심정에

서 나온 것이죠. 하지만 에르도안은 세속주의로 피해를 봤다면서 교묘하게 아타튀르크를 격하하고 있어요. 권력을 확대하기 위해 건국의 아버지까지 부정적으로 부각시키며 이슬람화로 가고 있는 것이죠. 예컨대 공공장소에서 히잡을 착용할 수 있도록 법을 고치면서 에르도안의 인기는 높아졌어요. 이슬람화는 기존의 국부(國父)를 뛰어넘는 권력자가 되겠다는 에르도안의 야심이 빚어낸 겁니다."

물론 에르도안은 처음부터 케말 아타튀르크의 세속주의를 충실히 따르는 인물은 아니었다. 그는 1980년대 이스탄불 시청에서 공직 생활을 하면서 직장 상사가 세속주의에 맞지 않는 턱수염을 좀 깎으라고 하자 거절하고 직장을 그만두었을 정도다. 반면 히잡을 쓰지 않은 여성들을 자신의 선거 요원으로 활용하는 등 민감한 이슬람 전통과는 또 거리를 두면서 스스로를 '이단적 이슬람주의자'라고 부르곤 했다. 스웨덴의 중앙아시아-캅카스연구소 내 터키센터의 할릴 카라벨리(Halil Karaveli) 수석연구원은 《포린 어페어스》 기고에서 에르도안의 이슬람화는 그 연원이 오래된 것이라고 적었다.

1938년 국부인 케말이 사망하자 급격한 세속주의를 버리고 교육을 포함한 공공분야에서 이슬람의 영향을 점진적으로 회복시키려는 움직임이 나타났는데 냉전시절 NATO 회원국이던 터키는 이슬람주의를 공산주의 박멸에 활용하기도 했다. 터키 지도자들은 좌익세력을 무신적인 공산주의에 속박된 소련의 앞잡이라면서 이슬람을 믿는 터키인들과 다르다는 점을 내세워 이들을 제거했다. 1960~1970년대 좌익 척결 캠페인에 고등학생이던 에르도안은 전국터키학생연합(MTTB)에 들어가 활동을 하게 되는데 그 단체의 모토가 '공산주의를 무너뜨릴 유일한 힘은 바로 이슬람'이었다. 이후 MTTB는 유능한 이슬람주의자

❖ 이스탄불의 대표 관광지인 술탄 아흐메드 모스크(일명 블루모스크) 입구. 최근 터키에서는 이슬람화로 모스크 신축이 많다.

들을 양성하는 곳이 되었고, AKP에서 활동했던 압둘라 굴(Abdullah Gul) 전 대통령, 이스마일 카라만(İsmail Kahraman) 국회의장 등이 여기 출신이었다.[1]

차영철 이스탄불 주재 한국총영사는 이슬람화는 곧 친서민 정책이라고 설명했다. "에르도안의 독재에도 불구하고 왜 터키인들이 가만히 있을까요. 에르도안이 집권하고 나서 서민들의 소득은 크게 높아졌고, 의료나 교육은 모두 무상입니다. 다른 복지 혜택들도 많고요. 에르도안은 서민층이 100% 신봉하는 이슬람을 위해 최근 5년간 무슬림 사원을

---

1) Karaveli, Halil, "Erdogan's Journey," *Foreign Affairs*, Nov, 2016.

5000개나 지었습니다. 반면 부자들한테는 많은 세금을 매기고, 기업들로부터 거액의 협찬금을 받아내죠. 시민들이 거리에 나갈 이유가 있을까요? 여기 이스탄불시장 얘기로

❖ 이스탄불 사비르 귁첸 국제공항 부근에서 무슬림 사원 건설공사가 한창이다.

는 에르도안의 절대적 지지층이 전체 국민의 60%에 달한답니다. 에르도안은 영리한 정치인입니다. 부자들의 돈을 빼앗아서 가난한 사람들에게 나누어줄 줄 알죠. 서방에서 독재라고 떠들지만 에르도안이 꿈쩍도 하지 않는 게 단단한 지지 기반이 있기 때문이에요. 세속주의를 완전히 버릴 수는 없지만 친서민을 위한 이슬람화로 인해 그의 정치적 파워는 공고해졌어요." 실제 KOTRA 이스탄불무역관에 따르면 터키에서는 자동차를 사치재로 분류해 취득세와 별도로 특별소비세를 매기고 있다. 차량 1500cc 이하는 자동차 가격의 60%를, 1500~2000cc는 110%, 2000cc가 넘으면 160%를 각각 특별소비세로 부과하고 있다. 1500cc 차량부터는 찻값보다 더 많은 돈을 세금으로 내는 셈이다. 친서민 정책의 재원은 이런 데서 나오는 것이다.

그러나 쿠데타 발생 이후 터키의 경제 사정이 계속 악화된다면 에르도안을 따르는 골수 지지층도 60%선 밑으로 내려갈 수밖에 없다. S&P와 무디스, 피치 등 국제 신용평가기관들은 터키의 국가신용등급을 이미 투기적 수준으로 내렸다. 이로 인해 리라화 가치는 연일 폭락하고, 투자 자금은 터키를 빠져나가고 있다. 에르도안의 강경 조치와 테러 위험으로 터키를 찾는 관광객 숫자는 예년보다 절반이나 줄었다. 2016년 말 터키 신문에 따르면 이스탄불의 최대 관광명소였던 전통시장 '그랜드 바자르'

는 장사가 안 돼 1500여 곳이 폐업 위기에 놓였다고 한다. 시장에서 일하는 전형적인 서민들이 삶의 기반을 잃으면서 에르도안의 친서민 정책이 서서히 흔들리고 있는 것이다. 겉으로는 큰 소리를 뻥뻥 치고 있지만 언제든 이슬람권 민주화운동인 '아랍의 봄'이 재현될 수 있기 때문에 에르도안은 서민들의 먹고사는 문제에 가장 큰 고민을 하고 있을 것이다. 그에게는 당장 EU에 가입하는 문제보다 경제 위축에 따른 지지층 이탈이 장수 집권을 앞두고 최고로 경계해야 할 변수이기 때문이다.

오는 2023년이면 터키가 공화국을 세운 지 딱 100년이 된다. 에르도안은 그때까지 권력을 내려놓지 않고서 새로운 아타튀르크의 탄생을 만천하에 선포하려 할 것이다. 그 방법은 개헌을 통해 오는 2019년 대선을 치르고, 이로부터 최강의 권력을 가진 대통령이 됨으로써 케말 국부를 뛰어넘는 것이다. 더 나아가 세속주의를 폐기하고 이슬람주의를 공식 채택해 중동을 아우르는 범이슬람권의 맹주로 나서는 시나리오도 에르도안에게는 전혀 허황된 꿈이 아니다. 터키 외무장관과 총리를 지낸 아흐멧 다부토글루(Ahmet Davutoglu)는 에르도안의 외교 책사로 통하는데 그는 터키식 드골리즘, 뉴오스만, 범이슬람주의를 강조했다. 오스만제국의 역사를 간직한 수니파 무슬림 문명의 중심인 터키야말로 발칸과 중동을 잇는 이슬람 세계의 지도 국가가 되어야 한다는 것이다. 이는 좋게 말하면 중동과 유럽 사이의 지정학적 요충지로서 터키가 양쪽에 대한 창구 역할을 통해 국제적 위상 강화를 꾀

❖ 터키 국부인 무스타파 케말이 살았던 이스탄불의 돌마바흐체 궁전.

하는 것이다. 문제는 푸틴이 러시아를 맹주로 하는 구소련권 통합을 목표로 EAEU의 시동을 걸었듯이 에르도안 역시 과거 대제국 부활의 향수에 젖어 있다는 것이다. 이럴 경우 EU 가입을 위해 터키가 건전한 민주체제로 개조되기를 원하는 서방 진영과의 마찰은 계속해서 발생하게 될 것이 뻔하다. 이미 IS 및 시리아 사태처럼 국제 안보를 좌우하는 중동 이슈에서 터키는 줄곧 서방과 반목하는 양상을 보여왔다. 냉전 이후 다극적 국제 질서로 바뀌는 와중에 지역 헤게모니를 쫓는 국가가 하나 더 추가된다는 것은 국제사회의 안정에 그다지 바람직한 일은 아니다.

셈법이 복잡한 술탄의 국제정치

에르도안의 무소불위의 권력은 국내뿐만 아니라 중동과 유럽 질서에 미치는 파급력이 대단했다. 2016년 11월 말, 에르도안이 터키 땅에 묶어놓은 중동 난민들에게 유럽으로 가는 국경을 열겠다고 하자 유럽은 기겁을 했다. 앞서 유럽은 터키와의 협상을 통해 난민의 이동 경로를 터키에서 막아놓는 데 성공했지만 만일 봉쇄 조치가 풀릴 경우 유럽 각국은 정치적 혼란에 휩싸일 것이 불 보듯 뻔했다. 에르도안이 큰 소리를 치기 전날, 유럽의회는 쿠데타 발생 후 터키의 비민주적 내정을 문제 삼아 EU 가입 협상 중단을 권고하는 결의안을 채택했다. 유럽으로 가지 못하도록 350만 명의 난민들을 묶어두고 있는 터키로서는 화가 날 만도 했다. 다혈질의 에르도안이 가만히 있을 리가 없었다. "유럽은 정직하게 인도주의를 실천한 적이 없고, 지중해에 떠밀려온 아이들을 떠안지도 않았다. EU는 말로만 난민 보호, 인도주의를 외친다"며 직격탄을 날렸다. 그

러자 유럽 정치권에서는 에르도안을 거칠게 비난하기보다는 난민 처리는 EU와 터키가 공동으로 직면한 과제인 만큼 지속적인 협조를 하자는 식으로 넘어갔다. EU로서는 무작정한 강경 모드로는 에르도안을 쓰러뜨릴 수 없다는 점을 또다시 절감한 것이다. 그만큼 터키는 국제정치에서 키플레이어였고, 에르도안은 이를 활용해 자신의 입지와 국익을 키울 줄 아는 선수급 지도자였다.

이스탄불의 아름다운 골든 혼(Golden Horn)에 접한 카디르 하스 대학교의 미탓 셀릭팔라(Mitat Celikpala) 국제대학원장은 "에르도안은 마키아밸리식 외교술에 능숙한 정치인"이라고 평가했다. "국제관계에서 정상들은 말을 아끼지만 에르도안은 직설적으로 얘기해버리고, 비즈니스맨처럼 협상에 능하고 변화가 빠릅니다. 좋게 말하면 실용주의적이고 유연성이 좋은 것이죠. 이스라엘이나 러시아와 싸우다가도 얼마 안 가서 '가장 친한 친구' 운운하는 게 에르도안입니다. 지금은 유럽과 각을 세우고 있지만 어쩌면 일주일 뒤면 유럽에 손을 내밀면서 우리가 언제 다투었느냐는 듯이 웃는 표정을 지을지도 몰라요."

나는 에르도안이 가끔씩 EU 가입에 목을 매지 않겠다고 한 발언이 진정성이 있는 것인지 궁금했다. 이슬람화를 강조하고 있는 만큼 에르도안의 속내는 어쩌면 실질적인 가입 협상이 중단되길 원하고 있는지도 모른다는 생각이 들었다. 셀릭팔라 원장은 "다 레토릭이죠. 가입 협상에서 유리한 고지를 차지하기 위한 레버리지를 만드는 것"이라고 말했다. 미국에서 공부한 셀릭팔라 원장은 영어가 능숙했고, 국제관계 전반을 보는 안목이 높았다. 그는 터키의 선택지는 EU밖에 없다고 강조했다. "터키가 EU 말고 러시아나 중국과 통합 관계가 될 수 있을까요. 터키 사람들의 99%는 사회 안정이나 자녀 교육, 복지, 인프라의 연계성 등을 감안할 때 유럽을 원해요. 경제나 역사, 문화적인 측면에서도 유럽하고 밀접

하고요. 하지만 브렉시트로 유럽은 정치·경제·문화적으로 강한 충격을 받았습니다. 그런 와중에 종교나 문화가 다른 터키가 그 자리에 들어온다는 데 대해 강한 거부감도 있고요. 유럽 각국에서 민족주의 세력이 권력을 잡고 정치적·사회적 혼란이 커지면서 터키의 가입 문제에 대한 관심은

❖ [인터뷰] 이스탄불에 있는 카디르 하스 대학교의 미탓 셀릭팔라 국제대학원장.

줄고 있죠. 무엇보다 터키 인구가 독일 다음으로 많은 8000만 명이나 되는 것도 유럽이 우리를 꺼리는 이유예요. 이스탄불만 해도 인구가 1500만 명인데 몇몇 EU 국가보다도 많은 것이죠. 터키가 인종·종교·국경 이슈들로 복잡한 데다 인구 대국인 만큼 유럽인들은 우리를 다루기가 힘들다고 보고 있어요. 우리가 세속주의를 지키는 상황에서도 EU 가입이 어려웠는데, 지금처럼 에르도안이 이슬람화를 강하게 내세우면 가입은 더 늦어지겠죠."

전날 보아지치 대학교에서 에셴벨 교수를 만났을 때도 왜 터키가 수십 년째 받아줄 기미가 없는 EU에 들어가려고 하는지 질문을 던졌었다. 그녀 역시 터키 경제의 절반 이상이 유럽과 연결되어 있고, 역사·문화적 맥락을 따지면 EU 외에는 대안이 없다고 했다. 한편으로는 "EU는 브렉시트로 통합력이 떨어지고 있고, 국제 질서에서 헤게모니도 잃어버렸다"고 비판했다. 그래서 내가 "그런 약해빠진 EU에 뭐 하러 들어가려고 애쓰느냐"고 타박하듯이 재차 물었다. 그러자 에셴벨 교수는 미소를 띤 채 한쪽 눈으로 윙크를 하면서 의미심장한 얘기를 했다. "그것이야말로 오스만제국의 전략이라고 할 수 있어요. 상대가 약해졌을 때 들어가는 것

이 우리의 전통적인 외교 전략입니다. 영국의 빈자리를 우리가 들어가서 꿰차는 것이죠. 영국이 없어져 약해진 EU에서 우리의 역할과 영향력이 커질 수 있으니까요. 1952년 NATO 가입도 공산주의 블록과의 경쟁에서 서방이 어려웠을 때 이루어졌고, 이후 NATO에서 우리 위상도 커졌어요."

지금 터키나 EU는 으르렁대고 있지만 서로를 절대 포기할 수 없을 것이다. 어쩌면 터키의 EU 가입 염원만큼이나 유럽 안보에서 터키가 차지하는 위상도 역사적인 것이다. 냉전 시절, 터키는 소련의 팽창을 막아주는 방파제 역할을 했고, 이로 인해 일찌감치 NATO에 들어갔다. 내친 김에 1960년대 들어서는 EU 가입까지 추진했다. EU로서도 이슬람의 터키가 들어오면 '기독교 클럽'이라는 배타성을 불식하고 유럽에 있는 무슬림과의 관계를 개선하는 데도 도움이 될 것으로 보았다. 터키는 특히 미군에 기지를 제공하는 대가로 서방의 대규모 원조를 받으면서 경제성장을 이룩했다. 하지만 냉전이 끝나자 터키의 지정학적 안보 요충지로서의 중요성은 반감될 수밖에 없었다. 서방은 소련을 무너뜨린 냉전의 승리자로 자신만만했고, 이는 그때까지 법치주의나 시장민주주의 같은 서구적 가치를 제대로 갖추지 못한 터키나 러시아에 대한 공격으로 돌아왔다. 여기에다 터키는 잦은 쿠데타로 내정이 불안해지면서 오히려 터키의 존재가 EU의 안보에 부담이 되는 형국으로까지 내몰렸다. 이러다 보니 냉전 종식 후 터키의 EU 가입 협상은 뒷전으로 밀렸고, 동유럽의 신생 자본주의 국가들이 우선권을 차지했다.

그러나 역사는 돌고 돈다. 러시아의 약화로 안보 불안은 사라진 것처럼 보였지만 푸틴은 총 대신 에너지를 갖고 유럽을 위협했다. 민생에 끼치는 광범위하고 직접적인 영향력의 측면에서 석유·가스는 전쟁이나 테러보다 더 심각한 무기였다. 러시아와 우크라이나의 가스 분쟁이 날

때마다 혹독한 겨울 추위를 겪어야 했던 유럽은 차제에 가스 공급원을 러시아가 아닌 중앙아시아나 캅카스, 중동으로 돌리는 전략을 세웠다. 이럴 경우 중간 지점인 터키의 영토를 통과할 수밖에 없게 되면서 다시 터키와의 협력이 중시된 것이다. 부락 오즈펙(Burak Ozpek) 앙카라 경제기술대학교 국제관계학부 교수는 "유럽이 러시아를 우회하는 가스관을 통해 중앙아시아나 중동의 가스를 들여오려면 터키와의 협력이 필수다. 에르도안은 많은 가스를 수입하는 러시아와의 협력도 놓지 않으면서 유럽을 상대로 에너지 허브가 되려는 계획을 갖고 있다"고 설명했다. 터키의 EU 가입을 적극 지지하는 나라들이 러시아산 가스 의존도가 높은 동유럽 국가들인 것도 이 때문이다. 반면 취약성이 덜한 프랑스나 독일, 이탈리아 같은 EU 내 선도 국가들은 상대적으로 터키의 EU 가입을 시급하게 다루지 않는다. 특히 우크라이나 사태와 미국 대선에서 러시아의 해킹 의혹이 불거져 서방과 러시아 간 갈등이 최고조에 달하면서 터키는 과거 냉전 시절의 위상을 되찾아가고 있다. 대규모 중동 난민이 유럽으로 가는 것을 터키가 중간에서 막아주는 것 역시 유럽 안보에서 터키가 방파제 역할을 하고 있는 것이다. 서방이 반골 기질이 강한 터키를 질책하면서도 쉽게 포기할 수 없는 것은 다 이유가 있는 것이다. 서방으로서는 터키가 러시아, 이란, 중국과 연대할 경우 가장 끔찍한 시나리오가 될 수밖에 없다. 에르도안은 이를 알고서 러시아, 중국, 이란(옵서버)이 참여하고 있는 상하이협력기구 가입 의사를 슬쩍 떠보는 꾀를 부리기도 했다. 이에 대해 셀릭팔라 원장은 터키가 NATO에서 쫓겨나는 일은 절대 없을 것이라고 못 박았다. "터키가 NATO를 떠나면 어떻게 될까요. 미국은 독립적 위치에 서게 된 우리를 더 이상 통제하지 못하게 됩니다. 만일 우리가 안보에서 러시아와 손잡는다면 NATO는 훨씬 심각한 처지로 몰리겠죠. 미국과 유럽은 터키에 대해 뭐라고 하더라도 터키를 반드시

❖ 이스탄불에서는 관공서가 아니더라도 초대형 국기가 곳곳에 걸려 있다. 유럽을 상대로 터키인들의 자긍심을 고취하려는 것이다.

NATO의 틀 안에 두어야 합니다. 그들도 이 점을 잘 알고 있어요."

셀릭팔라 원장과의 대화는 시리아 내전과 IS 격퇴 작전으로 옮겨왔다. 나는 공동의 적인 IS 척결을 놓고 왜 NATO 내부에서 불협화음이 나오는지 물었다. 그는 터키와 서방 간에 일 처리의 최우선 순위가 다르기 때문이라고 했다. "에르도안의 첫째 과제는 다이시(IS를 아랍어로 낮춰 부르는 말) 격퇴가 아니라 시리아의 아사드 정권을 무너뜨리는 겁니다. 하지만 미국과 유럽은 다이시 척결부터 하자는 것이죠. 그러면서 우리가 싫어하는 쿠르드 전사를 내세워 다이시를 공격했고요. 터키는 첫째가 아사드 축출, 그 다음이 다이시 제거인데 서방은 이게 거꾸로 되어 있으니 NATO 내에서 혼선이 생길 수밖에 없죠. 지금은 아사드의 비호 세력인 러시아와 터키가 가까워지면서 다이시 격퇴 작전에 우리도 참여하고 있지만 쿠르드가 그 일의 최전선에 나서는 것은 반대합니다. 앞으로는 트

럼프가 중동 판세를 어떻게 보는지에 따라 시리아나 IS 문제의 해법이 달라질 겁니다."

어떻게 보면 잦은 테러로 터키가 세계에서 가장 위험한 도시 중 하나가 된 것은 2011년 1월 중동의 장기 독재 정권들을 무너뜨린 '아랍의 봄'이 그 시발점이었을 것이다. 북아프리카 튀니지에서 젊은 채소 상인이 경찰의 무자비한 공권력 남용에 항의해 분신자살을 하자 시민들이 반정부 시위를 벌여 24년의 장기 독재 정권을 몰아냈다. 소셜네트워크서비스(SNS)의 위력이 더해져 정권 타도 움직임은 이집트, 리비아, 예멘, 모로코, 쿠웨이트, 사우디아라비아 등 중동과 북아프리카 전역으로 옮겨 붙었고, 무바라크(이집트 30년 통치), 카다피(리비아 42년), 살레(예멘 33년) 같은 장수 권력자들이 축출되거나 죽음을 맞았다. 하지만 국제사회의 퇴진 압박까지 더해져 곧 무너질 듯하면서도 굳건히 버틴 국가가 바로 시리아였다. 아랍의 봄 초기인 2011년 3월에 시작된 시리아 내전은 지금까지 무려 30만 명이 넘는 인명 피해를 냈지만 바샤르 알 아사드(Bashar al-Assad) 정권은 화학무기까지 난사해가며 끈덕지게 목숨을 부지해왔다. 미국과 유럽, 터키, 사우디아라비아가 아사드 정권 축출파를 대표한다면 러시아와 이란은 아사드를 지켜주는 버팀목이다.

수니파가 많은 터키로서는 시아파가 권력을 잡은 시리아 정권과는 근본적으로 맞지 않는다. 이 때문에 시리아 내전 발생 초기부터 터키는 아사드 정권의 붕괴를 외쳐왔다. 아사드의 부친인 하페즈(Hafez)가 1971년 쿠데타로 집권한 이래 시리아와 터키는 앙숙 관계였다. 하페즈는 터키 내에서 독립을 외치는 테러 단체 쿠르드노동자당(PKK)의 창립자이자 쿠르드인들 사이에서 명망 높은 지도자인 압둘라 오잘란(Abdullah Ocalan)을 시리아에 오랫동안 머물게 했다. 터키 내부를 교란시키려는 의도였는데, 터키인들은 최대 골칫거리인 PKK를 시리아가 비호한다는 데 대해

따가운 시선을 보냈다. 결국 터키가 오잘란을 내놓지 않으면 시리아를 맹폭하겠다고 위협을 가하고 나서야 시리아는 오잘란을 마지못해 추방했고, 그는 시리아를 떠난 지 1년 만에 케냐에 있는 그리스 대사관에 숨었다가 터키 정보부에 발각돼 종신형을 살고 있다. 양국 간에는 또 식민 통치를 했던 오스만튀르크에 대한 구원(舊怨)에다 영토 획정 문제, 터키가 댐을 만들어 시리아와 이라크에 물 공급을 막는 등 과거사들로 인해 관계 회복이 요원한 상태다.

시리아에 대한 친소(親疏) 관계를 놓고 주변 대국들의 커다란 입장 차를 감안하면 당장 세계대전이라도 일어날 판이지만 중동의 정치는 그렇게 단순하지가 않다. 시리아 내전의 장기화와 허약해진 이라크의 통치력을 틈타 테러 집단인 IS가 번성하면서 계산이 복잡해졌다. 테러라면 씨를 말려야 한다고 외쳐온 러시아가 IS 격퇴를 위해 서방과 한배를 타면서 국제사회는 시리아에 앞서 일단 IS부터 처단할 계획을 세웠다. 시리아 사태를 놓고 치고받을 것 같았던 서방·터키 대 러시아·이란 간 세기의 대결은 잠시 소강 국면에 들어간 것이다.

시리아 내전이나 IS 척결을 두고 중동 상황을 전하는 기자들을 가장 헷갈리게 만드는 것은 단연 터키였다. 러시아만 해도 아사드 정권의 최대 배후인 만큼 IS를 공격한다고 하면서 시리아 정부군에 맞선 반군을 향해 슬쩍 폭탄을 떨어뜨리는 정도는 이해할 만했다. 어차피 푸틴의 목표는 IS와 시리아 반군을 동시에 제거하고, 아사드 정권은 살려두어서 시리아를 중동의 교두보, 무기 판매처로 유지하는 것이다. 하지만 터키의 입장은 난수표에 가깝다. 아리송한 태도로 IS 제거 작전을 놓고 같은 NATO에 속한 미국과 계속 삐걱댔다. 원래 터키는 IS 격퇴에 소극적이었다. IS 축출을 위한 국제연합군에 쿠르드인들이 행동대장격으로 나서는 것이 꼴 보기 싫었다. 이들이 공을 세울 경우 터키 영토에 접한 시리

❖ 터키 군부의 쿠데타 시도를 격퇴한 지 1년을 맞아 정부의 기념포스터가 이스탄불 시내에 걸려 있다.

아 북부에 쿠르드계 자치정부가 수립되거나 테러단체로 지목한 터키 내 PKK의 기반이 확대될까 불안했다. 이로 인해 2014년 6월, IS가 이라크 북부를 점령하자 대다수 국가들은 미국 주도의 폭탄 공격에 동의했지만 유일하게 반대를 외친 나라가 터키였다. IS가 장악한 이라크 모술 지역에 46명의 터키 인질이 있다는 이유를 내세웠지만 이들이 석방되고 나서도 터키는 한때 국제연합군의 자국 내 군사기지 접근을 막았다. IS가 참수 만행을 저지르며 전 세계가 격분하는 와중에도 터키 당국자들의 반응은 이랬다. "IS를 활개 치도록 만든 것은 2003년 미국이 주도한 이라크 침공과 이후 강압 정책 때문이다." 미국의 자업자득이라는 논리였다. 뿔이 난 미국 보수 정객들은 "터키가 IS를 지지하면서 (NATO 회원국으로서) 참을 수 없는 반역을 저질렀다. 터키를 NATO에 계속 둘 것인지 고민해야 할 때가 왔다"고 성토했다.

2014년까지 미 하원 정보위원장을 지낸 마이크 로저스(Mike Rogers)는 인터뷰에서 이렇게 말했다. "NATO에서 터키의 역할에 대해 공개 토론이 필요하다. 그들은 NATO의 모든 수혜를 받기를 원하면서 책임은 아무것도 지려고 하지 않는다. 터키는 이슬람 국가가 될 것인지, 아니면 중동 안보에 관여할 NATO 회원국으로 남아 있을지 선택에 직면했다." ≪파이낸셜타임스≫도 사설에서 "IS에 대한 터키의 입장은 모호함 그 자체다. 터키는 NATO와 EU의 동맹국들에게 신뢰할 수 없는 파트너가 되고 있다"고 지적했다. 보수 논객인 조나단 샨처(Jonathan Schanzer)는 정치

전문지 ≪폴리티코(Politico)≫에 "터키는 서방의 신뢰할 수 없는 파트너임이 분명하다. 터키는 반(反)IS 연대에 참가하기를 거부하고, 이란과의 관계 강화, 중국산 미사일 방어 시스템 구매 추진 등 NATO에 반하는 행동을 하고 있다"고 적었다.[2]

최소한 서방의 눈으로 볼 때 에르도안은 좌충우돌, 막가파식 지도자였다. 미국이 싫어하는 나라들만 골라서 친분을 쌓았다. 이란의 대미(對美) 강경파 대통령인 마무드 아마디네자드(Mahmoud Ahmadinejad)가 2009년 재선에 성공하자 가장 먼저 전화를 걸어 대놓고 축하를 했고, 이듬해에는 이란과 원자력을 포함한 에너지협력을 강조하면서 이란에 대한 서방의 제재에 대항했다. 에르도안은 대규모 학살과 강간, 약탈 등의 혐의로 국제사법재판소에 기소된 오마르 알바시르(Omar al-Bashir) 수단 대통령과 팔레스타인 강경 무장 단체 하마스의 지도자인 칼리드 마샬(Khaled Mashal)을 자국에 초청하기도 했다. 리비아에 대해서도 서방이 2012년 공격에 나서자 터키는 자국의 경제 손실을 들어 극렬히 반대했다. 에르도안은 2010년으로 끝난 리비아의 '카다피 국제인권상'의 마지막 수상자이기도 했다. 명색이 NATO 국가였지만 2013년에는 중국제 지대공미사일 방어 시스템을 구매하겠다고 선언해 서방의 큰 반발에 부딪혔다. 반면 미국과 친한 이스라엘에 대해서는 공공연히 반유대주의를 설파하고 다녔다. 무함마드 무르시(Mohamed Morsi) 이집트 대통령이 2013년 7월 군부에 의해 쫓겨나자 그 배경에 유대인이 있다고 주장하면서 미국과 이스라엘로부터 거센 반발을 샀고, 2014년에는 이스라엘이 팔레스타인을 향해 미사일을 쏘아대자 "히틀러를 밤낮으로 비난하는 자들이 야만성에서는 히틀러를 뛰어넘는다"고 막말을 퍼붓기도 했다. 2002년 AKP가 집

---

2)   Jonathan Schanzer, "Time to Kick Turkey Out of NATO?" *Politico*, Oct 9, 2014.

권한 후 연속된 선거 승리와 경제성장으로 에르도안은 자신감이 충만해진 데다 중동의 '아랍의 봄'을 겪은 뒤 이슬람화를 본격 추진하면서 서방과 시각차가 커지게 된 것이다.

IS 척결을 놓고 미온적이던 터키의 입장은 2016년 10월, 국제연합군이 대규모 전투를 개시하자 바뀌었다. 터키군은 이라크 북부의 모술을 차지한 IS를 상대로 공격 선봉장을 자처했다. 명분은 시아파가 주축인 이라크군과 시아파 민병대가 모술을 탈환할 경우 거기에 있는 수니파 주민들에 대한 대량 학살이 벌어진다며 자기들이 수니파를 대표해 참전을 주장한 것이다. 앞서 터키군은 이미 모술 북부의 바쉬카 지역에 병력 500여 명을 파견해 페슈메르가(이라크 쿠르드자치정부 군조직)에 대한 지원을 해왔다. 하지만 이라크 입장에선 IS에 빼앗긴 땅이긴 해도 엄연한 자기 영토에 터키가 함부로 들어와 있는 것을 편안히 지켜볼 수는 없는 노릇이었다. 터키가 뒤늦게 IS 격퇴를 기회삼아 이라크 북부까지 마수를 뻗치려는 기도로 여겼다. 실제 터키는 석유가 매장된 모술을 차지하기 위해 눈독을 들여왔다. 이라크는 모술에서 IS 격퇴는 자기들이 알아서 할 테니 터키는 빠져달라고 했지만 터키는 요지부동했다. 이라크 총리를 향해 에르도안 특유의 거침없는 발언도 나왔다. "당신은 내 대화 상대도 안 되고 수준도 낮고, 질도 떨어지는 인간이야. 어디 터키군이 누가 나가라고 하면 떠나는 허약한 군대인 줄 아는가?"

터키의 좀 더 복잡한 계산이 필요한 대상은 쿠르드다. 터키군은 IS를 공격한다고 하면서 시리아 북부의 쿠르드계 민병대인 '인민수비대(YPG)'를 수차례 폭격했다. YPG는 시리아 내 쿠르드통일민주당(PYD) 산하 무장 조직으로 IS 격퇴전에서 선봉에 있는 '시리아민주군(SDF)'의 주력부대로 활약했다. 터키군의 공격으로 YPG의 활동력이 떨어질수록 IS 제거 작전은 차질을 빚을 수밖에 없는데, 터키는 IS 축출을 외치면서도

그 반대가 되는 행동을 했던 것이다. 이유인즉 SDF나 YPG가 터키가 가장 싫어하는 쿠르드인들이 주축을 이루고 있는 데다 이들이 터키에서 수많은 테러를 저질러온 PKK와 연계됐다고 보기 때문이다. 터키로서는 IS 격퇴를 이유로 쿠르드인들이 공급받은 첨단 무기들이 PKK 수중에 떨어지는 것은 상상하기 싫은 시나리오다. 그렇기 때문에 SDF나 YPG에 대한 공격은 테러 조직에 대한 정당방위로 간주한다. 런던 킹스칼리지의 빌 파크(Bill Park) 박사는 "터키로서는 IS 격퇴가 NATO 국가들만큼 절실하지 않다. IS 척결 과정에서 쿠르드인들이 첨단 무기를 확보하고 자치독립의 목소리를 높일지가 더 큰 관심사"라고 밝혔다.

반면 같은 쿠르드족이라도 터키는 이라크 북부에 있는 쿠르드자치정부(KRG)와는 이상하게도 우호적이다. KRG는 이라크의 반대에도 자기 지역에서 나오는 원유를 터키를 통해 육로로 수출하면서 터키와 밀접한 관계를 맺고 있다. 하지만 KRG는 동족이라도 PKK와는 거리를 두고 있다. PKK와 같은 편으로 묶여 터키와 대립한다면 테러 단체로 몰려 자치정부의 지위도 불확실해지기 때문이다. 아무튼 IS도 물리쳐야 하고, 쿠르드족의 동태도 살펴야 하고, 또 특정 쿠르드인들의 뒤는 봐주어야 하는 등 터키 당국자들의 머리는 복잡할 수밖에 없다. 이에 대해 셀릭팔라 원장은 PKK는 쿠르드인을 대표하는 집단이 아니라는 점을 여러 차례 강조했다. "쿠르드인들은 터키뿐만 아니라 이라크, 시리아, 이집트, 캅카스까지 여러 곳에 흩어져 있어요. 테러 단체인 PKK는 쿠르드인들을 절대 대표하지 못해요. PKK는 3000만 명이 넘는 전체 쿠르드 인구의 5%에 불과하죠. 다른 쿠르드인들과도 사이가 나빠요. 우리는 테러를 하지 않는 쿠르드족과는 친합니다. 예컨대 이라크 북부에 있는 쿠르드인들과는 교역과 인적 교류가 많고 터키 회사들도 많이 진출해 있죠. PKK가 쿠르드인을 대표하지도 않는데, 터키가 PKK와 싸운다고 해서 우리

가 쿠르드인을 괴롭히고 있다고 생각하면 절대 안 됩니다."

터키가 당분간 세계에서 가장 위험한 국가라는 꼬리표를 떼기는 쉽지 않을 것이다. 시리아 내전을 틈타 IS 지지자들의 충성 테러가 빈발한 탓도 있지만 반감이 커진 쿠르드인들의 활동도 늘어날 것이기 때문이다. 1999년 PKK 당수인 오잘란을 잡아들인 데 따른 반감에다가 IS 격퇴 작전에 투입된 쿠르드 전사에 대한 터키 측 공격이 심해지면서 쿠르드인들은 악에 받쳐 있다. 쿠르드 내에서는 "터키는 파렴치하게도 쿠르드 자유 전사들과 맞선 IS와 알카에다 같은 테러 조직을 지원하고 있다"는 원성이 나오고 있다. 시리아 내전-이라크 정정 불안-IS 세력 확대-쿠르드족 봉기로 이어진 문제들이 어느 하나라도 해결되지 않으면 터키에서 테러 발생은 계속될 수밖에 없다. IS는 사라져도 수많은 테러리스트 후보들이 출현해 권력이 느슨해진 시리아와 이라크를 기반으로 활동 무대를 넓혀갈 것이고, 그 타깃은 이들과 접해 있는 가장 번성한 문명 도시인 이스탄불, 앙카라가 될 수밖에 없다. 감정이 쌓인 쿠르드족의 무력시위에다 어디 출신인지 파악조차 힘든 무수한 난민들의 이동까지 더해지면서 터키에서 테러의 빈도와 강도는 세질 것이다. 터키 동남쪽의 나고르노-카라바흐 분쟁까지 합세한다면 터키와 그 밑단(캅카스, 시리아, 이라크)은 여전히 휘발성이 강한 대규모 폭발 지대로 남을 것이다. 여기에다 터키는 미국에 망명 중인 귈렌을 쿠데타 배후로 지목하고 그의 송환을 강하게 요구하고 있어 미국이 이를 거부할 경우 양국 간 첨예해진 갈등은 중동 정세에 부정적으로 작용하게 될 것이다.

이란 Iran

터키와 다른 길을 간 이란의 비극

테헤란의 이맘 호메이니 국제공항에 내려 가장 먼저 해야 할 일은 도착 비자를 받는 것이었다. 이란 대사관에 가서 서류를 내고 며칠을 기다려 비자를 받을 필요 없이 공항에서 바로 해결할 수 있다는 것만으로도 외부 세계에 대한 이란의 적대적 행태를 감안하면 황송한 일이었다. 비자 접수 절차는 간단했다. 본인의 신상명세와 이란에서 머물 숙소, 초청자 연락처를 적고 수수료로 50유로(55달러)와 여행자 보험 16달러를 내면 됐다. 비자 수수료는 국적별로 달랐는데, 한국은 그나마 저렴한 편이다. 비자 발급을 기다리던 한 독일인 여성은 수수료가 75유로나 된다면서

- 사우디아라비아와 함께 중동의 맹주국으로 남쪽은 페르시아만(灣) 연안에 접해 있다. 오래된 왕조 시절을 거쳐 1979년 반서방 이슬람혁명이 발생해 신정(神政) 체제가 들어섰다. 이후 미국과 유럽 등 서방 세계와 교류를 중단하며 대립했고, 핵 개발을 추진하면서 오랫동안 서방의 경제제재를 받았다.

너무 비싸다며 내게 불만을 털어놨다. 나는 한국인은 50유로라고 말해 주고 싶었지만 꾹 참았다. 혹시 이 여자가 열 받아서 비자를 내주는 곳에 따지고 해서 분란을 일으킬까 봐 나는 고개만 끄덕이고 조용히 있었다. 유럽에서 이란과 가장 친한 독일 사람마저 비자가 필요하다는 게 내게는 더 이상해 보였다. 당시 새벽 6시경에 도착해 비자를 받으려는 외국인은 10여 명이 있었다. 하지만 비자 수령 절차에 대한 안내문 하나 붙어 있지 않아 다들 우왕좌왕했다. 외국인들이 창구 앞에 서 있는 이란인 직원에게 다가가 저마다 몇 번씩 물어보니 그 사람도 짜증이 날 만했다. 비자 발급 절차를 외국인이 알기 쉽게 글로 고지해놓으면 될 텐데 왜 이런 것조차 없는지 이해가 안 됐다. 아무튼 인상을 찌푸리고 창구 앞에 앉아 있는 이란 직원의 지시에 따라 여기저기 왔다 갔다 했더니 40분가량이 지나서 비자가 나왔다. 직업란에 '기자' 대신에 '샐러리맨'이라고 쓴 게 현명했다는 판단이 들었다. 언론 통제가 심한 이란에서 그것도 외국인이 기자라고 적었다면 까다롭게 굴었을 것이다. 이 점은 테헤란 시내를 돌아다니면서 이란 사람들이 말조심하는 분위기 속에서 충분히 느낄 수 있었다.

    공항 밖으로 나오니 2월 중순의 기온은 영상 3도에 비가 오고 바람까지 불었다. 중동 국가인 이란이 왜 춥나 하는 생각이 들었다. 테헤란에 오기 직전 두브로브니크의 따스한 햇살을 쬐고 왔던 터라 이란에서도 가벼운 옷차림으로 다닐 수 있겠다고 기대했다. 하지만 이란도 한국처럼 사계절이 뚜렷하다는 얘기를 현지에 와서야 들었다. 마치 러시아하면 무조건 추운 나라로 짐작하고 여름에 가보고선 '왜 여기가 덥지?' 하는 것과 같은 이치였다. 이란에서도 1년 내내 무더운 곳은 남부 지역에 국한될 뿐이고, 북쪽에 위치한 테헤란의 경우 도착 당일 비와 눈이 섞여 내렸다.

❖ 아자디 광장역 부근의 혼잡한 교통 상황. 테헤란 도로 대부분이 늘 정체에 시달린다.

테헤란은 페르시아 제국의 힘이 느껴질 만큼 거대한 도시였다. 캅카스나 발칸반도의 소국들과는 크기 자체가 달랐다. 하지만 테헤란에서는 눈에 띄는 고층 건물이 별로 없었고, 도시의 첫 인상은 매우 지저분했다. 동네 안쪽으로 들어가면 도로가 워낙 복잡하고 구불구불해서 현지인들조차 주소를 물어봐도 찾는 것을 힘들어했다. 자동차는 또 엄청 많아서 오전 7시인데도 시내로 가는 대로들은 이미 차량들로 꽉 막혔다. 테헤란의 교통 체증은 시간대를 가리지 않는 것으로 유명하다. 이로 인해 현지 주재원들은 테헤란에서 고객과 약속 잡기가 어려울 정도라고 했다. 어떤 한국인은 평소에 30분이면 갈 거리를 3시간이 넘어도 도착하지 못해 중간에 면담 약속을 취소했다고도 했다. 테헤란의 심각한 교통난은 차량은 늘어나는 반면 도로 인프라 사정은 따라가지 못하고 있기 때문이다. 미국과 유럽의 제재를 받는 동안 외국인 투자가 끊기고 석유 수출이 중단되면서 나타난 피해의 단면 중 하나다. 재정 기반이 줄어드니 국가 차원의 인프라 건설이 미진할 수밖에 없는 것이다. 방문 직전 테헤란에서 55년 된 17층 상가에서 화재가 발생해 진화 작업 도중 건물 자체가 붕괴해버린 일도 결국엔 돈이 없어서 재건축을 제때 하지 못했기 때문일 것이다. 이란이 제재가 풀려서 가장 먼저 했던 일 중 하나가 보잉과 에어버스 여객기를 대량 구매한 것이다. 이란 측은 국영 마한항공의 낡은 기종으로는 운행을 계속하기가 위험하다는 점을 진작부터 알고 있었던 것이다.

내가 보기에 중동의 대국(大國)인 이란과 터키는 비슷하면서도 다른 길을 걸었던 것 같다. 그것이 오늘날 국가 발전 측면에서 양국 간에 현격한 차이를 내지 않는가 싶다. 이란과 터키는 둘 다 대제국을 운영했던 경험을 갖고 있고, 지금은 약 8000만 명의 인구를 가진 군사 강국이다. 특히 터키는 오스만튀르크가 1922년에 사라졌고, 이란에서도 비슷한 시기(1925년)에 장군이던 레자 칸(Reza Khan)이 부패한 카자르(Qajar) 왕조를 무너뜨리고 새로 팔레비(Pahlavi) 왕조를 세웠다. 하지만 바로 이때 나라의 운명이 엇갈렸다. 터키의 무스타파 케말은 왕정을 버리고 공화정을 채택해 정교분리와 세속주의를 내걸고 근대화의 길로 나아갔지만 이란은 그렇지 못했다. 터키는 서구적인 개혁을 위해서는 반드시 종교의 정치 개입을 차단해야 한다고 여겼지만 이란은 보다 안일했다. 황제로 칭한 레자 샤와 그의 아들 무함마드(Mohammad) 팔레비 2세는 왕정을 고수했고, 그 안에서 개혁과 근대화를 추진했지만 '이맘(Imam)'으로 불리는 보수 성직자들이 왕권에 대항하면서 사회갈등을 촉발했다. 레자 샤는 1935년 국호를 페르시아에서 이란으로 바꾸고 남북대륙종단철도 완성 등 근대화에 나섰지만 외세와 종교 세력의 견제로 역부족이었다. 제2차 세계대전에서 독일 편에 섰다가 1941년 연합국의 침공을 받는 불운도 겪었다. 종교 세력이 민심을 자극하면서 결국 1979년 이란 혁명이 발생해 이란은 신정(神政) 일치 국가 체제로 들어섰다. 망명지 프랑스에서 돌아온 아야톨라 루홀라 호메이니(Ayatollah

❖ 팔레비 왕조의 제2대 황제 레자 샤 팔레비가 살았던 하얀 궁전.

Ruhollah Khomeini)는 팔레비 왕조가 만들어놓은 모든 근대화 조치들을 무효화했다. 여성들에 대한 교육을 폐지하고 히잡을 착용케 하는 등 시민의 자유를 억압했고, 대외적으로는 미국과의 관계를 단절하면서 고립주의로 돌아섰다. 거기에다 이란 혁명 직후인 1980년부터 8년 동안 이라크와 전쟁까지 치렀고, 사우디아라비아, 이스라엘 등 주변국들과 마찰을 빚으면서 이란 경제는 곤두박질쳤다. 그 사이 터키는 NATO에 가입하고, 서방의 원조를 받아 높은 경제성장과 사회 안정을 이루어냈다. 최근엔 미국과 러시아, EU가 모두 무시할 수 없는 존재가 되어서 그들 앞에서 막말하는 에르도안이 골칫거리가 되는 지경까지 왔다.

테헤란 도시 곳곳에는 호메이니와 아야톨라 알리 하메네이(Ayatollah Ali Khamenei)의 사진들이 어록과 함께 걸려 있었다. 관공서는 물론이고 학교와 모스크, 기업, 지하철, 식당에서도 이들의 사진을 지겹도록 볼 수 있다. 너무 흔해서 외국인이 아니면 유심히 살펴보는 사람도 없다. 지하철역 내부에도 1979년 이란 혁명을 회고하는 기록 사진들이 전시되어 있다. 테헤란은 아직도 이란 혁명으로 친미 왕조를 무너뜨린 과거의 영광에 파묻혀 있는 듯했다. 하지만 이는 28년 전 죽은 호메이니나 현 최고 지도자인 하메네이에 대한 우상화일 뿐 민중의 삶에는 아무런 도움이 되지 않는 것이다. 이들이 구중궁궐에 앉아 미국을 적대시하는 이데올로기로 권력의 수명을 연장하고 있는 동안 이란인들은 서방의 제재

❖ 테헤란 지하철 곳곳에 걸려 있는 호메이니의 사진과 그의 어록. 테헤란은 아직도 1979년 이란 혁명 그림자가 짙게 드리워져 있다.

속에서 오랜 세월 고통받아야 했다. 이란이 유럽을 겨냥해 미사일을 쏠 준비를 하자 미국은 폴란드와 루마니아에 미사일방어시스템을 갖다놓고 대립했다. 이란은 말로는 원자력의 평화적 이용을 주장하지만 궁극적으로는 이스라엘이 보유한 핵무기를 자신들도 가져야 한다는 논리를 숨기고 있다. 백성은 굶고 있는데, 이란 최고 지도자는 여전히 미국을 비난하는 성명을 주기적으로 내면서 본인 왕국의 정체성만을 강조하고 있다. 내부 불만을 외부의 적에게 돌리기 위한 구태의연한 방법일 테지만 이란의 행태를 보면 북한의 복사판이라는 생각이 드는 것도 무리는 아니다. 이란이 넓은 영토와 많은 인구, 엄청난 석유·가스 자원을 갖고도 발전은 뒤처져 있고, 국제사회와 잦은 불협화음을 내는 것은 참으로 안타까운 일이다.

이란 최고지도부에 대한 비판은 내 개인적인 것만이 아니었다. 테헤란에서 만난 현지인들 가운데 호메이니와 하메네이에 대해 극한 발언을 하는 사람이 적지 않다는 데서 약간의 충격을 받을 정도였다. 이들은 남이 듣지 못하도록 내게 귓속말로 조용히 이란 체제를 부정적으로 얘기했다. 40대의 택시 운전사인 알리는 차 안에서 내게 "하산 로하니(Hassan Rouhani) 대통령은 개혁 정책을 추진해서 좋아하는데 호메이니, 하메네이는 모두 싫어요. 그 양반들은 맨날 다른 나라와 싸움만 하려고 하고 국민이 어떻게 사는지는 전혀 관심이 없어요. 많은 이란인들이 속으로는 저와 비슷한 생각을 갖고 있어요. 말을 안 할 뿐이지. 나이 드신 분들은 팔레비 왕조 시절이 훨씬 나았다고 얘기해요. 지금 있는 도로나 학교 같은 것을 샤(팔레비 왕)가 다 만들었지 호메이니는 돌아와서 한 게 없어요. 이라크하고 전쟁만 하다가 죽었어요. 샤는 국민이 잘 살게 해보려고 했는데 지금의 하메네이는 뭘 하고 앉아 있는지 도통 몰라요." 내가 "하메네이의 후임자 얘기가 나오는데 누가 될 것 같은가"라고 묻자 "관심

없네요"라는 즉답이 돌아왔다. "좀 더 솔직히 얘기하면 더 이상 최고 지도자 같은 것은 뽑지 않았으면 좋겠어요. 그냥 로하니가 다 하면 되는데, 왜 그 위에 하메네이가 있어야 하는지 모르겠어요. 정말 또 한 번 혁명이라도 일어나야 하는지 모르죠. 하메네이가 죽더라도 슬퍼하는 이란 사람들은 많지 않을 겁니다." 테헤란 북쪽에 있는 타즈리쉬 광장 부근에서 옷가게를 하는 30대 이란 남성도 똑같은 얘기를 했다. "서방의

❖ 아야톨라 알리 하메네이 최고 지도자.

제재가 풀렸다고 해서 장사가 잘 될 줄 알았는데 예전과 별반 달라진 게 없어요. 외국인 관광객들도 많지 않고요. 몇 명은 석유를 팔아서 돈을 벌겠지만 일반인들은 삶이 나아지리라는 기대가 없어요. 그런 점에서 최고 지도자에 대해 불만이 많죠. 이 양반은 맨날 종교 얘기만 하고 미국과 싸움만 하려고 해요. 국민의 어려움은 안중에도 없어요."

테헤란에서 그래도 경쟁력이 있는 것을 꼽으라면 지하철이 될 것 같다. 주차장이 되어버린 도로나 지저분한 길거리를 보면 지하철 수준도 그러려니 하겠지만 그것은 착각이었다. 지하철역사와 객차는 어느 나라보다 깨끗했고 넓었다. 타즈리쉬 역은 내려가는 데 에스컬레이터를 네 번이나 타야 할 정도로 깊었다. 다만 1200만 명이나 되는 테헤란 인구 때문에 지하철에도 인파가 몰려 무척 혼잡한 것이 단점일 수는 있다. 지하철을 타고 닷새 전 이란 혁명 38주년 행사가 열렸던 아자디 광장으로 갔다. 트럼프 대통령이 이란을 포함한 7개국 시민들의 미국 내 입국을

❖ 테헤란 아자디 광장과 기념탑. 여기서는 반미집회가 자주 열린다.

막는 반이민 행정명령에 서명한 터라 때마침 이란에서는 반미(反美) 기류가 강했다. 행사 당일 아자디 광장에는 로하니 대통령도 나와서 트럼프의 도발을 경고하는 연설을 했고, 시민들은 호메이니와 하메네이의 사진을 들고 나와 미국 타도를 외쳤다. 아자디 광장 곳곳에선 '마르그 바르 움메리카(미국에 죽음을)!'라는 구호가 들렸다고 한다. 하지만 아자디 광장에 가보니 닷새 전의 후끈했던 반미 열기는 수그러들었고, 십여 명의 이란 시민들이 광장 기념탑을 배경으로 사진을 찍고 있었다.

아자디 광장역 부근에서 만난 50대의 나비 씨는 20년 전 일본에 가서 전자업체 산요에서 5년간 일했다고 했다. 구체적으로 무슨 일을 했는지 물어보지는 않았지만 그는 내가 테헤란에서 만난 현지인들 가운데 영어를 가장 잘했다. 일본어에도 능숙하다면서 내게 할 수 있느냐고 묻기도 했다. 그는 현재 터키에서 옷을 들여와 이란 도매상에 내다파는 사업을 하고 있었다. "이란 경제요? 아주 나쁘죠. 제재가 풀려서 기대는 있지

만 어디 금세 나아지겠어요? 기회가 되면 일본에 다시 가고 싶어요. 거기서 몇 달만 일해도 여기에서 수년간 벌 돈을 모을 수 있거든요. 나이가 많아서 나는 어렵겠지만 내 아이들이라도 일본이나 한국으로 보내려고 합니다." 그는 이란 정부가 잘하고 있느냐고 묻자 "로하니는 경제 개방에 나름 생각이 있어 뭔가 하려고 해요. 곧 대선도 있으니 성과를 내려고 하겠죠. 하지만 하메네이는 싫어요. 이란인들은 모두 속으로는 하메네이를 욕해요." 그는 하메네이에 대해 얘기할 때 검지를 입에 갖다 대면서 작게 말했다. "여기서는 잘못 말하면 경찰에 바로 잡혀가니까 윗사람 비난하는 얘기는 조심해야 해요. 당신이 외국인이니까 가능하지, 우리끼리는 그런 말 절대 못 해요"라고 속삭였다. 이런 분위기를 타고 2017년 5월 말 치러진 대선에서 로하니 대통령은 상대 후보와 20%에 가까운 표 차이로 연임에 성공했다. 당초 하메네이를 필두로 한 보수파의 결집이 막판 거세지면서 로하니의 재선 가능성에 대한 우려도 나왔지만 이란 민중은 대외 개방과 경제 현대화를 내건 로하니를 택했다. 당장 자신들이 개혁과 개방의 성과를 누리지 못하더라도 자손들에게는 번영의 토대를 만들어줄 수 있는 로하니를 다시 한번 믿어보기로 한 것이다.

실제 테헤란 시민들의 삶은 제재 해제에도 불구하고 여전히 고단한 모습이었다. 그들은 길거리에서 음식을 먹고, 만원 버스와 만원 지하철을 탔다. 석유 정제가 제대로 안 된 탓인지 코끝을 따갑게 하는 길거

❖ 하산 로하니 이란 대통령.

리 자동차 매연에도 시달렸다. 여성들은 비가 내려 질퍽해진 길 위로 긴 차도르를 질질 끌면서 걸어갔다. 하지만 그들은 친절했다. 테헤란 시민들은 외국인이 길을 알려달라고 하면 10~15분을 같이 가주는 것이 다반사였다. 지하철역 내에서 길 좀 찾아달라고 부탁하자 일부러 밖으로까지 나와 방향을 안내해준 사람도 있었다. 이란인들의 이 같은 착한 성품이 열악한 사회 인프라, 갑갑한 정치 환경과 교차되면서 도시 테헤란은 더욱 서글퍼보였다. 이는 어쩌면 역대 이란 지도자들이 자국민들의 한(恨)을 제대로 풀어주지 못한 탓도 클 것이다. 20세기 초까지 전통 왕조의 시절은 차치하더라도 1925년에 들어선 팔레비 왕조나 이를 무너뜨린 종교 지도자들 역시 민중에게 안락한 삶을 제공하지 못했다.

제2차 세계대전이 끝나갈 무렵, 이란에 진출한 영국 석유회사 BP는 이란의 석유를 마치 자기 나라의 것인 양 마구 퍼내갔다. 당시 BP의 명칭은 '앵글로-이란 석유회사(AIOC)'였는데 1950년 이란에서 거둔 2억 파운드의 수익 가운데 이란 측에 건넨 것은 10%도 안 될 정도였다. 물론 그 부스러기 돈은 팔레비 왕조의 체면을 유지하는 데 쓰였고, 국민의 몫으로 돌아간 것은 거의 없었다. AIOC의 횡포에 항의해 1951년 4월, 걸출한 정치인인 모함마드 모사데크(Mohammad Mossadegh)가 총리가 되어서 AIOC를 비롯한 석유산업 전반의 국유화 조치를 발표했다. 모사데크는 이란에 사는 영국인들은 이란산 석유를 팔아 배불리 먹고 호화로운 파티를 즐기는데, 이란인들은 그들 앞에서 쓰레기를 줍고 그들이 던져주는 푼돈에 의지해서 살아가는 행태를 더 이상 두고 볼 수 없었다. 이탈리아 석유회사의 임원이 쓴 책 『당신이 몰랐으면 하는 석유의 진실』을 보면 AIOC 정제 공장에서 일하는 이란 노동자들의 비인간적인 삶이 나온다.

휴일도 병가도 상해에 대한 보장도 없었다. 노동자들은 냉장고나

선풍기는 말할 것도 없고 물도 전기도 없는, 카그자바드라고 불리는 판자촌에서 생활했다. … 아바단의 영국인 구역에는 잔디와 장미화단, 테니스장, 수영장과 클럽이 있었지만 카그자바드에는 찻집은 물론 목욕탕, 단 한그루의 나무조차 없었다. 포장되지 않은 뒷골목은 쥐 천지였다.[1]

제대로 된 정치인이라면 이런 상황에 분개하지 않을 수 없을 것이다. 외국 기업들로부터 돈 몇 푼 받아먹기 위해 다른 국민의 삶을 쓰레기 하치장 수준으로 내버려두는 것은 범죄다. 하지만 팔레비 왕은 그 짓을 했고, 모사데크는 이런 악행을 털어버리려 한 것이었다. 모사데크는 그해 6월 4일자 ≪타임(TIME)≫의 표지 모델이 됐을 정도로 그의 국유화 시도는 국제사회에 센세이션을 일으켰다. 이란 국민은 환호했고 팔레비 왕은 마지못해 국유화법을 받아들였다. 하지만 '꿀 단지'를 놓치게 생긴 영국은 국제사법재판소 제소와 함께 이란이 스스로 석유를 팔지 못하도록 국제사회에 압력을 넣었다. 이란 정부가 국제 시세의 절반 가격에 석유를 팔려고 해도 아무도 사주지 않았다. 영국은 특히 미국 정부를 끈질기게 설득해 모사데크 정권을 전복시킬 쿠데타 계획을 꾸몄다. 공산주의 진영과 체제 경쟁이 심각했던 당시, 영국이 미국을 끌어들인 명분은 반공(反共) 이슈였다. 모사데크가 이란 내 친소련 정당(투데당)과 가까워지면서 소련의 개입을 불러올 것이라는 음모설을 제기했다. 당시 미국과 소련은 한국전쟁을 벌이고 있었고, 미국 내에서는 공산주의자 색출 운동인 매카시즘(McCarthyism)이 한창이었다. 영국과 미국은 민족주의자

---

1) 레오나르도 마우게리, 『당신이 몰랐으면 하는 석유의 진실』, 최준화 옮김(가람기획, 2008), 99쪽.

인 모사데크가 공산주의와 협업할 가능성을 들어 제거 작전에 돌입했다. 겉으로는 공산주의의 확장을 억제한다는 것이지만 실제 목표는 국유화를 막아 이란에서 지속적인 수익을 내겠다는 깡패짓거리에 불과했다. 모사데크의 국유화는 이란의 석유가 자국민의 이익을 위해 쓰여야 한다는 지극히 당연한 사고에서 출발했지만 그는 결국 서방 정보기관들의 음모 앞에 집권한 지 2년 만에 무너졌다. 미국 중앙정보국(CIA)이 개입해 맘에 들지 않는 정권을 교체하는 행태가 중남미뿐만 아니라 저 멀리 이란에서도 벌어졌던 것이다.

 이란인들이 미국을 '악의 제국'으로 보는 첫 번째 모티브가 모사데크의 몰락일 것이다. CIA가 민중이 지지하는 정권을 함부로 무너뜨리고 이란인들의 경제적 해방에 대한 열망을 꺼뜨린 데 대해 분개했던 것이다. 이에 2000년 3월 미국 국무장관이던 매들린 올브라이트(Madeleine Albright)는 이란에 화해 제스처를 보내면서 모사데크 축출 사건에 대해 유감을 표했다. 올브라이트는 "1953년 미국은 이란의 인기 있는 총리인 모사데크를 무너뜨리는 데 지대한 역할을 했다. 당시 아이젠하워 정부는 전략적 이유로 정당하다고 믿었지만 쿠데타는 분명히 이란의 정치 발전에 차질을 가져왔고, 지금도 많은 이란인들은 미국이 내정에 간섭한 데 대해 분개하고 있다는 것을 알고 있다"고 밝혔다. 한국외대 장병옥 교수는 『이란외교정책론』에서 이렇게 썼다.

> 모사데크 정권의 붕괴는 양국 간 1세기 간의 우호 관계에 마침표를 찍었고 의식 있는 이란 민족주의 세력의 반미 감정을 불러왔다. 이것이 1979년 이란 혁명 때 미국에 대한 분노로 표출된 것이다. 미국은 1953~1979년 이란 문제에 개입하고 정통성이 결여된 팔레비 독재 정권을 지원함으로써 이란의 자유주의 세력이 정치 민주화를 실현할 수

있는 기회를 상실하게 했던 것은 이란에 대한 미국의 역사적 원죄라고 할 수 있다.[2]

당시 미국이 지원하는 쿠데타 과정에서 팔레비 왕은 바그다드를 거쳐 로마로 도망쳤고, 3일 만에 쿠데타가 성공하고 나서야 복귀했다. 그는 왜 탈출했느냐는 질문에 "내 나라가 스스로의 운명을 자유롭게 선택하도록 하기 위해서"라고 했다. 못난 지도자를 만난 이란인들의 불행이라고 할 수밖에 없을 것이다.

모사데크 축출 이후 AIOC와의 계약 내용은 다소 개선됐지만 이제 이란에는 영국뿐만 아니라 다른 나라 석유 기업들도 마구 쳐들어왔다. 미국의 도움으로 복귀한 팔레비 왕은 더욱 친미주의자가 되어서 이란은 1970년대 내내 미국의 첨단 무기를 가장 많이 구입한 나라였다. 카터 대통령은 1978년 신년 새해를 아예 테헤란에 가서 팔레비 왕과 함께 맞을 정도로 미국과 이란 간 밀월은 이때가 최고 절정기였다. 당시 카터는 신년 만찬회에서 팔레비 왕을 향해 '국민에게 가장 사랑받는 국왕'이라고 칭송할 정도로 상황 파악을 못 하고 있었다. 팔레비 왕은 백색혁명 등을 내걸고 근대화를 추진했지만 민심은 모사데크를 쳐낸 미국과 팔레비 왕에 대해 분노를 숨기고 있었다. 그 틈을 교묘히 파고든 것이 호메이니를 주축으로 하는 신정 세력이었고, 이들은 민심이 이반한 틈을 타서 1979년 2월 이란 혁명을 통해 집권했다. 그해 11월에는 테헤란 주재 미국 대사관 점거 사건까지 일어나면서 미국과는 돌아올 수 없는 강을 건넜다. 카터의 테헤란 회동은 미국 정상의 마지막 이란 방문이었고, 양국 관계는 내리막으로 치닫다가 2002년 부시 대통령이 이란을 북한, 이라크와

---

[2] 장병옥, 『이란외교정책론: 이슬람에서 핵무장까지』(한국외국어대학교출판부, 2006).

함께 '악의 축'으로 지목하면서 최악의 길로 접어들었다. 반면 팔레비 왕조를 무너뜨린 호메이니 세력은 이란인들의 삶을 평화롭고 부강하게 이끌지 못했다. 안으로는 신정을 가장한 사회통제가 강화됐고, 밖으로는 문을 걸어 잠그면서 이란인들의 고된 일상은 끝나지 않았다. 다리우쉬 바얀도르(Darioush Bayandor) 테헤란 국립대학교 교수에 따르면 호메이니는 자기만의 세상 속에 갇힌 독재자였다. 그는 한 책에서 이렇게 적었다.

> 호메이니는 1979년 4월, 샤 치하에서 총리와 고위 관료, 장군을 지낸 자들을 공개 처형했는데 첫 해에만 1250명에 달했다. 언론을 국유화했고, 인가받지 못한 시위는 철저히 금지했다. 5만여 명의 시민이 수감돼 고문을 받았다. 그해 11월 발생한 미국 대사관 점거 사건으로 외국과의 계약은 취소됐고 근로자들은 회사에서 쫓겨나야 했다. 호메이니는 샤에 의해 통과된 법령들을 취소하고 대신 이슬람 샤리아법을 발동했다. 음주는 금지됐고 여성은 얼굴을 베일로 가려야 했다. 라디오에서는 음악이 사라졌고, 영화관은 문을 닫았다. 1980년 이라크의 사담 후세인(Saddam Hussein)은 이란의 혼란을 틈타 이득을 보겠다는 계산으로 이란을 침공해 양국은 8년간 전쟁을 치렀다.[3]

이란인들은 외세의 수탈과 못난 지도자, 서방의 제재 등으로 고통을 받아왔고 그 막막한 현실은 아직도 계속되고 있다고 생각한다. 이란의 막대한 국가적 잠재력과 겉으로 드러난 민중의 비극적 삶을 형량해보면 왜 2011년 '아랍의 봄' 때 이란은 무풍지대였는지 이해하기 힘든 구석이

---

3) Darioush Bayandor, *Iran and the CIA: The Fall of Mosaddeq Revisited*(Palgrave Macmillan, 2010).

있다. 테헤란에서 만난 일부 과격한 사람들은 신정 체제를 무너뜨려야 한다고도 강변했지만 종교에 심취한 대다수 순종적인 이란인들은 그런 용기를 내지 못했다. 또 신정을 대체할 마땅한 정치적 자원이 부족한 상황에서 대안 없는 정권 교체가 사회 안정과 경제 발전을 가져올 수 있는 정답이 될지는 아무도 모른다. 다만 낡고 지저분하고 혼잡한 거리, 여기에 더해 경제적 궁핍 속에서도 웃음을 잃지 않는 테헤란 사람들의 선한 눈빛을 생각하면 마음은 더 착잡해질 뿐이다.

트럼프 시대를 불편해하는 테헤란

이란에서 현지인 전문가들을 인터뷰하기란 힘든 일이었다. 이란인 여덟 명에게 이메일을 보냈지만 답변은 고작 한 개에 그쳤다. 같은 시기 헝가리인 다섯 명에게 보내 세 명에게서 수락 답변을 받은 것과는 딴판이었다. KOTRA 테헤란 무역관 측은 이란에서 정부나 공공기관 인사들을 만나려면 사전 조율을 하고 반드시 취재 비자를 받아 입국해야 한다고 했다. 이란에서 많은 면담을 기대하지 않았기 때문에 한 명이 '오케이'한 것만으로도 만족해야 했다. 답신을 준 사람은 테헤란 상공회의소 부회장으로 있는 모함마드 바흐티아리(Mohammad Bakhtiari)로 2006~2010년 한국에서 대사를 지낸 지한파였다. 그런 사유로 그나마 내 인터뷰 요청을 수락했던 것이다. 바흐티아리 부회장은 한국에 가기 전에는 EU와 모로코 대사를 지낸 정통 외교 관료 출신이었다. 한국 대사를 끝으로 외교부를 떠난 뒤 테헤란 상의에서 대외 문제를 다루는 부회장을 맡고 있었다.

테헤란 공항을 나와 숙소에 짐을 풀기가 무섭게 오전 약속시간에 맞

추어 그의 사무실로 찾아갔다. 발칸 반도 곳곳을 돌아다니느라 몹시 피곤한 데다 마케도니아 수도 스코페에서 테헤란으로 오는 비행기는 연착까지 했다. 시내의 극심한 교통 정체를 뚫고 테헤란 어디쯤에 있는지도 모르는 그의 사무실을 찾아간 것 자체가 기적이었다. 택시 운전사는 내가 꺼낸 주소를 보고 몇 번씩

❖ [인터뷰] 모함마드 바흐티아리 테헤란 상공회의소 부회장.

같은 장소를 맴돌다가 사무실 직원과 통화를 하고서야 겨우 찾아냈다.

바흐티아리 부회장과 나는 한국의 정치 상황에 대해 몇 마디 얘기를 나눈 뒤 제재가 풀린 이란 경제 상황에 대한 얘기로 곧 넘어갔다. "작년(2016년)에 너도나도 '이란 러시(rush)' 때문에 우리는 너무 바빴습니다. 12년간 받아온 국제사회 제재가 풀리자 작년에만 각국에서 200개가 넘는 비즈니스 사절단이 이란에 왔어요. 그중 대통령과 총리를 단장으로 하는 사절단도 한국을 포함해 절반은 됐고요. 다들 새로운 시장을 찾던 차에 이란으로 몰려든 것이죠. 이들은 열심히 이란에서 비즈니스 기회를 만들려고 하는 중입니다." 내가 "한국도 그렇고 이란에 대한 투자가 기대만큼 안 되는 것 같다"고 하자 그는 "아무 걱정 없다"고 답했다. "지멘스, 푸조, 르노, 폭스바겐이 공장을 짓기로 했고, 중국 자동차 업체들도 진출할 겁니다. 에너지 기업인 토탈과 에니, 루크오일과도 협의 중이고요. 지난해 120억 달러의 외국인 직접투자 계획이 성사됐는데, 이미 20억 달러가 집행됐고, 나머지 100억 달러는 점진적으로 들어올 겁니다."

제재가 풀리면서 이란과 외국 기업들 간 협력이 가장 활발한 분야는 에너지다. 이란은 전 세계 2위의 천연가스와 4위의 원유 매장량을 자랑

하지만 그동안 자금줄이 막혀 개발은 부진했다. 2016년 11월, 이란 국영 석유회사(NIOC)는 프랑스 토탈, 중국석유천연가스집단(CNPC)과 이란 남부 사우스 파르스(South Pars) 해상 가스전 11단계(Phase 11)를 개발하기 위한 합작회사를 설립했다. 사우스 파르스는 전 세계 최대 가스전으로 합작 당시 투자 규모는 48억 달러에 달했다. 토탈은 2000년대 초반 사우스 파르스 2~3단계 개발에도 참여하면서 이란에서 사업 욕심이 컸다. 토탈은 1997년 미국의 제재를 무시하고 이란과 20억 달러의 유전 개발 계약을 맺기도 했다. 국제사회 전체로 제재가 확산된 2010년부터 토탈은 이란에서 탐사와 생산을 중단했지만 이 기간에도 테헤란에 사무실을 유지하는 등 에너지 사업을 장기적 과제로 접근했다. 이런 이유로 토탈은 이란에 대한 제재가 풀리자 사우스 파르스의 지분 50%를 보유한 채 첫 가스전 투자를 따낸 것이다. 비잔 남다르 잔가네(Bijan Namdar Zanganeh) 이란 석유장관이 협정을 체결하면서 "토탈은 항상 개척자였고 우리가 어려울 때 함께 했고, 이제 다시 돌아왔다"고 말한 것은 이런 배경에서였다.

바흐티아리 부회장은 최근 외국인 직접투자가 활발해지면서 이란의 경제 목표도 새롭게 수정됐다고 강조했다. "우리는 연간 8% 성장을 목표로 하고 있고, 매년 150억 달러의 투자를 유치할 계획입니다. 이란의 성장 잠재력을 감안하면 결코 무리한 숫자가 아니에요. 이란에는 가스와 석유, 천연광물들이 풍부해요. 물류 수송도 날로 발전하고 있고요. 대표적인 제조 산업인 석유화학도 시설을 고도화하고 있고, 자동차 생산은 현재 연간 100만 대에서 향후 300만 대를 목표로 하고 있어요. 내수 수요만 180만 대나 되죠. 여기에는 외국 자동차 업체들을 유치하는 것뿐만 아니라 이란산 차량 브랜드(Samand, Rana, Tiba)를 키우는 전략도 포함되어 있죠. 철강 산업도 현재 4000만t 생산능력을 7000만t으로 높일 예정입니다." 메모한 것도 없이 바흐티아리 회장의 머릿속에서 숫자들

이 술술 나오는 것이 신기할 따름이었다. 그는 또 한참을 미국의 제재 조치가 부당하다고 지적하더니 곧 로하니 정부의 경제개혁 성과를 끝도 없이 설명했다. 듣기가 좀 지루할 지경이었다. "미국의 제재는 일방적이었고, 오바마 정부 때는 그 수위가 강화돼 국제사회 전체가 우리를 상대로 제재에 나섰어요. 글로벌 기업들은 이란과 협력하려고 하는데 미국은 제재 수위를 높였죠. 다른 나라들이 우리와 일하고 싶어도 미국의 눈치를 보느라 그러지 못했어요. 얼마나 불공정하고 비이성적인 행태입니까. 은행 부문이 제한을 많이 받아서 기업들이 사업하는 데 곤란을 겪었습니다. 특히 이란과 같은 원유 생산국은 석유 수출로 먹고사는데 그게 안 되니 예산 적자와 인플레이션이 크게 높아졌죠. 하지만 4년 전 로하니 정부가 들어서면서 상황이 호전되기 시작했습니다. 그가 내세운 최대 국정 운영 방침이 고립된 국제관계를 복원해 경제를 살리는 것이었죠. 로하니 대통령 전에는 핵 협상을 EU와 국제원자력기구(IAEA)하고 했는데 아무런 진전이 없었어요, 그래서 로하니는 다른 방식을 택했는데 유엔 안보리 상임이사국에 독일을 넣어 'P5+1' 형태로 협상한 것이죠. 결국 치열한 토론 끝에 2년 만에 타협안에 도달할 수 있었고 일부 제재가 풀렸습니다. 물론 미국 정부는 인권 문제나 재래식무기 사업 관련해서는 여전히 행정명령을 통해 제재를 유지하고 있어요."

그는 로하니 대통령의 경제 성과를 열거하기 시작했다. "로하니 정부가 출범한 2013년 전만해도 이란의 인플레이션율은 44%, 경제성장률은 -6%였어요. 하지만 그가 집권한 지 7~8개월 만에 인플레이션율은 34%로 낮아졌고, 1년 반 만에 20%로 떨어졌어요. 경제성장률은 1년 반 만에 -1%, 2년이 지나자 플러스(0.1%)로 돌아섰습니다. 기적 같은 일이었죠. 이란의 경제팀이 비우호적인 환경에서 상황을 개선해낸 겁니다. 지금은 인플레이션율이 한 자리 숫자로 더 내려갔고, 지난해 IMF는 이

❖ 테헤란 북쪽 타즈리쉬 광장 부근에 있는 화려한 이맘자데살레 모스크. 옆 전광판에는 미국과 이스라엘에 반대한다고 쓰여 있다.

란의 경제성장률을 보수적으로 잡아도 5%는 될 것이라고 예측했어요. 아직 경제 회복이 완전하지는 않지만 개선 움직임은 뚜렷합니다. 당연히 제재가 사라진 것이 경제 활력에 도움이 됐고요."

　나는 더 이상 듣고 있기가 힘들어 "이란의 잠재력은 잘 알겠는데 그렇다면 남은 약점이 무엇인지 말해달라"고 재촉했다. 그는 취약한 은행거래와 이중환율, 부패 등 세 가지를 꼽았다. "사업을 진행하려면 금융이 필요한데 은행들이 보수적이라 이란으로 거액의 송금을 주저하고 있습니다. 기업들은 이란에서 사업을 해보려고 하지만 은행은 미국의 제재가 두려워 선뜻 자금 지원을 못 하고 있죠. 미국 제재법이 달러로 결제나 송금하는 것을 계속 규제하고 있기 때문에 대형 은행들은 유동성을 충분히 내놓지 않고 있습니다. 이로 인해 비즈니스가 일어나는 것 같지만 성과는 느리게 나타나고 있는 겁니다. 그렇다고 이란 은행들이 대규모 금융을 제공할 여력이 있지도 않고요. 두 번째 문제는 공식적인 은행

간 환율과 시장 거래 환율이 다르다는 겁니다. 외국인 투자는 시장 가치보다 10%가 높은 리알(rial)화, 즉 낮은 은행 환율을 적용받기 때문에 외국인 직접투자가 증가하는 데 부정적이죠. 하지만 연내에 곧 하나의 환율 제도를 운영할 겁니다. 이밖에 정부 내 부패나 관료주의가 없다고 부인하지는 못하겠습니다. 하지만 기업들이 정부의 투명성을 압박하고 있고 우리 상의에서도 빠른 사업 진척을 위해 정부에다 부패 근절을 강하게 요구하고 있어요."

물론 이란의 약점은 이뿐만이 아닐 것이다. 오랫동안 외부와 단절되어 지냈던 만큼 인터넷이나 통신 서비스 같은 사업 지원 인프라와 비즈니스 관행도 국제 기준에 미치지 못할 것이다. 주간지 《이코노미스트》는 제재가 풀렸는데도 이란에 경제 훈풍이 불지 않는 이유들을 몇 가지 제시했다. 바흐티아리 부회장이 언급한 대로 은행에서 달러 거래가 여전히 부족해 이란에서 사업하는 데 수입 물품 대금을 지불하기 힘든 점도 포함됐다. 또 에너지 분야에 투자가 늘어난다고 해도 이미 석유 산업은 노동보다는 자본과 기술집약적이라서 일자리 창출에 큰 도움이 되지 않을 것이라고 했다. 이로 인해 각각 25.2%, 19.7%에 달하는 청년과 여성 실업률은 떨어질 기미를 보이지 않고 있다. 가장 큰 문제 중 하나는 '이슬람혁명수비대(IRGC)'가 이란의 국가 경제를 계속 주무르고 있다는 것이다. 혁명수비대는 말 그대로 1979년 이란 혁명 직후 신정 체제를 지키기 위한 군사 조직으로 출발했지만 경제적 고립이 깊어지면서 이란 내 주요 산업들까지 장악하게 됐다. 제재의 여파로 외국 기업들이 들어오지 않자 IRGC가 대신 사업들을 떠안게 되면서 경제 공룡이 된 것이다. 또 혁명수비대 출신이 국회의원과 지방자치단체장 등 요직을 차지하고 낙하산으로 공기업 간부가 되어서 신규 사업을 할 때 뒤를 봐주는 식으로 해서 '그들만의 리그'가 확대된 것이다. IRGC는 에너지를 비롯해

철도·도로 같은 인프라 건설, 이동통신, 금융, 각종 제조업까지 도맡아 하고 있다. 미국의 민주주의수호재단에 따르면 IRGC가 이란 경제에서 차지하는 비중은 20~40%에 달한다. 2016년 말 한국의 현대중공업이 이란에서 첫 선박 발주에 성공하자 IRGC가 계약 취소를 강하게 요구한 것도 자기들의 밥그릇을 지키기 위한 것이다. ≪이코노미스트≫는 제멋대로 뻗어나가는(sprawling) IRGC 때문에 이란에서는 중소기업들이 살아남기가 힘들고 새로운 직업 창출도 어렵다고 했다. 세계은행에서 나오는 사업환경 지표인 '두잉 비즈니스(Doing Business)' 순위에서 이란이 190개국 가운데 120위에 그치고 있는 것도 IRGC의 횡포가 일부 작용했기 때문이라고 해석했다.

나는 외교관 출신인 바흐티아리 부회장에게 트럼프 시대의 양국 전망에 대해 질문했다. "트럼프는 이란만의 문제가 아니라 모든 나라의 골칫덩어리죠. 그는 과거에 없던 일들을 벌이고 있어요. 그가 이란과의 핵합의를 폐기하려고 하지만 이란핵합의안(JCPOA: 포괄적공동행동계획)은 국제사회의 약속이기 때문에 행정명령으로 바꿀 수는 없습니다. 미국만이 아니라 유엔 안보리 차원의 국제사회 전체와의 합의니까요. 물론 트럼프가 계속 시끄럽게 나가면 이란에 진출하려는 기업들이 심리적으로 위축될 수 있겠죠. 또 미국은 행정명령으로 자국 기업들이 이란에 투자하는 것을 어떻게든 막을 수도 있고요. 작년 말 트럼프 당선 직후 미국 의회는 대(對)이란 제재를 10년 연장하는 법안을 통과시켰습니다. 하지만 이런 조치는 미국 기업들한테도 도움이 안 돼요. 미국 회사들은 이란에서 에너지 사업에 관심이 많은데 과연 행정명령으로 얼마나 막을 수 있을지 모르겠습니다."

나는 "하메네이의 건강 상태가 나쁜가요?"라면서 시민들의 불만 얘기를 꺼냈다. 하지만 건강이나 인기 모두 이상 없다는 답변만 돌아왔다.

"최고 지도자인 하메네이는 아주 건강합니다. 그는 모든 국정을 잘 통제하고 있죠. 누가 하메네이가 아프다고 합니까. 이란 시민들은 하메네이건 로하니건 다 좋아합니다. 하메네이에 대한 불만 얘기는 금시초문인데요." "하메네이는 왜 미국을 향해 늘 적대적인 발언만 합니까"라고 묻자 그는 즉시 "그럼 미국인들은 우리 이란에 대해 나쁜 얘기 안 합니까"라고 맞받아쳤다. "하메네이는 국제 문제에서 이란의 입장을 강하게 얘기할 수 있습니다. 정부는 비즈니스가 되도록 실질적으로 나가야 하는 반면 최고 지도자는 큰 그림을 그리는 것이죠. 둘 사이는 독립적이어서 서로 존중하게 되어 있습니다. 하메네이도 미국을 포함해 모든 나라와 안정적인 관계를 원해요. 미국이 이란을 동등하게 대우하고 이란에 대해 적대 정책을 버린다면 미국과 언제든 좋은 관계로 갈 수 있어요. 하지만 미국은 지난 37년간 행정명령을 통해 이란을 압박했어요. 제재 항목을 매년 새로 추가했고, 이는 오바마도 마찬가지였죠. 우리는 단 한 번도 미국이 이란에 대한 제재 수위를 낮춘 것을 보지 못했습니다. 트럼프는 더 공격적이 되겠죠. 그렇다면 양국 관계는 더 거칠어질 것이고요. 미국에 대한 우리의 전략은 단순합니다. '눈에는 눈, 이에는 이', 즉 팃포탯(Tit-for-Tat)이죠."

실제 트럼프는 전임 정부의 치적으로 꼽는 이란과의 핵 합의를 깨고 제재를 지속하기 위해 꾸준히 압박을 가했고, 그때마다 로하니는 정치적 도발을 삼가라며 반발했다. 트럼프는 이란을 포함한 7개국 중동 국민의 미국 내 입국을 막는 반이민 행정명령을 발동한 데 이어 첫 해외 순방지로 이란의 라이벌인 사우디아라비아를 선택했다. 트럼프는 현지에서 "이란이 중동 내 테러 집단에 자금과 무기, 훈련을 제공하고 있다. 이란을 고립시켜야 한다"고 떠들었다. 이후 사우디 등 수니파 국가들은 이란과 친한 카타르에 갑작스러운 단교를 통보하면서 이란을 몰아붙였다.

이란으로서는 트럼프가 집권하자마자 오바마 정부의 성과물을 맛보지도 못한 채 외교적 수세에 빠져들고 있는 것이다.

나는 트럼프 시대의 양국 관계 전망을 좀 더 들어보기 위해 시내에 있는 국립 테헤란 대학교를 무작정 찾아갔다.

❖ 국립 테헤란 대학교 한 건물에 걸려 있는 호메이니와 하메네이를 그린 초상화 그림.

거기에 가면 교수는 아니라도 젊은 학생들의 생각이라도 들어볼 수 있을 것 같았다. 테헤란 대학교는 나름 캠퍼스가 잘 갖추어진 곳이었다. 다만 대학 건물들 사이로 난 큰 도로에 차량이 가득하다는 것은 학업에 방해가 될 수도 있어 보였다. 대학 구내에 도착해 두 명의 여학생에게 사회과학 건물이 어디인지를 물었다. 불어과 2학년생인 그들은 내게 그곳까지 안내해주겠다고 했다. 그들 얘기론 테헤란 대학교에서 외국어 전공은 영어가 가장 인기가 많고 다음은 스페인어와 프랑스어, 독일어 순이다. "이란 사람들은 미국을 싫어하는가"라는 질문에 둘 다 "미국이 우리를 괴롭혀왔기 때문에 썩 좋아하지 않는다"고 답했다. 하지만 한 학생은 "미국하고 트럼프는 싫지만 오바마는 좋다"면서 "그가 소수자들의 권익을 지킬 줄 아는 민주주의자라고 생각하기 때문"이라고 했다. "그렇다면 이란은 민주주의 국가인가"라고 묻자 그 학생은 "우리에겐 표현의 자유가 제한되어 있기 때문에 진정한 민주사회가 아니다"라고 했다. 그러자 다른 학생은 "무슨 소리냐. 나는 충분히 내 의사표시를 할 수 있는데"라며 "이란은 미국보다 나은 민주국가"라고 반박했다. 결국 두 학생은 계속해서 티격태격했고, 말싸움으로 번지면서 사회과학동까지 안내해주겠다는 약속도 잊고 둘 다 그냥 가버렸

다. 그래서 다시 물어서 혼자 정치학과가 있는 건물로 찾아갔는데 상당히 지적으로 생긴 40대 초반의 남성을 입구에서 만났다. 실제 그는 이란 정치혁명사를 가르치는 정치학과 조교수였고, 나는 한국에서 온 기자라고 소개했다. 서 있는 상태에서 트럼프 시대의 양국 관계를 물어봤다.

"트럼프는 정상적인 지도자가 아니죠. 이슬람은 이란의 이데올로기인데 트럼프는 이슬람 자체를 테러리즘의 이데올로기로 보고 있어요. 전제부터 틀렸으니 양국 관계가 좋아질 리가 없죠. 반이민 행정명령도 그런 그릇된 가정에서 출발한 것이고요. 테헤란 대학교에는 몇 년 전만 해도 미국인 학생이 두세 명 있었는데 지금은 없습니다. 반면 이란 학생은 미국에 4000~5000명이 나가 있어요. 그들은 졸업하고 나서 대부분 미국에서 취업하는데, 반이민 행정명령은 이란 학생들을 인질로 잡는 파렴치한 조치예요."

이란 지식인 사회에서도 트럼프에 대한 분노가 이처럼 크다면 앞으로 양국 관계는 험난해질 것이 분명해 보였다. 핵 합의에도 불구하고 여전히 달러 돈줄을 죄고 있는 미국 때문에 경제 회복이 더디게 된다면 제재 해제 후 한껏 기대에 부푼 이란인들의 미국에 대한 불신과 반발은 그만큼 더 커질 것이다. 오랫동안 국교 단절로 민간인 차원의 교류도 뜸한 상태에서 양국이 진정한 합의점을 찾기란 매우 어려운 일이 될 수밖에 없다. 짧게 만난 그 테헤란 대학교 교수는 성함을 알려달라는 요청에 묘한 웃음을 짓더니 끝내 밝히기를 거부했다. 이란 사회에는 정치적인 발언이 미디어를 통해 공개되는 데 대해 두려움과 불편함이 있는 것이 분명했다.

러시아 Russia

2018년 대선은 푸틴에게 물어봐

알마티에서 출발해 러시아 모스크바까지 가는 데 비행기로 4시간이면 충분하지만 비용을 아끼기 위해 새벽 출발에다가 모스크바보다 북쪽에 있는 상트페테르부르크로 가서 환승하는 방법을 택했다. 이러다 보니 알마티~페테르부르크~모스크바로 가는 총 비행시간은 8시간 가까이 됐다. 알마티 국제공항은 한국의 김포공항보다 작고, 내부도 지저분한 편이다. 그럴듯한 면세점이나 편의 시설은 기대하지 않는 게 낫고, 버거킹

- 극동에서 유럽 대륙에 걸쳐 있는 전 세계 최대 면적을 가진 나라다. 1917년 사회주의혁명이 발생해 로마노프 왕조가 무너지고 소비에트 사회주의연방공화국(소련)으로 태어났다. 소련은 극심한 경제난과 정치적·사회적 무기력이 임계치에 이르면서 1991년 12월 해체됐고, 소련 내 최대공화국이었던 러시아가 구소련의 법통을 계승했다. 독립 초기에는 절실한 경제적 지원을 받기 위해 친서방 정책을 펼쳤지만 '오일 달러'의 힘이 커지고 주변 국가들을 합병하면서 서방측과 갈등을 빚고 있다.

이나 맥도날드 같은 패스트푸드점도 없다. 길이로 300여 m에 불과한 좁은 알마티 공항 대합실에는 새벽 출발을 앞두고 의자를 두세 개씩 차지하고 잠을 청하는 여행객들로 인해 도떼기시장이 따로 없었다.

그러나 누추한 알마티 공항을 떠나 러시아에 도착하니 완전히 다른 세계였다. 중간 기착지인 페테르부르크의 풀코보 국제공항은 깨끗한 대리석 바닥에 복도도 넓고 모든 게 큼직큼직했다. 언제 이렇게 새 단장을 했을까 싶을 정도로 탄성이 절로 나왔다. 출입국 심사도 예전과 달리 빨리 진행됐고, 환승 과정도 전혀 복잡하지 않았다. 과거 러시아 공항에서 퉁명스러운 직원들의 느린 일처리 때문에 장시간 줄을 서야 했던 불쾌한 경험은 더 이상 없었다. 예전에는 입국 심사 대기줄이 하도 길어서 여기를 빠져나간 뒤 내 짐이 수하물 컨베이어벨트 위에 온전히 남아 있을까 하며 애간장을 녹였던 경험은 이젠 옛날 얘기가 되어버렸다.

페테르부르크에서 환승해 모스크바까지 가는 데는 1시간 30분이 걸렸다. 브누코보 국제공항 역시 풀코보처럼 입국 절차가 시원시원했다. 외국 지도자들이 모스크바를 방문할 때 가장 많이 이용하는 공항인 만큼 크고 세련되게 단장되어 있었다. 모스크바에는 2016년 5월에 주코프스키 공항까지 문을 열어 초대형 국제공항만 네 개나 된다. 공항 규모와 수많은 인파를 감안하면 우크라이나 사태로 러시아가 경제 위기를 겪고 있는지 의문이 들 정도였다. 오히려 유가 폭락과 서방의 제재로 루블화 가치가 폭락하면서 외국인 관광객들은 저렴해진 러시아를 이때다 하고 찾고 있었다. 공항에서 시내로 나가는 일도 번거롭지 않다. 브누코보 공항 청사에서 고속열차를 타면 대략 40분 만에 모스크바강(江)과 외무부 청사가 보이는 키예프역에 도착할 수 있다. 모스크바시 당국이 공항을 리노베이션하고, 거기에 철도를 끼워 넣으면서 이용자 편의에 신경을 많이 썼다는 흔적이 곳곳에 묻어났다.

모스크바는 내가 근무했던 10여 년 전의 모습이 더 이상 아니었다. 최소한 하드웨어적인 측면에서는 그랬다. 눈에 띄는 몇 가지만 추려보면 거리가 깨끗해졌고, 스킨헤드한테 봉변을 당할까 늘

❖ 모스크바의 한 호텔 앞에 서 있는 노란색의 얀덱스 택시들.

경계하며 다니지 않아도 됐으며, 한국의 카카오 택시처럼 '얀덱스 택시' 앱을 깔면 택시 이용도 편하고 저렴했다. 모스크바의 이런 변화는 푸틴 대통령의 측근 중 한 명인 세르게이 소뱌닌(Sergey Sobyanin) 모스크바시장의 역할이 컸다. 그는 2013년 10월 재선되고 나서 불법 이주자들에 대한 대대적인 단속을 펼쳐 왠지 어둡고 범죄 도시의 느낌이 났던 모스크바의 분위기를 바꾸어 놓았다. 안전한 도시를 모토로 내걸고 깡패집단의 폭력 척결을 위해 직접 거리로 나갔고, 경찰의 고질적인 뇌물수수에 대해서도 철퇴를 가했다. 어쩌면 소뱌닌의 전임자인 유리 루쉬코프(Yury Luzhkov)만 해도 본인 스스로가 워낙 모순 덩어리라 모스크바의 이미지는 얼룩이 질 수밖에 없었다. 18년간 모스크바시장을 지낸 루쉬코프는 푸틴이 등장하기 전까지는 대권 후보로 불릴 만큼 막강했다. 모스크바 시장 자리를 이용해 돈 많은 재벌들과 얽히고설키면서 재산도 많이 축적했다. 2013년 시장에서 경질될 무렵 루쉬코프의 재산은 10억 달러에 달했다. 부인 바투리나(Baturina)는 부동산 회사인 인테코를 세워 모스크바시가 발주한 대형 건설 공사들을 싹쓸이했다. 바투리나 역시 수년간 러시아 여성 최고 부호였다.

도시가 청결해진 것은 2014년 소치 동계올림픽, 2018년 러시아 월드컵 개최의 영향도 크다. 외국인들을 불러 모으려면 그만큼 도시 미관

에 신경을 쓸 수밖에 없기 때문이다. 회색의 칙칙했던 건물 색깔은 점차 밝게 바뀌었고, 청소차들은 수시로 거리에 물을 뿌려대며 쓸고 닦았다. 예전에 길거리에 수북했던 담배꽁초들은 벌금이 강화되자 곳곳에 세워둔 휴지통 안으로 들어갔다. 모스크바에서 일하는 한 주재원은 "네덜란드 암스테르담에서 근무하는 남편이 모스크바에 왔는데 여기가 훨씬 깨끗하다며 놀라더라"고 말했다. 물론 시민들 반발이 없는 것은 아니다. 왜 많은 돈을 청소하는데 쓰느냐 하는 것이다. 얀덱스 택시를 모는 30대 중반의 알렉세이는 "시내가 깨끗해졌다"고 하자 대뜸 "그게 누구를 위해서죠?"라고 반문했다. "아마 소뱌닌이나 푸틴 개인을 위한 것이겠죠. 우리 모스크비치를 위한 것은 절대 아니에요. 깨끗이 한답시고 낡은 집들을 철거해 거기 사는 서민들은 갈 곳을 잃었어요. 또 멋진 건물이 들어서면서 물가만 비싸졌고요. 덕분에 외국인 관광객들은 모스크바 시내를 활보하는데 우리 서민들은 외곽으로 피신할 수밖에 없게 되었죠." 여행자 입장에서 질문하는 내 얼굴이 확 달아올랐다. 그는 도시가 밝아진 점은 인정했지만 자기들을 피해자라고 규정하고 있었다. 러시아 정부와 모스크바시 당국에 대한 적개심이 묻어났다. 관광용 돈벌이를 위해 서민들의 삶을 희생시켰다는 것이다. 또 불만과 원성의 화살은 외국인들에게도 향하고 있었다. 자칫 외국인 증오 범죄의 광풍이 또 한 번 불어닥칠지 모를 것 같다는 예감이 들었다. 지금은 국제 행사를 앞두고 당국이 꾹꾹 눌러 막고 있지만 주민들의 박탈감이 커질수록 스킨헤드의 망령은 고개를 들 수밖에 없다.

모스크바에서 현지인과 대화하기가 가장 편한 장소는 택시 안이었다. 얀덱스 택시를 이용하면 가격 흥정 없이 예전보다 비용 부담이 훨씬 덜했기 때문이다. 모스크바 택시에서 만나본 운전사들은 연령층과 경력이 다양했다. 30대 초반부터 60대 중반까지 있었고, 전업으로 하는 경우

가 많았지만 친구의 차를 빌려 주 1~2회 용돈벌이로 나선 사람도 있었다. 전 세계 최대 알루미늄 생산기업의 지주회사격인 바조브 엘레멘트에서 일하는 30대 중반의 남성은 "아이들 분윳값이라도 벌어보려고 주 2회 핸들을 잡는다"고 털어놨다. 그가 "올렉 데리파스카(Oleg Deripaska)를 아느냐"고 묻자 나는 "그가 2008년 금융위기 직전에 러시아 최대 부자였는데 그때 아마 전 세계 9위 부호였죠?"라고 답을 하고는 "그런데 그 큰 기업이 돈을 많이 안 주나요? 운전까지 다 하게"라고 질문을 던졌다. "데리파스카의 재산이 옛날만 못하지만 그래도 아직까지는 많이 줘요. 러시아 경제가 어렵긴 해도 저는 겨울에 태국으로 휴가도 가고 나은 편이죠. 애들을 유모가 키우는데 그 돈이라도 조금 보태려고 나왔어요. 물론 내 주변의 친구들은 사정이 나빠 낙담하고 사는 경우가 흔하죠. 대학 졸업하고 나서 취업도 안 되고 급여도 시원찮으니 택시 운전을 전업으로 선택하기도 하고요. 모스크바에만 얀덱스 택시가 1만 대가 넘을 겁니다. 얀덱스 택시가 정부 대신 실업자를 구제하고 있는 셈이에요. 다들 대학 나와 운전대부터 잡게 되니 불만들이 많아요."

모스크바를 찾았던 2016년 9월 하순은 국가두마 선거가 치러진 지 일주일이 지난 뒤였다. 2003년 총선 이후 폐지됐던 지역구·비례대표제 혼합 방식이 부활돼 225명은 지역구에서, 나머지 225명은 비례대표 정당명부제로 뽑는 방식으로 바뀌어 더욱 관심을 끌었다. 결과는 여당인 통합러시아당이 전체 450개 의석 가운데 무려 76%가 넘는 343석을 얻어 압승했다. 야당이지만 크렘린에 우호적인 공산당이 42석(9.34%), 극우 민족주의 성향의 자유민주당 39석(8.67%), 정의당 23석(5.11%)을 얻어 사실상 푸틴이 완승했다. 러시아 신문들은 총선 결과와 후폭풍을 분석하는 기사들로 도배하다시피 했다. 코메르산트는 크렘린이 총선 승리의 여세를 몰아 2018년 대선에 대비해 정보기관들의 구조 개혁을 단행할

❖ 모스크바 시내에 있는 러시아 국가두마(하원) 건물.

것이라고 보도했다. 요지는 현행 연방보안부(FSB)를 소련 시절의 막강한 권한을 가졌던 국가보안위원회(KGB) 수준으로 끌어올리고자 부처 수준의 가칭 '국가보안부'를 만든다는 것이다. 그동안 권력 남용을 막기 위해 FSB로부터 떨어져 나갔던 대외정보국(SVR), 연방경호국(FSO)도 FSB 밑으로 들어온다. 물론 과거에도 푸틴의 지지율이 오를 때마다 푸틴의 친정인 FSB의 위상을 강화한다며 정보기관 개편은 단골 뉴스거리였다. 하지만 그때마다 소련 때로 회귀하는 것이냐, 정보를 독점하려는 것이냐 해서 여론에 막혀 좌절됐다. 총선이 끝나자 정부 인사도 있었는데 크렘린 행정실 제1부실장이던 뱌체슬라프 볼로딘(Vyacheslav Volodin)이 하원의장으로 승진했고, 전임인 세르게이 나리슈킨(Sergey Naryshkin)은 SVR로 옮겨 사실상 권력 핵심에서 빠졌다. 총선 승리로 여당이 의회를 장악했지만 2018년 대선까지 상승세를 이어가려면 물러터진 나리슈킨을 그대로 놓아두기에는 부담스러웠던 것이다. 차라리 크렘린에서 오랫동안

5부 | 반서방 주변 대국을 가다: 터키·이란·러시아 517

푸틴의 속내를 읽어온 볼로딘을 의회로 보내 대선 때까지 정치권에 분란이 생기지 않도록 정지 작업을 하려는 게 분명했다. 볼로딘이 자리를 비운 행정실 제1부실장에는 1998년 러시아 모라토리엄(대외채무지불유예) 당시 옐친 내각에서 최연소 총리를 지낸 세르게이 키리옌코(Sergey Kiriyenko) 원자력공사 사장을 임명했다. 신문들은 개혁적이고 진보적인 성향의 키리옌코가 크렘린의 강압적이고 보수화된 이미지를 불식하는 데 최적이라고 평가했다. 키리옌코는 중부 도시 니즈니 노브고로드의 사업가 출신으로 소련과 러시아를 통틀어 역대 최연소인 35세에 총리에 발탁됐지만 외환 위기가 터지면서 불과 4개월 만에 물러난 비운의 인물이기도 했다.

푸틴이 총선 승리에도 불구하고 서둘러 이런저런 작업을 벌인 것은 그만큼 향후 정국이 녹록지 않다는 점을 방증하는 것이었다. 여당이 역대 최대 의석을 가져갔지만 가장 낮은 투표율을 기록한 것은 부담스러울 수밖에 없다. 유권자의 절반을 밑도는 낮은 투표율(47.8%)은 정치적 무관심층, 부동층이 많아 언제든 대선 결과를 뒤집을 수 있는 변수가 될 수 있다. 특히 러시아 최대 도시인 모스크바와 상트페테르부르크에서 투표율이 각각 35.2%, 32.5%에 그친 점은 푸틴으로서도 뼈아픈 일이다. 5년 전 총선에서 이들 지역 투표율이 66%, 55%였던 것을 감안하면 이번 총선을 이겼다고 마냥 기뻐하고만 있을 일이 아니었다. 더욱이 통합러시아당에 대한 모스크바 시민들의 지지율은 37.7%에 불과했다. 수도에서는 푸틴이나 여당 모두 사실상 패배한 것이다.

30대 중반의 택시 운전사 알렉세이는 푸틴이 선거 승리를 축하하고 있을 때가 아니라고 강조했다. "내 주변에 투표하지 않은 친구들이 부지기수예요. 여당이 자기들끼리 다 해먹을 건데 뭐 하러 우리가 나섭니까." 내가 "숫자로 보면 그래도 푸틴이 이긴 거잖아요"라고 하자 "젊은이

들은 취업이 안 되고, 연금 수급자들은 돈을 예전보다 못 받고 있어요. 돈들이 다 어디로 갔나요? 정치인이나 관료는 모두 뇌물을 받는 부패한 인간들이에요. 푸틴이 말로는 부정부패를 단속한다지만 실제는 달라진 게 없어요. 야당 인사들도 마찬가지고요. 야당도 싫고 푸틴도 마음에 들지 않으니 투표하러 갈 이유가 없어요." 나이가 61세라고 밝힌 아르메니아계 모스크비치는 "서

❖ 블라디미르 푸틴 러시아 대통령.

방의 제재로 우리가 이렇게 어려워졌는데 여당이 승리하다니 이해가 안 가는 것은 외국인이나 우리나 매한가지"라며 말을 이어갔다. "정부 관료들이 썩은 것은 말할 것도 없고요. 작년 겨울에는 모스크바 근교 주택가에 물도 나오지 않아 대규모 식수난을 겪었어요. 이런 게 정상적인 문명국가에서 일어날 일이라고 보십니까. 모든 게 귀찮아서 투표하러 가는 것도 깜빡 했다니까요." 산적같이 생긴 50대 운전사는 총선 얘기를 하던 중 다소 엉뚱한 얘기를 꺼냈다. "북한 김정은이는 미친 놈 아닙니까. 정신이 나갔어요. 한국 사람들은 모스크바에서 관광도 하고 돈도 많이 쓰는데 북한 사람들은 노동자로 와서 일만 하다가 가요. 우리도 똑같아요. 정치인들은 많이들 받아쳐먹는데 우리는 북한 사람처럼 불쌍하게 살고 있어요. 푸틴의 재산이 얼마나 되는 줄 아십니까. 무려 1200억 달러나 된답니다. 밑에 힘깨나 쓰는 다른 관료들은 또 얼마나 챙겼을까요." 그는 오른손을 목 부위에 대고 옆으로 흔들면서 "그런 놈들은 북한에서처럼 이렇게 (제거)해야 해요"라고 언성을 높였다.

이 같은 시민들의 불만은 2017년 3월 말부터 러시아 전역에서 발생한 대규모 푸틴 반대 시위로 확인되기도 했다. 메드베데프 총리의 부패 실상이 블로그에 폭로되면서 불거진 정권 퇴진 요구 데모는 극동의 블라디보스토크에서 서쪽 역외 영토인 칼리닌그라드까지 100여 개 도시에서 동시다발적으로 벌어졌고, 전체 시위 참가자는 2만여 명으로 추산됐다. 이 중 모스크바와 상트페테르부르크에서 각각 1만 명과 4000명으로 가장 많았다. 차기 대선에서 푸틴의 네 번째 집권을 제어하는 데 2016년 총선에서 투표율이 가장 저조했던 러시아 양대 도시가 떠오르고 있는 것이다. 하지만 2012년 대선 전에도 반정부 시위가 전국적 규모로 벌어졌다는 점을 감안하면 이번 사태에 대단한 의미를 부여할 일은 아니다. 어차피 2018년 대선을 앞두고 러시아에서는 반푸틴 시위가 수차례 반복될 것이고, 야당 탄압, 물리적 충돌, 경찰 진압 같은 얘기들이 쏟아져 나올 것이다. 그래도 누가 차기 정권을 차지할지를 점친다면 푸틴 쪽에 베팅하는 것이 여전히 승산이 높을 것이다. 모스크바에서 만난 시민들도 당국에 불만을 쏟아냈지만 결국엔 '푸틴 말고는 대안이 없다'는 말로 요약됐다. 앞서 61세의 아르메니아계 남성은 현 정부에 대한 불만이 가득했지만 "찍을 사람이 없으니 푸틴이 나오면 그의 당선은 100%일 겁니다. 누구 다른 대안이 있나요?"라고 말했다. 내가 "메드베데프 어때요?"라고 하자 그는 오른손 검지를 머리에 갖다 댔다. "메드베데프는 '두락(바보)'이에요. 얌전하고 조용해서 학자나 예술가를 했어야지, 대통령이 되고서도 해낸 일이 없으니. 푸틴 말고는 최고 지도자감이 없는 게 러시아 정치의 현실이자 가장 큰 비극일 겁니다."

메드베데프에 대한 자국민들의 불신과 폄하는 러시아 정치 관련 세계적인 석학인 리처드 사카(Richard Sakwa) 미국 켄트 대학교 교수의 얘기와는 딴판인 것이다. 사카 교수는 푸틴이 2012년 대통령에 복귀하지

❖ 모스크바를 상징하는 붉은 광장과 크렘린(왼쪽).

말고 메드베데프가 연임을 했더라면 러시아 정치가 한 단계 진화했을 것이라면서 메드베데프를 높게 평가한 바 있다. "메드베데프는 자신의 정치적 정체성을 성공적으로 확보했고, 점진적인 정치적 자유화도 시도했다. 유럽 국가들과는 파트너십을 잘 유지했으며, 경제정책에서는 국가의 간섭을 줄였다. 하지만 (대통령 연임을 앞두고) 국민에게 자신에 대한 지지를 심각하게 구하지 않아 러시아 정치 발전을 위한 역사적 기회를 잃어버렸다."

얼굴에 산전수전 풍파의 흔적을 간직한 50대 중반의 모스크비치는 푸틴을 격하게 칭찬했다. "푸틴은 러시아 각지를 돌아다니면서 자기가 지시한 것들의 이행 상황을 철저히 검증해요. 주지사나 시장들을 불러다가 과거에 얘기한 일들의 진행 상황을 묻고 때로는 호통도 치죠. 시원합니다. 다른 정치인들은 말만 던져놓고 싹 잊어버리는데 푸틴은 기억해 두었다가 끝까지 업무 내용을 살피죠. 믿을 만한 지도자예요. 2018년 대선에 나오면 90% 넘게 득표할 것이 분명해요." 푸틴밖에 없다는 절박

함은 젊은층도 마찬가지였다. KOTRA 모스크바무역관에서 일하는 30대 초반의 러시아 여성은 "푸틴이 없으면 전쟁이라도 나서 위험하고 소란스러워질 것 같아요. 소련이 해체됐을 때처럼 러시아가 불안정한 시절로 돌아가면 안 되죠. 그러려면 다음 대선에서도 푸틴밖에 없어요."

이미 러시아 정치권에서는 푸틴의 연임을 위해 그를 구세주인 양 떠받드는 분위기다. 두마 의장이 된 볼로딘은 2014년 10월 외교전문가 모임인 발다이클럽 회의에 참석해 "푸틴에 대한 공격은 국가에 대한 공격으로 간주된다. 푸틴이 없으면 러시아도 없다"고 말했다. 푸틴의 오랜 최측근인 블라디미르 야쿠닌(Vladimir Yakunin) 전 철도공사 사장은 "정교회의 고위 성직자들조차 '신이 러시아에 푸틴을 선물로 주었다'고 했다"면서 그 말을 여기저기 퍼트리고 다녔다.

스웨덴 말뫼 대학교 국제정치학과의 데렉 허치슨(Derek Hutcheson) 교수는 2016년 9월에 쓴 논문에서 푸틴에 대한 정치적 신격화 작업이 러시아에서 급피치를 올리고 있다고 했다. 그는 "푸틴의 권력은 경제성장과 국내질서 보호, 국제사회에서 위대한 러시아로의 복귀라는 세 가지 기둥에 의해 유지되어 왔는데 3기 집권기에 들어 경제성장 동력이 떨어지면서 이를 만회하려고 푸틴을 신격화하고 외부로 적을 돌리는 일이 많아졌다"면서 "체첸, 올리가르히, 조지아, 우크라이나에 이어 최근에는 서방 세계를 공격하는 것도 러시아인들의 단결을 호소하면서 자신의 권력을 공고히 하려는 것"이라고 설명했다.[1] 일각에서는 대선을 앞두고 반푸틴 시위가 일어나도 더 이상 맥을 추지 못할 것으로 보고 있다. 푸틴을 대체할 전국적인 인물이 없는 데다 모스크바나 상트페테르부르크에서

---

[1] Derek S. Hutcheson, "Shortcut to Legitimacy: Popularity in Putin's Russia," *Europe-Asia Studies*, Vol, 68(Sep, 2016), pp. 1107~1126.

발생한 시위가 적극적인 연대를 통해 지방까지 확산되기가 어려워 푸틴을 견제하기 힘들다는 것이다. 영국 기자 출신으로 러시아 관련 칼럼리스트인 벤 주다(Ben Judah)는 그의 베스트셀러인 『깨지기 쉬운 제국(Fragile Empire)』이라는 책에서 이렇게 썼다.

> 2011~2013년 모스크바에서 있은 민주화 시위는 실패했는데 이는 지방과 연계가 되지 않았기 때문이다. 모스크바는 더 이상 러시아가 아니기 때문에 전국적으로 시위가 확산될 수 없어 실패했다.[2]

이는 대도시의 의식 있는 지식인들이 "푸틴, 물러가라!"고 외치더라도 모스크바와 정치·경제적으로 단절되어 있는 지방에서는 크게 호응하지 않을 것이기 때문에 전국적인 반정부 투쟁, 개혁 열기로 이어지기가 어렵다는 것이다. 어쩌면 모스크바 내에서도 어려워진 생활고를 토로하며 투표를 거부했던 시민들 역시 대선을 앞두고 정치 시위에 동참하지 않을 것이다. 이들은 길거리에 나가더라도 정치 사정이 자신들에게 유리하게 바뀌지 않을 것이라는 무력감에 깊이 빠져 있기 때문이다. 이래저래 푸틴이 2018년에 대통령이 다시 되어 그해 러시아에서 치러지는 월드컵의 개막사를 낭독하게 될 가능성이 매우 높아 보인다.

---

2) Ben Judah, *Fragile Empire: How Russia Fell In and Out of Love with Vladimir Putin*(Yale University Press, 2014).

'위기는 없다' 오만한 자존심의 항변

2016년 9월 말, 러시아에서는 경제 뉴스가 총선 관련 뉴스 이상으로 많았다. 기름값이 급등하지 않는 한 러시아 경제는 비관적으로 흘러갈 수밖에 없었다. 러시아의 GDP 증가율은 2014년 우크라이나 사태가 절정에 달해 서방의 경제 제재가 더해지면서 그해 0.7%로 꺾였고, 2015년과 2016년에도 각각 -3.7%, -0.6%를 기록했다. 오는 2030년까지 연평균 경제성장률이 1.5%에 그칠 것이라는 비관적인 전망도 있다. 당시 TV에서는 안톤 실루아노프(Anton Siluanov) 재무장관이 나와 "유가 하락으로 세수가 나빠져 올해(2016년) 재정적자 규모는 GDP 대비 3.2%에 달할 것"이라고 경고하고 있었다. 막상 그 수치만 놓고 보면 이게 얼마나 심각한 것인지 감을 잡기는 어렵다. 하지만 2017년엔 전년 대비 6%, 2018~2019년엔 11%나 정부 지출 규모를 줄이겠다고 공언한 것을 봐서는 러시아 경제가 여전히 쉽지는 않은 모양새였다. 한 나라의 경제 사령탑이라면 위기가 닥쳐도 별 문제없다고 빼는 게 정상이지만 러시아에서는 언제부터인가 각료들은 비관적인 얘기를 떠들어대고 크렘린이 뒤에서 무마하는 형국이 벌어지고 있다. 경제학자인 올가 쿠브쉬노바(Olga Kuvshinova)는 러시아가 장기적인 경기 침체 국면에 들어섰다고 평가했다. 뚜렷한 혁신 없이는 일본처럼 '잃어버린 20년'을 향해갈 수 있다고 했다. "2007년부터 2016년까지 10년간 연평균 성장률은 1.6%에 그쳤다. 오는 2020년까지 이 수준으로 간다면 13년간 장기 침체에 빠지는 것이고, 특히 최근 7년간은 제로 성장을 하게 되는 셈이다."

러시아 경제가 수렁에 빠진 배경은 간단하다. 유가 하락으로 자원의존형 경제구조가 타격을 받은 것이고, 우크라이나 사태에 따른 서방의 제재, 루블화 가치 폭락으로 수입 물가 상승, 주요 교역국인 중국과 중앙

❖ 모스크바 강변에 위치한 초고층 주상복합단지인 모스크바시티의 웅장한 모습.

아시아의 경기 부진도 원인으로 들 수 있다. '자원의 저주'를 겪는 대표 국가인 러시아 역시 산업다변화를 위해 이것저것 많이 해봤다. 기업 혁신과 외국 첨단 IT 기업들을 유치하기 위한 '스콜코보 프로젝트(Skolkovo project)'도 그 일환이다. 러시아는 2000년 푸틴 집권 이후 유가 상승으로 호황을 맞았지만 푸틴은 틈만 나면 에너지 의존에서 탈피해야 한다고 외쳤다. 석유·가스를 팔아 생긴 막대한 수입으로 안정화 기금(Stabilization Fund)을 만들어 전 세계 어느 연기금 못지않은 거액을 쌓아놓고 무슨 산업을 육성할지 고민했다. 하지만 거기에 있던 많은 돈은 우크라이나 사태로 경기가 폭락하자 자금난에 처한 기존의 공룡 기업들을 살리는 데 주로 쓰였다. 결국 글로벌 자원 가격 동향과 함께 가는 러시아 경제의 숙명은 과거와 별반 달라지지 않았다. 그런데도 많은 러시아인들은 "우리는 대국이다. 충분히 견뎌낼 수 있고, 지금의 일시적인 어려움은 외부 세력 탓이다"라고 떠들고 있다. 세계 뉴스에 깜깜해서 그런지, 또는 배움이 짧아서 그런 것인지, 아니면 외세에 맞서 나폴레옹 전쟁이나 제2차

세계대전에서 승리했다는 무한한 자긍심이 아직도 남아 있어서인지 모르겠지만 밖에서 보기엔 좀 꼴불견일 수 있다. 정치인이나 관료들이 국민을 달래기 위해 레토릭을 남발하는 것은 그럭저럭 수긍이 가지만 전문가들마저 무한한 낙관론에 빠져 있는 것을 보면 고개가 갸우뚱해진다.

세계경제국제관계연구소 교수이자 정부산하 경제분석센터의 선임 고문인 그리고리 마르코비치(Grigory Markovich) 박사가 대표적이다. 모스크바 사무실에서 만난 그는 러시아의 경제 현황을 묻는 질문에 논점을 흐리는 발언을 이어갔다. "러시아로부터 200만 명의 우수한 고등 인력들이 전 세계로 나가서 글로벌 중산층을 만든 겁니다. 우리는 시골에만 1700만 개의 집이 있는데 이들이 모두 엄청난 농지를 갖고서 스스로 농작물을 재배합니다. 외부에서 우리가 어렵다고 얘기하지만 우리는 그들의 도움 없이도 충분히 자급해서 잘 살고 있어요. 시골이라 공기도 좋고, 자연도 아름답고요. 러시아, 이만하면 괜찮지 않습니까." 내가 답답해서 그의 말을 중간에 끊고 "그렇다면 러시아가 농업 쪽으로 산업다변화를 하고 있는 겁니까"라고 묻자 "꼭 그렇지는 않지만 농업 분야는 정부의 도움 없이도 일자리 창출도 하고 경제에 많은 보탬이 된다"고 얼버무렸다. 다음엔 브릭스(BRICS) 국가들이 또 한 번 세계 경제를 움직이는 동력이 될 수 있을지 질문했지만 러시아의 자존심만 앞세우는 대답이 돌아왔다. "우리가 브릭스라는 용어를 만들었나요. 골드만삭스인가 하는 회사에서 지어내고서 왜 거기 나라들을 한데 묶어서 대우합니까." 그는 얼

❖ [인터뷰] 그리고리 마르코비치 러시아 세계경제국제관계연구소 교수.

굴까지 붉어지면서 흥분한 기세로 말을 이어갔다. "우리는 브릭스가 어떻게 될지 아무런 관심도 없어요. 브릭스는 완전히 잘못된 개념일 뿐이고, 우리를 거기에 엮어서 비관적으로 보이도록 해서는 안 된다고요." 아무리 정부 산하기관이라지만 서방과 대립각을 세우는 모습이 역력했다. 그는 알렉세이 쿠드린(Alexei Kudrin) 전 재무장관에게 경제 자문도 하고 있다는데 세계주의자이자 시장주의자인 쿠드린이 그의 조언에 얼마나 귀를 기울일지는 잘 모르겠다. 그는 막판에 러시아의 어려운 상황을 다소 인정하는 발언을 하기도 했다. "우리 경제는 석유나 가스 같은 천연자원이 있고, 다른 한쪽에는 우주탐사, 원자력, 첨단 무기와 같은 특수한 분야로 양극화되어 있어요. 중간이 없다는 말입니다. 대량 소비재 생산은 중국에 도저히 경쟁이 안 되죠. 하지만 산업다변화 문제를 단시일에 해결하긴 힘듭니다. 자동차 산업만 해도 오랫동안 힘써서 겨우 이 정도까지 온 거예요."

모스크바 최대 증권사인 알파리(Alpari)의 나탈리아 밀차코바(Natalia Milchakova) 수석 애널리스트도 러시아 경제에 대한 자신감이 가득했다. 회사 측은 그녀가 수차례 경제금융 부문 최고 애널리스트로 꼽혔다고 소개했다. "서방이 제재를 가했지만 오히려 러시아의 식품이나 농업, 기계 제작 분야는 내수가 커지면서 발전하고 있어요. 루블화의 상대적 약세는 제품 수출과 관광객 유치에도 효과가 크고요." 앞서 마르코비치 박사처럼 '미국과 유럽이 제재를 해볼 테면 해봐라. 우리는 잘 견뎌내고 있다'는 점을 강조하려는 모양새였다. 밀차코바에 따르면 2016년 들어 8개월간 러시아 경제는 회복 조짐을 여실히 보여주고 있었다. 2분기 경제성장률은 1분기보다 소폭(0.7%)이나마 상승했고, 수입 물가 상승으로 작년 동기(1~8월)에 12.9%에 달했던 높은 인플레이션율은 3.9%, 8월에는 0.1%로 낮아졌다. 무엇보다 유가 상승의 기대가 커지고 루블이 안정을

되찾으면서 2017년 경제성장률은 1% 대로 돌아서고 연간 인플레이션율도 6.5~7%로 적정 수준을 유지할 것이라고 덧붙였다.

내가 "왜 러시아는 산업다변화가 잘 안 되는가"를 묻자 GDP나 재정 수입에서 석유·가스가 차지하는 비중, 제조업 육성의 당위성을 언급하는 정도에 그쳤다. "카자흐스탄은 어쩌면 우리보다 다원화가 더 잘 되어 있어

❖ [인터뷰] 러시아 최대 증권사 알파리의 나탈리아 밀차코바 수석 애널리스트.

요. 석유·가스 말고도 금속 제품이나 농산물 수출도 많으니까요." 하지만 금속이라는 것도 어차피 땅 파서 나온 것을 그냥 내다파는 천연자원 중 하나일 텐데 도긴개긴으로 자원의 저주를 받는 카자흐스탄과 비교한다는 것은 납득이 좀 안 됐다. 내가 "중국의 경제 파워가 세지면서 중국이 러시아 경제를 장악할 것이라는 우려가 있다"고 하자 그녀는 10초 동안을 깔깔거리며 웃더니 눈물까지 보였다. 그게 그렇게 재미나는 얘기인지 질문을 하고 나서 좀 뻘쭘해졌다. 그녀는 상기된 얼굴에 손으로 부채질까지 해가며 "아주 흥미로운 질문이네요. 그런데 과장된 소문이 아닐까요. 중국 기업들도 윤리라는 게 있을 것이고, 또 우리와는 같은 신흥 시장국이어서 중국이 (미국에 하듯) 함부로 할 수가 없어요. 러시아와 중국의 협력은 서로 엇비슷한 규모의 국가들 간의 일인데 누가 잡아먹고, 잡아먹힐 수 있을까요"라며 두루뭉술하게 넘어갔다.

러시아 경제에 대한 냉철한 자기 진단이 없기는 범부(凡夫)도 마찬가지였다. 앞서 푸틴의 용의주도함을 칭찬한 50대 중반의 택시 기사는 "러시아 경제는 끄떡없습니다. 지금 어려운 것은 유럽 애들이 우리한테

제재를 가하고 있기 때문이지 푸틴의 정책이 잘못된 것은 하나도 없어요." 감정에 치우친 애국적인 발언이 또 이어졌다. "서방 애들, 할 테면 해보라고 하세요. 결국엔 우리가 이길 테니. 독일 메르켈(Angela Merkel) 총리는 참 한심합니다. 제2차 세계대전 때 우리한테 패한 것을 되갚으려고 지금 복수하고 있는 겁니다. 그렇게 따지면 감히 패전국이 승리한 우리한테 어떻게 지시를 하고 명령을 다 합니까." 50대 초반의 지적으로 생긴 남성은 서방의 경제 제재로 자신의 의류 사업이 쫄딱 망했다면서 "미국과 유럽 놈들은 다 돼져야 돼!"라고 거침없는 말을 쏟아내기도 했다. 그는 택시를 운전한 지 3개월이 됐는데 수입은 예전 사업할 때의 4분의 1 정도라고 털어놨다. 뉴스 읽기가 취미라는 그는 제재가 러시아와 유럽을 동시에 망가뜨리고 있다면서 이는 미국이 우크라이나 사태를 핑계로 전 세계 패권을 확실히 잡아보려는 음모라고 떠들어댔다. "우리는 크림반도를 포기하지 않을 겁니다. 역사적으로도 러시아의 땅이고, 이제야 어렵게 찾아왔는데 그걸 다시 내준다는 것은 국민 정서상 용납하지 못하죠. 물론 개인이나 기업은 제재 때문에 당장 살기가 힘들지만 그것 때문에 우리가 크림에서 물러나야 한다고 떠드는 미친 사람은 없을 겁니다. 우리가 제재에서 풀려날 수 있는 가장 쉬운 길이 뭔 줄 아십니까. 푸틴과 친한 트럼프가 대선에서 이겨서 오바마가 했던 일들을 뒤엎고 원상 복구해놓으면 됩니다. 트럼프가 대통령이 되면 우리와 미국과의 관계는 좋아질 거예요."

당시는 미국에서 민주당과 공화당이 각자 대선 주자를 최종 확정하고 선거운동이 한창일 때였다. 두 후보 간 지지율은 엎치락뒤치락 했지만 그래도 힐러리의 승리가 점쳐지고 있었다. 트럼프는 푸틴을 '동지'라고 칭하거나 '존경한다'는 말까지 하면서 러시아에 대해 이상할 정도로 친밀감을 표시했다. 트럼프가 미군 주둔 경비, 과도한 무역수지 적자, 불

법 이민 등을 문제 삼아 주요국들과는 담을 쌓았지만 러시아에 대해서만은 예외였다. 미국 대선의 최종 결과를 두 달여 앞둔 모스크바에서는 분명히 트럼프를 응원하는 목소리가 사뭇 컸다. 이는 우크라이나인들이 힐러리의 당선을 지지하는 것과는 정반대 분위기였다. 하지만 모스크비치들 역시 당시만 해도 트럼프가 승리한다고 자신 있게 말하는 사람은 극소수였다. 승률이 50대 50이라며 끝까지 해볼 만하다고 의례적인 투로 말하는 정도였다. 이들은 러시아를 망가뜨린 오바마와 그의 후임이 될지 모를 힐러리를 내심 증오했다. 그녀가 대통령이 되면 미국과의 관계는 지금에서 더 나아질 수 없을 것이라는 불안도 갖고 있었다. 반면 모스크비치들은 트럼프가 승리하면 양국 관계에 긍정적인 변화가 올 것으로 막연하게 믿고 있었다. 대다수 전문가들도 오바마 때보다 트럼프 시대에 미국과 러시아가 좀 더 가까워질 것이라는데 이견을 달지 않았다. 트럼프가 대선 승리를 확정지은 순간부터 러시아에 대한 서방의 제재가 곧 해제될 것이라는 소문이 나돈 것도 이 때문이다. 이후 트럼프 정부는 집권 시작부터 러시아와의 수상한 커넥션 의혹에 시달리게 되자 "러시아가 크림에서 물러나지 않으면 제재 해제는 없다"고 선을 그었다.

반면 저명한 정치평론가인 드미트리 트레닌(Dmitri Trenin) 모스크바 카네기센터장은 푸틴과 트럼프의 밀월이 영원하지 않을 것으로 보는 사람 중 하나다. 그는 푸틴과 트럼프가 정치를 거래의 수단으로 삼는다는 점에서 비슷한 만큼 오바마 시절에 겪었던 양국 간 대치 국면은 좀 풀리겠지만 화해의 시간이 오래가지는 않을 것이라고 주장했다. 그는 몇 가지 이유를 들었다. "트럼프는 러시아를 이용해 중국을 포위하려 하지만 러시아와 중국 관계가 30년 넘게 견고하다는 점을 감안하면 이는 불가능에 가깝다. 이란에 대해서도 제재 해제를 막으려는 트럼프와 이란을 편드는 푸틴은 서로 입장이 다르다. 또 트럼프가 속한 공화당에는 푸틴

을 혐오하는 매파 의원들이 상당한 것도 미국이 러시아와 마냥 가깝게 지내기에는 부담스럽다. 무엇보다 미국이 글로벌 헤게모니를 추구하는 데 대해 푸틴 역시 국제사회에서 목소리를 높이고 있어 서로 충돌할 여지가 크다." 실제 트레닌의 이 같은 전망은 예상보다 일찍 현실화됐다. 근원적인 해법을 놓고 시각차가 컸던 시리아 문제를 놓고 푸틴과 트럼프는 갈라졌다. 시리아 정부의 화학무기 사용을 이유로 미군은 시리아 공군기지에 대규모 공습을 감행했고, 아사드 정권의 후견자를 자처하는 러시아는 즉각 반발했다. 푸틴과 트럼프는 둘 다 "지금이 양국 관계에서 최악의 상황"이라고 언급할 정도였다. 이후에도 러시아와 미국 간의 관계는 나아지기는커녕 악화됐다. 트럼프 대통령은 2017년 8월 초, 북한과 이란, 러시아를 일괄 제재하는 패키지 법안에 서명했다. 트럼프가 러시아에 대한 제재 수위를 낮추거나 기존에 압류한 외교 자산을 풀어주려면 사전에 의회와 협의하도록 했다. 또 러시아 석유 기업의 미국과 유럽 내 진출을 막기 위해 에너지 사업에 대한 규제를 강화하는 내용도 담겼다. 미국 내에서 트럼프 입지가 좁아지는 가운데 트럼프의 돌발적 행동이 전 세계 각국에 부담을 주고 갈등을 낳는 현실을 러시아 역시 피해갈 수 없다는 점이 증명된 셈이다.

그러나 푸틴을 응원하는 시민들 덕분에 러시아 내부의 응집력은 대외적 불협화음에도 불구하고 상대적으로 견고하다. 러시아 경제만 해도 서방의 제재로 중병을 앓았지만 겉으로는 아픈 내색을 거의 하지 않았다. 서방으로부터 자본과 기술 도입이 막힌 러시아 에너지 회사들은 유전 시추 작업을 중단해야 했고, 부채 상환을 앞두고 정부에 긴급 구제금융을 요청하는 기업들도 부지기수였다. 하지만 순진한 시민들은 "서방이 옥죄더라도 우리는 끄떡없다"고 큰 소리 치는 푸틴을 믿고 따랐다. 2014~2016년 러시아 경제는 계속해서 하강 기조였지만 러시아인들은

푸틴의 잘못이 아니라 외부의 탓으로 돌렸다. 생계가 위협받는 고통을 당하면서도 푸틴에 대한 지지율이 오히려 상승한 것만 봐도 그렇다. 외부의 공통된 적을 상대로 러시아인 특유의 단결심이 발휘된 또 하나의 사례일 것이다. 반면 러시아와 협력이 급한 EU 국가들은 개별적으로 러시아에 접근해 자기 이득을 챙겨갔다. 2015년 1월, 러시아는 그리스에 대해 농산물 수출을 일부 허용했고, 러시아·터키 가스관(터키 스트림)에 연결시킬 수 있도록 했다. 헝가리와는 러시아가 원전 건설을 따내는 대가로 농산물 수출 시장을 열어주기도 했다. EU는 러시아에 대한 경제 제재를 회원국 만장일치로 결정했지만 뒤에서는 각자 개인 플레이에 열중하면서 내부 균열이 생기기 시작한 것이다.

모스크바 국제관계대학교 명예교수이자 발다이클럽 회원인 알렉산드르 라르(Aleksandr Rar)는 『러시아-서구, 누가 누구를(РОССИЯ-ЗАПАД. Кто кого?)』이라는 책에서 제재 이후의 러시아 민심에 대해 이렇게 썼다.

> 제재로 타격을 입은 것은 러시아 경제만이 아니었고, 모스크바와 긴밀한 관계를 갖는 유럽 국가들도 피해를 겪었다. 상황은 예상과 달랐다. 러시아에서는 제재에도 불구하고 현 정권에 대한 국민 결속이 더 공고해졌다. 러시아인들에게 중요한 것은 이동의 자유였고, 그들은 해외로 나가길 원했다. 하지만 그 길을 막은 것이 러시아 정부가 아니라 서방 국가들이라는 점을 깨달았고, 이는 마치 비자를 받으려는 러시아인들에게 예전처럼 '줄을 서!'라고 강요하는 것과 같았다.[3]

---

3) Александр Рар, *РОССИЯ-ЗАПАД. Кто кого?*(Издательство 〈Эксмо〉, 2016), pp. 313~314.

❖ 모스크바강과 멀리 뒤에 보이는 크렘린.

　러시아인들이 서방의 조치에 큰 굴욕감을 느꼈고, 이는 내부 단합과 외부와의 대결 의식을 키웠다는 것이다. 이탈리아 언론인 출신으로 유럽의회에서 러시아와의 협력 문제를 담당하는 줄리에토 키에자(Giulietto Chiesa) 의원은 그 같은 기저에 러시아에 대한 서구인들의 혐오와 이에 대한 러시아인들의 방어기제가 작동하고 있다고 보고 있다. 그는 또 러시아의 후진성에 대한 서방의 지적과 이에 대한 반발이 양측 간 긴장 요소로 작동하고 있다고도 했다. 그는 2016년에 펴낸 『루소포비아(러시아 혐오) 2.0: 서구의 병인가, 무기인가(РУСОФОБИЯ 2.0: болезнь или оружие Запада?)』라는 책에서 이렇게 적었다.

　　러시아인들은 폴란드, 스웨덴, 프랑스, 독일 등 유럽 국가들과 수차례 전쟁을 치르면서 지울 수 없는 상처를 입었고, 그 두려운 기억은 오랜 시간이 지났지만 결코 사라지지 않았다. 반면 유럽인들은 러시아인들이 입은 상처를 기억하고 싶지 않았고 조속히 회복될 것으로

보았다. 러시아는 냉전 시절, 동유럽을 지배했지만 결과는 소련과 공산주의권 붕괴로 나타나면서 또 한 번 완전한 패배를 맛보았다. 러시아는 서방의 공격에 대응하는 데 늘 예민할 수밖에 없는 상황에 처해 있다. … 러시아 혐오를 촉발하는 키워드 중 하나는 '전제 독재정치'다. 이것이야 말로 러시아의 후진성을 상징하고, 러시아인들은 더럽고 불결하고 무식하다는 인상을 부각시켰다. 대소(對蘇) 봉쇄정책을 주장한 조지 케난(George Kennan)은 러시아의 야만적이고 침략적인 본능을 강조했는데 이는 서구인들의 러시아에 대한 고정된 관념을 심는 데 기여했다. (후진성 때문에) 러시아인들은 안전을 추구하고자 전제 권력에 복종했고, 자신들을 외부 세계와 철저히 격리시켜왔다. 러시아는 결코 경쟁 국가들과 친하게 지내거나 타협을 이룬 적이 없었고, 이들 경쟁적 강국을 완전히 제거하기 위해 위험을 무릅쓰고 지속적으로 분쟁을 일으키는 데 의지해왔다.[4]

대국의 자존심을 지키느라 잠시 굶을 수는 있지만 현 상태로는 러시아의 장기적인 성장이 요원하다는 점은 부인하기 어렵다. 자원의 저주에 따른 우려를 러시아인들도 알고는 있지만 구체적인 해법은 내놓지 못하고 있다. 망가져가는 경제 실정을 외부의 탓으로 돌리고, 애써 "우리는 아무런 문제없다"고 외치는 모습에서 정부 혁신이나 구조적 개혁은 기대하기 힘들다. 상황이 나빠질수록 고유가의 좋은 시절을 그리며 서방과의 대결 의지만 높여갈 뿐이다. 정치권은 국민의 불만과 적개심을 외부로 돌리기 위해 대외 전쟁에 개입하고 글로벌 이슈에서 서방에 딴지

4) Джульетто Кьеза, *РУСОФОБИЯ 2.0: болезнь или оружие Запада?* (Издательство 〈Эксмо〉, 2016), pp 128~148.

거는 태도를 취할 수밖에 없게 된다. 2014년 크림을 합병하고, 최근 시리아 내전과 IS 척결을 놓고 서방과 갈등 수위를 높이는 것도 국민 불만을 잠재우기 위한 수법일 가능성이 크다. 한편으로는 남과의 대결 구도 속에서 애국심을 자극하며 민중을 결집하는 데 선수인 크렘린 정치꾼들의 역량을 감안한다면 서방 진영과의 충돌은 푸틴에게 악재가 아니라 2018년 대선 승리를 가져다주는 견인차가 될 수도 있을 것이다.

❖
에필로그

 카자흐스탄으로 연수를 떠나기 전날 밤, 나는 잠을 잘 이루지 못했던 것으로 기억한다. 무슨 설렘 때문이 아니라 오히려 이것저것 걱정이 많아서였다. 9년 전 모스크바에서 3년간 살아봤던 나로서는 카자흐스탄 생활도 대략 그림이 그려졌다. 불편한 사회 기반 시설에다 추운 겨울 날씨, 회색빛의 다 쓰러져가는 건물들, 무뚝뚝한 표정의 사람들, 무엇보다 가족과 떨어져 혼자 지낼 생각을 하니 답답함이 밀려왔다. 모스크바에서 홀로 3년을 살면서 너무나 지치고 지루했는데, 그때의 우중충한 기분이 그대로 전해졌다. 당시만 해도 30대 중반이라 보드카라도 마시며 그럭저럭 버틸 수 있었지만 이젠 40대 중반을 넘어 술 마실 체력도 약해진 데다 또다시 나홀로 외국생활을 한다는 것이 두렵게 느껴졌던 것이다. 가족을 동반한다면 나도 남들처럼 미국행을 택했겠지만 중·고등학교에 다니는 아이들 학업 때문에 불가능했다. 미국에서 한번 살아보지 못한 것이 약간의 한(恨)으로 남겠지만 그렇다고 알마티보다 두 배나 멀리 떨어져 있고 가족 단위로 모이는 미국에서 혼자 지내는 것은 더 끔찍해 보였다. 불가피하게 러시아와 비슷한 곳에서 해외 생활을 반복해야 했던 것은 어쩌면 다 내 팔자고 운명이었을 것이다.

 그날 밤잠을 설치면서 1년을 어떻게 보내야 후회가 없을지를 고민

하며 이것저것 많은 생각을 했다. 그때 떠오른 인물이 조선 개화기를 맞아 40세 불혹(不惑)의 나이에 한국인 최초로 프랑스로 유학을 간 홍종우(洪鍾宇, 1850~1913)였다. 급진 개혁파의 거두인 김옥균을 상하이에서 저격하기 전, 그는 파리에서 2년간 유학을 했다. 그때 40세의 나이를 지금의 신체적 나이로 따져보면 아마 50세가 훌쩍 넘을 것이다. 그렇지만 홍종우는 파리 생활을 즐겼고 당당했다. 박물관 사서로 일하면서 한국문학 작품을 번역도 하고, 파리지앵들과 두루 친분을 맺고 한국 알리기도 열심히 했다. 늦깎이 나이에 혼자였지만 파리 생활을 알차게 보냈던 것이다. 그날 새벽, 나는 120여 년 전의 홍종우를 떠올리며 내가 지금 하는 걱정과 두려움의 정체는 뭐지 하는 생각으로 더 심란해졌다. 홍종우에 비한다면 나는 가진 게 훨씬 많은데 왜 이러고 있나 하는 자괴감도 들었다. 홍종우는 유학 갈 무렵, 프랑스어를 제대로 못했고, 그 나라에 대한 정보도 부족했을 뿐만 아니라 무엇보다 한국말이 통하는 교민들도 있을 리가 만무했다. 하지만 나는 반대로 이 모든 것을 갖추고 있는데도 뭔 걱정이 그리 많은지 참 난해했다. 변명거리를 대자면 홍종우는 선진국으로 신문물을 배우러 간다는 희망이 넘친 반면 나는 우리보다 못 살고 불편한 나라로 떠나는 데 대한 불안감이 있었던 것이다. 특히 홍종우는 서구의 앞선 문명을 배워 와서 한국에 알리고 활용해야겠다는 사명감이 나보다 훨씬 강했던 것이다. 이후 홍종우는 내가 카자흐스탄에 와서 혼자 생활하느라 가끔 흔들릴 때마다 채찍질하게 만드는 소중한 분이었다. '우울했던 구한말의 망국을 앞두고 아무것도 없이 타향만리에 간 홍종우도 잘 견뎌냈는데 훨씬 나은 환경에 있는 내가 뭔가를 해내지 못한다면 나는 도대체 누군가'라는 생각에 정신을 가다듬곤 했다. 그냥 편안히 놀기만 한다는 것은 죄를 짓는 기분도 들었다. 특정 지역에 대한 관심, 약간의 지식과 언어능력, 그리고 가장 중요한 시간적인 측면에서 지

금 알마티에 와 있는 내가 아니면 누가 이런 책을 쓰겠는가 하는 일종의 자기 최면적 암시를 걸기도 했다.

　이 책에 나온 국가들을 돌아다니면서 얻은 결론이 무엇이냐고 묻는다면 새삼스럽지만 국가 안보의 중요성이다. 유럽에 줄을 대려고 하지만 결코 유럽의 주류가 될 수 없는 이 나라들은 나름의 생존법을 찾아가고 있었다. 이들은 무엇보다 주변 대국과의 협력이나 지역 블록에 동참함으로써 국가 안보를 확실히 하는 데 주력하고 있었다. 당연한 얘기지만 국가 안위가 뒷받침되지 않고서는 지속적인 사회 안정과 경제성장을 담보할 수 없기 때문이다. 루마니아나 불가리아, 헝가리처럼 장기간 외세의 지배를 받은 국가들은 NATO 가입을 통해 강력한 안보를 보장받고 사회 통합, 경제발전에 힘쓰고 있다. 이들 국민은 NATO 우산 아래에서 외부의 침략을 걱정할 필요가 없는 요즘이야 말로 역사상 가장 행복한 시절이라고 했다. 코소보나 마케도니아 같은 발칸반도의 소국들도 이 점을 알고 자격은 한참 모자라지만 기를 쓰고 NATO에 들어가려 하고 있다. 친러시아 국가인 세르비아에서 뛰쳐나온 몬테네그로는 2017년 6월, NATO의 29번째 회원국이 됐다. 물론 트럼프 정권 들어 '아메리카 퍼스트(America First)'가 강조되고, 유럽에서도 극우 성향이 심화되면서 실제 전쟁이 나기 전까지는 NATO가 얼마나 집단자위 동맹의 역할을 해낼지 확답하기 어려운 측면도 있다. 반면 안보적 기초가 튼튼해진 변방 국가들은 거기서 남아도는 힘을 어디에, 어떻게 쓸지가 중요해졌다. 민주화로 분출되는 사회적 요구를 어떻게 수용해서 국가 통합을 높이고 성장 잠재력을 이끌어낼지가 시장민주주의 경험이 일천한 이 나라들의 주된 고민이었다. 불가리아에서 만난 인사는 "NATO와 EU 회원국이라는 안정된 지위가 특정 계층의 부정부패와 이익만 키우는 방향으로 전개된다면 국가의 진화는 없다"고 말했다. 이럴 경우 영원히 유럽의 변방만을 떠

돌거나 영국 이후에 제2, 제3의 '엑시트(Exit)', 그것도 강제적인 퇴출을 맞게 될지 모른다.

　구소련권 국가들 간에도 통합의 속도가 빨라지고 있다. 러시아, 카자흐스탄, 벨라루스, 아르메니아, 키르기스스탄은 이미 집단안보조약기구(CSTO)를 통해 안보를 다져왔고, 기존의 유라시아경제공동체를 확대한 EAEU를 출범시켜 정치·경제적 통합을 가속화하고 있다. 중앙아시아 국가들은 중국을 포함시킨 상하이협력기구(SCO)를 통해서도 안보와 경제협력의 지평을 넓혀왔다. 그렇다고 이들의 대외 관계가 서방 진영을 배척하고 러시아로 과도하게 기울어지지는 않는다. 외교안보적 균형을 추구하면서 최고 지도자의 역량에 따라 국가와 국민이 사는 수준이 달라질 뿐이다. 이 중 카자흐스탄이 가장 나은 것도 나자르바예프라는 다른 국가에서는 만나기 힘든 걸출한 지도자가 있기 때문이다. 반면 러시아 주도의 독립국가연합을 탈퇴한 조지아와 우크라이나는 계속 유럽만 쳐다보고 있지만 답을 얻지 못하고 있다. 러시아의 반발이 크고 가입 조건이 까다로워지고 있어 조지아와 우크라이나가 가까운 장래에 유럽 내 제도권에 들어가기란 쉽지 않을 것이다. 그래서 이 나라들이 러시아로부터 느끼는 안보 위협은 상대적으로 크고, 확실한 군사동맹이 없다 보니 정치나 경제 여건은 늘 답보 상태다. 언제까지 홀로서기를 계속해야 할지 결단이 필요해 보였다.

　한국은 이번에 내가 돌아다닌 나라들 가운데 대제국의 후예인 러시아, 터키, 이란을 빼고는 확실히 앞서 있다. 인구나 국방력, 교역 규모, 첨단 기술, 국민소득, 법치, 민주화 등 다방면에서 그렇다. 우리가 남북통일만 된다면 전체 인구도 8000만 명 내외의 터키나 이란과 비슷해진다. 불행히도 인구 대국인 중국과 일본 사이에 끼어 있는 탓에 상대적으로 작아 보이는 것일 뿐 한국의 국력 크기는 결코 무시당할 수준이 아니

다. 인구가 한국의 5분의 1도 안 되는 나라들이 유럽의 일원이라고 으스대고 있지만 우리는 이미 그들보다 더 많은 것을 갖고 있다. 누구는 '대한민국(大韓民國)'이라는 좋은 국호를 왜 영문으로 '그레이트 코리아(Great Korea)'로 공식화하지 않느냐고 반문하기도 한다. '그레이트 브리튼(Great Britain)'이라는 영국의 대외 국명처럼 말이다. 내 개인적인 바람으로는 초대형 태극기를 광화문광장을 포함해 도시 곳곳에 걸었으면 한다. 터키나 이란, 아제르바이잔, 알바니아 등을 여행할 때 광장과 정부 청사 등 시내 곳곳에서 그들의 초대형 국기가 휘날리는 것을 보고 외국인인 나 조차도 가슴이 뜨거워지는 것을 느꼈다. 태극기에 대한 자긍심을 높이는 것부터가 그레이트 코리아의 시발점이라고 생각한다.

어쩌면 5000만 명이 넘는 인구와 전 세계 10위권의 무역 규모를 가진 나라가 주변국들로부터 이렇게 많이 휘둘리는 경우는 지구상에서 한국이 유일할 것이다. 우리 정도의 국가 사이즈라면 이란이나 터키는 물론이고 영국, 프랑스처럼 그 지역의 운명을 좌우하는 키플레이어가 될 수 있는데 우리는 뻗어나갈 주변부가 없는 데다 인근 4강 외에 북한까지 더해 '4+1'에 막혀 있으니 참 답답한 노릇이다. 인구 1000만 명의 헝가리 같은 작은 나라도 유럽과 러시아 사이에서 싸움을 부추기거나 화해시키는 교량 역할을 하며 제 목소리를 내고 있는데 우리는 기(氣)가 너무 센 국가들에 둘러싸여 마냥 끌려 다니고 있다. 남북한을 합치면 7700만 명이나 되는 큰 나라를 중국의 사실상 속국으로 취급하는 얘기까지 들어야 하는 것인지 소국들의 모자이크인 유럽 입장에서 보면 도저히 상상하기 힘든 일이 일어나고 있다. 태생적으로 불행한 이 지정학적 숙명을 어쩌면 우리는 영원히 안고 살아야 할지 모른다는 생각에 서글픔마저 느끼게 된다.

그러나 안보적인 측면에서 한국은 러시아군이 40km 밖에서 트빌리

시를 향해 언제든 미사일을 쏠 수 있다는 조지아나 러시아군이 동부 지역을 사실상 점령한 우크라이나에 비해 나을 게 없는 것은 분명해 보였다. 특히 북한과 장기간 대치하며 우리는 국가 기력을 과도하게 소진하고 있고, 사드(THAAD) 배치에 줄곧 반대하는 중국과 집단 자위력을 키우고 있는 일본의 존재는 우리 국가 안보에 부정적인 영향을 높이고 있다. 북한의 멈추지 않는 도발 위협에 미국의 예방 전쟁과 선제 타격론까지 거론되는 등 한반도 위기가 갈수록 고조되면서 우리가 다른 분야에서 발전할 수 있는 여지마저 줄이는 것은 아닌지 걱정스럽다. 이미 한반도 주변 4강국의 최고 지도자 자리를 역대 최강의 스트롱맨들이 꿰차면서 이들이 우리의 안보를 속시원히 대변해줄 가능성은 급격히 줄어들었다. 유럽의 소국들도 확고한 동맹의 틀 속에서 번영을 기약하고 있는데 우리는 사드 배치나 북핵 대응, 한미동맹 수위 등 안보 현안들을 놓고 대안 없는 이념 공세와 국론이 분열되어 가는 모습은 밖에서 지켜보기에 안타까운 일이 아닐 수 없었다.

그러나 국가나 사람은 모두 주어진 숙명을 극복해가며 생존해간다. 이 책에 나온 약소국들은 오랫동안 외세의 지배를 받았지만 끈질기게 살아남았고, 그 과정에서 나름의 해법을 찾아냈다. 서방에 줄을 서든지, 아니면 러시아에 붙든지 해서 확실한 안보동맹을 구축하는 것 말고는 방법이 없다는 점을 깨우쳤다. 한반도의 상황은 좀 더 복잡하지만 이 나라들로부터 국가 안보 확립의 중요성과 이를 실천하는 과정에서 명쾌한 국론 통일을 이루었던 점은 작은 교훈으로 삼았으면 좋겠다.

이와 별개로 한 가지 덧붙일 것은 글로벌 뉴스를 대하는 우리의 태도다. 그동안 서방 매체의 일방적인 보도 내용에 너무 익숙해져 있었는데 이는 분명히 삼가야 할 일이다. 이들은 적대적인 나라에 대해 부패와 경기 침체, 독재 정치 등 부정적인 이슈들을 꺼내들며 당장 파국을 맞을

것처럼 보도하지만 현실은 꼭 그렇지 않다. 서방이 한심하게 생각하는 유럽 변방의 나라들도 정치적·사회적으로 안정되어 있고, 국민의 불만 정도는 선진국보다 덜해 보였다. 물론 정부 비판도 하지 못하고 권력에 대한 견제 장치도 없는데 무슨 안정과 자유냐고 반문할 수 있겠지만 어떤 국가는 그런 자유가 주어지더라도 지도자를 깎아내리거나 문제점을 들추는 정치 토론을 즐기지 않을 수도 있다. 서방은 어디까지나 자신만의 잣대를 다른 나라들에 적용하고 있는 것일 뿐 이들은 스스로 처한 역사적·민족적·사회구성적 맥락에서 나름 합당한 방식을 찾아 국정을 운영하고 있다. 이로 인해 그 나라 국민은 서방 언론이 독재자로 욕하는 최고 지도자에 대해 '우리 대통령'이라며 칭찬과 지지를 아끼지 않았고, 삶의 기대치가 낮아서인지 몰라도 남과 비교해서 스스로를 불행하게 만들지도 않는다. 벨라루스, 카자흐스탄, 우즈베키스탄 등 서방이 권위주의 체제로 비판해온 나라를 가보면 사회가 들썩이기는커녕 매우 안정되어 있고, 그 안에서 국민은 평안함을 누리고 있다. 서방은 이를 낮은 '민도(民度)' 탓으로 돌리겠지만 그만큼 나라마다 정치문화나 그를 통해 구현하려는 체제 안정의 관점이 다른 것이다. 그렇기 때문에 서방의 매체들이 한 수 아래로 여기는 듯한 기사만 읽고서 이 나라들을 함부로 평가해서는 안 된다. 현지인들이 불만을 털어놓기도 전에 우리가 지레짐작으로 애들은 답답하고 불행한 환경에서 살고 있을 거라며 섣불리 판단해서는 안 될 일이다.

끝으로 지난 1년간 소중한 연수 기회를 통해 한 권의 책을 내게 된데 대해 보람을 느낀다. 회사의 지원 및 홍종우와 같은 정신적 멘토, 해외에 나가 있는 교민들의 도움, 그리고 내 미천한 각오가 어우러진 것이라고 생각한다. 여행길에서 만난 모든 분들께 거듭 감사를 표한다.

지은이

김병호

≪매일경제신문≫에 공채 입사해 차장 기자로 있다. 2016년 8월부터 1년간 카자흐스탄의 알마티 소재 키맵(KIMEP) 대학교에서 수학하며 알마티를 베이스캠프로 해서 주변의 25개국을 돌아다녔다. 단순한 관광 차원이 아니라 나라별로 정치·경제·사회적 현안들을 살펴보기 위함이었다. 현지의 길거리 시민들과 얘기를 나누었고, 가는 곳마다 전문가 그룹과 인터뷰를 시도했다. 기자적 사명감에서 중앙아시아와 캅카스, 동유럽, 발칸반도, 흑해 주변 등 국내에 생소한 지역 사정을 문헌적 자료에 얽매이지 않고 발로 뛰며 현장감을 담는 데 치중했다. ≪연합뉴스≫ 모스크바 주재 특파원(2004~2007년)을 지냈고, 슬라브·유라시아학회 홍보이사, 한·러대화 언론사회분과 위원 등으로 활동했다. 서울대학교 노어노문학과를 졸업했고, 한국외국어대학교에서 러시아 대외 정책으로 국제관계학 박사학위를 받았다. 저서로는 『푸틴을 위한 변명』(2007), 『올리가르히』(2013), 『우크라이나, 드네프르강의 슬픈 운명』(2015) 등이 있다.

유럽 변방으로 가는 길
캅카스·동유럽·발칸·중앙아시아 정치·경제 현안 답사기

ⓒ 김병호, 2017

지은이	김병호
펴낸이	김종수
펴낸곳	한울엠플러스(주)
편집책임	조수임
편집	반기훈

초판 1쇄 인쇄   2017년 9월 12일
초판 1쇄 발행   2017년 9월 22일

주소	10881 경기도 파주시 광인사길 153 한울시소빌딩 3층
전화	031-955-0655
팩스	031-955-0656
홈페이지	www.hanulmplus.kr
등록번호	제406-2015-000143호

Printed in Korea.
ISBN 978-89-460-6386-0 03340

※ 책값은 겉표지에 표시되어 있습니다.
※ 이 책은 관훈클럽신영연구기금의 도움을 받아 저술 출판되었습니다.

이 도서의 국립중앙도서관 출판예정도서목록(CIP)은 서지정보유통지원시스템 홈페이지(http://seoji.nl.go.kr)와 국가자료공동목록시스템(http://www.nl.go.kr/kolisnet)에서 이용하실 수 있습니다.
CIP제어번호: CIP2017023437

유럽
변방으로
가는 길

캅카스·동유럽·발칸·중앙아시아
정치·경제 현안 답사기